건축영화 1902
메트로폴리스에서 원초적 본능까지

[일러두기]

- 외국어 고유명사의 표기는 국립국어원의 표기 용례를 따랐다. 일부는 많이 사용되는 대로 표기
  하였으며, 특히 영화 제목, 도서명 등에 포함된 고유명사는 통용되는 그대로를 따랐다.

- 원어 표기는 가급적 본문이 아니라 연대별 목록에 병기했다.

- 단행본과 정기간행물은 《 》, 기사와 논문, 영화와 티브이 프로그램은 〈 〉로 표시하고 전시, 작품
  및 프로젝트는 처음에 한 번 ' '로 묶었다.

건축영화 1902

강병국 지음

메트로폴리스에서
원초적 본능까지

JEONGYE-C-PUBLISHERS

머리말

여러분의 인생 영화는 무엇인가요? 〈시네마 천국〉을 비롯해 〈죽은 시인의 사회〉, 〈포레스트 검프〉, 〈인생은 아름다워〉, 〈라라랜드〉 등이 사람들의 마음을 울린 최고의 영화로 많이 언급되는 작품입니다.

단 한 줄의 명대사가 그 작품을 '인생의 영화'로 만드는 경우도 적지 않습니다. "인생은 네가 본 영화하곤 달라. 인생이 훨씬 힘들지." "무슨 일을 하든 자신의 일을 사랑하렴. 네가 어렸을 때 영사실을 사랑했듯이." 영화 〈시네마 천국〉 속 나이 든 영사기사 알프레도가 영화를 사랑하는 토토에게 해주는 이야기입니다.

저 역시 토토처럼 영화를 많이 좋아했고, 그래서 많이 보았고 좋아하는 장르도 생겼습니다. 그 장르는 시간과 환경, 경험에 따라 계속 바뀌었습니다. 지금은 사람과 사람들의 삶을 이야기하는 영화를 가장 좋아합니다. 감독으로 말하면 핀란드 아키 카우리스마키죠. 그의 영화는 삶에 대한 수사적인 표현은 모두 삭제하고 정제된 본질만을 유머러스하게 이야기하니까요.

영화의 모든 주제는 사람입니다. 건축의 주인공도 사람입니다. 건축과 영화의 공통분모인 '사람'. 어느덧 영화를 볼 때 사람이 건축물과 관계를 맺는 장면, 내용을 기억하게 되고, 건축물을 설계할 때는 영화의 내러티브와 미장센을 더하게 되었습니다. 기차역을 설계한다고 하면 건축적이고 기능적인 요소들뿐만 아니라 〈밀회〉의 플랫폼에서 그려지는 이별의 장면을, 〈카이로 중앙역〉 속 온갖 군상들의 모습이 담긴 대합실을 떠올리며 디자인하는 겁니다.

최근 들어 '건축영화'들이 많아지고 여러 국제건축영화제들이 주목받으면서 건축과 영화에 대한 관심도 높아졌습니다. 오랜 시간에 걸쳐 여러 지면에 '건축과 영화'를 주제로 한 글들을 연재하고, 다양한 자리에서 강연을 하고, 서울 국제건축영화제를 만들어왔던 경험을 바탕으로 기록들을 모아 정리하게 되었습니다.

그런데 어떤 영화가 '건축영화'일까요? 다양한 관점이 존재할 수 있지만 저는 영화 속 '사람'과 '건축'의 관계를 해석해 낼 수 있다면 모두 건축영화라고 말할 수 있다고 생각합니다. 건축 또는 건축가를 주제로 한 다큐멘터리뿐만 아니라, 애절한 멜로 영화에서도 사람과 건축의 관계를 읽어낼 수 있다면 또한 건축영화로 볼 수 있습니다. 건축영화의 핵심은 인간의 삶을 통해 건축을 바라보고, 건축을 통해 인간의 삶을 바라보도록 하는 데 있습니다.

이 책은 전체 주제별로 6개의 장으로 구성했으며 깊이 보다는 넓이에 집중했습니다. 원하는 주제에 따라 순서를 바꾸어서 읽어도 관계없습니다. 예를 들어 단독주택을 지을 계획이 있는 독자들은 '2장 내 집을 꿈꾸는 사람들', 건축가들이 어떤 사람인지 궁금한 독자라면 '3장 건축가는 누구인가'를 선택적으로 읽어도 무방하죠.

1장은 비교적 많이 알려진 대중적인 영화를 통해 건축의 의미를 해석해 봅니다. 2장은 우리 삶에서 근본적인 공간인 집에 대한 영화를 다루며 삶의 의미로 생각을 넓히려고 했습니다. 3장의 건축가 이야기, 4장의 웃지 못할 건축 에피소드의 건축 지식과 민낯을 함께 소개합니다. 5장은 아주 복잡한 도시 이야기가 펼쳐지고 6장은 전통과 역사, 디자인, 사진, 조경, 환경, 디지털 문화, 건축사조 등 보다 전문적인 이야기로 글을 맺습니다. 부록에서는 전 세계 약 1,500여 편 정도의 건축영화를 연대별로 정리했는데, 이 책이 '세계 건축영화 도감'처럼 잘 활용되기를 기대합니다.

건축영화는 사람의 삶을 통해 건축 자체에 깊이를 더해줍니다. 그렇게 넓어진 건축적 사고로 다시 또 그 공간을 이용하는 사람을 알아가는 것이지요. 이러한 선순환을 통해 건축과 영화, 영화와 건축이 서로를 더욱 풍성하게 만들며 무엇보다 우리의 삶을 더 좋게 해주리라 확신합니다.

차례

5   머리말

1장   건축영화, 무엇부터 볼까

14   원초적 본능이 캐스팅한 런던의 랜드마크

24   사랑은 쓰다: 500일의 썸머

28   첫사랑의 추억: 건축학 개론

31   모더니즘 건축 명소: 콜럼버스

38   꿈속을 훔쳐라, 시공을 초월한 인셉션

44   부에노스아이레스에서 사랑에 빠질 확률

50   오래 살수록 인생은 아름답다: 인생 후르츠

2장   내 집을 꿈꾸는 사람들

58   집의 시간들

64   당신은 숲에서 살아야 합니다, 모리야마 씨

72   무한 행복을 디자인한다

80   공중에 떠있는 집: 콜하스 하우스라이프

88   일조권이 먼저냐, 프라이버시가 먼저냐: 성가신 이웃

98   집 한 번 지으면 머리가 센다: 모두의 집, 미스터 블랜딩스

107 집, 너무나 작은 집

113 버스터 키튼과 집

118 사회주의 시대의 주택들

3장 건축가는 누구인가

126 질투와 욕망의 건축가: 프라이스 오브 디자이어

132 나의 아버지, 나의 건축가

140 건축 공익요원: 말하는 건축가

146 형태를 말하라, 건축으로 바꿔 놓을 테니

151 희망을 짓는 건축가: 사무엘 막비와 루럴 스튜디오

156 새로운 가치를 실현하는 슈퍼 히어로: 마천루

166 창조의 고통을 은유하는 건축가의 배

4장   숨겨진 이야기, 건축 스캔들

180   무너진 아파트와 재개발: 도시 위에 군림하는 손

184   우리는 웃존을 원한다: 요른 웃존의 시드니오페라하우스

188   정치에 사로잡힌 건축: 홀리루드 파일

193   민주주의와 건축: 프라하의 눈

198   건축가와 독재자: 슈페어와 히틀러

206   쿠바 혁명과 미완의 공간들

5장   인류의 삶터, 도시 이야기

214   도시와 도시화의 그늘, 방리유와 파벨라

221   근대건축은 왜 실패했는가: 프루이트 아이고

226   시민 제인과 어바나이즈드

232   수도 이전계획: 브라질리아

238   도시를 말하는 여인: 아이 엠 벨파스트

243   도시의 미래는 디스토피아일까: 메트로폴리스

252   도시 게릴라들과 선물 가게를 지나야 출구

256   소리, 시간, 일상을 담는 로드 무비: 리스본 스토리 외

6장 만약 건물이 말을 한다면

266 한국 전통건축의 아름다움: 취화선

273 철거냐 보존이냐: 나카긴 캡슐 타워

278 만약 건물이 말을 한다면: 문화의 전당

286 인류의 문제를 해결하는 디자인

294 중국 근현대사의 비밀: 빌딩 173

299 시대의 유행, 건축운동과 예술사조

304 갈색을 사랑하는 법: 피에트 우돌프의 정원

부록

314 건축영화 베스트 100

318 연대별 건축영화 목록

359 도판 저작권 및 출처

건축영화,
무엇부터 볼까

1장

원초적 본능이
캐스팅한
런던의 랜드마크

1992년 '다리 꼬기' 하나로 단번에 세계적인 섹스 심벌이 된 샤론 스톤, 14년이 지나 무려 48세의 샤론 스톤은 그 모습 그대로 다시 돌아옵니다. 시속 180킬로미터로 질주하는 스포츠카, 그 안에서의 일탈적 섹스, 그리고 굉음과 속도가 더해진 도입부는 〈원초적 본능 2〉라는 제목과 샤론 스톤이라는 배우의 기대치에 충분히 부응합니다.

처음부터 살인 용의자로 지목된 소설가 캐서린 트라멜(샤론 스톤 분)이 주로 다루는 소재는 탐닉적 위험과 섹스, 죽음입니다. 의사 마이클 글라스(데이비드 모리시 분)는 그녀를 통제 불가능한 위험 중독자라고 진단하는데, 캐서린은 자신의 소설처럼 글라스 박사를 복잡하게 얽어맨 실타래처럼 파국으로 끌고 갑니다. 연쇄살인 현장에 남아 있는 그녀의 흔적, 소설인지 현실인지 모를 살인사건, 이미 그녀처럼 섹스와 죽음에 다가선 박사, 이 모든 것은 마지막까지 진짜 범인을 두고 무성한 추측과 여운을 남깁니다.

극단적인 두 인물의 성격처럼 영화의 배경은 이원화되어 있습니다. 캐서린 트라멜의 집과 그녀가 배회하는 공간들은 감성적인 조명

과 함께 황색 빛이 감도는 약간 어두운(warm yellow) 공간입니다. 반면 이지적이고 냉철한 성격의 소유자 글라스 박사의 사무실은 푸른 빛(cool blue) 주광이 감도는 모던한 유리 건물입니다.

극중 박사의 이름도 깨지기 쉬운 글라스(glass)라니, 우연일까요? 두 인물의 감성적인 성격과 이지적인 성격이 적과 청, 낮의 밝음과 밤의 어두움, 투명한 유리와 불투명한 콘크리트 등의 대비로 치환된 것입니다. 영화처럼 건축에서도 껍데기든 공간이든, 극적인 콘트라스트는 긴장과 이완을 반복시켜 항상 새로운 느낌을 주기 마련입니다.

글라스 박사의 사무실이 있는 건물은 바로 영국 런던에 위치한 거킨 빌딩입니다. 오이(gherkin)처럼 생긴 모양 때문에 거킨 빌딩으로 불리지만 30세인트메리액스(30 St. Mary Axe)가 본명입니다. '에로틱 거킨'이라고 불릴 만큼 상징적인 건물형태로 인해 〈원초적 본능 2〉에 캐스팅된 것 같은데 이러한 은유는 영화에서 캐서린 트라멜이 사용하는 라이터에서도 발견됩니다.

거킨 빌딩은 대포알로 인용되는 경우도 적지 않습니다. 그 자리는 원래 발틱해운거래소가 있던 곳으로 아일랜드공화국군(IRA)의 폭파로 인해 폐허가 되었습니다. 거킨 빌딩을 건축할 당시엔 9.11 테러로 뉴욕의 세계무역센터도 무너졌죠. 그 바람에 거킨 빌딩의 소유주인 스위스리(Swiss Re) 보험사는 엄청난 출혈을 감당해야만 했습니다. 여러모로 런던에서 제일 유명세를 치르고 있는 건물임에는 분명합니다.

삼각형 프레임 구조를 확인할 수 있는
글라스 박사의 사무실, 〈원초적 본능 2〉 중에서

거킨 빌딩에서는 특히 외피 전체를 뒤덮고 있는 삼각형 프레임을 눈여겨 봐야 합니다. 삼각형은 구조적으로 제일 안정된 형태입니다. 심각형 프레임은 내부에서도 그대로 확인되는데 수평, 수직 프레임으로 이루어지는 공간과는 색다른 느낌을 줍니다. 이런 디자인이 공사비 상승 요인이 되기는 합니다.

그리고 외형상 짙은 색유리가 나선모양으로 매스를 휘감고 있는데, 이 부분은 실내에서 아트리움으로 형성된 공간입니다. 외형처럼 내부도 보이드 부분을 나선으로 연결한 것은 빌딩 위아래 공기를 순환시키려는 의도죠. 외피가 전부 유리로 된 건물이니 만큼 여름철 태양에 의한 과열 대비책을 준비한 건축가의 세심한 고려가 돋보이는 지점입니다. 물론 겨울철 열손실도 무시할 순 없습니다.

이 모든 걸 감수하고 얻는 대가는 대개 겉모양과 전망인데 거킨 빌딩의 최상단 스카이라운지에서 펼쳐지는 환상적인 전망이 극에 달합니다. 그래서 거킨 빌딩에는 거의 항상 '런던의 스카이라인을 바꿔 놓은 건물'이라는 꼬리표가 붙어 다닙니다.

건축에선 물성(物性)이라는 말을 자주 사용하는데 재료가 갖는 특성을 말합니다. 유리, 금속재(알루미늄, 티타늄, 스테인리스 스틸, 동이나 아연 등), 나무, 콘크리트, 벽돌 등 헤아릴 수 없을 만큼 건축재료는 다양하고 재료마다 갖는 느낌이 모두 다릅니다. 거킨 빌딩의 유리가 보여주는 특성, 깨지기 쉽고 투명하고 차갑고 현대적이며 이지적인 느낌, 이 유리의 물성을 영화 속 글라스 박사의 특징과 매칭시킨 것입니다.

거킨 빌딩은 우디 앨런의 영화 〈매치 포인트〉(2005)와 〈스톰 브레이커〉(2006), 〈에이전트 코디 뱅크스2〉(2003)에도 등장합니다. 더불어 거킨 빌딩의 공사 시작부터 완공 후 입주하기까지의 전 과정을

템즈강에서 바라본 런던의 스카이라인
©Geoff Henson(Flickr)

노먼 포스터의 런던
시청사 ©Martin Pettitt(Flickr)

담은 다큐멘터리 〈노먼 포스터와 거킨 빌딩〉(2005)도 있으니, 건축을 더 깊이 공부하고 싶은 사람에게 추천합니다.

거킨 빌딩을 디자인한 건축가는 노먼 포스터입니다. 1990년대 초 영국 왕실은 그에게 기사 작위를 부여하죠. 그래서 그를 노먼 포스터 '경'(Sir)이라고 부릅니다. 건축 노벨상으로 불리는 프리츠커 건축상을 비롯해 영국 왕립건축가협회가 수여하는 스털링상 등을 수상한 그의 이력이 말해주듯, 현재 그는 세계에서 몇 손가락 안에 드는 블루칩 건축가입니다. 런던시청 또한 독특한 아이콘으로 자주 회자되는 그의 작품입니다.

한편, 샤론 스톤은 1992년 〈원초적 본능〉 1편을 찍고 세계적인 섹스 심벌로 자리매김합니다. 정작 본인은 그러한 이미지가 아주 싫었던 모양입니다. 2년 후 〈마지막 연인〉(1994)에서 건축가의 정부로 캐스팅되자, 그녀는 마크 라이델 감독을 찾아가 끈질긴 설득을 합니다. 결국 정부가 아닌 아내로 배역을 바꾸는 데 성공하죠. 하지만 안타깝게도 영화는 미스캐스팅이라는 평과 함께 흥행 대실패를 겪습니다. 샤론 스톤의 요염한 이미지나 로리타 다비도비치의 순진한 얼굴은 머리 모양과 의상을 바꿔서 해결될 문제가 아니었나 봅니다. 〈마지막 연인〉은 건축가 역할로 분한 리처드 기어를 보는 재미는 물론, 탄탄한 구성과 스토리텔링도 갖춘 영화입니다.

[쉬어가기] 영화의 등급과 검열

〈원초적 본능〉은 미국에서 개봉 당시 R등급을 받은 바 있습니다. 이를 두고 심의의 공정성이 도마 위에 올랐죠. 모두 NC-17 등급을 예상했으니까요. NC-17 등급은 17세 미만 관람불가, R등급은 17세 미만이 부모님을 동반한 경우에 관람이 가능한 등급입니다.

영화 〈시네마천국〉을 보면 키스신이나 여성의 가슴 노출 장면을 사제가 검열하는 과정이 나옵니다. 이 잘린 컷들을 나중에 어른이 된 토토가 몰아보죠. 우리나라도 영화를 개봉하기 전에 검열을 거쳤던 적이 있었습니다. 그 시작은 본래 일제 강점기였는데, 독립운동에 대한 암시 등 민족적인 내용을 사전에 차단하려는 목적이었습니다. 이러한 검열이 독재정권까지 이어집니다. 학생운동, 자유화, 민주화 등 모든 것들이 검열 대상이었으며, 퇴폐적인 영향, 즉 장발과 미니스커트, 혹은 영화의 내용이 부정적인지 긍정적인지도 검열 대상이었습니다. 모든 영화는 사필귀정(事必歸正), 권선징악(勸善懲惡) 그리고 해피엔딩으로 종결되어야 했습니다. 그래야 영화관에서 상영될 수 있었죠.

그러나 1970, 1980년대 〈대부〉(1972)와 같은 갱스터 영화들이 들어오면서 현실과 이상 사이의 불편한 고발이 이어집니다. 도로에서 총으로 사람을 죽이고 돈을 강탈한 악당이 잡히지도 죽지도 않고, 오히려 잘 먹고 잘 살았다는 내용 말입니다. 이런 영화들이 도덕적으로 세뇌된 우리의 정서에 큰 영향을 주었습니다.

서로 공존하기 힘든 주제, 종교와 성(性)을 다룬 영화도 들어왔습니다. 가톨릭 수도원 이야기를 다룬 〈장미의 이름〉은 흥행 면에서도 성공을 이루었습니다. 김기덕 감독의 〈봄 여름 가을 겨울 그리고 봄〉(2003)는 아름다운 영상에도 불구하고 불교와 성, 살인이라는 주제 때문에 보수적인 대한민국에선 찬반양론이 갈렸습니다.

예전엔 극장에서만 보던 영화가 요즘은 블루레이와 같은 매체, 비메오와 같은 동영상 공유 웹사이트, 넷플릭스와 같은 온라인 스트리밍 서비스가 늘어나면서 '감독판' 혹은 '확장판'이라는 용어들이 많아졌습니다. 촬영을 마친 영화는 앞서 설명한 심의 혹은 제작자의 관여와 같은 여러 가지 이유로 감독의 의도와 다른 결과물이 나오기도 합니다.

감독판, 말 그대로 디렉터스 컷(Director's cut)은 감독의 의지가 반영된 버전이고, 확장판은 삭제된 장면들이 추가된 것으로, 극장판의 다른 버전이라고 볼 수 있습니다. 경우에 따라서 스페셜 에디션, 얼티밋 에디션, 무삭제판 등 여러 가지 용어로 불리며, 유명한 영화 거의 대부분은 여러 버전을 가지고 있다고 보면 정확합니다. 감독의 의도와 다른 결과물이 나오는 가장 큰 이유는 편집이라는 과정 때문입니다. 편집과정에 감독이 관여하는지 혹은 편집을 제작자의 고유권한에 두는지에 따라 소송사건으로 이어지기도 합니다.

최근 들어 한국영화는 세계 3대 영화제에서 여러모로 작품성을 인정받고 있을 정도로 수준이 높아졌습니다. 때문에 주제의 선택이나 표현도 과거에 비해 훨씬 폭이 넓어졌죠. 이제는 대중의 눈높이와 다양한 요구가 우리나라 영화산업을 향상시킬 수 있는 조건이 되었습니다.

로스앤젤레스 하면 가장 먼저 떠오르는 것 중 하나가 언덕 위의 거대한 HOLLYWOOD 간판일 것 같습니다. 할리우드가 있는 대도시, 그래서 영화나 드라마에 가장 많이 등장한 도시가 로스앤젤레스입니다.

톰 앤더슨 감독의 다큐멘터리 〈로스앤젤레스의 자화상〉(2003)에는 로스앤젤레스를 다룬 영화 100여 편이 등장합니다. 영화의 원제를 우리말 그대로 옮기면 '로스앤젤레스가 자신을 연기한다'(Los Angeles Plays Itself) 쯤이 되지 않을까요? 영화들이 표현하고 정의한 도시와 건축을, 감독만의 주관과 감성을 넘나들며 객관적이고 전문적인 시각에 따라 잘 설명한 영화라고 봅니다. 〈로스앤젤레스 자화상〉은 2003년 밴쿠버 국제영화제 최우수 다큐멘터리상 수상작이자, 2004년 로스앤젤레스 영화 비평가협회상과 《빌리지 보이스》가 선정한 최고의 영화입니다.

영화들은 건축이나 도시에 대해서 어떤 생각을 가지고 있을까요? 또 건축과 도시를 얼마만큼 이해하고 있을까요? 사실 도시는 그 역사, 문화, 사회, 환경 등과 상당히 복잡한 관계를 이루고 있어, 자칫 어설픈 분석은 그릇된 결과로 이어질 확률이 높습니다. 그러나 톰 앤더슨 감독은 예외죠. 도시나 건축에 대한 그의 전문성뿐만 아니라 로스앤젤레스에서 살아온 실제 경험을 바탕으로 써 내려가는 영화의 흐름을 보면, 톰 앤더슨 감독을 제외한 누구도 로스앤젤레스에 대한 다큐를 제대로 만든

다는 것 그 자체가 무리가 아닌가 하는 생각이 들 정도니까요.

톰 앤더슨은 '배경으로서의 도시, 의인화된 도시1, 의인화된 도시2, 주인공으로서의 도시'로 영화들을 나눕니다. 수많은 영화에 등장한 브래드버리 빌딩, 프랭크 로이드 라이트의 에니스 하우스를 비롯해 영화에 단골처럼 등장하는 건축물들을 분석합니다. 만약 이 영화가 최근에 제작되었다면 〈라라랜드〉(2016)를 빼놓을 수 없었을 겁니다. 할리우드 북쪽의 그리피스 천문대, 석양이 지는 그곳에서 엠마 스톤과 라이언 고슬링이 춤을 추는 장면은 이미 누구에게나 각인된 향수 같으니까요. 〈라라랜드〉의 감독 데이미언 셔젤은 자신의 영화가 〈로스앤젤레스 자화상〉에서 영향을 받았다고 고백한 적이 있습니다.

한편 톰 앤더슨 감독의 다른 영화로 에두아르도 소투 드 모라와 그의 작품세계를 다룬 〈리컨버전〉(2012)이 있습니다. 소투 드 모라는 포르투갈 건축가로서 2011년에 프리츠커상을 수상했습니다.

로스앤젤레스를 배경으로 하는 영화 〈라라랜드〉의 명소 그리피스 천문대 ©Colin Durfee(Flickr)

사랑은 쓰다:
500일의 썸머

"현대미술관이야. 여길 디자인한 워커와 아이젠은 내가 제일 좋아하는 건축가지. 정말 멋지지 않아?"

톰은 로마네스크 아치가 전면에 있는 건물에 이르러 자신이 가장 좋아하는 건축물이라고 썸머에게 말합니다. 저 미술관은 1911년에 지었다는 둥, LA의 첫번째 고층 빌딩이 1904년 지은 컨티넨탈 빌딩이라는 둥, 나아가 자신이라면 건물에 통일감을 좀 더 살려 디자인하겠다는 둥 건축지식을 쏟아냅니다.

건축을 전공했으나 카드 회사에서 카드 문구를 작성하는 톰은 운명적인 사랑을 믿습니다. 어느 날 회사에 새로 온 비서 썸머를 처음 보는 순간, 자신의 운명임을 직감합니다. 그러나 썸머는 진지함이라곤 하나도 없죠. 구속 받기 싫어하고 혼자만의 삶을 즐기려고 합니다. 둘은 애매한 관계 '여사친, 남사친'입니다. 오래지 않아, 이 둘에게도 선택이 필요한 순간이 다가옵니다.

마크 웹 감독의 〈500일의 썸머〉(2009)는 주인공 톰을 통해 LA라는 도시를 보여줍니다. LA의 풍경과 정취, 모더니즘(Modernism)을 이야기하죠. 이 Modern에는 현대적이라는 의미가 있는데 '동시대적, 현대적'(Contemporary)과 구별해서 모더니즘 건축을 근대건축이라고도 합니다.

모더니즘이 등장한 시기가 산업혁명 이후, 대략 1900년대 초부터 1950년대 말까지로 1, 2차 세계대전이 발발한 시기입니다. 르코르뷔지에를 비롯한 세계 4대 거장들이 활동한 시기죠. 세계대전 이후 세계 각국은 도시의 재건이 시급했습니다. 장식적이고 표현적인 건축물 대신 기능적인 것에 집중한 건축물이 대세를 이루죠. 이를 두고 기능주의라고 합니다. 또한 1900년대 미국 시카고의 초고층 건축, 독일의 바우하우스 등 거의 모든 국가에서 박스와 같이 통일된 형태를 사

앤젤스 놀의 벤치에 앉아있는 톰과 썸머,
〈500일의 썸머〉 중에서

용해서 국제주의 양식이라고도 합니다. 시간이 지나면서 모더니즘 건축은 여러 허점을 드러내고 이를 보완하는 포스트모더니즘(Postmod--ernism)이 등장합니다.

다시 영화로 돌아와, 엔젤스 놀의 벤치에서 자신이 좋아하는 건축물들을 바라보는 톰. 거기서 썸머의 팔에 자신이 원하는 건축을 그려주기도 합니다. 톰과 썸머가 벤치에서 바라보는 컨티넨탈 빌딩(1903) 함께 영화를 보는 밀리언 달러 극장(1918), DVD를 빌려오는 페르난도 빌딩(1906), 이스턴 컬럼비아 빌딩(1930), 이 영화에선 근대건축을 확인할 수 있는 건물들이 많이 등장합니다.

한편, 톰이 '잘하는 일'은 카드 문구를 만드는 일이었을지 모르지만 '좋아하는 일' 혹은 '하고 싶었던 일'은 분명 건축이었을 겁니다. 마지막 장면에서 톰은 건축회사로 면접을 보러 가죠. 면접 장소는 브래드버리 빌딩(1893)입니다. 세계에서 가장 주연급 건물을 찾으라면 단연코 브래드버리 빌딩이죠. 〈블레이드 러너〉(1982), 〈차이나타운〉(1974), 〈아이, 더 주리〉(1953), 〈D.O.A.〉(1950) 등 헤아릴 수 없이 많은 영화에 등장합니다.

톰과 썸머가 함께 영화를 보는
밀리언 달러 극장
©David Hilowitz(Flickr)

이스턴 컬럼비아 빌딩 ©Illithid Dude(Fllickr)
수많은 영화에 등장하는 브래드 버리 빌딩의 아트리움
©Pexels(Pixabay)
LA의 첫 번째 고층 건물인 컨티넨탈 빌딩
©LeviMeirClancy (Wikimedia Commons)

건축영화, 무엇부터 볼까

첫사랑의 추억:
건축학 개론

어제도 밤샘 작업을 하고 부시시한 설계사무소 소장 승민(엄태웅 분)에게 15년 만에 불쑥 나타나 말을 건네는 서연(한가인 분).

"오랜만이네. 그동안 어떻게 지냈어?"
"근데, 누구... 신지?"
"너 옛날에 약속했었잖아, 나 집 지어 준다고. 기억 안나?"

'건축'이라는 단어를 많은 이에게 각인시켜준 영화, 우리를 첫사 랑과의 추억과 향수에 푹 빠뜨린 〈건축학 개론〉(2012)이 시작하는 장면입니다. 그리고 승민과 서연의 첫 만남이 이루어지는 대학 1학 년 '건축학 개론' 첫 수업시간, 자기가 살고 있는 곳에서 학교까지 오 는 길을 지도에 표시하기를 소개합니다.

"집이 정릉이야?"
"네"
"정릉이 누구 능이야?"
"정조? 정종? 정약용?"

전날 사무실에서 밤을 샌 승민
(주)명필름(KOBIS) 제공

제주에서 서울로 올라와 정릉에서 자취하는 음대생 서연(배수지 분)은 동아리 선배를 따라 듣게 된 강의 시간에 교수의 질문에 반 전체를 웃음바다로 만듭니다. 서연과 같은 동네에 사는 승민(이제훈 분)은 그녀를 향한 감정이 마음속에 자리 잡는 걸 느낍니다.

"숙제. 다음 주까지 자기가 사는 동네를 여행해 보는 겁니다. 평소에 그냥 무심코 지나치던 동네 골목들, 길들, 건물들. 이런 걸 한번 자세히 관찰하면서 사진으로 기록을 남겨 봅니다. 자기가 살고 있는 곳에 대해 애정을 가지고 이해를 시작하는 것, 이게 건축학 개론의 시작입니다."

승민과 서연이 만났던 정릉의 비어있는 어느 한옥, 재수생 납득이가 키스 명강의를 펼치던 독서실 앞 언덕, 승민 순댓국집 앞 시장 골목

등 영화 속에서 그려진 장소는 우리 기억과 그리 다르지 않습니다.

다시 찾은 서연의 고향 제주, 옛집. 서연은 오래된 집을 싹 허물어 버리고 깨끗이 새 집을 지을 생각입니다. 그러나 그녀가 태어나고 자란 집엔 어릴 적 추억들이 고스란히 배어 있죠. 키를 재던 담벼락, 작은 발자국이 찍힌 수돗가. 더욱이 지금 병상에 계신 아버지의 손길이 그대로 묻어있습니다.

결국 서연은 개보수를 선택합니다. 일부는 보존하고 일부는 보수하며, 또 일부는 공간을 넓히기로 하죠. 바다가 탁 트인 넓은 창, 발자국 모양이 선명한 작은 연못, 피아노 레슨을 할 수 있는 방, 하늘 아래 옥상정원까지 과거의 추억과 새로움이 동시에 담긴 집이 탄생했습니다.

오래된 집을 허문다는 것은 그 집과 함께 집의 역사가 동시에 사라진다는 의미입니다. 소중한 기억의 장소로 집의 일부는 보존하고, 불편하고 비좁은 부분은 바꾸어 새롭게 재탄생시킨 하나의 사례죠. 집은 단순히 영화 속 배경이 아닌 또 다른 주인공이라고 밝힌 이용주 감독의 말처럼, 보존이라는 개념이 주인공으로서의 역할을 수행해 낸 가치 있는 영화입니다.

모더니즘
건축의 명소:
콜럼버스

미국 중서부의 도시 콜럼버스는 인구 5만 명이 채 되지 않는 아주 작은 도시지만 유명 건축가들이 만든 건축물들로 인해 도시 자체가 건축박물관입니다. 모더니즘의 메카라 할 수 있죠. 그래서인지 건축가들뿐만 아니라 건축에 관심 있는 사람이라면 여행의 필수 코스로 이 도시를 찾습니다. 이 아름다운 모더니즘 건축의 도시 콜럼버스를 배경으로 하는 동명의 영화 〈콜럼버스〉(2017)가 있습니다.

"교수님!" 누군가가 이재용 교수를 뒤따라오며 부릅니다. 영화의 첫 대사가 외국인 배우의 예상치 못한 한국어라 생경하기까지 합니다. 아름다운 집 밀러 하우스(1957)에서 퍼스트 크리스천 교회(1942)로 가는 길을 따라 이교수와 그를 불렀던 제자가 얘기를 나누며 걸어갑니다. 건축특강으로 시카고에서 콜럼버스를 방문한 이교수는 주인공 진의 아버지입니다.

두 건물이 담긴 첫 장면은 마치 건축 투시도를 보는 것처럼 완벽한 수직, 수평 구도의 앵글을 유지합니다. 밀러 하우스는 에로 사리넨이, 퍼스트 크리스천 교회는 엘리엘 사리넨이 설계한 건물입니다.

엘리엘 사리넨의 퍼스트 크리스천 교회 앞에서
건축정보를 외우고 있는 케이시, 〈콜럼버스〉 중에서

I. M. 페이의 CR 메모리얼 도서관, 〈콜럼버스〉 중에서

에로 사리넨, 엘리엘 사리넨이라고요? 네, 부자지간입니다.

갑자기 이교수가 쓰러지고 그 소식을 들은 아들 진이 부랴부랴 콜럼버스로 날아옵니다. 한국에서 번역 일을 하는 진은 건축밖에 모르는 아버지 때문에 받은 상처가 깊습니다.

〈콜럼버스〉의 또 다른 주인공 케이시가 있습니다. 그녀는 건축 가이드를 해도 될만큼 콜럼버스의 모더니즘 건물에 박식합니다. 이교수의 건축 특강도 신청해놓은 터였지만 갑작스러운 강의 취소를 몹시 아쉬워 합니다.

이제 진과 케이시가 만납니다.

"이건 제가 두 번째로 좋아하는 건물(어윈 콘퍼런스 센터)이에요."
"두 번째? 첫 번째는 뭔데요?"
"처음 만난 날 갔던 그 건물요."
"에로 사리넨이 설계했고, 그 건물과 비슷해요."
"이 건물은 미국 최초의 근대 은행 중 하나예요."
"그 무렵에는 통유리로 된 은행이 흔치 않았기에 파격이었죠."
"당시 일반적인 은행들은 위압적이고 요새 같았거든요."
"은행원들은 철창 뒤에 있었고요."
"하지만 이 건물은 1층 높이로 지어져서 계단을 오를 필요도 없고 더 친숙해요."

영화는 건축을 좋아하는 케이시를 통해, 쉽고 편안하게 건축물들을 설명해 나갑니다. 그러고 보면 사람들마다 취미가 다르고 좋아하는 게 다 다른데, 특별히 건축을 좋아하는 사람이 없으리란 법은 없겠죠? 그녀에게 건축은 교양이나 취미를 넘어, 힘겨운 삶의 무게를 견딜 수 있는 버팀대이기도 합니다. 케이시가 일하는 직장으로 나오는 CR 메모리얼 도서관은 I. M. 페이의 1969년 작품이죠.

"세 번째로 좋아하는 건물이에요."
"세 번째라고요?"
"왜냐하면 이 건물이 건축을 좋아하게 된 계기거든요."

케이시가 처음으로 건축에 눈을 뜨게 만든 건물은 데보라 버크의 어윈 유니언 뱅크(1950)입니다. 이곳에서 케이시는 자신의 삶을 버겁게 하는 고통을 처음으로 진에게 이야기하죠. 케이시에겐 약물중독이던 엄마가 아직도 돌봐야 할 어린아이와 같습니다. 엄마를 사랑하지만 엄마는 자신의 미래와 바꾼 짐이었죠. 반면에 아버지가 회복하길 바라냐는 그녀의 물음에 진은 회복하지 않았으면 좋겠다고 답합니다. 부모에 대해 서로 다른 시각이 마주합니다. 진은 아버지에 대한

SOM의 더리퍼블릭
신문사, 〈콜럼버스〉 중에서

원망을 솔직하게 토해놓지만 케이시는 그럴 용기가 없습니다.

케이시에게 콜럼버스는 오랫동안 살아온 곳이지만 동시에 떠나고 싶은 곳이기도 합니다. 하지만 떠날 용기가 없죠. 여성 건축가 데보라 버크를 만나면서 건축을 공부할 기회가 찾아왔을 때도 그랬습니다. 진에게 콜럼버스는 잠시 머물 곳에 불과합니다. 그러나 결국 케이시는 도시를 떠납니다. 오히려 진이 남죠.

콜럼버스에서 대표적인 모더니즘 건축물인 어윈 콘퍼런스 센터, 어윈 유니언 뱅크 등은 J. 어윈 밀러(1909~2004)에서 따온 이름입니다. 어윈 밀러는 세계적인 디젤엔진 회사인 커민스 엔진의 CEO인데 이 도시에 커민스 재단을 만들고 건축가들을 초빙해 제대로 된 교육 시설을 만들었습니다. 그로 인해 모더니즘의 메카로서 콜럼버스가 태어나고 밀러 가문은 미 중부의 메디치가로도 불립니다.

그 외에 SOM의 더리퍼블릭 신문사 사옥(1971)과 콜럼버스 시청(1981)이 있습니다. 케빈 로치, 리처드 마이어, 로버트 벤투리, 시저 펠리 등 한 번쯤 들어봤을 법한 건축가들의 작품이 이 작은 도시에 계속 등장합니다. 콜럼버스는 건축뿐만 아니라 조경, 조각, 설치미술 등 여러 분야의 예술가들도 참여하여 건축과 예술의 보고가 됩니다. 모두 어윈 밀러의 건축 프로그램이라 부릅니다.

이 영화는 모더니즘의 대표적인 건축가들의 작품으로 가득한 도시 콜럼버스를 배경으로 가족, 특히 누구나 공감할 수 있는 부모와 자녀 사이의 삶과 그 기억을 모더니즘으로 연결하는 독특한 영화입니다.

"아버지의 종교는 모더니즘 건축이었어요. 영혼이 깃든 모더니즘 말이에요." – 〈콜럼버스〉에서 진의 대사

에로 사리넨의 어윈 콘퍼런스
센터에서 두 주인공, 〈콜럼버스〉 중에서

꿈속을 훔쳐라,
시공을 초월한
인셉션

노상 카페에 마주 앉은 코브(레오나르도 디카프리오 분)와 아리아드네(엘렌 페이지 분). 일순간, 굉음과 함께 어마어마한 파편으로 비산하는 도시를 보고 나서야 비로소 그곳이 꿈속이라는 사실을 깨달은 아리아드네는 다시 한 번 땅과 집, 도로와 자동차, 사람과 도시 전체가 서서히 수직으로 움직이는 놀라운 가상 세계를 경험합니다.

크리스토퍼 놀런 감독의 지적인 퍼즐 게임을 받아들일 준비가 되어있지 않다면, 영화 〈인셉션〉(2010)이 그리는 충격적인 영상의 개연성 때문에 겨우 숨 한번 크게 내뱉는 정도가 아닐까요?

아리아드네는 원래 그리스 신화에 나오는 인물입니다. 미노타우로스를 죽이러 라비린스(Labyrinth; 미로) 궁으로 들어간 테세우스를 미로에서 빠져나올 수 있도록 실 꾸러미를 준 여인이죠. 영화 〈인셉션〉에서는 미로를 설계할 건축학도로 등장합니다.

타인의 꿈속에 들어가 어떤 생각을 심거나 빼온다는 영화의 설정에 따라, 공간적 배경은 현실이 아닌 꿈속, 즉 가상공간입니다. 중력과 같은 현실적인 제약에서 자유로울 수 있는 그 가상공간 말입니다. 기대답게 영화는 중력뿐만 아니라 공간의 스케일을 넘어 시간까지도 변주해내는 엄청난 이미지로 가상공간을 표현하며, 펜로즈의

수직으로 움직이는 도시, 〈인셉션〉 중에서

처음으로 꿈속 가상 세계를 경험하는
아리아드네, 〈인셉션〉 중에서

계단, 킥, 토템, 투영체나 미로와 같은 단어가 암시하듯, 여태 상상치 못했던 가상의 공간적 볼거리로 거침없이 흘러갑니다.

꿈과 현실은 5단계로 구분되는데 1단계 현실, 2, 3, 4단계로 들어 갈수록 꿈과 꿈속의 꿈, 또 그 꿈속의 꿈, 그리고 마지막 5단계 림보 는 시공간을 잃은 망각의 구렁텅이입니다. 그리고 꿈을 거듭할수록 시간은 10배로 늘어납니다. 꿈과 현실을 구분하기 위한 수단으로 지 니는 토템, 꿈에서 깨어나기 위해 사용하는 킥, 더불어 누구의 꿈이 냐, 또 누가 누구의 꿈속으로 들어가느냐까지, 영화 설정 자체도 이해 가 쉽지 않아 보입니다.

3단계 꿈속의 꿈(유세프의 꿈속에서 다시 아서의 꿈) 호텔 장면, 아서(조셉 고든 레빗 분)와 함께 그려지는 무중력 공간, 그리고 4단 계 설산 요새에서 총상을 당한 피셔를 위해 다시 한 번 내려가는 공 간, 즉 코브가 부인 맬(마리온 코티아르 분)과 함께 50년 동안을 만

짐 헨슨 감독의 영화 〈라비린스〉 중에서

40

들었다는 림보 속 도시를 살펴보기로 합니다. 이 두 공간은 우리가 사는 현실과는 달리, '무중력'과 '사람이 배제된 도시'입니다.

첫 번째 무중력. 건축의 형태적인 표현은 언제나 그 건축에 필연적일 수밖에 없는 중력에 구속됩니다. 건축가에게 중력은 하나의 짐인데 경우에 따라서 주제도 되고 개념도 됩니다. 흔히 기이한 형태나 예술적인 형태라고 평가받는 건물들은 대개 이러한 중력을 잘 다루어 구조적인 긴장감을 극대화한 것들입니다. 중력이 존재하지 않는 달과 같은 공간을 상상해 보면, 건축은 아서의 평이한 무중력 공간 보다 오히려 SF 영화에서 봐왔던 사이버 형태가 된다는 점을 기억합시다.

두 번째, 사람이 배제된 도시. 사람이 없는 건물과 마찬가지로 사람이 없는 도시가 존재할 수 있을까요? 도시의 출발점은 사람입니다. 관공서, 학교, 주거, 녹지공간 등 모두 사람을 기준으로 수요를 산정해 도시를 구성합니다. 그런데 영화 속 림보 도시는 사람이 배제된 조형적 도시, 영화 속 드라마틱한 세트장일뿐입니다.

다시 영화 속으로 들어갑니다. 사이토(와타나베 켄 분)라고 하는 클라이언트의 주문에 따라, 설정된 생각을 심어 놓기 위해 코브 팀은 피셔(킬리언 머피 분)의 꿈으로 잠입해 들어갑니다. 강렬했던 영화 도입부의 꿈이라는 가상공간은 후반으로 갈수록 설원 요새처럼 현실보다 오히려 더 현실적이고 평이하게 그려집니다.

꿈속이라는 사실을 피셔가 눈치채지 못하도록 만들어야 한다는 줄거리의 설득력도 힘을 잃습니다. 다만 놀란 감독의 특허, 이중 퍼즐이 이미지의 가속을 이어받으니 영화가 끝날 때까지도 관객은 쉴 새 없이 추측과 끼워 맞추기를 멈출 수 없습니다. 어쩌면 극장을 빠져나가서도, 아니 잠자리에서도 영화 결말을 생각해야 할지도 모르니 말이죠.

가장 아쉬운 부분은 사이토를 데리러 간 림보공간입니다. 너무도

마루이츠 코르넬리스 에셔의
라비린스 ©Shi Devotion(Flickr)

평이하게 그려져서죠. 맬이 있었던 첫 번째 림보를 도시의 적막감으로 표현했다면, 사이토의 림보를 M. C. 에셔(1898~1972)의 미로 같은 공간으로 표현했으면 어땠을까요? 데이빗 보위가 출연한 영화 〈라비린스〉(1986)에서도 에셔 공간의 무한 증식 이미지가 표현됩니다. 오히려 이런 이미지가 종반부에 포진되었다면, 주로 형태적인 이미지로만 달려온 영화에 공간적인 힘을 더해 영화 초반의 힘을 유지하며 마무리할 수 있지 않았을까 하는 생각도 해봅니다.

〈인셉션〉 외에도 〈트론〉(1982), 〈론머맨〉(1992)을 비롯해 〈매트릭스〉 3부작까지 현실과 가상을 넘나드는 영화들이 부쩍 많아졌습니다. 생체인식 기반의 접속 방법, 패턴화된 인공지능, 네트워크와 시뮬레이션 등 IT 기술의 가능성은 납득되지만 건축이나 공간 환경을 표현하는 부분에서는 주로 눈요깃감, 즉 흥미 위주의 이미지에 집착하는 경향을 보입니다. 가상공간이 중력에서 자유롭다면 공간이동이 수월할 테고, 그렇다면 굳이 계단 같은 건축적 요소를 통해 걸어다니거나 문이라는 상징적 출입구를 통해 들어오고 나가는 일은 거의 없을 텐데 말입니다.

〈인셉션〉은 꿈속의 또 다른 꿈을 5단계까지 단막 별로 연결 짓는 크리스토퍼 놀런 감독의 할리우드식 뫼비우스 게임입니다. 영화를 사랑하는 첫 번째 방법이 영화를 두 번 보는 것이라고 했던 프랑수아 트뤼포 감독의 말 때문이 아니라, 크리스토퍼 놀런 감독의 영화는 퍼즐을 풀기 위해 늘 두 번을 봐야만 하는듯합니다.

킥의 징조를 알리던 노래, 에디트 피아프의 'Non, Je Ne Regrette Rien'(아니, 난 아무것도 후회하지 않아)는 코브의 애절한 사랑에도 불구하고 꿈속에서 빠져나올 줄 모르는 아련한 맬 같습니다.

부에노스
아이레스에서
사랑에 빠질 확률

구스타보 타레토 감독의 〈부에노스아이레스에서 사랑에 빠질 확률〉(2011)이라는 한국어 제목은 마케팅 의욕이 빚어낸 결과 같군요. 한국에서는 멜로라는 장르가 어느 정도의 관객 수를 보장해 주니까요. 영화 자체는 아주 잘 만들어졌습니다. 이 영화의 원제인 '메디아네라'(Medianeras)는 스페인어로 측벽을 의미합니다.

영화가 시작하면서 전개되는 도시의 무심한 모습과 독백은 읽고 또 읽고, 보고 또 봐도 온갖 상념에서 빠져 나올 수 없게 만듭니다.

"한적한 나라의 북적대는 도시, 수천 개의 빌딩이 하늘 높이 솟은 곳, 그것도 제멋대로."

"큰 건물 옆에 작은 건물, 합리적인 건물 옆에 비합리적인 건물, 프랑스식 건물 옆에 정체 모를 건물, 이런 불규칙성이 우리의 모습이다."

"미적 불규칙성, 윤리적 불규칙성. 두서없는 이 건물들은 실패한 도시계획의 산물이다."

부에노스아이레스의 도시 전경
©Yasmin Pinheiro(Flickr)

건축영화, 무엇부터 볼까

"우리네 인생처럼, 어떻게 만들지 알지 못했던 거다."

"우린 이곳에서 뜨내기처럼 산다."

"그래서 생겨난 세입자 문화. 공간을 쪼개고 쪼개면서 건물은 점점 작아진다."

"아파트의 분류 기준은 방의 개수가 됐다."

"다른 모든 기성품처럼, 사람의 등급을 나누려 집도 만들어진다."

"전망 좋은 집과 나쁜 집, 고층과 저층."

"특권층은 호수로 A나 B를 배당받고, 없는 집은 알파벳 뒤로 밀린다."

"전망과 채광에 대한 기대는 버려야 한다."

"강을 외면한 도시에서 전망이 무슨 소용인가?"

"확신하건대, 별거와 이혼, 가정 폭력, TV 채널의 홍수, 대화의 단절, 무기력, 무관심, 우울증, 자살, 노이로제, 공황 발작, 비만, 긴장, 불안, 건강 염려증, 스트레스, 비활동적인 생활. 이 모든 것이 건축가들 때문이다."

"난 이 모든 것에 시달린다. 자살만 빼고."

이 긴 독백이 과연 부에노스아이레스만의 자화상일까요? 지구 정 반대 편에 있는 부에노스아이레스가 갑자기 가깝게 느껴집니다.

외로운 두 사람 마틴과 마리아나. 마틴은 외출도 거의 하지 않고 하루 종일 좁은 집에 박혀 생활합니다. 직업이 웹디자이너라 낮과 밤의 의미가 없는 공간 안에서 불규칙한 삶을 보내죠. 마틴은 전 여자 친구가 남기고 간 강아지 '수수'를 키웁니다.

옆 건물에 사는 마리아나는 건축가입니다. 하지만 건축이 아닌, 매장의 쇼윈도를 디자인하며 살아갑니다. 내부도 외부도 아닌 공간

쇼윈도. 폐소공포증이 있는 그녀는 엘리베이터를 타지 못합니다. 8층에 살면서도 거의 계단을 이용합니다. 혹시 짐이 있다면 짐만 실려 보내죠. 주로 마네킹과 대화를 하고 《월리를 찾아라!》에서 월리를 찾는 게 취미입니다.

마틴과 마리아나의 도시는 외롭습니다. 사람들이 너무 많아서 더 외롭죠. 이들은 각자의 방식으로 상대를 만납니다. 소개팅 앱을 통해 만난 여자와의 데이트에 대해 마틴은 이렇게 말합니다.

"이런 데이트는 맥도날드 콤보와 같다."
"사진이 더 크고 맛있어 보인다."
"빅맥 주문할 때와 같은 배신감이 늘 밀려든다."

마리아나는 수영장에서 한 남자를 만납니다. 수영이 인생의 전부인 것처럼 말했던 그가 다음 날부터 수영장에 나타나지 않습니다. 그 전날 잠자리를 함께 했던 마리아나는 좁은 집에서 울음을 터트립니다. 울음소리에도 옆방의 피아노 소리는 멈추지 않습니다.

이때부터 우린 조바심이 생기기 시작합니다. 마리아나와 마틴의 동선이 겹칠 때마다 더욱 그렇죠. 제발 월리를 잘 좀 찾아봐! 이들의 공간이 작아서 망정이지 크면 더 외로웠을 거라고요? 외로움은 공간의 크기와 상관이 없습니다. 사람 때문입니다. 사람은 태생적으로 혼자 살 수 없으니까요. 시대와 장소와 문화에 따라 정도의 차이는 있을지언정 관계없이는 살 수 없는 존재가 사람입니다.

"모든 건물에는 쓸모도 이유도 없는 부분이 있다."
"정면도 후면도 아닌 메디아네라다."
"우릴 경계 짓고 세월과 먼지만 먹는 공간."

"측벽은 광고판이 되어도 아름답지 않다."

"대박을 약속하는 복권 광고가 대부분 요즘의 경제 위기를 보여
주기도 한다."

"닭장에서 사는 답답함을 해소하는 길"

"탈출구다. 탈출구는 모두 불법이다."

"도시계획 기준을 위반한 작고 불규칙하고 무책임한 창문"

"칠흑 같은 삶에 한줄기 빛을 비춘다."

마침내 두 사람은 각각 측벽에 창을 냅니다. 서로 마주 볼 수도 있
는 환경이 된 거죠. "진실한 사랑이 당신을 찾아올 거예요. 누가 운명
인지 그땐 알게 되겠죠. 그대 슬프겠지만 슬퍼하지 말아요. 그리고 제
발 포기하지 말아요. 진실한 사랑이 당신을 찾을 때까지." 둘은 라디오
에서 흘러나오는 다니엘 존스턴의 'True Love Will Find You in The
End'를 따라 부를 뿐입니다.

"저 전깃줄은 우릴 이어주는 걸까? 아니면 갈라놓는 걸까?"

"어디서나 우릴 이어준다는 이동 전화망도 있다."

"문자 메시지는 아름다운 언어를 원초적이고 거친 어휘로 제한시키는 데 일조했다."

"광학 기술이 미래라고 선지자들은 말한다."

"집 난방도 원격으로 할 수 있게 된다."

"그래봤자, 집에 가도 아무도 없을 텐데."

"바야흐로 가상 관계의 시대다."

이 둘은 채팅방에서 우연히 만납니다. 하지만 그도 잠시, 정전으로 컴퓨터가 꺼집니다. 급하게 두 사람 모두 초를 사러 가죠. 어두운 가게에서 다시 이루어진 진짜 만남. 그러나 둘은 그냥 지나칩니다.

1인 세대가 증가하는 현실에서 건축 공간적 의미를 사랑이라는 관계로 풀어나가는 해피엔딩이라 가슴이 따뜻해집니다. 코로나 바이러스로 인한 해프닝을 그린 영화 〈뤼마니테 8번지〉(2021)도 격리나 비접촉 공간이 해결해 주지 못하는 사람의 삶을 역시나 관계로 해결합니다.

오래 살수록
인생은 아름답다:
인생 후르츠

영화 〈인생 후르츠〉(2017)는 인생의 궁극적인 행복이 무엇인지, 건축의 궁극적인 목적이 무엇인지를 되돌아보게 하는 영화입니다. 주인공은 건축가 츠바타 슈이치(90세)와 그의 아내 츠바타 히데코(87세). 츠바타 슈이치 할아버지는 젊은 시절 나고야의 '고조지 뉴타운 조성계획'에 참여한 것을 계기로 히데코 할머니와 함께 그곳에 살고 있습니다.

자연과 함께 소소한 일상을 누리는 것을 '소확행'이라고 하던가요? 수십 가지 채소와 과일을 키우며 소확행을 즐기는 노부부의 삶을 영화는 전합니다. 대지는 300평, 집은 15평, 방은 하나. 마당엔 채소 70종, 과일나무 50종이 자랍니다. 낙엽을 모으고, 묵히고 썩혀 퇴비로 만들고, 땅에 뿌립니다. 비가 내리면 과일과 채소가 자랍니다. 그 땅에 할머니와 할아버지의 정성이 더해지죠.

할아버지는 대학을 졸업 후 안토닌 레이먼드 밑에서 실무를 배우고, 일본 주택공단 창설과 동시에 그곳에 입사합니다. 18개의 단지 설계를 경험한 후 드디어 1960년 고조지 뉴타운 마스터플랜의 책임

노부부가 가꾸는 과일과 채소,
건축가의 스케치가 담긴 〈인생 후르츠〉의 포스터들. 엣나인필름 제공

자가 되죠. 마을에 숲을 남겨두어 바람이 오가는 길을 만들려던 그
의 계획은 전혀 다른 방향으로 흘러갑니다. 산이 깎이고 계곡이 메워
지는 개발, 슈이치 할아버지는 밀어버린 땅을 다시 산으로 돌려놓기
위해서 어떻게 해야 할지를 고민합니다.

"모든 사람이 힘을 모아 집집마다 작은 숲을 만들면, 마을 전체가
큰 숲을 이루어 산의 일부가 될 수 있다."

슈이치 할아버지는 이 사실을 입증하려는 실험을 시작합니다. 그
마음으로 시작된 고조지에서의 삶이 지금까지 50년을 보내게 된 거
죠. 도시를 떠나지 않으면서 피드백 하나 없이 뉴타운을 만든다는 일
본의 도시계획가, 건축가에게도 쓴소리를 아끼지 않습니다.

매실 같기도 하고 아보카도 같기도 한 열매를 따서 껍질을 벗기는 할아버지. 그 열매에서 나온 것은 호두였습니다. 편의점에서 물건 사본 적은 한 번도 없다는 히데코 할머니는 40년 이상 된 단골집에서 생선을 사며 말합니다.

"사람을 믿는 거죠. 그러면 물건도 확실하니까요."

어느 날 제초 작업 후 낮잠을 주무시던 할아버지가 다시는 일어나지 못합니다. 이후의 영화는 할머니의 삶을 좇습니다. "혼자서 몇 년을 어떻게 살아가야 할까?"라며 웃는 할머니의 눈가로 시선이 모입니다. 할머니가 여린 체구로 밭을 가꾸며 사는 집엔 채소와 과실수마다 할아버지의 흔적이 너무나도 많습니다.

다시 할아버지의 생전, 한 정신병원으로부터 편지가 날아옵니다. "이번에 저희 클리닉에 새로운 시설을 만들려고 합니다. 물질 중심의 경쟁 사회에서 낙오되어 병을 얻은 사람들. 인간적인 삶이란 무엇일까요? 부디 힘이 되어주시길 부탁드립니다."

할아버지의 답장이 이어집니다. "인생 마지막에 좋은 일을 만났군요. 안심하고 상세히 상담해 주세요. 분명 좋은 일이 생길 겁니다." 할아버지는 할머니의 의견을 물어가며 클리닉에 숲부터 만들어 갑니다. 야생화, 꽃, 나무, 숲. 병원에 보낸 배치도엔 많은 스케치와 글들이 가득 담겨 있습니다.

"숲은 자연의 에어컨, 시원해라."
"사계절마다 제철 과일이 한가득"

그리고 클리닉이 완성되어 초대된 할머니는 할아버지의 영정을 들고 갑니다.

영화 끝날 때, 크레디트와 함께 영화 중간중간에 삽입되었던 문장들의 주인공이 소개됩니다. '집은 삶의 보석 상자여야 한다'는 르코르뷔지에, '모든 해답은 위대한 자연 속에 있다'는 안토니오 가우디, '오래 살수록 인생은 더욱 아름다워진다'는 프랭크 로이드 라이트였습니다.

삶의 목적과 행복은 사람마다 다를 겁니다. 은퇴한 노인 부부의 삶이 전투적인 삶을 살아가는 현대 젊은이의 삶과 같을 수 없으며, 목적이나 가치 또한 서로 다를 겁니다. 백인백색, 각자의 가치관과 행복을 생각해 봐야 할 동기가 되는 영화, 바로 이 영화를 봐야 할 이유입니다. 다만 슈이치 할아버지가 자신의 텃밭에 전승기를 거는 장면, 또 당시의 전우를 찾아 그의 묘에서 군가를 부르는 장면, 모두 천왕의 충성스러운 황민임을 강조하는 느낌이 들기도 합니다.

평생 서울에서만 그리고 많은 시간을 아파트에서만 살아온 저도 10여 년 전 늦가을, 시골 주택으로 이사하고 생전 처음으로 마늘을 심었습니다. 그 사실조차 까맣게 잊고 있던 봄날 줄지어 올라온 새싹이 너무 신기했습니다. 그런데 아뿔싸, 모두 거꾸로 심어 놨으니 뿌리는 위에서 아래로, 싹은 아래에서 위로 자라 모양이 S자더군요. 그래도 걷이는 풍년이었습니다. 무식한 초보 농사꾼에 대한 자연의 너그러움이랄까요.

[쉬어가기] 건축영화의 형식 다큐멘터리

〈인생 후르츠〉는 영화 형식이 기록영화(다큐멘터리)임에도 극영화 못지않은 재미를 선사합니다. 사실 건축영화는 다큐멘터리가 주를 이루죠. 실제 사건이나 사실을 기록한 다큐는 흔히 무료하다고 말합니다. 극영화처럼 기승전결의 흐름과 예상치 못한 반전을 만들어 내기가 쉽지 않은 형식이라 주로 감동을 주무기로 관객들에게 호소합니다.

2006년 BBC가 총 11부작으로 제작한 〈살아있는 지구〉는 다큐 역사에 한 획을 그었다고 할 정도로 엄청난 반향을 일으키죠. 우리가 사는 이 땅의 아름다움과 경이로움을 화면 가득히 담아낸 작품인데, 그 영상미만으로도 가슴 벅찬 감동과 눈물을 자아냅니다.

알래스테어 포더길, 마크 린필드 감독에 의해 만들어진 〈지구〉(2007)는 TV가 아닌 극장용으로, 그 감동을 대형 스크린에 옮겼다는 점에서 의미가 깊습니다. 이 아름다운 다큐는 2016년 BBC의 〈살아있는 지구 II〉 6부작으로 다시 돌아옵니다. 요즘은 집에 대형 스크린과 오디오 장비를 보유하고 있는 경우도 많으니 블루레이 4K, 8K 소스와 함께라면 극장 못지않은 호사를 누릴 수 있으리라 봅니다.

〈인류세: 인간의 시대〉(2018)는 〈버틴스키와 산업사회의 초상〉(2006)과 〈워터마크〉(2013)에서 이어지는 3부작이며, 전편 모두 큰 충격으로 남았습니다. 제니퍼 베이치월, 에드워드 버틴스키, 니콜라스 드 펜시에르 등 여러 작가와 예술가 그리고 과학자들이 무려 4년간이나 다큐 제작에 참여했습니다.

얀 아르튀스 베르트랑 감독의
〈휴먼〉, 포스터

〈버틴스키와 산업사회의 초상〉은 세계적으로 저명한 사진가 에드워드 버틴스키의 생애와 작품을 다룬 다큐멘터리로, 중국의 산업현장, 싼샤댐, 상하이 개발 장면들이 하나의 스틸컷처럼 이어집니다. 〈워터마크〉는 콜로라도강, 갠지스강 등 물의 흔적을 통해 인간과 인류 역사를 장대하게 펼쳐낸 다큐입니다.

얀 아르튀스 베르트랑 감독의 〈휴먼〉(2015) 3부작은 영화 시작과 함께 한 사람의 얼굴이 화면을 가득 채웁니다. 말도 없이 표정만 있죠. 무표정한 사람, 우는 사람, 뭔가를 골똘히 생각하는 사람, 카메라를 응시하지 않는 사람, 남자, 여자, 아이, 노인, 흑인, 백인, 동양인, 차도르를 두른 여인 등. 각양각색으로 다양한 인종의 수많은 모습들이 지나간 후, 드디어 그들이 말문을 엽니다.

"비가 오면 행복해요."
"집이 있으니 더 바랄 게 없죠."
"사랑하는 사람이 있어서 좋아요."
"아이가 태어난 그날은 정말 잊을 수 없어요."

마지막으로 케빈 맥도날드 감독의 〈라이프 인 어 데이〉(2011)는 세상 구석구석에 살고 있는 수백 명의 하루를 담아낸 영상입니다. 감독은 다음과 같은 3가지 질문을 던지며 2010년 7월 24일 하루에 촬영한 삶을 모았습니다.

"지금 주머니에 가지고 있는 물건은 무엇입니까, 당신이 사랑하는 것은 무엇입니까, 당신이 두려워하는 것은 무엇입니까?

197개국 8만 여개의 영상 클립은 1,125편으로 추려져 하나의 영화로 탄생했고, 2011년 세계 곳곳의 인간 군상들이 누리는 삶의 희로애락을 미래의 후손에게 건네는 타임캡슐이라고 표현했습니다.

그로부터 꼭 십 년이 지난 2020년, 리들리 스콧과 케빈 맥도날드는 다시 한 번 하루 동안 삶의 모습을 촬영한 영상을 모집하고 그로부터 2년 뒤에 공개합니다. 192개 국가에서 324,000개의 영상이 모였죠. "이 짧은 영상들이 어떻게 이렇게 긴 여운을 남길까? 지금 이 순간, 나의 인생은 행복한가?"라는 질문과 함께. 이 영상은 유튜브에 공개되어 있고 친절하게 한국어 자막까지 지원되니, 더 이상 미루지 마시고 보시길 바랍니다. 한동안 무언지 모를 상념에 휩싸일 겁니다.

내 집을
꿈꾸는 사람들

2장

집의
시간들

  서울의 끝자락, 강동구 둔촌동의 둔촌주공아파트는 10년째 재건축을 논의하고 있습니다. 어느 날, 드디어 재건축이 현실이 되고, 오랫동안 살던 곳을 떠나기 전에 사람들은 이야기를 시작합니다.

  〈집의 시간들〉(2017)의 카메라는 인터뷰하는 사람들을 비추지 않습니다. 그들의 이야기를 따라, 그들의 시선대로 거실과 창문, 그들이 산책하던 단지 앞 공터, 하늘과 그림자를 좇아가죠. 재건축으로 인한 부동산의 가치 상승 같은 물질적인 이야기보다는 그들이 살아왔던 장소에 대한 솔직한 속내를 기록합니다. 두 아이들을 안정적으로 키워 만족한다는 한 가장을 시작으로, 몇 분의 이야기를 옮겨봅니다.

  3층 동향 집이란 점이 맘에 들지 않아 남향 집으로의 이사를 꿈꾸며 살았다는 어머니. 시간은 흘러 어느덧 28년째입니다. 봄이면 벚꽃이 활짝 피는 모습을 볼 수 있는 3층만의 특혜. 그 특혜를 몰랐습니다. 시멘트 벽만 바라보고 살아가는 세상에서 풍성한 나무와 꽃을 볼 수 있는 멋진 환경이 떠나야 하는 이 시점엔 더 아쉽게 다가옵니다. 아들은 늘 창문을 바라보고 누워 새소리를 들으면서 노래를 살짝 틀

어놓습니다. 새소리와 음악소리의 조화. 아들도 역시 이 아름다운 환경이 재건축으로 사라지는 현실이 안타까울 뿐입니다.

딸을 출산하고 10개월쯤 되었을 때 은퇴한 아버지와 어머니가 함께 고향으로 내려갔습니다. 이렇게 빈 집에 세 식구가 들어와 살게 되었죠. 벽에 붙어있는 스티커 사진, 어머니의 화장대. 물건들을 많이 버렸지만 아직도 집안 곳곳에 추억들이 남아있습니다. 정전이 되면 들어오는 비상등. 나중에 이사 갈 때에 이 등만큼은 꼭 떼어가고 싶을 만큼 좋습니다. 지금의 딸 또래 때부터 살던 집에서 딸을 키우니 감정이 참 묘합니다. 옆집 언니도 같은 말을 합니다. "참 묘하다. 어릴 때 우리도 이렇게 뛰어놀았는데."

둔촌주공아파트의 10층 높이가 정겹게 느껴진다는 한 청년은 과거 자신이 살았던 아파트들을 비교해 가며 스카이라인에 대한 구체

건물 보다 더 높이 울창하게 자란
수목들. © 라야

적인 의견을 제시합니다. 올림픽 아파트는 30층, 20층, 10층, 5층 등 동마다 층 수가 다양해 전체 단지가 자연스럽게 느껴지고, 현재 사는 아파트는 모두 일률적으로 31~33층이라 멀리서 보면 단지가 벽처럼 느껴지고 무서워 보이기까지 한답니다. 둔촌아파트에 오면 마음이 편해진다는데, 이런 느낌을 갖는 것은 어렸을 적 동네여서가 아니라 주변 환경과 잘 어울리기 때문입니다. 역시 아파트는 저층이 인간적이겠죠? 하늘이 가까우니까요.

원래 네 명의 가족이 함께 살다가 부모님의 지방 발령으로 혼자 살게 된 지 일 년이 되었습니다. 서향집이라 해가 질 때 빛이 들어오는 느낌이 좋고, 창가의 화분들이 만들어주는 그림자가 좋다는 여성입니다. 가까이 있는 절 때문에 저녁시간에 들리는 종소리도 좋고, 야생화를 좋아하는 1층 아주머니가 동 앞에 종류별로 심어놓은 3, 4, 5월에 피는 꽃들도 너무 아름답습니다. 새소리, 나무, 바람. 아파트 단지지만 숲속에 사는 것처럼 모든 창문을 녹색으로 채웁니다.

주민들에겐 10미터 이상 되는 메타세쿼이아, 소나무, 전나무, 살구나무, 은행나무, 벚나무, 겹벚꽃 나무, 수양벚나무 등이 사라진다는 것은 아쉬움인 동시에 둔촌동에서 정말 포기하고 싶지 않은 것들입니다. 어쩌면 서울에 살면 정말 포기해야 하는 것들일 수 있죠. 주민들 대부분의 기억은 주로 조경을 비롯한 외부공간에 있습니다. 40년이 된 낡은 아파트 자체는 그곳에서의 추억거리를 제외하곤 오히려 불편한 시설일 따름이었을 테니까요. 자연과 더불어 사는 환경 속에서 운동하는 사람, 산책하는 사람, 아이들과 시간을 보내는 주부, 이웃과 도란도란 잡담을 나누는 사람들로 인해 단지는 안전하고 목가적인 풍경을 완성합니다. 성우의 내레이션이 아닌 주민들의 가감

없는 육성은 그들과 함께 대화를 나누는 듯합니다.

1980년 준공된 둔촌주공아파트는 1999년부터 재건축 논의가 시작되어 2018년 10월, 이주와 철거가 모두 완료되었습니다. 143개 동으로 이루어진 대규모 단지로 5,930세대가 거주했으며 신축 후에는 1만 2,120 가구가 들어설 예정입니다.

이들의 이야기에는 공통적인 가치가 존재합니다. 어쩌면 우리 가슴 속에도 이미 자리하고 있던 이야기인지도 모릅니다. 우거진 나무와 샛길, 햇빛이 잘 드는 창, 가족과 이웃들, 그들과의 시간과 추억, 삶, 그리고 집. 특히 공동주택이라는 공간의 삶 속에서 오랜 삶을 영위했던 거주민들이 잃기 싫어하는 것들이 무엇인지 확인해 볼 수 있습니다.

한곳에 오래 산다는 것, 그것만으로도 소중한 가치가 아닐까요? 눈에 보이는 형태나 이미지가 아니라 인간이 소중하게 생각하는 가치를 담아낼 수 있는 건축이 그립습니다.

둔촌주공아파트 단지 내 주민 쉼터. ©라야

주거에 대한 국가 정책이나 제도를 다룬 영화도 많습니다. 어쩌면 주거 정책이나 제도는 주거 자체보다 더 중요할 수 있고, 복지국가의 척도를 가늠하는 중요한 수단이기도 합니다. 그러나 아이러니하게도 오히려 가족을 해체시키기도 합니다.

미국 세인트루이스에 있던 프루이트 아이고(Pruitt-Igoe) 단지는 저소득층을 위한 주거 정책의 일환으로 건설되었는데, 한부모 가정만 입주할 수 있다는 조건을 내걸자 일부러 이혼을 하는 경우가 많았죠. 켄 로치 감독의 〈캐시 컴 홈〉(1966)에서도 그러한 제도적인 허점과 가족의 해체를 고발하며 전후 영국의 주거 사정을 잘 표현하고 있습니다.

2017년 영화 〈디스포제션: 공공 주거의 허와 실〉은 영국의 주거정책, 특히 임대주택의 정책적 변화에 대해서 잘 조명하고 있습니다. 53퍼센트에 육박한 임대주택 비율은 국민 대부분이 큰 주거 비용 부담 없이 가정을 꾸려 살아갈 수 있는 영국의 주거복지를 대변해 줍니다. 그런데 보수당의 대처 수상은 '우선 분양 전환권'이라는 제도를 도입해 일정 기간 동안 임대주택에 거주한 사람에게 살던 집을 분양받을 수 있도록 하죠. 보수당이 당연히 선거에 압승했습니다. 이후에 전환권으로 확보된 예산은 다시 임대주택에 재투자되지 않았습니다.

정재은 감독의 〈아파트 생태계〉(2017)를 보면 우리나라의 공동주거 변천사를 잘 이해할 수 있습니다. 경제성장률이 오르기 시작한 1960년대 말부터 우리나라는 중산층을 위한 주거정책이 시급했습니다. 당시 서울은 청계천을 비롯해 여러 곳에 달동네와 판자촌이 여전했죠. 그래서 마련한 대안이 바로 선분양 방식입니다. 계약금과 중도금으로 아파트 건축비를 조달하니 정부는 금전적인 부담이 없었습니다. 이 방식은 그대로 민간에게 이양되어 지금까지 유지되고 있습니다. 공사 품질도 보증하기 어렵고 공사비 역시 국민에게 부담 지우는 이 방식은 진작 후분양 방식으로 바뀌어야 했습니다. 최근 심심치 않게 아파트 부실시공 논란이 발생하며 후분양 방식이 다시 거론되고 있습니다.

부부가 한 10년 정도 검소하게 살면서 열심히 저축하면 집을 장만할 수 있는 시스템이 있으면 좋겠습니다. 샀다 팔았다를 반복하는 사람이 돈이 돈을 버는 사회가 아니었으면 좋겠다는 뜻입니다.

조선 중기 문신인 송순(1493~1582)은 말년에 벼슬을 떠나 전남 담양으로 내려가 면앙정을 짓습니다. 10년 만에 지은 이 작은 정자에서 노래한 '면앙정잡가'(俛仰亭雜歌)가 떠오릅니다.

십 년을 경영하여 초려삼간(草廬三間) 지어내니
한 칸, 달 한 칸, 청풍 한 칸 맡겨 두고
강산은 들일 데 없으니 둘러 두고 보리라

당신은 숲에서
살아야 합니다,
모리야마 씨

일본 도쿄 외곽의 어느 작은 마을, 독특하게 지어진 주택이 하나 있습니다. 그 집에 사는 주인의 행적을 기록하는 이들도 있습니다. 이 둘을 기록한 영화가 〈모리야마 씨〉(2017)입니다. 특히 이 영화의 감독 일라 베카와 루이즈 르무안을 기억해 둘 필요가 있습니다. 건축영화의 중요한 자원을 만들어 내는 감독들이니까요.

모리야마 씨 주택은 니시자와 류에라는 일본 건축가의 작품입니다. 그는 세지마 가즈요와 함께 1995년 SANAA라는 설계사무소를 설립합니다. 평상시에는 각자의 사무실을 운영하며, 프로젝트에 따라 SANAA를 운영합니다. 2010년 이들은 프리츠커상을 수상했습니다.

건축가의 표현대로, 이 주택은 마치 '주사위를 던지듯' 열 개의 작은 덩어리로 나뉘어져 있습니다. 집주인의 요구, 또 주변 환경과의 조화 등 다양한 조건과 건축가의 창의성이 잘 결합된 사례인데, 그의 개념 스케치를 보면 건물이 열 개 동으로 분절된 이유가 잘 설명됩니다.

네 개의 매스는 주인인 모리야마 씨가 사용하고 나머지 여섯 개는 임대 주택입니다. 대지면적 290.07제곱미터, 건축면적 130.06제곱미

다양한 규모의 매스와 길로 구성된 모리야마
씨의 주택, 〈모리야마 씨〉 중에서

터, 연면적 263.08제곱미터, 규모는 최대 지상 3층, 지하층이 있는 동
도 두 개나 있습니다. 그다지 크지 않죠.

이 주택은 열 개로 나뉜 매스 때문에 골목과 같은 다양한 길들이
생겨났습니다. 매스들의 층 수와 높이 또한 다르기 때문에 이 작은 길
들의 느낌이 모두 다릅니다. 이 길의 주 사용자는 임차인이 될 수도 있
고 주인인 모리야마 씨가 될 수도 있습니다. 혹은 함께 사용하는 공적
인 외부공간이 될 수도 있습니다. 이 외에 외부 도로로 연결된 길에서
는 행인을 훔쳐보듯 바라볼 수도 있죠.

거실과 잠자는 곳, 책 읽는 곳, 음악 감상하는 곳, 욕실까지 모두 다
양한 방식으로 떨어져 있지만, 가진 것은 시간뿐인 모리야마 씨에게

는 그리 큰 문제가 될 거 같진 않습니다. 오히려 무료한 시간이 많은 집 주인에게는 변화를 느끼며 삶의 가치를 높이는 부분이 아닐까 합니다. 극히 개인적인 가치를 중요하게 생각하는 일본, 남에게 피해는 절대 주지 않는 일본에서 공공의 길은 넘을 수 없는 경계가 될 수도 있습니다. 모리야마 씨 주택의 골목처럼 말이죠. 불가침 영역은 완벽하게 유지되면서 임차인들과의 접촉점을 찾아내는 삶, 이것이 모리야마 씨의 사회적 삶인지도 모릅니다.

노이즈 뮤직과 실험 영화, 독서를 즐기는 모리야마 씨는 직장인도 아니고 외부 일정도 거의 없어 대부분의 시간을 집에서 보내죠. 해외를 나가본 적이 없으며 도쿄를 떠나본 적도 없습니다. 모르긴 몰라도 모리야마 씨도 영화 〈부에노스아이레스에서 사랑에 빠질 확률〉의 마틴과 마리아나처럼 외로울 겁니다. 이 외로움에 대한 건축적 해결, 즉 사회적인 만남과 기회를 더 갖도록 하는 건축가의 건축적 제안은 놀랍습니다. 니시자와 류에가 처음 모리야마 씨를 만났을 때 "당신은 숲에서 살아야 합니다."라고 말했다는데 그 숲이 아마 건축적 매스들로 이루어진 커뮤니티로 귀결된 듯합니다.

여섯 개의 임대 동 역시 모두 다릅니다. 지하 스튜디오가 있는 동, 2층이 있는 동. 각각의 조건에 따라 임대료도 다르겠죠. 단 일주일을 기록한 다큐인 만큼 우리가 알거나 가늠할 수 없는 부분이 많습니다. 예를 들면 모리야마 씨가 독신남인지 이혼남인지, 봄, 여름, 가을, 겨울에 어떤 변화가 있을지, 임차인들과의 관계는 다큐에 표현된 이외에 무엇이 있을지 궁금합니다. 촬영 기간을 여유롭게 잡고 계절별 상황별 다양한 모습을 보여주었으면 더 완벽한 건축영화가 완성되지 않았을까라고 생각해 봅니다.

모리야마 씨 주택에서 아쉽게 생각하는 부분은 조경과 식재입니다. 단독주택에서 조경이 갖는 의미는 상당히 큰데 콘크리트 덩어리와 달리, 사람과 같이 나이를 먹어가며 변화를 보여주는 중요한 소재이기 때문입니다. 나무도 두꺼워지고 가지도 많아지고 봄, 여름, 가을, 겨울마다 다른 모습을 보이며 꽃도 피고 열매도 맺고 새들도 깃듭니다. 그러나 모리야마 씨 주택의 조경은 남는 공간에 적당한 나무를 적당히 채워 넣은 듯한 느낌을 지울 수 없군요. 집의 주인공이 될 만한 나무가 한 그루 있었으면 훨씬 좋았을 거 같습니다.

〈성가신 이웃〉에 등장하는 쿠루체트 주택에는 옥상까지 이어지는 큰 나무가 집의 정중앙에 자리하고 있습니다. 이로 말미암아 옥상엔 진짜 나무 그림자가 드리워지고, 가을엔 낙엽이 떨어질 겁니다. 옥상정원을 만들 때 심는 관목의 느낌, 플랜팅 박스나 화분으로 만들어내는 느낌과는 완전히 다릅니다.

교제와 이벤트 공간으로 사용되는 건물 옥상
©Beka_Lemoine

[쉬어가기] 다큐멘터리와 촬영 기법

일주일이라는 한정된 기록시간 때문에 그 어떤 다큐보다도 아쉬움이 많은 〈모리야마 씨〉를 보며 아주 긴 시간(심지어 몇 년)을 기록한 영화를 알아보려고 합니다. 기록영화는 디지털 촬영과 타임랩스 기법이 도입되면서 큰 변화가 일어납니다. 눈이 따라갈 수 없을 만큼의 엄청난 스케일과 화질은 물론, 서라운드 입체 음향, 가슴 깊이 전해지는 묵직한 감동까지 선사하죠. 이러한 영화는 최근 들어 수없이 늘어났으며 갓프레이 레지오, 론 프릭 감독이 초창기 타임랩스의 막을 연 이들입니다.

갓프레이 레지오 감독의 대표 영화 〈코야니스카시〉(1982)는 '균형 잃은 삶'(Koyaanisqatsi)이란 뜻으로 호피족 인디언의 언어입니다. 접미어 카시(qatsi)가 인생을 뜻합니다. 호피족은 미국 애리조나주 북동쪽 그랜드 캐니언에 살던 인디언으로 지금은 그 숫자뿐만 아니라 언어조차도 소멸 위기에 놓여있습니다. 인류의 설계도(DNA)를 비롯해 신이 자신들에게 내려주었다는 호피 예언으로 유명합니다. 자연의 풍광이나 도시의 이미지를, 관찰자의 입장에서 기록한 〈코야니스카시〉는 '슬로 모션'과 긴박감 넘치는 음악을 더한 '패스트 모션'으로 관객을 이끕니다. 어디선가 본 듯한 장면들, 역사적인 장면들, 인간 군상들의 삶 자체가 스토리나 출연배우 없이 하나의 이미지로만 제시되죠. 느낌은 순전히 관객들만의 몫입니다.

현재도 가톨릭 공동체 생활을 하고 있다는 갓프레이 레지오 감독, 그의 의도와 상반된 느낌이 전달된다고 해도 전혀 문제 될 게 없습니다. 백인백색의 느낌을 하나의 틀 안에 가두는 것조차 이런 영화의 목적과는 상반되는 것이니까요. 미니멀리즘의 거장 필립 글라스의 음악 때문에 이 영화를 좋아하는 팬도 많습니다.

갓프레이 레지오 감독의 '카시' 3부작 가운데 〈나코이카시〉, 포스터

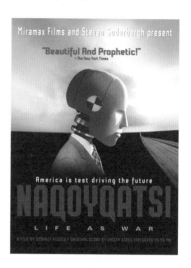

몽타주 기법으로 도시의 풍경을 그려내는 지가 베르토프 감독의 〈카메라를 든 사나이〉, 포스터

〈코야니스카시〉는 다른 두 편의 영화와 더불어 '카시' 3부작으로 불립니다. 〈포와카시: 변형된 삶〉(1988)와 〈나코이카시: 전쟁의 삶〉(2002)가 그것이죠. 흔히 선편보다 나은 후편이 없다고 했나요? 거의 5년 간격으로 만들어진 영화들은 사람마다 평이 다르지만, 뒤로 갈수록 더 많은 의미와 느낌과 감동이 전해집니다. 〈코야니스카시〉에 비해 좀 더 다채로운 방식으로 표현된 〈포와카시〉는 인간들의 도시와 환경을 주로 다룹니다. 〈나코이카시〉는 전편의 두 영화와 달리 컴퓨터 그래픽 요소와 이미지 변형을 포함했다고 해서 부정적인 평이 있지만, 그 자체가 오히려 신선했고 가치 있다고 생각합니다. 1편 〈코야니스카시〉의 제작년도가 1982년이니, 디지털 이미지에 익숙한 지금의 우리가 시대적 격차를 인정하는 건 생각일 뿐, 눈은 그것을 허락하지 않아서 그런 걸까요?

아무튼 이 세 영화는 말보다 느낌입니다. 사진전에서나 볼 수 있는 아름다운 사진을 수천 편 슬라이드 쇼로 감상한다고 생각하면 딱입니다. 다만 '카시' 시리즈는 타임랩스의 초창기로 화질 면에서 다소 뒤처짐을 인정하지 않을 수 없습니다. 최근 4K, 8K를 접해본 사악한 눈들에겐 그 가치만으론 강요하기 어려운 점이 있죠. 따라서 같은 선상에 놓인 '카시' 시리즈의 촬영감독이 만든 다른 영화들을 추천합니다.

고대 이슬람 수피어로 '신의 은총' 또는 '축복'이라는 의미의 BARAKA, 바로 론 프릭 감독의 동명 영화 〈바라카〉(1992)를 들 수 있습니다. 〈바라카〉는 〈코야니스카시〉 당시 각본과 촬영감독을 맡았던 론 프릭이 총 24개국 152개의 로케이션으로 완성한 영화입니다. 70밀리미터 필름만이 보여줄 수 있는 압도적인 영상이 극치를 이루죠. 이 영화에 대한 검색어는 위대함, 신비로움, 미학적, 철학적이라는 단어가 대부분인 만큼 인생에서 놓쳐서는 안 될 영화라고 봅니다. 미장센이 아름답기로 유명한 영화, 타셈 싱 감독의 〈더 폴〉(2006) 역시 이 영화에 많은 부분을 빚지고 있으니까요. 원래 아이맥스용으로 제작되었고, 현재 블루레이로 출시되어 있습니다. '카시' 시리즈 영화들과 마찬가지로 대사 하나 없이 영상으로만 메시지를 전합니다. 론 프릭 감독의 영화는 카시 전편 격인 〈크로노스〉(1985)와 〈삼사라〉(2011)도 있습니다.

〈북극의 나누크〉 또한 기록영화에서 빠트릴 수 없는 위치를 점하고 있습니다. 이와 더불어 러시아 감독 지가 베르토프의 〈카메라를 든 사나이〉(1929)는 몽타주 기법을 동원한 도시의 풍경을 시간대별로 그려낸다는 점에서 주목할 만한 영화입니다.

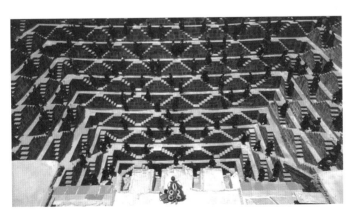

타셈 싱 감독의
〈더 폴〉 중에서 한 장면

무한 행복을
디자인한다

"Happiness is having a heart-to-heart with someone you trust." (행복이란 당신이 신뢰하는 사람과 마음을 나누는 것이다.)

유엔 세계행복지수를 보면 늘 1, 2위를 고수하는 덴마크에서는 학교에서부터 이러한 행복교육법을 가르친다고 합니다. 덴마크에서 행복은 자기 혼자만의 것이 아니라 공동체와 함께 누리는 것입니다. 덴마크 사람들에겐 이것이 자연스러운 삶의 태도이고 의무가 됩니다.

〈무한 행복〉(2015)은 덴마크 다큐멘터리로, 독특한 공동주택이 등장합니다. 이름하여 8하우스. 하늘에서 보면 배치가 8자처럼 생겼습니다. 지상에서 10층까지, 뫼비우스 띠처럼 보행로가 연결되어 있습니다. 영화 제목대로 무한(∞)이라는 형용사가 집 이름에 더 어울리는 듯합니다. 이 공동주택에서 8자 모양의 길은 덴마크에서 행복을 정의내리는 사회적 관계 공간입니다. 한국 아파트의 복도에서는 옆집 사람을 만나면 모른 척하거나 기껏해야 눈인사 정도고, 대부분은 옆집에 누가 사는지조차 모르는 게 현실입니다.

8하우스에서 가장 큰 건축 개념이 '건축적 산책로'(promenade)입니다. 건축적 산책로는 최단거리 동선과는 다릅니다. 평상시엔 엘리

8하우스의 풍광 ©Jens Cederskjold(Flickr)

베이터나 직통 계단처럼 가장 짧은 동선을, 산책이나 운동 등 여유를
가진 이동에 이 건축적 산책로를 이용하는 거죠. 동시에 그 과정에
서 이웃과 만나 어떤 관계가 형성된다면 더할 나위 없이 바람직할 겁
니다. 8하우스는 주거와 상점, 사무실 등으로 구성되어 있으며, 규모
는 총 10층, 전체 연면적은 61,000제곱미터, 총 476세대입니다. 주변
은 풍광이 너무 아름다워서, 웬만하면 뫼비우스 통로만을 사용하고
싶은 심정이 듭니다.

  이 공동주택의 설계자는 덴마크의 BIG(Bjarke Ingels Group)입니
다. BIG의 비야케 잉겔스는 현재 세계 최고의 몸값을 자랑하는 건축
가인데 제가 아는 한 유일하게 세계 유명 프로 운동선수들의 연봉과
비교할 수 있을 정도죠. 그는 8하우스가 들어선 외레스타드 신도시
지구에 이미 두 건의 주거 건물, VM 하우스와 마운틴 드웰링을 설계

8하우스의 건축적 산책로
©Beka_Lemoine

하여 준공한 바 있습니다.

이 영화의 카메라를 잡은 일라 베카와 루이즈 르무안은 다른 모든 영화에서처럼 늘 건물 사용자의 관점을 좇습니다. 흥행을 중요하게 생각하는 영화감독 대부분은 그들의 시선을 건축물이라는 하드웨어에만 둡니다. 독특한 건물일수록 유리하죠. 시선을 끄니까요. 두 감독은 주로 삶의 가치에 우선순위를 두고 사람과 건축물의 관계를 포착합니다.

피자가 다 식도록 배달할 집을 찾지 못해 복잡한 주거 단지를 우왕좌왕하는 피자 배달부, 우편배달부 또한 마찬가지입니다. 뫼비우스의 띠처럼 알쏭달쏭 한 길이 문제인지, 픽토그램 길 안내가 체계적이지 못한 탓인지, 방문객들은 푸념을 늘어놓습니다. 하지만 거주자들에겐 그다지 문제가 되지 않습니다. 몇 번만 다녀보면 모두 기억할 수 있으니까요.

통로에서 외발자전거를 타는 주민, 쉽게 자기 집을 찾아가는 시각장애인, 집 안 작은 뜰에서 파티를 즐기는 여인, 술래잡기로 온 단지를 휘젓는 어린이집 아이들, 매일 찾아오는 건축 투어단에 불만 가득한 주민까지 다큐는 상상하지 못한 행태들로 가득 채워집니다. 강아지마저도 일라 베카 감독 앞에 장난감을 내려놓고 던져달라며 눈을 맞춥니다. 던지면 금방 물고와 다시 애처로운 눈길을 보내죠. 그러길 몇 번 반복하던 감독이 결국 도망치고 맙니다.

거주자들의 즉흥적인 인터뷰는 건축가를 신격화하듯 칭찬 일색인데, 이에 대한 건축가의 생각이 궁금해집니다. 감독의 다른 건축 다큐에서는 건축가들의 반응을 부록으로 담았는데 〈무한 행복〉에서는 왜 빠졌는지 아쉬움이 남습니다. 〈콜하스 하우스라이프〉를 본 렘 콜하스의 반응, 〈인사이드 피아노〉를 본 렌조 피아노의 반응, 〈크리스마스 마이어〉를 본 리처드 마이어의 반응은 또다른 즐거움을 줍니다.

2020년 3월 20일, 세계 행복의 날을 맞아 유엔은 다시 행복 보고서를 발표했습니다. 1인당 평균 소득, 개인의 자유, 신뢰, 건강 수명, 사회적 지원, 관용 등 여섯 가지 지표에 따라 전 세계 156개 국가의 순위를 매겼는데, 핀란드, 덴마크가 1, 2위를 차지하고 한국은 61위, 일본도 62위에 머물렀습니다. 북유럽 국가가 늘 상위권을 차지하는 이유는 신뢰할 수 있는 광범위한 복지 혜택과 낮은 부정부패, 민주주의와 국가기관 등 우수한 제도가 한 몫하는데, 유엔 행복보고서 작성에 참여한 존 F. 헬리웰은 이렇게 덧붙입니다.

"도시 지역이든 교외 지역이든 사람들이 자신이 사회에 속한다는 느낌을 받으며 여러 사람과 더불어 공공 제도를 신뢰하고 함께 즐길 수 있어야 행복한 사회 환경이라 할 수 있습니다. 이런 사회는 회복력도 좋습니다. 신뢰를 함께 나누면 힘든 상황에 대한 짐도 가벼워지기 때문이죠. 그로 인해 삶의 불평등 또한 줄어들게 됩니다."

행복의 조건 중 하나는 다른 누구와 비교하지 않는 겁니다. 행복은 주관적인 가치니까요. 행복지수 상위에 있던 부탄, 이 나라에 인터넷이 도입되면서 행복지수는 바닥을 향해 곤두박질하고 있습니다.

8하우스에서 볼 수 있는 조망
©Beka_Lemoine

〈맨 인 블랙〉(1997)에 프랭크 로이드 라이트가 설계한 뉴욕 구겐하임 미술관이 나오는 걸 보고 깜짝 놀란 적이 있습니다. 제법 유명한 건축물이 영화에 등장하면 마치 보물찾기에서 뭐라도 찾아낸 듯한 즐거운 느낌이 들죠. 영화를 보는 재미도 배가되곤 합니다.

〈프랑스 연인들〉(1979)엔 사보아 주택, 〈세상의 종말〉(1931)엔 스타인 주택, 〈브라우니언 무브먼트〉(2010)엔 유니테 다비타시옹과 밀오너스 하우스 등 르코르뷔지에의 작품이 등장합니다. 2016년 영화 〈인비저블 게스트〉엔 미스 반 데어 로에의 바르셀로나 파빌리온이 나옵니다. 〈블레이드 러너〉(1982)와 〈흑우〉(1989)엔 프랭크 로이드 라이트의 에니스 브라운 주택이, 〈맨 인 블랙〉(1997), 〈인터내셔널〉(2009), 〈파퍼씨네 펭귄들〉(2011)엔 뉴욕 구겐하임 미술관, 〈인터내셔널〉엔 자하 하디드의 파에노 과학센터도 등장하죠.

007 시리즈 제17탄인 〈언리미티드〉(1999)에는 프랭크 게리의 빌바오 구겐하임이, 〈애프터 선셋〉(2004), 〈솔로이스트〉(2009), 〈아이언 맨〉(2008), 〈겟 스마트〉(2008)엔 프랭크 게리의 월트 디즈니 콘서트홀이 출연합니다. 또 마이클 만 감독의 〈맨헌터〉(1986)에서 리처드 마이어의 하이 뮤지엄, 장 뤽 고다르의 〈경멸〉(1963)엔 말라파르테 주택, 빔 벤더스 감독의 〈구름 저편에〉(1995)에 장 누벨의 카르티에 현대미술재단, 〈팔레르모 슈팅〉(2008)엔 세지마 가즈요와 니시자와 류에의 졸버라인 스쿨, 테리 길리엄의 〈여인의 음모〉(1985)엔 리카르도 보필의 아브락사스 집합주거, 리들리 스콧 감독의 〈흑우〉(1989)엔 다카마츠 신의 기린 플라자(2007년 철거), 피터 그리너웨이의

〈8과 1/2 우먼〉(1999)에는 라파엘 비뇰리의 도쿄 포럼이 나옵니다.

인도 영화 〈프라하〉(2013)는 건축을 전공하는 학생들의 관계를 다룬 로맨스 스릴러물인데, 프랭크 게리의 댄싱 빌딩이 등장합니다. 〈미스터 존스〉(1993)에는 루이스 칸의 소크 연구소가, 〈블레이즈 오브 글로리〉(2007)에선 모세 샤프디의 해비타트 67이 보입니다.

프랑스 마르세유에 건설된 르코르뷔지에의 유니테 다비타시옹 ©Baptiste Flageul(Flickr)

자하 하디드의 파에노 과학센터
©maraCZ(Flickr)

미스 반 데어 로에의 바르셀로나 파빌리온
©Mondo79(Flickr)

이탈리아 합리주의 건축가 아달베르토 리베라의
말라파르테 주택 ©Julien Chatelain(Flickr)

리카르도 보필의 아브락사스 집합주거
©Ştefan Jurcă(Flickr)

공중에
떠있는 집: 콜하스
하우스라이프

포도주로 이름난 프랑스 보르도에 유명한 집이 하나 있습니다. 이름은 지명을 딴 '보르도 주택'입니다. 건축가는 네덜란드 출신의 렘 콜하스로 그 역시 세계 톱 클래스의 건축가입니다.

개인주택이라면 외부인에게 공개되는 일이 흔치 않습니다. 이 집의 주인처럼 휠체어에 의존해 살아가는 사람이라면 더욱 그 속을 들여다보기 어렵죠. 영화가 아니라면 보르도 주택을 자세히 관찰할 수 있는 기회는 거의 없다고 봐야겠죠? 이 집을 설계한 건축가의 의도까지 함께 읽어낼 수 있다면 영화 〈콜하스 하우스라이프〉(2008)의 가치는 더 높다고 할 수 있겠습니다.

먼저 보르도 주택에 대해 간단히 살펴보겠습니다. 1992년 보르도 중심가에서 5킬로미터 정도 떨어진 고풍스러운 주택에 살던 부부는 3명의 자녀들과 함께 살 새로운 주택을 생각합니다. 그러나 집주인은 생명이 위태로울 정도의 큰 교통사고를 갑자기 당하죠. 결국 그는 평생을 휠체어에 의지해 살아갈 수밖에 없게 되었고, 프로젝트도 2년 뒤에야 다시 재개되었습니다.

집주인은 건축가에게 아주 복잡한 집을 요구했습니다. 이 집에 대

렘 콜하스의 보르도 주택
©Beka_Lemoine

한 그의 정의가 바뀌었죠. 몸이 불편해진 만큼, 그래서 집 밖 외출이 어려운 그에겐 집이 세상이 되었고 행동을 결정하는 한계가 되었기 때문입니다.

렘 콜하스의 맞춤형 답안은 간결했습니다. 1998년에 완공된 보르도 주택은 2개 동으로 구성되어 있는데, 하나는 관리인(가정부)의 숙소와 게스트 하우스로 이루어진 단층 건물이고 다른 하나는 집주인이 사는 3층 규모의 건물입니다. 주인집은 2층에 부부와 자녀의 침실, 1층은 전부 거실, 지하층은 와인 저장고와 주방, 그리고 이 3개 층을 오르내리는 3미터×3.5미터(거의 방 하나 크기)짜리 리프트와 그 수직 통로를 따라 설치된 3개 층 높이의 책장이 있습니다. 휠체어를 배려한 장치이며, 디자인이자 이 집의 아이덴티티라고 할 수 있죠.

렘 콜하스가 제안한 건축개념은 '공중에 떠있는' 집입니다. 공중에 떠있다니, 말이 되나요? 앞서 〈인셉션〉에서 설명했던 것처럼 모든 건축가들에겐 중력이 큰 짐입니다. 슬래브, 보, 기둥, 기초, 지내력 등과 같은 모든 건축용어도 모두 이 중력을 지지하기 위한 것이죠. 기둥이나 상부를 지지할만한 콘크리트 벽 같은 것이 이 집에서는 보이지 않습니다.

보르도 주택의 구조적인 문제를 세실 발몽(오브 아럽의 구조기술자)은 렘 콜하스처럼 명쾌하게 해결합니다. 바로 그 해결책이 집의 전면에 보이는 와이어입니다. 후면 원형 계단실의 I 형강에 와이어를 매달아 구조적 안정을 유지하는 방식이죠.

이 영화는 여러 개의 에피소드로 구성되어 있습니다. 신발/ 커튼/ 계단/ 여기저기/ 조이스틱/ 창/ 경사로/ 예전과 다름/ 돌/ 연결다리/ 누수/ 구멍/ 조사/ 기계장치/ 붕괴 중/ 들려요?/ 회색/ 연못/ 원형 문/ 땅거미

영화 속에서 집주인 대신 관객을 맞이하는 과달루페 여사는 보

보르도 주택을 관리하는
과달루페 여사는 영화의
주인공이자 친근한 건축 비평가
ⓒBeka_Lemoine

집주인이 사용하던 책장
ⓒETHAN FEUER

르도 주택의 가정부이자 영화를 끌고 가는 주인공이며, 친근한 건축 비평가입니다. 영화 내내 그녀는 "난 아무것도 몰라요. 정말 모르는 데."라고 합니다. 카메라는 그런 과달루페 여사를 일주일 동안 쫓아 다니며 끊임없이 질문을 해댑니다. 주인공의 임무가 집안 곳곳을 관리하는 일이니 만큼 카메라의 시각은 실용적인 면에 맞추어져 있습니다.

보르도 주택에는 특별히 기계적인 장치가 많습니다. 이유는 휠체어에 의존해야 하는 집주인 때문이죠. 그 중에서도 3개 층을 오르내리는 리프트가 가장 핵심입니다. 수직 동선을 따라 설치된 책장을 정리하며 과달루페 여사가 한 마디 던집니다.

"어휴, 큰일 날 뻔 했어요. 여기 있는 책은 절대 건드리면 안돼요."
"왜요?"
"나야, 왜 그러는지 이유를 잘 알지만."
"책이 끼면 기계가 멈춰 버리거든요."

집주인이 집에서 많은 시간을 보내는 만큼 책장이라는 것은 시간이 지날수록 여기저기 뒤죽박죽 되어버리는 게 당연지사죠. 책이 떨어지는 경우라면 위험한 상황이 발생할 수도, 어쩌면 이미 여러 번 발생했음을 과달루페 여사가 말하고 있는 겁니다.

보르도 주택처럼 실험적인 작품에서 보통 피해 나갈 수 없는 것이 누수입니다. 수많은 건축 대가들도 이 문제로 골머리를 앓는데 대개 시공 문제로 치부하거나 '작품이니 참아라'는 우스갯소리로 갈음해 왔습니다. 2007년 MIT 대학은 스타타 센터(2004)의 누수가 설계 잘못이라는 이유로 건축가 프랭크 게리를 고소한 적이 있습니다. 보르도 주택 역시 이러한 문제에서 자유로울 수 없습니다. 캔틸레버 구조

체에서 발생하는 미세한 변이가 허용치 내에 있다고 해도 창호와 유리엔 치명적인 영향을 주고 있는 듯합니다.

영화 속 TV에서는 자크 다티 감독의 〈나의 아저씨〉가 흘러나오는데, 누수를 조사하다 엄청난 물 폭탄이 떨어지는 곳이 보입니다. 과달루페 여사가 이렇게 말하는군요.

"저 위를 유리로 막아야 한다니까요."
"지하도 완전 물바다였으니까요."

영화 종반, 붉은 드레스의 여인이 애수를 자아내며 엔딩 크레디트를 다 견딜 수 있을 만큼 아름다운 재즈가 흥겹습니다. 2001년 초 집주인은 사망합니다.

[쉬어가기] 일라 베카와 루이즈 르무안

여기서 〈콜하스 하우스라이프〉의 감독을 주목해 봐야 합니다. 바로 일라 베카와 루이즈 르무안인데 이들은 렘 콜하스의 보드로 주택을 시종일관 유머러스하게 그려낼 뿐만 아니라 〈무한 행복〉과 〈모리야마 씨〉의 감독이기도 합니다.

일라 베카는 이탈리아의 베니스 건축대학에서 건축을 전공하고 알도 로시, 앙리 시리아니의 건축사무소에서 건축경력을 쌓은 바 있습니다. 또 소르본 대학에서 역사를 전공한 루이즈 르무안은 보르도 주택의 주인인 장 프랑수아 르무안의 딸이기도 합니다. 그들은 2005년 Beka & Partners 라는 연구소를 만들고 〈콜하스 하우스라이프〉를 비롯해 리빙 아키텍처(Living Architectures) 시리즈를 발표합니다. 이만큼 중요한 건축영화는 더 없을 것입니다.

리빙 아키텍처 시리즈에는 자크 헤르조그와 피에르 드 뫼롱, 렌조 피아노, 리처드 마이어, 프랭크 게리, 비야케 잉겔스, 렘 콜하스 등 모두 세계 정상급 건축가들이 등장할 뿐만 아니라, 현대 건축에서 중요한 위치를 점하고 있는 그들의 수작을 예리하고 비평적인 눈으로 파헤치고 있습니다. 특히 〈25번가〉와 〈호모 어바너스〉를 감상해 보면 좋겠습니다. 오귀스트 페레의 파리 프랭클린 가 25번지 아파트와 서울을 비롯한 전 세계 10개 도시도 영상으로 만날 수 있습니다.

리빙 아키텍처 시리즈

〈발로 듣는 코끼리〉(2022) 93'
〈오슬라비아〉(2021) 17'
〈도쿄 라이드〉(2020) 90'
〈부토하우스〉(2020) 34'
〈호모 어바너스〉(2019)
- Homo Urbanus Neapolitanus, 45'
- Homo Urbanus Seoulianus, 45'
- Homo Urbanus Rabatius, 45'
- Homo Urbanus Petroburgumus, 45'
- Homo Urbanus Bogotanus, 45'
- Homo Urbanus Kyotoitus, 65'
- Homo Urbanus Tokyoitus, 55'
- Homo Urbanus Shanghaianus, 55'
- Homo Urbanus Dohanus, 55'
- Homo Urbanus Venetianus, 55'

〈모리야마 씨〉(2017) 63'
〈꿈을 팔아요〉(2016) 11'+ 23'
〈스피리티〉(2016) 15 X 3'
〈달의 항구 보르도 여행〉(2016) 75'
〈무한 행복〉(2015) 85'
〈바비카니아〉(2014) 90'
〈현장 24시〉(2014) 90'
〈에펠탑〉(2014) 45'
〈라마달레나〉(2014) 12'+〈라마달레나 의자〉
(2014) 25'
〈25번가〉(2014) 46'
〈프랭크 게리: 현기증〉(2013) 48'
〈크리스마스 마이어〉(2012) 51'
〈인사이드 피아노〉(2011) 65'
〈포므롤, 헤르초크 & 드 뮤론〉(2012) 51'
〈콜하스 하우스라이프〉(2008) 60'

렌조 피아노와 리처드 로저스가
디자인한 이탈리아 가구회사 b & b,
〈인사이드 피아노〉ⓒBeka_Lemoine

티타늄 외피, 〈프랭크 게리: 현기증〉
ⓒBeka_Lemoine

일조권이 먼저냐, 프라이버시가 먼저냐: 성가신 이웃

"당신에겐 남아도는 그 햇빛이 필요하단 말이오."
"그럼 널어놓은 옷 같은 게 보일 텐데, 내 아내가 좋아하겠소?"
"설사 그쪽 집 팬티가 좀 보인다 해도 난 괜찮소."

창문을 만들려는 이웃과의 첫 대면, 첫 대화 내용이랍니다. 햇빛이냐 사생활이냐, 건축물의 중요한 요소인 창문을 두고 다투는 〈성가신 이웃〉(2009)입니다. 감독은 마리아노 콘과 가스통 듀플렛입니다.

해머소리에 잠을 깬 레오나르도는 엘리트 중의 엘리트, 성공한 디자이너입니다. 반면, 1미터도 채 되지 않는 맞은편 벽에 창을 내려는 이웃 빅토르는 시쳇말로 깍두기 형님, 생김새나 목소리부터 조폭급이죠. 일조권과 프라이버시를 놓고 벌이는 두 집 간의 양보할 수 없는 전쟁, 레오나르도는 말그대로 '성가신 이웃' 빅토르를 만나며 그 전쟁을 시작합니다.

빅토르가 좀 무식해 보이긴 하지만 사실은 상당히 여우 같습니다. 그의 입장에선 햇빛을 위한 창문을 하나 내려면 레오나르도에게 설득과 회유, 아니 필요하다면 아양이라도 떨어야 합니다. 그렇다면

쿠루체트 주택
©Ministerio de Cultura
de la Nacion(Flickr)

레오나르도는요? 창문이 그에겐 프라이버시를 위한 방어선입니다.
여기서 무너지면 자존심도, 꼬장꼬장한 부인에 대한 위신도 끝장입
니다.

　이 귀여운 이웃의 끝없는 분쟁 와중에, 창은 공사 중인 채로 여러
가지 역할을 합니다. 숱한 언쟁을 벌이긴 했지만 대화의 창구이고 빅
토르 만의 레시피, 멧돼지절임을 레오나르도에게 건네주는 장소입니
다. 레오나르도의 딸 롤라를 위해 빅토르의 손가락 공연을 펼쳤던 장
소이자, 위험에 처한 이웃을 향해 빅토르가 망설임 없이 달려가게 한
통로죠. 그러나 그 창은 자신의 프라이버시를 걱정하던 레오나르도
가 부인과 함께 빅토르를 훔쳐보는 부정적인 역할도 합니다. 이 영화
에서 창의 다양한 역할을 기억하고, 창의 순기능과 역기능을 비교해
보면 좋습니다.

원래 배의 선창처럼 둥근 창을 원했던 빅토르, 하지만 성공한 디자이너의 눈높이에 맞춘다며 변경된 창은 사각형 나무 프레임으로 오히려 더 촌스럽기 그지없습니다. 결국, 사람 키 높이 위로 폭이 좁고 긴 가로 창이 설치됩니다. 불투명한 젖빛 유리까지 끼운, 개폐가 불가능한 창이죠. 창에 대한 형태뿐만 아니라 투명, 반투명, 불투명이라는 유리의 특성이 간단히 언급됩니다. 좁고 길게 바뀐 고정창, 과연 이 창에선 어떤 역할을 기대해 볼 수 있을까요?

이 영화에 대한 일반적인 평은 가족, 이웃 간의 소통 부재, 넓게는 사회적 관계에 적응하지 못하는 것에 주목합니다. 르코르뷔지에(1887~1965)의 작품인 쿠루체트 주택을 삶의 관점에서 대리 체험할 수 있다는 점, 창이라는 건축 요소를 두고 맺어지는 사람 관계는 이 영화의 건축적인 메시지입니다. 이미 이 주제를 알아차렸다면 창에 대해 이미 전문가가 되었다고 평가합니다.

한편, 극적 혹은 시적인 건축 흐름이라는 건축평론가들의 평가가 가장 눈에 많이 띄는 쿠루체트 하우스는 현재 부에노스아이레스 건축가협회가 사용하면서 일반인에게 개방하고 있습니다. 1954년 아르헨티나의 라플라타에 지어져 2016년 유네스코 세계문화유산에 등재되었습니다. 유네스코 문화유산이라 함은 세계 인류가 보존해야 할 중요한 자산이란 뜻인데, 왜 그럴까요? 이 건물은 우선 세계 4대 거장 중 한 명인 르코르뷔지에의 작품으로 옥상정원, 건축적 산책로, 차양 등 그의 건축적, 공간적 특징이 잘 담겨 있기 때문입니다.

본래 쿠루체트 주택은 1948년에 외과 의사였던 페드로 쿠루체트 박사가 자신의 병원과 주거를 한 건물에 담아 보려는 생각에서부터 시작되었습니다. 〈성가신 이웃〉에서는 디자이너 레오나르도의 작업실이 쿠루체트 박사의 병원입니다.

쿠루체트 주택이 배경인 영화,
그라시엘라 타퀴니 감독의 〈숨겨진 작품〉 포스터

쿠루체트 주택의 대지는 도로에서 볼 때, 폭 9미터, 깊이 20미터
로 45도 정도 기울어진 모양입니다. 큰 공원을 마주하고 있다는 점
을 제외하면 그리 좋은 조건이 아닙니다. 대문을 열고 들어가면 바로
경사로가 보이고, 그 경사로를 따라 올라가면 2층 쿠루체트 박사의
병원에 다다릅니다. 원래의 용도가 병원이었을 감안하면 경사로가
설득력을 갖습니다. 휠체어나 환자를 위한 배려죠.

경사로의 중간 지점인 계단참에 별도로 주택 출입구가 있으며 3,
4층으로 이어집니다. 3층엔 거실과 주방/식당, 4층에는 침실이 배치
되어 있습니다. 또 어마어마하게 큰 보스케 공원에 면한 테라스의 차
양이 햇빛을 조절할 뿐만 아니라 시선도 차단합니다.

영화 속에서도 이 건물은 르코르뷔지에의 작품으로 소개되는데,
건물을 구경하러 오는 수많은 관광객들 때문에 레오나르도가 골머리

를 잃습니다.

"좀 들어가 볼 수 없나요?"

"당신 같으면 모르는 사람이 들어와서, 벽장 열어보고 화장실 열어보고 하면 좋겠소?"

"인터넷에선 말만 잘하면 들어간다고 하던데."

많은 사람들이 영화의 결말을 두고 궁금해 합니다. 빅토르의 죽음과 레오나르도의 이해할 수 없는 대응은 영화를 감상하고 직접 판단하는 편이 가장 좋으리라 생각합니다.

쿠루체트 주택에 대한 영화로는 수많은 전문가들의 설명을 더한 다큐멘터리 〈집은 살기위한 기계〉(2013)가 있습니다. 그라시엘라 타퀴니 감독의 〈숨겨진 작품〉(2018)도 쿠루체트 주택을 배경으로 하는데, 주택을 안내하는 한 건축가와 50년 만에 자기 작품을 찾아 아르헨티나로 온 르코르뷔지에의 만남이 전개됩니다.

[쉬어가기] 르코르뷔지에와 근대건축 5원칙

건축엔 4대 거장이 있습니다. 알바 알토, 르코르뷔지에, 프랭크 로이드 라이트, 미스 반 데어 로에, 모두 작고하신 분들이죠. 르코르뷔지에는 이 중에서 가장 유명한 프랑스 건축가입니다. 스위스 라쇼드퐁 태생인데, 스위스 지폐 10프랑짜리에 그의 얼굴이 있으니 어느 정도인지 짐작할 수 있겠죠? 그런데 르코르뷔지에는 1920년 프랑스 파리의 세브르가 35번지에 작업실을 연 후, 1930년에 프랑스 시민권을 획득하고 거의 평생을 프랑스에서 활동했습니다.

르코르뷔지에는 시계 장식을 가르치는 라 쇼드퐁 장식미술학교를 다녔으며, 본명은 샤를 에두아르 잔느레였습니다. 장식미술학교 선생이던 샤를 레플라토니에가 그를 건축가로 만든 장본인입니다. 샤팔라라는 건축사무실에 취직까지 시켜주었을 뿐만 아니라, 팔레 주택을 포함한 5개의 주택 프로젝트를 연결해 주기도 합니다. 그가 없었다면 거장 르코르뷔지에는 존재하지 않았겠죠?

1922년 르코르뷔지에는 사촌인 피에르 잔느레와 함께 여러 주택을 설계하면서, 알려진 바대로 자신의 근대건축 5원칙(필로티, 옥상 정원, 자유로운 평면, 자유로운 입면, 수평 창 등)을 확립하고 프로젝트에 적용합니다. 대표적으로 사보아 주택(1928)이 있으며, 윌러드 휴익 감독의 〈프랑스 연인들〉(1979)에서 특징들을 일부 확인할 수 있습니다.

이 외에도 르코르뷔지에의 트레이드 마크처럼 되어버린 것들이 쿠루체트 주택에서 보는 경사로와 차양입니다. 경사로는 건축적 산책로라는 건축개념의 한 부분으로 〈무한 행복〉에서 잠깐 언급했는데 본래의 의미는 '산책로'입니다.

사람의 동선(가령, 복도, 계단, 경사로와 같은 것)에 풍광을 더하거나, 공간의 긴장과 이완 같은 변화를 주면서 이동 자체를 풍요롭게 하는 만드는 개념을 '건축적 산책로'라고 합니다. 대부분의 건물은 대개 계단과 복도 밖에 없으니 경사로 하나만 더해져도 상당히 풍요로운 공간이 형성됩니

사보아 주택
©m-louis .®(Flickr)

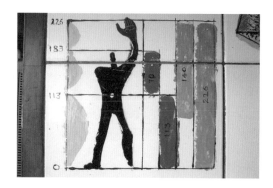

스위스 파빌리온에 그려진 모듈러
©Rory Hyde(Flickr)

다. 〈성가신 이웃〉에서 수없이 등장하는 주택 입구 부분을 상상하면 이해하기가 훨씬 수월하겠습니다.

르코르뷔지에는 피에르 샤날 감독과 함께 〈오늘날의 건축〉(1931)이라는 영화를 발표합니다. 자신의 건축을 광고할 목적이었던 만큼, 본인의 생각을 잘 표현하고 있죠. 4개 파트로 나누어 빛에 대한 생각뿐만 아니라, 사보아 주택의 건축적 산책로를 표현하는 장면에선 옥상정원과 더불어 영화의 시퀀스(화면의 이동)를 롱 테이크(신을 길게 잡는 것)로 처리함으로써 영화의 촬영기법을 건축 동선에 잘 적용합니다.

영화 용어가 낯설지만 잠깐 살펴보면 제일 먼저 숏(Shot)이라는 게 있습니다. 가장 작은 하나의 단위 영상을 말하는데 '카메라 시작 버튼과 종료 버튼 사이'의 영상입니다. 이 숏이 모이면 신(scene)이 되고, 신이 모이면 시퀀스(sequence)가 되어 하나의 스토리(story)가 됩니다. 또 시퀀스가 모이면 전체 내러티브(narrative)가 형성되며 영화가 완성되죠.

차양은 과도한 햇빛을 통제하기 위한 시스템입니다. 늦은 오후의 서향 빛을 차단하는 수직 차양, 한 낮 남쪽의 직사광선을 차단하는 수평 차양으로 구분하는데, 대개 르코르뷔지에는 혼합된 격자형 차양을 많이 사용했습니다. 르코르뷔지에가 즐겨 사용하는 개념들을 이해하면, 그의 작품뿐만 아니라 건축세계를 이해하는 데 큰 도움이 됩니다.

르코르뷔지에를 특징짓는 한 가지가 더 있는데, 바로 모듈러(Modular) 이론입니다. 그는 인간의 신체척도를 기준으로 하나의 비례체계를 만듭니다. 〈성가신 이웃〉 속 레오나르도가 제자에게 집을 설명할 때도 천장높이가 2.26미터가 모듈러를 통해 결정된 것임을 밝히죠. 유니테 다비타시옹이나 스위스 파빌리온에 그 모듈러가 보입니다.

르코르뷔지에는 참 독특하고 대단한 인물입니다. 건축뿐만 아니라 도시계획, 가구 디자인 그리고 회화로도 이름 떨친 사람이니까요. 1918년 입체파 화가인 아마데 오장팡을 만나 순수주의를 제창하며 자신들의 선언문인 《입체파 이후》(Après le Cubisme)라는 책을 출간하고 순수주의 잡지 《에스프리 누보》(L'Esprit Nouveau)도 창간합니다.

르코르뷔지에는 거의 평생을 건축과 그림을 병행했습니다. 오전엔 그림을, 오후엔 설계를 했다고 합니다. 또 20세기 디자인의 모더니즘을 주도한 핵심 인물, 샤를로트 페리앙(1903~1999)과 함께 소파나 안락의자와 같은 아름다운 가구들도 많이 만들어냅니다. 건축, 그림, 가구 등 건드리지 않은 분야가 거의 없죠?

르코르뷔지에의 부인 역시 오장팡 화실의 모델이었습니다. 둘 사이엔 아이도 없었고 관계도 평탄하지 않은듯 하지만, 르코르뷔지에는 그녀를 많이 사랑했다고 합니다. 1952년, 르코르뷔지에는 아내의 생일선물로 아내의 고향인 생 마르탱 곳에 통나무집을 하나 설계합니다. 3.66미터×3.66미터의 작은 크기로 지중해에서 100여 미터 정도 떨어진 곳에 있는 여름용 오두막입니다. 1965년 8월 뜨거운 여름 어느 날, 눈 시리도록 파란 지중해에서 수영을 즐기던 르코르뷔지에는 심장마비로 사망합니다.

르코르뷔지에의 전속 사진작가 루시앙 에르베의 다큐도 놓치지 말아야 합니다. 게리 메시앙 감독의 〈루시앙 에르베의 자화상〉(2013)입니다. 렌즈라는 제3의 시선이 어쩌면 르코르뷔지에를 가장 객관적으로 평가할 수 있는 수단일지도 모르니까요.

이런 르코르뷔지에를 흠모한 건축가가 있는데, 일본 건축을 세계적인 수준으로 업그레이드시킨 장본인 안도 다다오입니다. 건축을 전공하지 않았고, 젊은 시절 권투를 했던 독특한 이력이 눈에 띄죠. 역시 프리츠커상을 수상했습니다. 그는 1964년 무작정 유럽으로 여행을 떠나는데, 이 여행이 건축가가 되는 동기를 제공합니다. 점점 더 커져가는 건축에 대한 열망으로 인해 그는 르코르뷔지에를 만나기로 결심하죠. 그러나 그 꿈은 이루어지지 못합니다. 도착하기 몇 주 전에 그가 타계하니까요. 그에 관한 다큐로는 〈안도 타다오〉(2016), 〈안도 타다오, 다음세대를 위하여〉(2020)가 있습니다.

또 다른 영화를 통해 건축의 요소를 더 살펴보려고 합니다. 빔 벤더스 감독의 작품 중 〈도쿄가〉(1985)는 오즈 야스지로 감독의 〈동경 이야기〉(1953)에 대한 오마주 작품입니다. 빔 벤더스를 비롯해 거의 모든 감독들의 존경을 한 몸에 받는 오즈 야스지로, 그는 한 번도 결혼한 적이 없으며 1903년 12월 12일에 태어나, 같은 날인 1963년 12월 12일에 사망합니다. 〈동경 이야기〉처럼 그의 모든 영화의 주제는 가족입니다.

오즈 야스지로의 영화엔 건축적인 공통점들이 있습니다. 공간의 중첩, 보이지 않는 계단, 그리고 다다미 숏입니다. 그의 유명한 '다다미 숏'은 카메라 삼각대의 다리를 잘라, 낮은 시점에서 촬영한 독특한 앵글을 말합니다. 건축가들은 낮은 창을 의도적으로 건축에 적용하기도 하는데, 앉아야만 밖이 보이는 낮은 창에서는 입식에서 맛보지 못한 안정적이고 근사한 풍경을 선물로 받습니다. 〈꽁치의 맛〉(1962)을 포함한 오즈 야스지로의 대부분 작품에서 좌식 앵글을 볼 수 있죠.

오즈 야스지로가 즐겨 쓰는 계단도 눈여겨 봐야 합니다. 대부분의 감독들은 영화에서 계단을 중요하게 사용한답니다. 주로 계단은 위아래층을 공간적으로 연결하는 수직적 건축 요소지만, 공간의 성격을 구분하는 역할로 영화에서 사용됩니다. 예를 들어 〈안개 낀 밤의 데이트〉(1963)의 배경은 그리스의 어느 이름 모를 항구 술집입니다. 흥겨운 음악, 술과 춤이 가득한 술집 1층, 그러나 2층은 여러 개의 방으로 이루어진 매춘의 장소이며, 나선형 계단이 이 두 공간을 연결합니다. 1층의 공적인 공간과 2층의 사적인 공간, 그리고 돌아 올라가는 나선

계단. 여기서 계단은 동선적 심리감을 표현합니다.

〈동경 이야기〉, 〈꽁치의 맛〉 등에서는 오즈 야스지로 감독은 계단을 보여주지 않습니다. 계단을 오르는 사람을 잠깐 보여주고 말 뿐, 카메라는 배우를 뒤쫓지도 않습니다. 숏은 2층으로 바뀌어 가족 구성원의 사적인 공간으로 변해있을 뿐입니다.

윌러드 휴익 감독의 〈프랑스 연인들〉(1979)은 르코르뷔지에의 사보아 주택이 배경인데, 이곳에도 나선 계단이 설치되어 있습니다. 2층 나선 계단에서 테시어 선생과 알렉스가 다급하게 옥신각신 옷을 붙잡으며 내려오는 장면은 불안하고 바쁜 두 사람의 갈등을 표현하기에 그만입니다. 마이클 만 감독의 〈맨헌터〉에선 건축가 리처드 마이어의 하이 뮤지엄이 배경인데, 나선 계단과 대비가 잘 되는 긴 경사로가 나옵니다. 건물의 백색 배경과 함께 기나긴 경사로는 주인공이 쫓기듯 달려 내려오는 기나긴 여정으로 말미암아 내적인 갈등을 겪고 있음을 잘 표현해줍니다.

임상수 감독의 〈하녀〉에서 ㄱ자형 계단이 사용되었는데 여기서 계단은 신분을 상징합니다. 1층의 주인 공간과 하녀의 공간을 구분 짓는 것이 계단의 역할입니다.

오즈 야스지로의 다다미 숏을 보여주는 영화 〈가을햇살〉의 한 장면

주인공의 내적 갈등을 보여주는 장치로서 기나긴 경사로, 마이클 만 감독의 〈맨헌터〉 중에서

집 한 번 지으면
머리가 센다:
모두의 집, 미스터 블랜딩스

직접 집을 지어본 사람이 아니면 아무도 그 마음을 이해할 수 없다고 했던가요? 비록 건축가라 할지라도 집주인의 마음을 알기는 어려운 법이죠. 당사자의 입장에서 생각해 보려면 어떻게 해야 할까요? 직접 지어보는 방법이 아마 가장 좋을 겁니다. 그것이 당장 쉽지 않다면 이 영화를 추천합니다. 돌이킬 수도 어찌할 수도 없는 난관, 집짓기 속으로 들어갑니다.

타미코는 TV 드라마 작가인 남편 나오스케와 함께 살 집, 그 꿈을 이루기 위해 땅을 구입합니다. 타미코의 아버지는 평생을 공사현장에서 일해온 최고의 목수입니다. 이를 토료(棟梁)라고 하는데 한국에서는 도편수라고 칭합니다.

젊고 현대적인 스타일의 집을 꿈꾸는 타미코는 이전에 거실의 테이블 제작을 부탁했던 젊은 인테리어 작가 야나기사와를 건축가로 고용하죠. 주택을 설계해 본 경험도 없고 건축사 자격증도 없는 야나기사와였지만, 그의 미국 유학 경험, 미적인 감각과 열정만을 믿고 일을 맡깁니다. 건축허가와 공사는 모두 아버지에게 부탁합니다.

한편 타미코의 아버지는 사랑하는 딸의 집을 짓는다는 기대감, 또 오랜만에 제대로 된 집을 지어보겠다는 기대감으로 충만해 있습니다. 나이 탓에 늘 하청 일만 해오던 터였으니까요. 공사현장에서 잔뼈가 굵은 옛 친구들을 모두 불러 모으죠. 아버지는 딸 부부에게 다다미방을 추천하지만, 딸의 반응은 영 시원치 않습니다. 야나기사와에게 들은 모더니즘 건축, 아메리칸 스타일 등 세련된 건축용어들이 머리에서 떠나질 않으니까요.

야나기사와는 준비해온 CG 이미지와 함께, 어려운 건축용어까지 섞어가며 타미코에게 계획안을 설명합니다. 부부와 달리 아버지는 젊은 디자이너의 설계가 맘에 들지 않습니다. 그러고나서 야나기사와와 아버지는 끝없는 대치 국면으로 돌입하는데, 결국 현관문을 두고 두 사람이 폭발하죠.

아버지는 좁은 공간을 활용하려면 문을 여는 방향이 바깥쪽이어야 한다, 안쪽으로 여는 현관을 평생 본 적이 없다고 합니다. 반면 야나기사와는 미국에 있는 주택은 다 안쪽이라고 맞섭니다. 화재와 같은 비상상황, 특히 지진이 많은 일본의 경우는 피난 방향으로 열리는 것이 관습인데, 우리나라처럼 신발을 벗는 일본 문화에서 현관문이 안쪽으로 열리면 신발이 걸리거나 밀려 날 겁니다.

이번엔 친정어머니가 풍수지리를 논합니다. 집은 남남동, 현관은 남, 안방은 북서, 침실은 서, 그리고 마당엔 연못. 아버지와 야나기사와도 화장실의 위치를 놓고 혈전을 벌이죠. 화장실은 집에서 우선순위가 낮은 공간, 즉 북쪽 한 구석이어야 좋다는 아버지의 입장과 달리 남쪽, 즉 밝고 따뜻한 곳에 두어야 한다는 젊은 디자이너의 주장이 맞섭니다.

도면에 사용된 치수, 인치와 척($尺$)을 두고 다시 한 번 폭발하는 두 사람. 결국 아버지는 허가를 부탁하려 했던 건축가에게 또 다른 계획안을 딸 몰래 부탁합니다. 새로운 계획안이 마음에 쏙 들었는지, 몰래 허가를 신청할 생각까지 합니다. 난감한 상황에 잘 참아오던 딸도 폭발합니다. 그녀는 야나기사와의 계획안을 수용하지 않으면 다른 목수로 바꾸겠다고 아버지를 협박하기까지 합니다.

이제부터 아버지는 연륜이 묻어 나오는 비장의 편법을 동원하죠. 일단은 알았다고 하고 본인 고집대로 짓는 겁니다. 도면이 아무리 잘 그려져도 공사는 결국 목수의 손으로 마무리되어야 하니까요. 조명, 벽지 색, 타일 색, 수전 등 자재를 선정할 때도 매번 마찰을 빚는 두 사람. 아버지와 동료들은 젊은 디자이너의 새로운 건축용어들에 당황하고, 딸의 눈에 아버지의 관습은 그저 시대에 뒤떨어진 듯 보입니다. 아메리칸 스타일의 세련된 집, 견고하고 친근한 일본 전통가옥의 대결일까요?

"편리하고 싼 건 금방 익숙해지죠. 그렇기 때문에 모두 틀에 박히게 되는 거예요."

"틀에 박힌 생활, 틀에 박힌 집, 난 그게 싫을 뿐이구요."

"편리하다는 게 그렇게 좋은 걸까요? 번거롭다는 게 그렇게 쓸 데 없는 짓일까요?"

사실은 야나기사와도 옛것을 좋아하고, 또 존경합니다. 사실은 아버지도 새로운 건축을 인정하고 있죠. 영화에서 이들이 화해해 나가는 과정이 마음을 참 따뜻하게 합니다. 위의 대사는 젊은 디자이너 야나기사와의 말입니다.

"낡은 가구는 말이죠. 오래돼서 가치가 있는 게 아니에요."

"기능적으로 사용하기 편하니까 긴 세월 사랑받아 온 거예요."

"망가지면 수리하면 되고 그걸로 가치가 내려가는 게 아니에요."

두 장인이 서로를 이해해가는 과정과 집을 지을 때 예상하지 못했던 상황도 〈모두의 집〉을 통해 눈여겨보면 좋겠습니다.

영화 〈모두의 집〉은 장면이 바뀔 때마다 집에 대한 격언이 하나씩 등장합니다. 또 상량식을 비롯한 각종 의식들이 많이 등장하죠. 상량식은 목구조에서는 마지막 대들보, 철골 구조는 마지막 보, 철근 콘크리트 구조에선 마지막 슬래브(지붕)을 타설하고 치르는 의식입니다. 집을 완성한 후에 하는 준공식은 널리 알려져 있습니다.

우리나라도 예전엔 의식이 참 다양했습니다. 땅을 처음 팔 때 토지신에게 올리는 개토제(開土祭), 집 짓는 일 시작을 알리는 개공고사(開工告祀), 집짓기 전에 다치는 일이 없도록 목수들이 드리는 모탕고사, 산판고사 등이 있었습니다. 산판고사는 수령이 오래된 소나무를 벨 때 '어명이오'를 외친 후에 도끼로 찍는 행위를 세 번 반복하고 비로소 톱을 대도록 하는 의식입니다. 우리의 전통적인 건축 의식도 시간이 갈수록 사라지겠죠.

집 짓기를 보여주는 또 한 편의 영화를 소개합니다. 꿈의 집으로 소개되는 〈미스터 브랜딩스〉(1948)는 미국 '100대 코미디 영화'에 선정된 작품이기도 합니다. 그렇다고 배꼽 잡으며 폭소를 터트릴 만큼은 아닙니다. 뉴욕 맨해튼의 한 아파트에 사는 샐러리맨 블랜딩스, 그는 도시를 벗어나 전원주택을 짓고 사는 것이 꿈입니다. 예나 지금이나, 서양이나 동양이나 샐러리맨들은 자신과 가족만의 보금자리를 마련하는 게 꿈이긴 합니다. 이 과정에서 빚어지는 돌발 상황과 인간적인 갈등이 코믹하게 그려집니다.

도시에서 벗어나 전원주택
생활을 꿈꾸는 부부,
〈미스터 블랜딩스〉 중에서

연봉 1만 5천 달러를 받는 짐 블랜딩스는 매일 아침 비좁은 맨해튼 아파트에서 아내와 두 딸 때문에 욕실과 수납장 사용 문제로 불편함을 겪습니다. 한편 그의 아내는 거금 7천 달러를 들여 집을 대대적으로 수리하려고 하죠. 그 비용에 조금만 보태면 전원주택도 가능하리라 생각한 블랜딩스는 집 수리를 반대하고 도시 외곽에 멋진 집을 짓기로 결심합니다.

교활한 부동산 중개업자로부터 거의 허물어지기 직전인 농장을 1만 달러에 속아 사들인 그는 현대적인 안목이 있는 건축가 심스를 고용합니다. 그리고 가족 구성원 당 욕실 하나, 두 개의 수납장, 개인 서

재 등을 부탁합니다. 농장의 낡은 집을 철거한 블랜딩스는 권리관계를 확인하지 못해 6천 달러의 채무도 떠안게 되죠. 이왕 짓는 집이다 보니 욕심이 많아지고 예상 공사비도 날로 늘어만 갑니다. 게다가 공사 과정에선 예상치 못한 비용들이 속출합니다.

영화 〈미스터 브랜딩스〉는 〈모두의 집〉에 대한 서양 버전이라고 생각하면 좋겠습니다. 〈모두의 집〉에서는 볼 수 없던 중요한 부분인 공사비나 예산의 현실성을 반영한 영화입니다. 실제로 현장에서 많이 발생하는 추가 공사비는 영화와 거의 다를 바 없습니다. 건축가로서도 건축주에 대해 많이 공감할 수 있는 영화입니다. 리처드 벤자민 감독의 〈머니 핏〉(1986)도 이와 비슷한 좌충우돌 코미디 영화로 톰 행크스의 연기가 돋보입니다.

한편으로, 유명 건축물에 살고 있는 사용자의 입장을 기록한 다큐도 있습니다. '내일의 도시와 삶'이라는 부제를 달고 있는 〈한자비어텔〉(2007)은 1957년 독일 국제건축전시회(Interbau)의 일부였던 주거단지에 대한 영화입니다. 1953년 서베를린은 한자비어텔이라는 구역을 도시설계 공모 대상지로 선정해 오스카 니에예메르, 알바 알토, 발터 그로피우스, 막스 타우트 등 전 세계의 건축가들을 초청했죠. 여기에 사는 입주자들은 집에 대한 자긍심이 지금도 대단합니다.

아파트 보안, 시설 개선 등 주거환경에 변경이 있을 때마다 입주자들은 공동 회의를 개최합니다. 주거에 대한 프라이드, 즉 세계적인 건축가들의 작품에 대한 아이덴티티를 유지하기 위해 본래의 디자인에 손상이 가지는 않는 범위 내에서만 보완을 고려합니다. 어쩌면 지루할 수도 있는 이들의 회의 과정을 주목해 볼 필요가 있습니다. 예를 들면, 단지 내 낡은 벤치 교체 작업처럼 간단한 사안을 두고도 다양한 의견이 맞섭니다. 단지의 환경적이고 시각적인 개선이 우선이고 또

국제건축전시회 인터바우(1957)
©Hansaviertel Berlin

공사 중인 한자비어텔(1957)
©apfelauge(Flickr)

당연하리라 생각했는데, 노숙자들만 불러 모을 거라는 의견과 또 그로 인해 부녀자들이 위험에 처할 수 있다는 의견 때문이었습니다. 그러니 펜스를 설치하자는 의견도 있지만 보기에 좋지 않다는 게 중론이죠.

건축가들을 뻐꾸기에 비유하는 경우가 종종 있곤 합니다. 남의 둥지에 알을 낳고 돌아보지 않는 뻐꾸기처럼 사용자의 요구대로 건축되고 사용되는지, 지어진 건물을 확인하지 않는 습성을 꼬집은 비유랍니다. 이와는 다르게 〈한자비어텔〉은 오히려 사용자들이 건축가들의 작품을 존중하며 그 디자인을 유지하려고 노력합니다. 담장 하나도 커뮤니티의 논의를 거쳐 결정해 나가는 모습이 우리에겐 오히려 낯설기까지 합니다.

독일 국제건축전시회 보다 먼저 인류 최초의 주택전람회가 있었습니다. 독일 슈투트가르트에 있는 '바이센호프 주거단지'(1927)입니다. 새로운 주거형식에 대한 실험, 최신 공법, 표준화 등 당시의 건축적 이슈를 표방했지만, 바르셀로나 파빌리온처럼 독일의 경제적 힘을 유럽에 알리려는 의도가 주목적이었다고 평가받습니다. 여기에 미스 반 데어 로에, 휴고 헤링, 르코르뷔지에, 발터 그로피우스, 한스 샤루운, J. J. P. 오우트 등 세계적인 건축가 17명이 동참합니다.

입주민들이 자신들의 주거를 적극적으로 해결해 나가는 영화로 알렉산더 드보르샤크 감독의 〈오래된 터, 새로운 삶〉(2013)도 있습니다. 1989년, 30여 명의 사람들이 관 제조 공장이던 건물과 그 부지를 취득해 112채의 주택과 유치원, 식당, 공중목욕탕을 갖춘 주거단지로 바꿔 나가는 영화입니다. 이를 두고 참여형 공동소유 주택이라고 하는데 대한민국도 이와 비슷한 시도를 통해 다양한 형태의 삶을 견지하는 사람들이 많아지길 기대합니다.

푸른 잔디, 마당 한 편의 텃밭, 파라솔과 벤치, 바비큐, 조금 더 무리해서 수영장까지, 우리 모두가 꿈꾸는 삶에는 이런 그림이 있습니다. 그러나 사람들 대부분은 다세대 주택이나 아파트와 같은 공동주택에 거주합니다. 왜 그럴까요? 편리해서? 단독주택은 비싸서? 그 이유의 가장 중요한 부분은 주거를 결정하는 우선순위 때문이 아닐까 합니다.

이중환의 《택리지》에서는 '집터를 고르는 조건'에 지리, 산수, 생리, 인심을 꼽았지만, 요즘은 학군이나 집값, 교통 등이 우선일 겁니다. 이 모든 것을 하나도 잃지 않고 집을 지으려면 돈이 무척 많거나 그렇지 않다면 그 꿈은 평생 포기해야겠죠. 우리가 꿈꾸는 집은 좀 달라야 하는 것은 아닐지, 삶의 참 목적을 한번쯤 생각해 봐야 하지 않을까요?

아파트, 단독주택, 다세대 주택, 다가구 주택, 연립주택, 빌라, 타운하우스, 전원주택, 테라스하우스, 셰어 하우스, 맨션, 원룸 등 정말 다양한 용어들이 사용되는데요. 그러나 건축법규는 제법 쉽고 간편하게 분류하고 있습니다. 크게 단독주택과 공동주택 둘로 나뉘며, 단독주택은 다시 단독주택, 다중주택, 다가구 주택으로 나뉘고 공동주택은 다세대 주택, 연립주택, 아파트, 기숙사로 나뉩니다. 그러니까 여기 일곱 가지를 제외한 나머지는 부르기 편하게 편의상 만들어진 용어죠.

조금 헷갈리는 게 다가구와 다세대죠. 다세대는 말 그대로 한 건물 안에 여러 세대가 있다는 뜻인데, 흔히 빌라라고 부르는 건물들이 이에 해당합니다. 주로 분양을 목적으로 지어집니다. 1층에 필로티 주차장을 두고 나머지 4개 층은 계단과 승강기를 중심으로 층당 2세대씩, 총 8세대로 이루어진 건물이 대부분입니다.

다가구 주택도 이와 비슷한 형식을 갖추고 있지만 세대는 하나, 즉 주인이 임대를 목적으로 건축해서 여러 가구에게 세를 놓고 있는 형식을 말합니다. 법적으로 주차장을 제외하고 다세대 주택은 4개 층, 다가구 주택은 3개 층까지 지을 수 있습니다. 다중주택은 대학가에 주로 지어지는 셰어 하우스가 해당됩니다. 옛날로 치면 하숙집과 비슷한 구조죠.

어떤 건축가가 이런 말을 한 적이 있습니다. "아파트는 편리하지만 건강한 집은 아니다. 한옥은 불편하지만 건강한 집이라고 할 수 있다." 제게는 꽤 가슴에 와 닿는 말이었습니다. 아파트의 평면을 살펴보면 대개 깊이 10미터 이상인 경우가 대부분입니다. 햇빛이 창에서 5~6미터 이상은 들어가지 않죠. 그러니까 앞쪽에 배치된 거실과 안방을 제외한 작은 방이나 주방에서는 평생 햇빛 없이 사는 겁니다. 반면 한옥의 평면은 그 깊이가 5~6미터 이상을 넘어가는 경우가 없습니다. 가장 더운 여름 하지의 경우엔 처마 때문에 햇빛이 방에 들어가지 않지만, 태양의 고도가 낮은 겨울 동지엔 방 끝까지 햇빛이 도달하는 과학적인 주거형식이랍니다.

집, 너무나
작은 집

또 다른 집짓기로 들어가 봅니다. 1956년 칸 영화제에서 황금종
려상 후보작이었던 〈지붕〉입니다. 감독 비토리오 데 시카의 명성에
도 불구하고 이 영화는 그다지 주목받지 못했습니다. 그의 다른 영화
가 모두 워낙 대단했으니까요.

이탈리아 영화는 2차 세계대전을 전후로 한 1940~1950년대 서
민의 삶을 영화에 그대로 반영하려는 움직임이 일었습니다. 네오리
얼리즘이죠. 무솔리니의 파시스트에 맞선 역사적인 투쟁을 그린 영
화들도 포함됩니다. 대개가 전통적인 내러티브 형식을 거부하고 스
튜디오가 아닌 로케이션 촬영, 인공 조명이 아닌 자연 조명 사용, 즉
흥적인 연출 등이 그 특징입니다. 대표적으로 네오리얼리즘의 거장으
로 평가받는 비토리오 데 시카 감독이 있으며 그의 작품 〈자전거 도
둑〉(1948)과 〈지붕〉(1956) 등을 꼽을 수 있습니다.

영화 〈지붕〉에서는 모든 사람의 축복을 받으며 결혼한 나탈레와
루이자가 대가족과 함께 살아가는 가난한 집안의 삶이 그려집니다.
부모님, 매형 부부와 아이들, 여동생. 손바닥만 한 방에 이 많은 사람
들이 같이 생활을 하면 화장실 사용이나 옷 갈아입는 문제는 그렇다

이탈리아 네오리얼리즘의 거장 비토리오 데시카의
〈자전거 도둑〉(왼쪽)과 〈지붕〉(오른쪽) 포스터

치고, 도대체 신혼부부에게 중요한 그 일은 또 어떻게 할까요?

나탈레는 매번 매형과 마찰을 빚지만 그래도 매형 눈치를 보지
않을 수 없습니다. 벽돌 숙련공인 매형이 이 집을 먹여 살리고 있으니
까요. 그런 매형의 건축현장을 따라다니며 나탈레도 기술을 배우고
있습니다.

거주공간의 사회적인 밀도가 기준을 초과하면 기본 인권은 고사
하고 적대적인 마찰이 늘어날 수밖에 없습니다. 자기방어를 위해 서
로에 대한 공격으로 이어질 수밖에 없죠. 매형은 나탈레와 루이자에
게 수시로 폭언을 퍼붓습니다. 그런 폭언을 견디다 못한 두 사람은 가

방 몇 개만 챙긴 채 집을 나옵니다. 갈 곳도 없고 돈도 없습니다.

코딱지 만한 집. 기껏해야 2미터×2미터. 이 작은 집을 나탈레와 루이자는 직접 짓기로 결정합니다. 당시 이탈리아는 희한한 분위기가 있었는데, 무허가 집을 인정해주는 관례입니다. 단 완성되어 있는 집에 한해서죠. 이 말은 집이 지어지는 도중에 경찰에게 발각되면 철거된다는 뜻입니다. 밤새 몰래 집을 지어야죠. 그 시간엔 경찰이 없습니다.

다행히 나탈레는 건축현장에서 일을 했기 때문에 기술도 있고 도와줄 사람들도 있습니다. 그러나 최소한의 자잿값조차 마련하기 쉽지 않을 만큼 가난한 나탈레. 여기저기 빚을 내고 날짜를 정해 새벽 동틀 때까지 집짓기 경주를 시작합니다. 시간도 없는데 계속되는 예상치 못한 변수들. 모두 마음속으로 외치게 됩니다.

"빨리 매형을 불러와!"

하지만 최소한의 자존심이 용납하지 않죠. 이 조그만 집 한 채가 하룻밤 동트기 전까지 완성되기를 그렇게 간절한 마음으로 응원한 적이 있었을까요? 동은 터오는데 집을 완성하려면 아직 한 참 남았습니다. 그 와중에 지붕은 경사지붕이어야 한다며 지붕을 바꾸려는 나탈레. 결국 경찰이 오고야 마네요. 정적이 흐릅니다. 과연 이들의 운명은 어떻게 될까요?

18세기 서양의 바로크, 로코코 문화의 과도한 사치가 극에 달할 무렵, 신고전주의가 등장함으로써 사람들은 절제된 형태와 기하학을 선호하며 다시 본질을 찾는 논의가 시작됩니다. 그때마다 출현한 것이 마크 앙투안 로지에의 '원시 오두막'입니다. 건축이론가인 그는 1775년 《건축론》(Essai sur L'Architecture)에서 가장 '원초적인 상태'의 건축

집을 짓는 도중에 뜻하지 않은 변수를
만나 고민하는 나탈레와 동료들, 영화
〈지붕〉 중에서

M. A. 로지에의 원시 오두막 ©Charles-
Dominique-Joseph Eisen(Wikimedia
Commons)

으로 돌아가야 한다는 주장을 펼친 사람이죠. 바로 인간이 영위하는 '최소한의 공간'을 말합니다.

북극 이누이드의 얼음집 '이글루'는 극한의 자연환경 속 최소의 거주 공간입니다. 이 최소한의 공간이 제게는 판단하고 정의하기에 가장 어려운 공간으로 남아 있습니다. 〈북극의 나누크〉(1922)를 보면 재미있는 장면들이 여러 가지로 나오는데, 나누크(주인공 이누이트의 별명)가 이글루를 지을 때 투명한 얼음 하나를 끼워넣어 빛이 들게 하는 지혜가 놀랍습니다. 강아지를 포함해 여섯 명의 식구가 좁은 카누에서 나오는 장면도 놀랍죠. 어린 아이는 나누크가 만들어준 장난감 활을 가지고 놉니다. 이들의 표정에서 느껴지는 행복이 혹시 덴마크 사람들보다도 더 크지 않을지 궁금합니다.

이누이트들은 낚시로 고기를 잡고, 바다표범과 북극여우를 사냥해 생활합니다. 개썰매를 타고 수십 킬로미터를 이동해 물물교환을 하고 또 새로운 문물도 접합니다. 이들이 접하는 문명의 편리함과 이기는 한번 알면 되돌아가기 힘든 것이죠. 그래서 인류가 살아가는 한 가지 삶의 방식이 사라지는 것은 아닌지 두려움도 생깁니다. 이들의 삶과 주거를 우리의 시선으로 판단할 때 느껴지는 불편함이 그들에겐 더할 수 없는 행복의 순간일지도 모릅니다. 주거의 궁극적인 목적이 행복이 아니던가요?

한편 〈북극의 나누크〉와는 반대로, 로베르토 로셀리니 감독의 〈인디아〉(1959)는 더운 지방에서 최소한으로 삶을 영위하는 부족을 엿볼 수 있는 영화입니다. 〈북극의 나누크〉와 비교해 보면 어떨까요?

[쉬어가기] 다큐멘터리의 진실성

〈북극의 나누크〉(1922)는 인류 최초의 다큐멘터리로, 전통적인 방식으로 살아가는 북극 이누이트, 그 중에서도 이티비무이츠 족의 모습을 담은 영화입니다. 로버트 J. 플래허티 감독이 촬영, 편집, 구성 모두를 도맡아 1인 제작 독립영화의 시초로 평가받습니다.

1910년 두 차례 북극을 탐험한 로버트 플래허티는 1913년 촬영 장비를 갖춰 3번째 탐험을 떠납니다. 영상 제작을 목적으로 한 탐험은 아니었지만, 1915년 4번째 탐험을 시작하면서 영화를 완성하고자 하는 생각이 커집니다. 그러다 담뱃불로 인해 필름 대부분이 불타버리는 사고가 일어나죠. 이 사건을 계기로 로버트 플래허티는 이누이트와 그의 가족을 다룬 작품을 새롭게 만들기로 결심합니다. 카메라뿐만 아니라 인화 장비와 영사 도구를 모두 가지고 1920년에 다시 북극으로 갑니다.

로버트 플래허티는 나누크를 주인공으로 설정하고, 그의 도움을 받아 세 명의 이누이트를 조수로 선발합니다. 이티비무이츠 족에게 자신이 찍은 영상을 보여주며 이에 대한 피드백을 얻는 등 다큐멘터리에 참여적 제작 방식을 시행합니다. 그래서 영사기를 가져간 것이었습니다. 그러나 이티비무이츠 족의 현재 생활 모습을 있는 그대로 담는 것이 아니라, 그들의 과거 생활양식을 재현하는 방식으로 일부 연출을 더했다는 점 때문에 다큐멘터리의 진실성에 대한 논쟁을 불러일으킵니다.

전통적인 방식으로 사냥하는 나누크,
〈북극의 나누크〉 중에서

클로드 마소(1942~1995) 감독이 사망하기 직전에 촬영한 영화 〈카블로낙〉(1994)은 플래허티 감독의 당시 상황을 재현합니다. 〈카블로낙〉은 '이누이트가 아닌 사람'을 뜻한다고 합니다.

맥 다라 오쿠라이딘(Mac Dara Ó Curraidhín) 감독은 〈A Boatload of Wild Irishmen〉(2010)에서 다시 한번 〈북극의 나누크〉를 다룹니다. 로버트 플래허티뿐만 아니라 여러 관계자들을 등장시켜 이누이트에 대한 착취, 재현에 대한 윤리 문제 등 민감한 문제를 이야기합니다.

버스터
키튼과 집

많은 사람이 슬랩스틱 코미디의 대가로 찰리 채플린을 꼽습니다. 여기에 반드시 기억해야 할 또 한 사람이 더 있습니다. 버스터 키튼입니다. 일등은 채플린, 이등은 키튼. 이제 이런 식의 분류는 하지 않겠습니다. 인터넷에서 검색해보면 외국에선 오히려 버스터 키튼이 채플린보다 인기가 더 많은 편이니까요. 버스터는 예명인데 '몸을 사리지 않는 건강한 사람'이라는 뜻이랍니다.

'가까이서 보면 비극, 멀리서 보면 희극'이라는 채플린의 말이 있죠. 그의 첫 장편 영화 〈키드〉(1921)를 보면 당시 사회상에 대한 냉소적이고 고발적인 의미를 담고 있습니다. 1936년 작 〈모던 타임즈〉도 다르지 않습니다. 그러나 버스터 키튼은 오로지 재미를 위해 영화를 만들었습니다. 〈우리의 환대〉(1923), 〈셜록 주니어〉(1924), 〈서부로 가다〉(1925), 〈일곱 번의 기회〉(1927), 〈싸움 왕 버틀러〉(1926), 〈전문학교〉(1927), 〈제너럴〉(1927), 〈스팀보트 빌 주니어〉(1928), 〈카메라맨〉(1928), 〈원한 맺힌 결혼〉(1929) 등 대표작이 너무도 많은데, 특히 〈일주일〉과 〈허수아비〉, 〈일렉트릭 하우스〉는 건축적인 메시지가 강한 작품입니다.

결혼 선물로 조립식 주택을 받은 신혼부부,
버스터 키튼 감독의 〈일주일〉 중에서

악당의 방해로 이상하게 조립된 주택, 〈일주일〉 중에서

찰리 채플린, 버스터 키튼, 그리고 〈마침내 안전〉(1923)의 해롤드 로이드까지가 동시대 슬랩스틱 코미디언 3인방입니다. 미국을 활동 무대로 삼은 이 3인방 말고도 프랑스 영화감독 겸 배우인 피에르 에택도 기억하면 좋겠습니다.

버스터 키튼의 영화 〈일주일〉(1920)은 키튼이 결혼 선물로 삼촌에게 조립식 주택을 선물 받으면서 시작합니다. 갓 결혼한 부부의 첫 일이 자신들의 보금자리를 짓는 일이라니 얼마나 좋을까요? 그런데 결혼 전 신부에게 청혼했다가 거절당한 남자가 소심한 복수를 합니다. 바로 조립 패키지의 번호를 바꿔 버리죠. 그 결과, 희한한 집이 만들어집니다.

2층에 달린 출입문, 기울어진 벽, 삐뚤빼뚤 창문. 그러나 굴뚝도 달고, 선물로 받은 피아노도 들이고, 카펫도 깔며 완성됩니다. 온통 뒤죽박죽인 집에서도 키튼은 전혀 불편해하지 않습니다. 그 집에 맞추어 사니까요. 집들이 날, 그러나 비가 샙니다. 곧이어 태풍이 불고 집은 회전하기 시작하죠. 엎친 데 덮친 격, 이들이 집을 지은 곳은 99번가여야 하는데 66번가였습니다.

〈일주일〉과 같은 해에 만들어진 〈허수아비〉를 보면, 기계나 자동화에 대한 버스터 키튼의 관심이 엿보입니다. 모든 것이 자동화된 집은 턴테이블이 가스레인지와 오븐으로 변하고, 침대는 피아노로, 소파는 욕조로 변합니다. 식탁 또한 무지하게 편리하죠. 양쪽으로 오가는 양념통, 필요한 모든 것은 천장에 주렁주렁 매달려 있습니다. 심지어 와인까지도. 남은 음식은 돼지우리로 넘어가고 사용한 욕조 물은 오리에게 흘러갑니다.

1922년 제작된 〈일렉트릭 하우스〉에서 키튼은 좀 더 발전된 집을 선보입니다. 졸업식 날 우연히 뒤바뀐 학위증 때문에, 키튼은 전기장

편리한 집을 표방하는 영화
〈허수아비〉 중에서

치를 이용한 편리한 집을 꾸며달라는 의뢰를 받습니다. 휴가를 마치고 돌아온 집주인의 기대에 부응하려는 키튼의 첫 번째 깜짝 선물, 에스컬레이디입니다. 그리고 움직이는 욕조, 접히는 침대, 자동 문, 수영장의 급배수 장치. 이외에도 당구 공 공급 장치, 음식 공급 시스템, 접시 세척기 등 헤아릴 수 없을 만큼 많은 자동화시스템을 영화에서 선보이죠. 대만족이라고요? 기계의 오작동 때문에 키튼은 쫓겨납니다.

혹시 꼼짝하지 않고 누워서 뭐든지 다하는 것이 인간의 지향점이 되는 건 아니겠죠? 미래 공상과학 영화에도 이러한 설정이 종종 등장하긴 합니다. 〈매트릭스〉처럼 인간의 중추신경을 컴퓨터와 연결해 무한한 상상을 펼쳐 나가는 영화들 말입니다. 그러면 링거 튜브로 연결된 환자와 무엇이 다를까요?

식사를 알약 하나로 해결하는 영화도 많이 있습니다. 인간의 즐거움은 무엇일까요? 가끔 우체통을 찾아 몇 백 미터씩 걷기도 하고, 지나가는 사람들에게 길을 묻기도 하고, 버스를 타기도 하며, 꽃도 보고 하늘도 보고 계절이 바뀌는 것도 느껴야 합니다. 돈이 수백 억 있어도 요양원에서 살아가야 한다면, 비싼 옷은 병원 가운이고 비싼 음식은 그저 죽에 불과하니까요. 키튼처럼 자신이 어디까지 감당할 수 있는지를 정의한다면, 불편함은 아마 건강함이고 행복으로 변할 겁니다.

사회주의
시대의
주택들

영화 〈커뮤니티의 탄생〉(1979)은 사회주의 국가와 아파트, 그리고 그 삶 속에서 벌어지는 한바탕 소동을 진솔하게 그리고 있습니다. 도대체 끝이 어딘지 모를 어마어마한 크기의 아파트 단지, 성냥갑처럼 똑같은 모양 속에서 어르신을 태우고 집을 찾기란 제아무리 베테랑 택시 운전사라 할지라도 당황스럽기 그지없습니다.

아직도 공사가 한창인데, 이미 많은 주민들이 입주해 뒤엉켜 살아가고 있습니다. 더욱이 차도나 인도와 같은 외부환경은 전혀 완성되어 있지 않죠. 중장비들은 분주하게 움직이고, 입주민들의 삶은 불편함을 넘어 위험에 노출되어 있습니다. 콘크리트 패널을 크레인으로 옮기는 모습이 영화 처음부터 끝까지 반복됩니다.

아파트를 구경하러 온 사람들은 도중에 문이 잠겨 갇히는 일이 발생합니다. 화가 난 현장관리인은 공사 인부들을 찾아 한바탕 말싸움을 벌이죠. 쉴 새 없이 일해도 줄지 않는 일거리에 지친 인부들은 오히려, 인부들의 일당에 손을 대는 현장관리인을 공격합니다. 그 속에서 유치원을 가지 않고 종일 아파트 단지 이곳저곳을 돌아다니며 노는 어린 꼬마가 영화의 여러 사건에서 연결고리 역할을 합니다. 위험천만한 모든 것이 아이에겐 호기심 대상이고 놀이시설이니까요.

"뒷돈이 든다는 건 나도 알아요."
"정말 남아 있는 아파트가 없어서 그래요."
"몇 개 있긴 한데, 그건 정말 긴급한 상황을 위한 거에요."
"내가 지금 그런 상황이에요."

단지의 여러 시설에서 부품을 떼어 훔쳐 가는 사람, 완성되지 않은 아파트에서 이리저리 옮겨가며 몰래 도둑생활을 하는 가족, 발코니에 앉아 바깥세상을 바라보는 할머니, 여자 꽁무니만 따라다니는 뮤지컬 배우, 임신한 사실을 엄마에게 숨기고 남자친구와의 말싸움이 끊이지 않는 소녀, 아파트 입주 대기 기간이 너무 길어지자 유모차에 아이를 태우고 담당자를 찾아가 실랑이를 벌이는 젊은 엄마, 배경이 공동주택인 만큼 다양한 인간 군상이 등장하죠.

만만디 배짱이 같은 사람도 있습니다. 뮤지컬 배우가 직업인 한 남자는 다른 주민들과 달리 자가용도 있고 삶에 여유가 있습니다. 모르는 여자를 집에 초대해 놓고 이것저것 아는 척을 하죠.

"직각, 직선, 효율성만을 숭배하는 건축가. 사람들은 중간에 나무를 심어놔도 잔디를 가로질러 가죠. 사람들은 결국 가장 빠른 길이 목표예요.
"내겐 조화나 아름다움이 없는 인생은 의미가 없어요."

만삭의 한 여자는 남편에게 울며 소리칩니다. 매일 청소하고 장보고 요리하고 설거지하고 아기 키우고, 이러다 인생 끝나는 것 아니냐고요. 대출에, 자동차 할부에, 주택 월세까지 뼈 빠지게 일해도 끝이

딸의 집을 찾아 온 한 노인이 획일적인
아파트의 모습에 당황스러워 하는 모습,
〈패널 스토리〉 중에서

없다고 남편 역시 지지 않고 대꾸합니다. 우리와 크게 다를 바 없는
부부싸움이죠. 부인이 다시 외칩니다.

"이 교도소 같은 집도 싫어."

그러나 집이 아니라 삶이 문제겠죠. 사랑이 필요한 겁니다. 결국 임
신부의 출산이 임박합니다. 도와줄 사람도 관심을 갖는 사람도 없습
니다. 이렇게 사람이 많은 아파트 단지인데, 출산이라 긴급하다고 하
소연해도 소용이 없습니다.

한편, 아무리 벨을 눌러도 응답이 없는 3층 할머니가 걱정인 한 할
아버지는 '남 일에 신경 쓰지 말라'는 이웃을 뒤로 하고 보건소를 찾
아갑니다. 하지만 그곳은 소아과. 그래도 의사의 도움으로 앰뷸런스를
부릅니다. 대신 만삭의 임신부가 타죠. 급한 사람이 때마침 이용해서
다행이긴 한데 그럼 할머니는요? 할아버지 부탁으로 한 흑인 남자가
파이프를 타고 3층으로 올라갑니다. 그제야 겨우 할머니를 만납니다.
헤드폰을 쓰고 딸이 보낸 음성편지 카세트테이프를 듣고 있군요. 딸

획일적인 아파트의 모습을 그대로 담은 〈콘크리트
스토리〉의 포스터

의 목소리가 카세트를 통해 흘러나옵니다.

"사람이 필요한 게 뭐 있겠어요. 그냥 몸 피할 지붕이면 되죠."

영화는 마치 주인공들의 짧은 단막극을 연결해 놓은 듯 흥미롭
게 전개됩니다. 임신한 어린 소녀와 남자친구가 나누는 대화를 마지
막으로 영화는 끝을 맺습니다.

"차라리 달나라에서 사는 게 나을 거 같지 않아?"

한편으로 체코슬로바키아 시절에 제작된 〈패널 스토리〉(1979)
는 사회주의 체제 하에 건설되는 조립식 아파트 단지를 볼 수 있는데,
베라 히틸로바 감독은 새로 입주하는 단지에서의 인간 관계를 비극
적인 상황으로 묘사합니다. 새로운 주거 단지는 모든 것이 새 것임에
도 인프라가 부족하고 불완전합니다. 주민들이 직면해야 하는 세계

조립식 주택을 짓는 현장,
영화〈조립식 주택〉중에서

역시 부정과 거짓말, 의심, 불신 등으로 점철되죠.

〈패널 스토리〉가 만들어진지 36년 후, 전후 유럽에서 지어진 조립식 공동주택과 그곳에서의 삶을 다룬 로렌츠 핀다이센 감독의 다큐〈콘크리트 스토리〉(2015)가 만들어집니다. 주로 프랑스, 체코, 독일을 배경으로 합니다. 전후 유럽은 주택의 공급이 정말 시급했죠. 당시 한 장 한 장 벽돌을 쌓던 방식에 비하면 조립식 주택은 정말 훌륭한 대안이었습니다. 자동차 조립과 크게 다를 바 없는 생산방식이니까요. 부재 생산은 한 시간에 한 채 분량, 조립은 하루에 두 채라니, 과연 대량생산이란 표현이 맞겠습니다.

프랑스는 어마어마한 쿠르티에르 단지가 소개됩니다. 다양한 국가의 출신들이 들어와 살면서 인종 차별이 삶에 미쳤던 각자의 기억을 토해 놓습니다. 체코는 사회주의 시절에 지어진 조립식 아파트가 새로운 자본주의 시대를 맞이합니다. 1967년부터 1982년까지 도시 아래 매장된 갈탄 채취를 위해 수많은 건축물을 폭파하고, 그 위에 프리캐스트 콘크리트 패널로 아파트 단지를 재건합니다. 독일은 동서독이 통일되고 브란덴부르크 문 근처 옛 동독의 조립식 아파트가 관광객을 받습니다. 거주민들로선 불만이 많죠. 관광을 왔으니 밤늦게 돌아다니고, 승강기에서 담배를 피우는 등 불편을 끼칩니다. 하지만 건물주 입장에선 수입이 늘어나니 건물을 더 크게 짓기로 결정하죠.

"조립식 주택이 우리를 평등하게 만들었냐고요?"

"그렇지 않아요."

"사람들은 각자 자기 취향에 맞게 살아요."

주로 자본주의와 공산주의가 첨예하게 대립하던 냉전시기, 공공주택과 연결된 삶의 기억과 조립식 건축기술에 대한 사용자들의 솔직한 평은 이 건축영화의 소중한 가치입니다.

그 외에 1950년 말, 소련 중산층 주거 개발 단지를 배경으로 네 가족의 이야기를 뮤지컬 형식으로 풀어낸 드미트리 쇼스타코비치 감독의 〈체리타운〉(1963)이 있습니다. 〈체리타운〉의 장면 장면이 〈콘크리트 스토리〉에서 여러 번 차용됩니다. 아파트 분양 허가를 내주는 부패한 부동산 관리 드레베드네프가 여자 친구와의 결혼을 위해 아파트 2개를 합치려고 하는데, 그러기 위해서는 옆집 세입자인 리다와 그녀의 아버지를 쫓아내야 하는 상황이 벌어집니다.

또 옛 프라하의 모습과 조립식 아파트 건축을 볼 수 있는 〈조립식 주택〉(1959)이 있습니다. 체제 하에서 강제적으로 제작된 느낌이 강하지만 조립식 건축을 이해하기에 좋은 영화입니다. 특히 이리 멘젤이 FAMU(프라하 국립예술아카데미 영화/TV 학교) 시절에 제작한 영화인데 FAMU는 세계에서 세 번째로 오래된 영화학교이자 영화를 꿈꾸는 학생들이 지금도 공부하고 싶어 하는 선망의 학교입니다.

건축가는 누구 인가

3장

질투와
욕망의 건축가:
프라이스 오브
디자이어

2008년 이브 생로랑이 사망한 후, 그의 애장품 드래건 체어가 크리스티 경매에서 2천8백만 달러에 낙찰됩니다. 대략 300억 원을 훌쩍 뛰어넘는 가격이죠. 이는 20세기 경매사상 최고가였습니다. 드래건 체어는 건축가이자 가구 디자이너인 아일린 그레이(1878~1976)의 1919년 작품으로 당대 최고, 지금까지도 최고가 아닌지 싶습니다.

프랑스 생 마르탱 곶에 있는 르코르뷔지에의 오두막(카바농) 앞에는 E-1027이란 별장 건물이 지중해를 내려다보고 있습니다. E-1027은 모양뿐 아니라 르코르뷔지에가 주장하던 5가지 원칙이 그대로 담겨 있어 대개 그의 건물로 알려져 있지만, 실제 건축가는 아일린 그레이입니다. 르코르뷔지에가 세상으로 나오기 위해 발버둥 칠 때 이미 정상의 자리에 있던 아일린 그레이. 르코르뷔지에는 성공을 위해 그녀를 이용하려는 속셈이었을까요?

아일린 그레이는 양성애자로 알려져 있습니다. 프랑스 가수이자 배우인 마리자 다미아, 화가 로매인 브룩스, 작가 나탈리 클리포드 바니뿐만 아니라, 건축가이자 《아키텍처 비반테》(L'Architecture Vivan-

아일린 그레이의 E-1027 전경 ©Thalia
Potamou(Flickr)

아일린 그레이의 가구들로 채워진 E-1027 내부
©Thalia Potamou(Flickr)

-te)의 비평가인 장 바도비치(1893~1956)를 사랑했습니다. E-1027는 사랑하는 연인 장 바도비치를 위한 아일린 그레이의 선물이었습니다. 아일린의 머리글자 E를 시작으로 10번째 알파벳 J, 2번째 B, 7번째 G를 합성해 아일린 그레이와 장 바도비치를 뜻하는 이름을 만든 거죠.

영화 〈프라이스 오브 디자이어〉는 아일린 그레이와 그의 연인 장 바도비치, 르코르뷔지에, 페르낭 레제를 중심으로 이야기가 전개됩니다. 여기서 르코르뷔지에는 자신의 속마음을 전하는 일인칭 해설자이기도 합니다. 주인공들이 각 예술계를 대표하는 세기의 스타라는 이유 말고도 인물들 간의 관계, 그 관계가 빚는 스캔들만으로도 호기심을 자극하기에 충분하죠. 모든 내용은 실제 사건을 바탕으로 제작되었으며, 동일한 내용의 다큐 〈아일린 그레이: E-1027의 비밀〉을 통해 그 개연성을 확인할 수 있습니다. 〈프라이스 오브 디자이어〉가 극영화로 손색없는 기승전결의 흐름을 따라갈 수 있었던 것은 긴장과 이완을 다룰 줄 아는 감독 매리 맥귀키언의 연출력 때문입니다.

르코르뷔지에와 아일린 그레이의 첫 만남은 1937년 파리 박람회에서 시작됩니다. 당시 르코르뷔지에가 설계한 에스프리 누보관에 아일린 그레이의 작품이 전시되었는데, 그 인연으로 르코르뷔지에는 E-1027에 초대됩니다. 그러고 나서 장 바도비치와의 친분과 배려로 1937년과 1938년 여름휴가를 E-1027에서 보내죠. 그곳에서 르코르뷔지에는 동의 없이 8개의 에로틱한 벽화를 그리는데, 이 일이 유명한 낙서 사건입니다. 아일린 그레이는 이를 '공공기물 파손'으로 간주하고 이후 그들의 관계는 급속도로 냉각됩니다.

E-1027을 처음 본 르코르뷔지에는 당시 장 바도비치에게 보낸 편지에도 쓴 것처럼 감명을 넘어 큰 충격이었던 듯합니다. E-1027을 마치 자신의 작품인 양 모호한 태도를 취했던 것은 아마 그의 자존심과

열등감의 발로였을 겁니다.

르코르뷔지에라는 위대한 건축가의 영향은 지금까지도 벗어날 수 없는 현대 건축의 굴레입니다. 그래서인지 우린 늘 그를 건축적인 능력자일 뿐만 아니라, 인격적이고 도덕적인 사람으로 과도하게 포장해 왔는지도 모릅니다. 이 영화에서 그가 다소 비열하고 야비한 인물로 표현되었다는 점은 오히려 반갑기까지 합니다. 그는 자신의 건축적 욕망을 성취하기 위해 기회주의자의 노선도 서슴지 않았습니다. 쿠데타로 집권한, 프랑스 비시 정부와의 협력이나 무솔리니를 만나려는 노력 등은 그 대표적인 사례입니다.

렘 콜하스가 《헤이그 포스트》의 기자일 때 르코르뷔지에를 인터뷰한 내용이 재미있습니다. "76살의 코르뷔지에는 눈이 파랗고, 말할 땐 아래 입술만 움직이며, 딱딱하고 퉁명스러운 외모로 화가 난 듯한 인상이다." 지금은 고인이 된 건축가 필립 존슨은 〈나의 건축가: 아버지의 궤적을 찾아서〉에서 "코르뷔지에는 야비하지."라는 의외의 증언을 더합니다.

[쉬어가기] 릴리 라이히와 미스 반 데어 로에

〈잃어버린 릴리 라이히의 공간〉(2022)은 독일 베를린 태생의 여성 건축가 릴리 라이히 (1885~19 47)를 다룬 다큐입니다. 릴리 라이히는 1920년에서 1930년대 초까지 10년 이상 미스 반 데어 로에와 밀접했던 협력자로, 또한 미스의 연인으로 알려져 있습니다.

그 유명한 스페인 바르셀로나 파빌리온은 미스 반 데어 로에와 릴리 라이히의 공동작품으로 기록되어 있습니다. 그러나 대부분의 자료엔 그녀의 이름조차 언급되어 있지 않죠. 미스의 디자인으로 알려져 있는 브루노 의자(1929)와 바르셀로나 의자 (1929) 역시 그녀와의 공동작품입니다. 이쯤 되면 공동이 아니라 아예 그녀의 작품이 아닐까 하는 의심마저 듭니다. 여성 건축가가 제 위상을 찾기가 매우 어려웠던 시절인 점을 감안하면 말입니다.

2차 세계대전 직전인 1938년, 전쟁을 피해 미국으로 이주한 미스 반 데어 로에는 일리노이 공대 '크라운 홀' 설계를 맡습니다. 그는 학생을 시켜 건물 모형을 릴리 라이히에게 보내는데 그녀의 의견을 듣고 싶었기 때문입니다. 늘 그렇듯이 두 사람의 협업은 항상 성공적이었으니까요. 그리고 1939년 9월 릴리 라이히는 미국을 방문해 미스를 딱 한 번 만난 뒤, 곧장 베를린으로 돌아옵니다. 사실 릴리 라이히 스스로 돌아왔다기보다는 미스가 돌려보냈다는 표현이 맞습니다. 그 이유는 미스에 의해 철저히 가려졌다고 하죠.

모더니즘의 선구적인 여성 건축가 릴리 라이히를 조명하는 다큐멘터리 〈잃어버린 릴리 라이히의 공간〉, 포스터

1943년 릴리 라이히의 스튜디오가 폭격을 당하고 그녀는 강제 노동 수용소로 보내집니다. 전쟁이 끝난 후에 다시 일을 이어갔지만 쉽지 않았습니다. 결국 1947년, 62세의 나이로 베를린에서 사망합니다. 83세로 사망하기까지 천수를 누리며 세상의 모든 영화를 누린 미스와 달리 말이죠.

나중에 미스 반 데어 로에 재단은 2018년 릴리 라이히 기금을 만들어, 평등한 건축을 목표로 릴리 라이히에 대한 연구, 차별 받아온 건축에 대한 연구에 사용하기로 합니다. 〈잃어버린 릴리 라이히의 공간〉은 바로 이 기금으로 제작된 영화입니다.

1920년 10월 여성 최초로 독일공작연맹의 이사회 임원으로 선출된 바 있는 릴리 라이히는 그 당시에 이미 인테리어와 가구 디자인 분야에서 입지를 굳힌 인물이었습니다. "당시 현대건축은 대중매체의 관계 속에서 탄생했다. 철과 유리에 관련된 신기술 때문이 아니라"라고 진술하는 프린스턴 대학교 건축사학과 베아트리즈 콜로미나 교수의 발언은 인지도를 위해 릴리 라이히를 숨기고 자신을 전면에 내세웠던 미스를 지적한 말입니다.

바르셀로나 파빌리온의 내부와 가구 디자인, 25개 산업 전시와 그 디자인을 뒷받침하는 여러 요소들, 이 모든 것은 그녀가 주도한 것이라고 공식적으로 인정됩니다. 당시 작업 중 주고받은 편지들 대부분이 주로 릴리 라이히 앞으로 왔다는 사실 때문이죠. 릴리 라이히와 미스 반 데어 로에와의 이러한 협업은 슈투트가르트의 바이센호프 주거단지, 크레펠트의 하우스 랑케, 바르셀로나와 베를린에서의 전시, 투겐타트 하우스까지 이어집니다.

앞서 언급한 아일린 그레이뿐만 아니라 작고한 여성 건축가 자하 하디드(1950~2016), 요즘 건축계를 종횡무진하는 일본의 세지마 가즈요, 도시계획 분야에서 가장 유명한 인물 제인 제이콥스까지, 여성의 입지와 영향력을 지나칠 수 없습니다. 앞으로 많은 영화들을 통해 이들의 이야기를 들어볼 기회가 많아지길 기대합니다.

자하 하디드와 관련한 영화는 각종 영화제에 빠지지 않고 초대되는 단골 작품입니다. 〈자하 하디드: 전설〉(2017), 〈자하 하디드를 추모하며〉(2016), 〈러시아 혁명: 자하 하디드와 말레비치〉(2014), 〈자하 하디드의 위대한 도전〉(2013), 〈여성 건축가 자하 하디드〉(2010), 〈자하 하디드의 하루〉(2004), 그리고 10분짜리 단편 〈에바 지리치나가 본 자하 하디드〉(2020) 등 풍부하죠. 세지마 가즈요의 경우는 〈도쿄 라이드〉(2020), 〈건축, 시간, 그리고 세지마 가즈요〉(2020)를 통해 확인할 수 있습니다.

나의
아버지, 나의
건축가

1973년 3월 17일, 뉴욕 맨해튼의 한 공중 화장실에서 변사체 한 구가 발견되었습니다. 주머니에서 나온 여권엔 이름과 주소가 모두 지워져 있어 시신은 사체유기 보관소에 사흘간이나 방치됩니다. 그는 건축가 루이스 칸(1901~1974)이었습니다.

작은 키에 지독한 근시 안경, 어릴 적 화상으로 일그러진 얼굴과 쇳소리 나는 음성, 그리고 파산으로 늘 빚에 쪼들리는 사람, 루이스 칸. 그의 죽음은 지금도 풀리지 않은 미스터리로 남아있죠. 그런 그에게 세 명의 여인이 있었습니다.

"수많은 건축가들에게 영향을 끼쳤으며, 건축계로부터 미국 최고의 건축가라는 찬사를 받았다. 일요일 저녁 펜실베이니아 역에서 심장마비로 사망했으며 그의 나이는 향년 73세. 그는 부인과 수 앤이라는 딸을 남겼다." - 당시 신문 부고 기사에서

〈나의 건축가: 아버지의 궤적을 찾아서〉(2003)는 제작자이자 감독인 나타니엘 칸이 아버지의 부고 기사를 찾는 장면으로 시작합니

다. 그는 바로 루이스 칸의 세 번째 부인에게서 난 아들입니다. 자신과 어머니의 이름이 신문기사에 포함될 거라고는 기대도 하지 않지만, 영웅적 건축가 뒤에 철저하게 숨겨진 가족사의 희생양일지도 모를 그는 이제 아버지를 알고 싶습니다.

"난 아버지를 잘 알지 못했다."
"어머니와 결혼하지도 함께 살지도 않았다."
"하지만 우리가 함께 보냈던 어느 날, 그날의 사소한 부분까지 난 아직 기억하고 있다."
"이날 오후 우린 소풍을 갔다." "아버진 물감으로 그림을 그렸고, 어머닌 그 모습을 사진으로 담았다."
"내 나이 11살에 그가 죽었다."

나타니엘 칸은 아버지의 궤적을 찾는 여행을 하기로 결심합니다. 어린 가슴에 맺힌 아버지에 대한 원망을 간직한 그의 나이도 벌써 오십이 넘었습니다. 어릴 적 아버지와 함께 했던 짧은 시간들, 아버지의 흔적, 아직까지도 이어지는 아버지의 명성, 그에게 아버지는 잊을 수도 피할 수도 없는 존재였을지 모릅니다.

이 다큐에는 필립 존슨, I. M. 페이, 프랭크 게리, 로버트 A. M. 스턴, 모세 샤프디 등 세계적인 건축가들이 등장합니다. 당시 유럽의 건축적 독주를 막기 위해 루이스 칸을 미국의 전략적 홍보로 내세웠다는 음모인지 질투인지 모를 비하의 꼬리표가 있지만, 그는 전 세계적인 건축가였음에 틀림없습니다.

루이스 칸의 배다른 딸들과 아들, 수와 알렉스, 나타니엘. 한 번도 만난 적 없던 이들은 너무도 아름다운 자연 속에 지어진 피셔 하우스(1973)에서 처음 대면합니다. 낯섦과 어딘지 모를 어색함 속에서 아버지의 혼이 담긴 작품이 그들에게는 어떤 의미일까요?

캘리포니아 소크 생물학연구소(1965), 텍사스 킴벨미술관(1972)을 거쳐 어느덧 여행은 인도로 향합니다. 인도 아마다바드, 섭씨 50도에 육박하는 습한 한여름 기후.

"첫날, 난 미친 원숭이에게 쫓기고 이질에 걸렸다."

"아버진 어떻게 이런 여행을 몇 번씩이나 했는지 상상이 안된다."

"73세의 노인이 어떻게 혼자서."

"3월 16일, 죽기 전날 아버지는 인도 건축가 B. 도시의 가족과 저녁식사를 했다."

"칸에게 중요한 건 무(無)야. 침묵이지. 빛의 수수께끼."

"인도에선 이렇게 말해. 죽은 사람은 없다. 다음 세계로 갈 뿐."

"육신은 죽지만 영혼은 죽지 않아."

"칸은 의식을 뛰어넘은 단계로 간 거지."

텍사스의 강렬한 햇빛을 미술관에 알맞은
채광과 조명으로 끌어들이는 천장 볼트구조, 킴벨 미술관 내부
©Rosenfeld Media(Flickr)

건축가는 누구인가

"모든 게 살아있고, 모든 게 변하는 곳."

"우린 그가 돌아오길 기다리지만, 그는 아직 오진 않았어."

"하지만 침묵 속으로 들어가면 목소리를 들을 수 있지."

루이스 칸에게 인도 경영연구소의 설계를 부탁했던 발크리시나 도시는 르코르뷔지에의 아틀리에서 4년간 일했습니다. 그는 2018년 90세로 프리츠커상을 수상했고 그의 다큐로는 〈도시, 인도를 짓다〉(2009)와 〈도시, 두 번째 장〉(2019), 〈건축가 발크리시나 도시〉(2023)가 있습니다.

영화 종반, 나타니엘 칸의 여행은 아버지 생의 종착역인 방글라데시로 갑니다. 레미콘 하나 없이 수백 명의 노동자들이 콘크리트 질통을 이고 운반하며 하나하나 지어낸 국회의사당(1983)의 공사기간은 무려 23년. 장비 하나 없이 손으로만 지어야 하는 이 답답한 프로젝트를, 파산한 건축가가 어떻게 수락할 수 있었을까요?

아버지와 언제나 함께했던 방글라데시 건축가 샴술 와레스가 눈물 섞인 말을 내뱉습니다. 세상을 너무 사랑했고 가난한 자신들을 사랑했던 칸. 그래서 '가까이 있었던 가족을 잘 보지 못했을 거'라며 '아버지를 용서해 줄 순 없겠냐'고. 사망한지 30여 년이 지나서야 아버지를 보내는 아들의 심정이 담긴 문구가 아름다운 음악과 함께 오랫동안 잔잔한 감동으로 남습니다.

"이번 여행을 통해서 아버진 신화가 아닌 현실로 다가왔다."

"아버지에 대해 조금 알게 되었다. 이젠 아버지가 그 어느 때보다도 그립다." "아버지를 보내기가 더 어렵지만 지금이 이별하기 가장 좋은 시간임을 안다."

루이스 칸의 마지막 작품인
방글라데시 국회의사당 ©rushdi13(Flickr)

에나물 카림 너르자르의 〈불멸의 건축가, 마즈하를 이슬람〉(20
05)으로 루이스 칸이 방글라데시와 인연을 맺게 된 사연을 알 수 있
습니다. 감독 역시 건축가 출신이죠.

방글라데시 정부는 자국을 대표하는 건축가 마즈하를 이슬람에
게 국회의사당 일을 하나 맡깁니다. "오랫동안 영국의 식민지로 있었
던 방글라데시는 아직도 여러 가지 면에서 영국의 영향을 벗어날 수
없었어요. 법정에서 흰 가발을 뒤집어쓰고 재판에 임하는 사람들뿐
만 아니라 건축에서조차도."라고 방글라데시의 정체성 부재를 쏟아
놓는 마즈하를 이슬람.

노 건축가의 한탄은 스스로의 이야기로 건너갑니다. 그리고 이렇
게 말합니다. "이 프로젝트를 수행할 사람은 따로 있습니다." 그리하여
루이스 칸은 생전 듣지도 보지도 못했던 사람의 전화를 받게 되고 그
의 대표작인 방글라데시 국회의사당이 탄생합니다.

마이클 블랙우드 감독의 〈루이스 칸: 빛과 침묵〉(1995)에는 루이
스 칸이 살아있을 때 찍었던 거의 모든 동영상이 등장합니다. 케네스
프램튼의 내레이션으로, 마즈하를 이슬람뿐만 아니라 윌리엄 조디, 조
너선 소크, 알도 로시, 이소자키 아라타, 안도 다다오, 로버트 벤투리,
데니스 스콧 브라운 등이 대거 출연하죠. 역시 루이스 칸이 방글라데
시 국회의사당을 설계하게 된 경위를 정확하게 들을 수 있습니다.

나타니엘 칸의 〈나의 건축가 : 아버지의 궤적을 찾아서〉는 〈나의
설계자: 아들의 여행〉이라는 제목으로 DVD가 국내 발매되어 있습
니다. 그러나 '설계자'라는 표현은 건축계에서 거의 사용하지 않죠. 구
글의 〈나의 아버지: 건축가 루이스 칸〉이 가장 훌륭해 보입니다.

[쉬어가기] 건축가의 워커홀릭

앞서의 루이스 칸은 소문난 워커홀릭(일 중독)이었는데 건축가들 가운데는 워커홀릭인 경우가 많습니다. 완벽주의 성향의 워커홀릭 건축가를 중심으로 전개되는 진실 게임과 엄청난 반전이 숨어 있는 미스터리/스릴러물로는 〈비네타〉(2006)가 있습니다. 내러티브의 전개도 좋고 건축을 소재로 한 좋은 드라마입니다.

모리츠 링케의 2001년 소설 《비네타 공화국》을 바탕으로 한 영화 〈비네타〉(2006)는 프란치스카 슈팅켈이라는 여성 감독의 첫 장편 영화인데, 시나리오뿐만 아니라 연출까지 모두 그녀가 맡았습니다. 2006년 올덴부르크 국제영화제 개막작으로 선정되었고 뮌헨 영화제의 독일 영화진흥상과 오토 슈프렝어 상을 수상했으며, 세계 유수의 영화제에 소개된 바 있습니다.

〈비네타〉의 건축가 세바스티안 페르버, 그는 자신의 건강도 유일한 혈육인 딸과의 시간도 포기하며 건축에 매달리는 일 중독자입니다. 만성 과로로 병원 응급실로 실려 가도 깨어나기가 무섭게 무단 퇴원, 다시 일에 빠집니다. 그래서 딸은 늘 아빠가 걱정이죠. 정부가 수여하는 뫼비우스 건축상 대상을 받지만, 페르버에겐 그저 그런 절차일 뿐입니다. 자신의 이상을 굽히지 않는 탓에 사무실은 늘 적자고 파트너와의 마찰도 심심치 않습니다.

어느 날 그에게 솔깃한 제안이 하나 들어옵니다. 비밀의 섬 비네타, 그곳에 이상도시를 계획하는 프로젝트에 초대된 것입니다. 뒤늦게 팀에 합류한 세바스티안 페르버, 팀장 레온 하르트, 금융

전문가 한스 몬탁, 정치인이자 안보 전문가인 요한 베렌스, 물류 전문가 펠트만제, 그리고 건축가 루츠바움이 한 팀입니다. 이 외에 식사와 요가로 이들의 건강을 돌보는 나나가 있습니다.

세바스티안 페르버는 안전한 도시와 효율성을 강조하는 건축가 루츠바움과 번번이 부딪칩니다. 페르버에게 대안을 작성할 수 있는 시간은 단 2주. 안 그래도 일밖에 모르는 사람이니, 밤이고 낮이고 2주 동안은 잠잘 일 없어 보입니다. 그는 도시를 커다란 공동체로 보며 함께 살아가는 공간을 제안합니다. 또한 섬이라는 특수성을 감안해 물을 적극적으로 활용한 친환경 디자인을 내세우며 루츠바움과 맞서죠. 나나를 제외한 모든 사람들이 예산 등을 이유로 반대합니다.

그런데 어느 날 한스 몬탁의 의문스러운 익사 사고가 발생합니다. 몬탁은 그 전날 페르버에게 뭔가 할 말이 있는 듯했죠. 몬탁의 방을 몰래 들어간 페르버는 깜짝 놀랍니다. 벽이 온통 알 수 없는 신문기사와 지도, 글들로 가득 덮여 있었거든요. 팀장 레온 하르트는 CCTV를 통해 모든 사람들의 일거수일투족을 감시하고 있고, 팀장과 나나의 말다툼도 잦아지죠. 영화는 점점 더 미궁 속으로 흘러만 갑니다.

영화 초반에 등장했던 플라밍고 무리 중 한 마리가 죽은 채로 발견됩니다. 몸이 아픈 플라밍고를 찾아낼 수 없는 이유는 두려움 때문에 건강한 척 하는 플라밍고의 습성 때문입니다. 영화가 전개되는 내내 페르버는 엄청난 건축 스케치로 분위기를 압도합니다. 동시에 페르버의 건축을 향한 그의 집착 위로 플라밍고의 이미지도 오버랩되죠. 누군가 페르버를 멈추게 하지 않는다면 그는 플라밍고의 운명과 다르지 않을 겁니다.

건축
공익요원:
말하는 건축가

대세가 무엇이든, 유행이 무엇이든 상관없이 관객 수 4만 명을 넘긴 독립영화가 있습니다. 관객 4만은 독립영화로선 상상할 수 없는 신기록이죠. 건축에 관심이 많은 영화인이라면 꼭 놓치지 말아야 할 영화, 정재은 감독이 만든 〈말하는 건축가〉(2011)입니다.

마블 시리즈와 같이 오감을 자극하는 블록버스터 영화들 속에서, 메탈릭 실버 계열의 비주얼로 중무장한 건축물들 속에서 오로지 삶에 대한 진솔한 이야기를 가슴에 녹여 몇 개월을 되뇌게 하는 건축가 정기용의 삶을 이야기한 다큐입니다.

영화가 시작하자마자 쇳소리 같은 쉰 목소리가 흘러나옵니다. "원래는 내 목소리가 아주 매력적이었는데. 그래서 사람들이 내 강의는 안 듣고 목소리에만 빠지는 거야." 제목이 〈말하는 건축가〉라고 했던가요? 그럼 이 목소리를 영화 내내 들어야 하는 걸까요?

등나무 공설운동장, 아니 무주공설운동장이 군내의 여러 행사 때마다 주민들의 외면으로 공무원들만 자리를 채우는 것이 군수는 의아했습니다. 그늘 아래 본부석은 높은 분들 차지니 뙤약볕에 앉아 건축가 정기용의 건축세계를 조명하는 영화.
정재은 감독의 〈말하는 건축가〉, 포스터

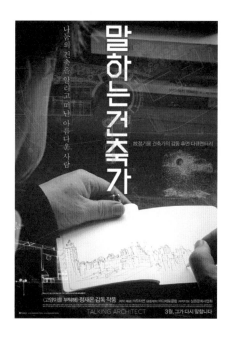

야 하는 주민들로선 당연한 일인데 말이죠. 건축가는 공설운동장의
스탠드를 따라 등나무를 심었습니다. 군수의 마음, 건축가의 마음을
담은 등나무, 그리고 그 아래 시원한 그림자. 이것이 건축가 정기용이
늘 주장한 '감응'(感應)이 아닐까 생각합니다.

　농사일로 지친 몸, 목욕 한 번 하려면 봉고차를 타고 대전까지 나
가야 합니다. 그런 무주에 건축가는 작은 목욕탕을 하나 만듭니다. 홀
숫날은 남탕, 짝숫날은 여탕이 되죠. 정기용은 건축 속에서 살아가는
사람과 눈을 맞추고, 머리가 아니라 가슴으로 느끼고 생각하며, 사람
들의 이야기에 계속 귀를 기울입니다.

관람석 아래 등나무 그늘이 만들어지면서
주민의 공간이 된 무주공설운동장 ©여행작가 눌산

그를 검색해 보면 기적의 도서관, 무주 프로젝트, 노무현 전 대통령의 사저 등이 나옵니다. 하지만 그를 더 잘 표현하는 작품은 춘천 자두나무집(1999)입니다. 영화에서는 가을 햇살이 따스한 어느 날, 정기용은 딸을 보낸 정상명 화백을 위해 설계한 자두나무집에 도착합니다.

"여기는 시간이 머무는 집인 것 같아."
"도시에는 시간이 다 도망가 버리는데."

이미 어두운 그림자가 드리운 그를 보는 사람들의 가슴이 먹먹합니다. 하지만 그는 피곤한 몸을 누이고 잠에 듭니다. 편안한 시골 고향에 온 것처럼, 마치 그리운 딸의 집에 온 것처럼요.

영화는 다시, 일민 미술관의 전시 '감응, 정기용 건축_풍토, 풍경과의 대화'(2010)의 준비가 무겁고 답답하게 전개됩니다. 전시 성공과 바쁜 일정만을 앞세우는 속물 큐레이터가 등장합니다. 건축가 정기용이 예의 없는 대우를 받을 때, 자존감도 상처로 얼룩지고 찢기며 분개한 마음을 억누르고 다스릴 길 없습니다. 그러나 악역을 자처한 큐레이터로 인해 기록영화가 갖기 쉬운 지리멸렬한 전개가 변화를 갖고 속도를 냅니다. 사필귀정이나 권선징악이라는 계몽주의가 밑바닥에 깔린 우리의 본능을 자극함으로써 말입니다.

"내가 언제 죽을지 모르니까. 그래서 회고전은 너무 슬프잖아."

답답한 목소리를 가진 '말하는 건축가'는 이렇게 말하고 싶었는지도 모릅니다. 인생의 소중한 마지막 시간에 전시를 준비하고 영화를 촬영하며, 또 그 덕에 멋진 전시를 보게 해준 사람들에게 감사한다고요.

"여러분, 감사합니다. 바람, 햇살, 나무가 있어 감사합니다."

영화가 정기용을 전부 표현할 필요는 없습니다. 아니, 표현할 수도 없습니다. 건축적인 메시지도 진정성도 부족하게 느껴질 수 있습니다. 왜냐하면 영화도 건축처럼 제한된 예산, 그 답답한 예산 내에서 감독이 전하는 표현이고 기록이니까요.

〈말하는 건축가〉 이 외에도 정재은 감독의 다큐멘터리 영화로는 〈말하는 건축 시티: 홀〉(2013), 〈아파트 생태계〉(2017)가 있습니다.

형태를 말하라,
건축으로
바꿔 놓을 테니

프랭크 게리에게 건축 형태는 자기 디자인의 출발점이자 목표 그
자체입니다. 오직 단 하나의 목표, 즉 생전 듣지도 보지도 못한 건물
을 만드는 것이죠. 공사비야 엄청날지 모르지만 오히려 돈 많은 클라
이언트가 많이 찾는 디자인일지도 모를 일입니다. 전 세계를 통틀어
가장 인기 있는 블루칩 건축가 프랭크 게리. 인기라는 기준이 사람마
다 다르겠지만, 모르긴 해도 프랭크 게리는 전 세계적으로 세 손가락
안에는 꼽히는 비싼 건축가입니다.

프랭크 게리는 캐나다 토론토에서 태어났습니다. 도예 강좌 선생
의 추천으로 건축을 수강하면서 그의 건축 인생이 시작됩니다. 그러
나 건축적인 재능이 보이지 않으니 다른 프로그램을 수강해 보라는
건축 강사에 대한 반발과 16살에 건축 강좌에서 접한 알바 알토(18
98~1976)의 영향으로 그는 건축가가 되기로 결심합니다. 그는 트럭
운전과 비행기 닦는 일을 하고, 오랫동안 정신 치료를 받으면서 20여
년을 무명으로 지냅니다. 미국 샌프란시스코에 정착한 후 부인(나중
에 이혼합니다)에 의해 프랭크 골드버그라는 본명을 버린 후, 프랭크

프랭크 게리의 월트 디즈니 콘서트 홀
©Scott Taylor(Flickr)

건축가의 스케치에서 점차 바뀌어가는 빌바오
구겐하임 미술관, 〈프랭크 게리의 스케치〉 중에서

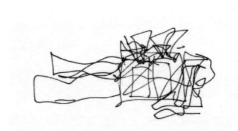

게리라는 이름으로 자신만의 건축을 서서히 인정받기에 이릅니다.

1시간 30분짜리 다큐멘터리 〈프랭크 게리의 스케치〉는 프랭크 게리라는 건축가를 쉽게 이해하기에 그 가치는 충분합니다. 부정적인 시각을 감추지 않는 예술가 척 아놀드, 프린스턴 대학의 예술/고고학 교수 할 포스터의 비평이 날카롭습니다. 반해 카메라를 의식해서인지 찰스 젠크스와 필립 존슨의 평가는 프랭크 게리를 떠받들기에만 급급하군요. 프랭크 게리의 정신 치료를 담당했던 의사 밀턴 웩슬러는 이렇게 증언합니다.

"많은 유명한 사람들이 나한테 왔지. 자신을 바꿔보고 싶어서 말이야."

"자신들의 욕망을 통제하고."

"결혼생활에 대한 문제, 아니면 다른 문제든."

"더 나은 삶을 누리려면 어떻게 해야 하는지 궁금해했어."

"어느 날 한 예술가가 왔는데."

"그 친구는 어떻게 해야 세상을 바꿀 수 있는지 궁금해하더군."

도입부에서는 프랭크 게리의 스케치가 스코어(영화 음악)와 함께 아름답게 건물로 오버랩됩니다.

이 다큐는 〈아웃 오브 아프리카〉로 아카데미 작품상과 감독상을 거머쥐었던 시드니 폴락의 마지막 작품입니다. 칸 영화제의 심사위원, 심사위원장까지 지냈던 영화계 거목의 명성에 이견을 두기란 쉽지 않지만 다큐는 시드니 폴락의 영역이 아닌듯합니다. '다큐는 BBC'라는 말처럼 장르별 선수는 분명히 따로 존재합니다. 2015년 개봉한 샐리 앳킨의 〈게팅 프랭크 게리〉(2015)가 훨씬 낫죠.

프랭크 게리의 건물을 처음 본 사람들이 이구동성으로 "나중에

내 집은 꼭 저렇게 지어야지."라고 말합니다. 아마 자주 접하지 못했던 형태 때문인지도 모릅니다. 영화에서나 한 번, 여행 중에 어쩌다 만나는 건물이 아니라, 매일 그곳에서 눈뜨고, 먹고 자고 살아야 하는 곳이라도 그럴까요? 10년 후, 20년 후에도 괜찮을까요?

건물을 볼 때는 '시간' 개념을 대입해 봐야 합니다. 몇 백 년이 지나도 감동이 줄지 않는 건물일까요? 맘에 들어 산 옷도 2~3년이 안되어 싫증내는 경우도 허다합니다. 음악은 또 어떤가요? 한 달 아니 보름도 안되어 질려버리는 대중음악. 그런 면에선 클래식이나 재즈가 훨씬 더 지속적인 힘이 크죠. 프랭크 게리가 설계한 건물의 용도 또한 박물관(빌바오 구겐하임 미술관, 비트라 디자인 뮤지엄)과 콘서트 홀(월트 디즈니 콘서트홀)이란 점에서 우리가 그다지 자주 만날 확률은 낮은 듯합니다.

희망을 짓는 건축가: 사무엘 막비와 루럴 스튜디오

미국 맨해튼 록펠러 센터 광장은 365일 늘 사람들로 북적입니다. 크리스마스 점등식으로도 유명한 이 스케이트 광장은 〈나 홀로 집에〉와 같은 영화의 단골 무대이기도 하죠. 자기 땅 자기 맘대로 사용하는 건 자본주의 사회의 너무도 당연한 권리이지만 기업의 사회적인 역할, 즉 공공을 위해 자기 땅을 시민의 공원으로 만든 록펠러라는 재벌 기업의 이미지를 읽고 배우길 우리나라에서도 기대해 봅니다.

마찬가지로 건축가도 사회적인 역할을 실천한 사람이 있답니다. 사무엘 막비(1944~2001)와 그가 운영하는 루럴 스튜디오입니다. 영화 제목도 〈루럴 스튜디오〉죠. 그에 관한 단행본 《희망을 짓는 건축가 이야기》도 출간되어 있으니, 책을 먼저 읽고 영화를 보시길 권합니다. 책만 읽어도 이 영화의 후속 편 〈시티즌 아키텍트〉까지 모두 봐야겠다는 충동을 주체하기가 어려울테니까요.

루럴 스튜디오는 사무엘 막비가 D. K. 루스와 함께 1992년 개설한 미국 오번대학교 건축학과 실습 프로그램으로, 가난하기로 둘째가라면 절대 서러워할 앨라배마주 헤일에서 학생들을 데리고 직접 집을 짓는 현장 체험의 과정이며 사회사업을 위한 헌신입니다. 3개 과정(2학년 과정, 논문과정, 확장과정)으로 이루어져 있으며, 2학년 과정은 대개 한 학기 동안 헤일 카운티에 머물며 주택 한 채 정도를 디자인하고 직접 건축합니다. 논문과정은 졸업 단계의 학생들이 1년 전체를 현장에 투자하며, 확장과정은 오번대학이 아닌 전 세계 학생들이 참여하는 과정입니다.

이들이 현장에서 사용하는 건축자재는 거의 모두 폐자재나 폐품, 재활용품입니다. 또한 현장의 땀방울이 그대로 전해지는 학생들의 증언은 살아있는 건축을 제대로 배우는 소중한 과정임을 드러내며 큰 울림을 줍니다.

루럴 스튜디오가 폐자재를 활용해 건축한
구조물(Perry Lakes Park Covered Bridge)
©Carol M. Highsmith Archive(Wikipedia Commons)

대한민국의 건축교육은 건축학과 기준으로 5년제 대학 건축교육 과정을 마치고 설계사무실에 입사해 5~6년 동안 경력을 쌓기까지 제대로 된 건축을 맛보지 못하는 것이 현실입니다. 학교에서 배운 지식이 실제 건설 현장에 적용되는 실시설계 과정을 배우는 것이 입사 1~2년 차의 가장 큰 목표라고 볼 수 있으며, 3~5년 차로 경력을 쌓으면서 구조, 기계, 전기, 소방, 통신 등 건축을 구성하는 타 분야를 이해하고 팀장으로 나아가는 과정을 밟습니다. 감리라는 현장 경험이 있긴 하지만 사용자의 행태나 인간의 속성을 이해하고 건축에 접목시켜 자신만의 철학을 확립하기란 거의 불가능합니다.

사무엘 막비와 이 프로그램에 참여한 건축학과 학생들은 살아있는 진짜 건축을 맛보죠. 그들의 건축은 앞으로 더 진지해질 겁니다. 이렇듯 이들의 현장에서의 임상실험과 우리나라의 설계사무실 인턴 경험은 본질적으로 다르니까요.

'해비타트 운동'이라는 말을 들어보신 적이 있나요? 바로 사랑의 집짓기 운동입니다. 1976년부터 시작해서 전 세계 76개국에서 진행하고 있으며 이미 10만 채 이상의 집을 지었습니다. 2~3인 가족이라고 가정해도 20~30만 명 이상이 그 집에서 떠날 때까지 혹은 평생을 이 집을 위해 헌신한 사람들의 따뜻한 사랑을 기억할 겁니다. 우리나라도 1990년대부터 동참해 지금까지 이어지고 있습니다. 이번 기회에 한번 동참해 보시는 것은 어떨까요? 평생 잊지 못할 추억을 하나 더 하리라 확신합니다.

〈루럴 스튜디오〉의 후속 편 〈시티즌 아키텍트〉(2010)는 아주 독특한 클라이언트를 좇는 영화입니다. 솔(soul) 뮤직에 대한 열정 때문에 뮤직맨으로 불리는 지미 리 매튜스가 이번 루럴 스튜디오의 클라이언트입니다. 제이 샌더스가 스튜디오의 학생들을 이끌어 가죠. 학

사회 사업을 위해 헌신하는 루럴 스튜디오의
다큐멘터리 〈시티즌 아키텍트〉, 포스터

생들뿐만 아니라 사람 만나는 것조차 쉽지 않았던 뮤직맨에게도 관
계가 무엇인지, 사회 구성원이란 무엇인지 생각하는 기회를 제공하
는데, 루럴 스튜디오만이 가능한 힘이겠죠?

　'나 같은 사람만 있어도 문제고, 막비 같은 사람만 있어도 문제'라
는 피터 아이젠만의 인터뷰뿐만 아니라, 다양한 사람들이 등장해 빈
곤, 계급, 인종, 교육, 사회 변화 및 시민의 권리 등에 대한 건축가의 역
할을 이야기합니다.

의, 식, 주는 인간이 살기 위한 최소한의 필요충분조건이죠. 그런데 의, 식은 요즘 그리 크게 느껴지지는 않습니다. 극빈자나 노숙인의 경우 모두 무료 급식소를 꿰차고 있으며(어느 급식소는 적지만 용돈까지 줍니다), 의류 수거함엔 멀쩡한 옷가지들이 넘쳐나니까요.

주의 경우는 좀 다릅니다. 비교적 저렴한 집은 고시원이고, 가장 저렴한 집은 벌집촌으로 알려져 있는 쪽방촌일 겁니다. 노숙자와 같은 사람들에겐 이마저도 넘지 못할 문턱이죠. 1평 정도밖에 되지 않는 쪽방도 보증금 없이 한 달에 25만 원 정도 합니다. 여의도 오피스텔 50평형이 보증금 5천만 원에 월세 5백만 원 정도입니다. 오피스텔은 공유면적 비율이 있어서 두 시설을 정확히 비교하기는 어렵지만, 단위면적 당 비용으로 환산하면 냉난방뿐만 아니라 모든 것이 갖추어진 최고 시설과 쪽방의 임대료가 비슷하다는 사실이 의아합니다.

주는 결국 사회적인 지원이나 시스템이 필요합니다. 국가든 지자체든 종교단체든, 어떤 지원체계든 말이죠. 스스로 집을 마련할 수 없는 사람들을 길거리로 내몰순 없으니까요. 사무엘 막비와 루럴 스튜디오의 역할이 더 감동을 주는 이유가 아닐까요?

2011년 3월 11일 일본은 역대 최대 규모의 해저지진이 일어납니다. 바로 동일본 대지진이죠. 프리츠커상 수상자인 건축가 이토 도요는 신진 건축가들과 함께 피해 주민들을 위한 '모두의 집'을 만듭니다. 지진과 같은 자연재해가 발생하면, 의료진이나 구급대원의 손길이 세계 각국에서 자발적으로 들어갑니다. 피해 주민들의 임시 막사 등 위생이나 환경면에서 건축도 꼭 필요할 텐데 건축가들도 동참하는지 모르겠습니다. 남의 돈으로 내 욕망을 실현하는 건축가, 부자들만을 위한 직업인 등 건축가들이 듣기 싫어하는 꼬리표는 건축가들이 사회적인 역할에 적극 동참할 때 상쇄되어 없어질 겁니다.

새로운 가치를
실현하는
슈퍼 히어로: 마천루

건축가를 주제로 만든 다큐가 아닌, 극영화 두 편을 살펴보며 건축가의 장을 마무리하려 합니다. 그중 하나가 건축영화 입문 제일 순위 〈마천루〉(1946)입니다. 포스터의 유치찬란한 문구 "전 세계의 여성을 감동시킨 문제의 연애거편, 게리-쿠퍼, 파트리샤-닐, 킹-뷔디 감독". 하지만 너무 정감 어린 포스터가 아닐 수 없습니다. 실사 위주의 요즘 영화 포스터에선 찾아보기 힘든 풋풋함과 순애보가 함께 어우러져, 과거의 향수도 만들어냅니다. 1946년 제작되어 1949년에 배급되었는데, 한국에는 1950년에 개봉되었습니다.

소설《파운틴헤드》(Fountainhead)를 원작으로 하는데, 이 소설은 20세기 영어권 소설 '20세기 위대한 책 베스트 100'이 발표되었을 때 2위를 차지한 적이 있습니다. 1위는《아틀라스》(Atlas Shrugged). 두 책 모두 저자가 아인 랜드입니다. 아인 랜드는 1905년 러시아 태생으로 철학과 역사를 전공했습니다. 시나리오 작가가 되기 위해 영화예술학교에서 수학하다가 1926년 미국으로 건너갑니다.《파운틴헤드》를 쓰기 위해 설계사무소에서 실제로 6년간을 근무했다고 합니다. 그

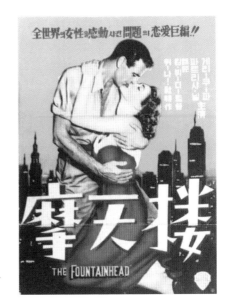

全世界의女性을恐動시킨 問題의恋爱巨編!!

THE FOUNTAINHEAD

1950년 한국에서 개봉한 영화 〈마천루〉,
포스터

녀가 1943년에 완성한 《파운틴헤드》는 지금까지도 미국 청소년 필
독서에서 빠지지 않죠.

〈마천루〉의 감독인 킹 비더(1894~1982)는 영화 〈전쟁과 평화〉
로 우리에게 익숙한 감독입니다. 주연은 당대 세계 최고의 배우 게리
쿠퍼가 건축가 하워드 로크의 역할을 맡습니다. 상대역 패트리샤 닐
과의 스캔들은 지금까지도 할리우드의 비화로 회자되고 있죠.

원래 하워드 로크의 역할은 당대 유명 건축가였던 프랭크 로이드
라이트였다고 합니다. 감독이 그를 캐스팅하려고 했지만 당시 건축
가로서 정점에 있었던 라이트는 어마어마한 개런티를 요구했고, 결
국 제작비 때문에 그를 포기했다고 합니다. 은막을 통해 프랭크 로이
드 라이트의 연기를 볼 기회가 사라진 것이 못내 아쉽습니다.

영화의 건축적인 완성도를 위해 당시 미술감독 에드워드 캐러리

의 비중과 노고는 배가되었답니다. 그가 참고한 모델은 프랑크 로이드 라이트와 그의 주변 사람이었고, 미술감독에 의해 재창조된 건축 표현은 기성 건축가 못지않을 정도로 세련되게 마무리되었습니다. 영화 전반에 걸쳐 나오는 수많은 모형과 투시도를 보면 60년 이상을 뛰어넘는 시대적 간극에도 불구하고 현대적이고 세련되었습니다. 《배너》신문의 대표이사 게일 와이낸드의 주택에서 프랑크 로이드 라이트의 분위기가 물씬 풍겨 나온 건 낙수장이 그 모델이었기 때문이죠. 이뿐만 아니라 하워드 로크가 스승 헨리 캐머런의 유품을 정리할 때 보이는 건물 투시도 역시 발터 그로피우스의 '시카고 트리뷴 타워 현상설계안'(1922)과 유사합니다.

"건물은 그 기능에 충실해야 해."
"새로운 재료는 새로운 형태를 필요로 하는 거야."
"건물은 동시에 여러 가지 양식을 표현할 수 없어."
"사람이 다른 사람의 영혼을 가질 수 없는 것처럼."
"하워드, 세상은 매번 새로운 생각을 가진 인물이 끌어갔네."
"그리고 그게 얼마나 큰 대가를 치러야 하는 건지도 알고 있겠지?"

건축가 하워드 로크의 철학은 확고합니다. 새로움에 대한 갈망과 가치를 인생을 통해 이뤄나가며, 그 목표를 향해서라면 어떤 시련과 고난도 견디어 나갑니다. 그 고통을 누구보다도 잘 아는 스승은 아끼는 제자에게 다른 길을 종용하지만, 하워드 로크의 의지는 단호하기만 합니다. 대중적인 기호와 싸워야 하며, 그 대중을 이끄는 몇몇 비평가들과의 끝없는 논쟁은 오히려 하워드 로크를 더욱 단단하게 만들 뿐이었습니다.

스승 헨리 카메론의 유품을 정리하는
하워드 로크, 〈마천루〉 중에서

　　반면, 뉴욕 맨해튼에서 가장 유명한 일간지 《배너》의 건축비평을
주간하는 엘스워스 투히는 무엇보다도 대중적인 기호에 집착합니
다. 맨해튼 보증은행 현상설계에 당선한 하워드 로크는 심의위원회
의 수정 요구에 반대합니다. 기나긴 싸움이 시작되죠. 역시 그 배후는
엘스워스 투히입니다. 여기에 깊숙이 관계를 맺는 여인 도미니크가
있습니다. 유명 건축가의 딸로서 그녀 역시 《배너》에서 건축 칼럼을
쓰며 신문사 사장인 게일 와이낸드로부터 사랑을 한몸에 받고 있습
니다.

　　엘스워스 투히와 밀착된 하워드의 친구 피터, 배너 신문의 사장
와이낸드, 그리고 도미니크가 한눈에 반한 하워드 로크와의 애정 문

제 또한 복잡한 건축적 복선 속에서 영화의 맛을 더해주고 있습니다. 마지막에 하워드 로크가 스스로를 변호하는 대사는 지금까지도 건축적인 명대사로 남아있습니다.

"예술적인 가치를 가진 건축가의 유일한 재산을 아무런 대가 없이 박탈하고 마음대로 변형한다면, 과연 그는 무엇으로 보상받을 수 있을까요?"

"개인적인 가치가 대중이라는 다수로 불합리하게 위협받는다면, 그 시대의 문화는 과연 어느 자리에 서야 하는 건가요?"

지금으로부터 약 80여 년 전에 만들어진 영화가 조금은 유치한 구성, 연기자들의 어색한 말투에도 불구하고 공감과 감동을 주는 이유는 탄탄한 시나리오가 갖는 설득력 때문일 겁니다. 소설《파운틴헤드》만큼이나 영화〈마천루〉역시 앞으로도 건축영화 목록 일순위에 남아있을 것이라 생각합니다.

건축가의 창의적인 사고를 함축하는 원제〈Fountainhead〉가 '마천루'로 탈바꿈한 것은 테리 길리엄 감독의〈Brazil〉(1985)이 '여인의 음모'가 된 것만큼이나 아쉽습니다. 영화의 마지막 장면에서 뉴욕의 가장 높은 마천루 건축현장에 있는 하워드 로크를 만나러 가는 도미니크의 해피엔딩이 무척 강한 인상을 주는 탓인 듯합니다.

Fountainhead의 사전적인 뜻은 원천, 수원(水源), 근원 등이죠. 물의 근원지, 혹은 모든 일의 시작이나 뿌리를 의미합니다. 건축물을 이용하는 사용자, 그 건물을 바라보는 모든 사람들, 건축주는 그 건물이 없어질 때까지 모든 것을 느끼고 경험하고, 평가하고 공유합니다. 마치 우리가 매일 마시는 물처럼 말이죠. 강이나 샘물도 '수원'에서 출발하듯, 건축물도 존재하기까지의 원천은 결국 건축가입니다.

맨하튼 보증은행 당선작으로 심사위원과 논쟁을
벌이는 하워드 로크(왼쪽), 〈마천루〉 중에서

건축가는 누구인가

영화엔 또 다른 'Fountainhead'가 있습니다. 건축과는 별개로 저에게 가장 연민을 느끼게 한 《배너》 신문사의 사장 게일 와이낸드입니다. 빈민가에서 태어나 자신의 힘으로 배너를 세우고 권력을 손에 넣은 인물이죠. 돈과 명예, 힘과 권력 모든 걸 가졌지만 여인 도미니크만은 영원히 소유하지 못한 채 그녀를 위해 평생을 헌신합니다. 그녀의 남편으로 살면서도 자신의 모든 것인 그녀를 갖지 못하는 상실감. 자신을 위한 투쟁이라고 하지만 결국 그녀를 위해 하워드 로크와 함께 투쟁을 지속해 나갑니다.

대주주들의 강압에 의해 자신의 신념을 포기하는 게일 와이낸드. 자신을 용서할 수 없었던 그가 마지막으로 하워드 로크에게 자신의 꿈과도 같은 초고층 마천루 와이낸드 빌딩을 부탁합니다.

"자네의 영혼을 담아 지어주게."
"그러면 내 영혼도 담길 테니까."

영화 전반에 걸쳐 명대사가 헤아릴 수 없을 만큼 많이 등장하지만, 특히 피터 키딩이 하워드 로크에게 코틀랜드를 부탁할 때, 하워드 로크의 말도 기억해 두면 좋겠습니다.

"피터, 사람들을 위해 뭘 하기 전에."
"우선 네가 그걸 할 수 있는 사람부터 되어야 해."
"하지만 그전에 그 일을 진정으로 좋아하는 사람부터 되어야 하지."

하워드 로크는 전형적인 할리우드식 슈퍼 히어로지만, 당시 건축 이야기를 사실적으로 다루었다는 점만으로도 저는 높은 점수를 줍니다.

한편으로, 원작 소설과 영화는 많은 부분에서 다릅니다. 매일 밤, 술과 여자로 뒹구는 악인 게일 와이낸드는 설정 자체가 정반대며, 하워드 로크가 처음 도미니크를 강간하는 장면도 영화 속에선 키스신으로 각색되었습니다. 소설은 국내에서 1988년 《마천루》로 출간된 적이 있고 2011년에 다시 《파운틴헤드》로 출간되었습니다.

"건축가는 인간의 재능을 최고로 표현해 내는 천재들이다. 아직 사람들에게 알려지지 않고 발견되지 않은 영웅적인 미지의 건축가들에게 이 책을 바친다."-《마천루》의 서문 중에서

[쉬어가기] 건축가와 영화 감독

건축가를 조명한 영화를 살펴본 김에 조금 더 확장해 보고자 합니다. 제목 자체를 건축가로 내세운 극영화만 4개나 되죠. 피터 카헤인의 〈The Architects〉(1990), 맷 토버의 〈The Architect〉(2006), 이나 베이세의 〈The Architect〉(2008), 조나단 파커의 〈The Architect〉(2016) 등이 있습니다.

먼저 피터 카헤인 감독의 영화는 동독 건축가들의 이야기로, 제목처럼 건축가 '팀'들의 턴키(Turn-Key)와 유사한 경쟁 과정을 그리고 있습니다. 턴키란 열쇠를 돌리면 바로 사용할 수 있다는 뜻인데 한국에서는 '설계시공 일괄입찰'이 정식 명칭입니다. 전체 사업이 아주 촉박할 때 사용되는 방식이죠. 통독 이전 동독의 이데올로기, 페미니즘, 문화적 욕구 등이 다양한 복선구조로 펼쳐집니다.

맷 토버 감독의 〈The Architect〉는 다큐멘터리 〈프루이트 아이고〉의 극영화쯤으로 보면 정확할 듯합니다. 공동주택 단지의 환경 문제를 예리한 시각으로 표현한 영화죠. 이나 베이세는 2018년 제10회 서울 국제건축영화제의 개막작인 〈뉴 내셔널 갤러리〉(2017)의 감독이기도 합니다. 건축에 관심이 많은 감독으로 생각해도 되겠죠? 이나 베이세의 〈The Architect〉는 일중독인 건축가가 가정을 찾아가는 과정을 담았습니다.

조나단 파커 감독의 〈The Architect〉 말고도 〈마일스와 함께 집짓기〉는 2016년 제8회 서울 국제건축영화제에서 상영되었습니다. 건축영화에서 보기 힘든 코믹 드라마로서 건축가 마일스에게 관심을 갖는 여인 때문에 마일스 부부에게 위기가 찾아오죠. 마일스는 예술적인 감성과 독창성을 주장하며 자신만의 계획안을 추진하지만 자기 작품이 아니랍니다.

이 외에 즈린코 오그레스타 감독의 〈비하인드 더 글라스〉(2008)는 주인공인 건축가가 일과 가정 사이의 대립 관계를 겪는 과정을 현실적으로 그리고 있습니다.

할리우드 스타들이 그리는 건축가의 모습은 어떨까요? 〈마지막 연인〉(1994)의 리처드 기어, 〈은밀한 유혹〉(1993)의 우디 해럴슨, 〈레이크 하우스〉(2006)의 키아누 리브스, 영상이 너무도 아름다운 영화 〈트리 오브 라이프〉(2011)의 숀 팬, 〈클릭〉(2006)의 아담 샌들러, 아무리 잘 봐주려 해도 어색한 〈정글 피버〉(1991)의 웨슬리 스나입스, 〈추방객〉(1974)의 찰슨 브론슨, 〈만날 때는 언제나 타인〉(1960)의 커크 더글라스, 〈언제나 둘이서〉(1967)의 오드리 햅번과 알버트 피니 등 모두 영화 속에서 건축가로 열연한 배우들입니다. 한국영화로는 〈시월애〉(2000)의 이정재와 〈내 머리 속의 지우개〉(2004)의 정우성, 또 〈두 여자〉(2010)의 정준호를 꼽을 수 있겠습니다.

세계적인 영화감독 중엔 프리츠 랑처럼 건축을 전공한 사람들이 너무도 많습니다. 〈이든〉(2001)의 아모스 지타이 감독은 UC 버클리에서 건축학 박사학위까지 받았죠. 〈로미오와 줄리엣〉(1968)의 프랑코 제피렐리, 〈전함 포템킨〉의 S. M. 아이젠슈타인, 〈신의 도시〉(2002)의 페르난도 마이렐레스, 〈못다 한 27번의 키스〉의 나나 조르자제, 〈태양은 가득히〉, 〈금지된 장난〉, 〈목로주점〉, 〈분홍신〉의 르네 클레망, 〈검은 고양이〉(1934)의 에드가 울머, 〈브라더스〉(2004)의 수잔 비어, 〈엉클 분미〉(2010)의 아피찻퐁 위라세타쿤, 〈옹박〉(2005)의 프라차야 핀카엡, 〈사대천왕〉(2006)의 다니엘 우 등 모두 건축 전공자들입니다. 한국은 〈별들의 고향〉(1974)의 이장호, 〈건축학 개론〉(2011)의 이용주, 〈거울 속으로〉(2003)의 김성호, 〈그림자 살인〉(2009)의 박대민, 그리고 〈오감도〉(2009), 〈아나키스트〉(2000)의 유영식, 〈싱글즈〉(2003)의 권칠인이 모두 건축을 전공했습니다. 이들의 영화에서 건축적인 시각을 찾아보는 것이 어쩌면 새로운 분야가 될 수 있을지도 모르겠습니다.

이들과는 반대로 영화로 출발해 건축가가 된 경우도 있습니다. 세계적인 건축가 렘 콜하스는 네덜란드 《헤이그 포스트》의 기자였습니다. 르네

달더 등과 더불어 '필름그룹 1,2,3'이라는 팀을 만들어 〈1,2,3 랩소디〉라는 영화에 출연했고, 영화 〈화이트 슬레이브〉(1969)를 직접 제작하기도 했습니다.

한국 DDP(동대문디자인플라자)의 건축가로 유명한 자하 하디드(1950~2016)는 린제이 핸런의 다큐 〈위대한 도전〉(2013)에서 알프레도 히치콕의 1959년도 영화 〈북북서로 진로를 돌려라〉의 한 장면이 자신의 건축인생에 큰 영향을 주었다고 고백합니다.

영화감독이나 건축가 모두 특별히 전문성이 요구되는 분야임에도 그 경계를 뛰어 넘은 이들을 보면 분명 두 분야에는 보이지 않는 끈이 있지 않을까요?

자하 하디드의 건축인생에
큰 영향을 끼친 영화, 알프레도 히치콕의
〈북북서로 진로를 돌려라〉 중에서

창조의 고통을
은유하는
건축가의 배

데스틸처럼 신고전주의라는 건축/예술사의 한 조류를 확인할 수 있는 영화입니다. 더불어 감독들의 감독이라 평을 받는 명감독 피터 그리너웨이의 명작을 보는 것만으로도 큰 의미를 둘 수 있답니다. 바로 〈건축가의 배〉(1987)입니다.

서양 근대건축사를 공부하려면 제일 처음 시작이 신고전주의입니다. 이후 건축 사조는 낭만주의, 절충주의로 흘러갑니다. 신고전주의의 선봉에 서있는 사람은 에티엔 루이 불레(1728~1799)와 클로드 니콜라 르두(1736~1806)인데 두 사람 모두 기하학적이고 단순한 형태를 조형적인 원리로 삼습니다. 대표적으로 불레의 뉴턴 기념관을 들 수 있고 뒤에서 소개할 〈슈페어와 히틀러〉에 나오는 '게르마니아 계획' 역시 이 뉴턴 기념관을 참고한 겁니다. 구형 입방체의 내부에는 작은 구멍들이 수도 없이 나있으니 밤엔 천장이 하늘의 별처럼 빛날 겁니다. 구의 직경이 170미터라고 하니, 어마어마하죠?

교과서에는 고전주의가 발생한 요인을 여러 가지로 설명하고 있지만, 그 이전 시기인 바로크, 로코코의 도를 넘어선 화려한 치장과 장식 때문에 왕궁의 재정은 바닥났고, 사람들 또한 자신의 삶과는

동떨어진 화려한 양식에 신물이 나지 않았을까 합니다. 그래서 기하학적이고 단순한 신고전주의 양식이 오히려 더 규범적이고 적합하게 느껴졌을 수도 있죠.

이 영화는 EUR(Esposizione Universale Roma)에 소재하는 스퀘어 콜로세움, 즉 이탈리아 문명관뿐만 아니라 로마의 명소가 많이 등장해 마치 서양 건축사의 홍보용 영화로 느껴질 정도입니다. 판테온 신전을 필두로 빅토리오 에마뉘엘 2세 기념관, 콜로세움, 성 베드로 대성당, 카라칼라 대욕장, 하드리안 빌라, 나보나 광장의 피우미 분수와 넵튠 분수 등 헤아릴 수 없습니다.

이탈리아의 건축가 수세페 테라니(1904~1943)를 좋아하는 이라면, 특히 이 EUR 지역의 건축물들이 궁금할 것입니다. 프랑스로 결정된 1942년 만국박람회를, 무솔리니는 특사를 파견해 그 결정을 뒤엎고 다시 로마로 유치하는 데 성공합니다. 2차 세계대전 때문에 개최되지는 못했지만 만국박람회 장소가 EUR 지역이었습니다. 이탈리

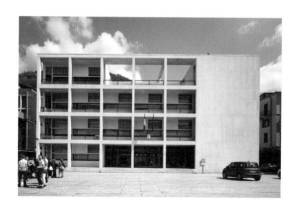

이탈리아 합리주의의 대표작, 주세페 테라니의
카사 델 파시오(테라니의 집) ©August Fischer(Flickr)

아는 당시 무솔리니를 비롯한 모든 국민들이 '로마의 영광을 다시 한 번'이라는 슬로건을 마음속에 품고 그대로 열망했습니다. 만약 박람회가 무사히 마무리되었다면 지중해 연안의 EUR 지역이 로마와 함께 하나의 큰 도시로 묶여 바다로, 바다로 원대하게 커져 나갈 수 있지 않았을까요?

EUR 지역에 영구적으로 들어설 건축물을 위해 여러 현상설계가 진행되었습니다. 참여한 건축가들 가운데는 고전적인 환경에 걸맞게 건축물을 설계하던 마르첼로 피아센티니가 있었는데 그는 국가가 신뢰하는 건축가였죠. 이에 맞서 주세페 테라니와 그루포 7은 근대건축 운동을 이탈리아에 도입하기 위해 새로운 건축을 시도하고 있었습니다. 이들의 건축적인 대립과 싸움은 보이지 않는 전략과 비리 등으로 영화만큼이나 흥미진진했습니다.

주세페 테라니는 '파시스트의 집'으로 알려진 카사 델 파시오(지금은 테라니의 집)의 건축가로 친형이 코모시의 시장이었습니다. 당

EUR 지역에 건립된 신고전주의 건축,
지오바니 구에리니의 이탈리아 문명관(스퀘어 콜로세움)
©Michele Bitetto(Unsplash)

건축가는 누구인가

시 일을 수주하고 또 현대적인 건물로 완성할 수 있었던 배경이 되지 않았을까 생각해 봅니다. 카사 델 파시오는 이탈리아 합리주의를 대표하는 작품입니다.

18세기 후반의 프랑스 건축가 에티엔 루이 불레를 기념하기 위해 로마를 찾은 시카고 출신의 건축가 크랙라이트, 그리고 이탈리아 출신인 부인. 로마로 향하는 기차 안, 부부의 섹스 장면으로 영화가 시작합니다. 창밖으로 보이는 풍광, 이름을 알 수 없는 유적들, 시골 간이역의 사람들, 있는 그대로의 자연 모습이 지나갑니다.

"언제 봐도 로마로 들어가는 이 길은 너무 아름다워요."
"완벽하지."
"비옥한 땅과 아름다운 여자들"
"오랜 역사, 돔과 아치, 그리고 맛있는 음식"
"완벽한 내 이상향이야."
"이상향이라고요? 아버지는 이탈리아를 떠나는 게 유일한 희망이었어요."

대화에서처럼 부부는 로마에 대한 생각이 다릅니다. 판테온 신전 앞에서 크랙라이트 부부는 이탈리아 건축가들이 주최한 환영식에 초대 받습니다. 케이크로 만들어진 불레의 뉴턴 기념관이 화려하게 미국 건축가를 환영하지만, 모든 것은 그때부터 종말을 향하는 운명이었는지 모르겠습니다. 건축가 자신의 배에 대한 의심까지도 그 운명을 더하게 되죠.

시카고는 도시 전체가 박물관이라 할 만큼 역사적인 건물들이 많습니다. 세계대전 이후, 필연적일 수밖에 없는 효율적인 개발 요구는 시카고학파로 이어집니다. 대표적으로 루이스 설리번의 카슨 피

서양 건축사 전반에 막대한 영향을 미친
판테온의 거대한 돔 ©Lode Lagrainge(Unsplash)

리어리 스콧 백화점과 오디토리움 빌딩, 프랭크 로이드 라이트의 로비 하우스와 오크 파크 유니티 교회, 라이트 스튜디오 등 시카고학파의 건축가들이 건축해 놓은 수많은 건축작품들의 보고입니다. 현상 설계로 유명한 시카고 트리뷴 신문사 사옥도, 다른 작품이 선정되지 않은 것이 천만다행이라고 생각할 정도로 아름답죠. 이들과 더불어 시어즈 타워라는 근대의 상징물도 시카고에 잘 어울립니다.

하지만 시카고가 제아무리 그렇다 한들 로마와 비교할 수 있을까요? 서양 건축사하면 쉽게 뱉는 말이 그리스/로마인 만큼 로마는 세계사의 공통된 역사이니까요. 로마 사람들에게 이 미국인은 살갑지 않습니다. 아니, 싫죠. 더구나 로마에서 프랑스 건축가를 기념하려는 미국 건축가는 더더욱 배타적일 수밖에 없습니다. 세 나라의 미묘한 차이는 풍토적인 느낌과 관습적인 주장으로 뒤범벅됩니다.

건축가의 입을 통해 정의지어진 탐욕의 도시 시카고를 떠나, 로마로 향하는 기차 안에서 9개월 동안 불러오는 부인의 배는 외도와 함께 건축가의 아픈 배로 넘어갑니다. 건축물의 탄생을 담보로 고통을 견뎌가는 건축가에게 자기 작품의 출산을 지켜보지 못하는 것보다 더 아픈 배가 또 있을까요? 아무튼 부인은 출산을 합니다. 고통스러운 작업의 결과로 맞이하는 불레의 전시회 기념일, 개관 테이프를 끊으며 동시에 건축가는 목숨을 버립니다. 잉태와 더불어 영화의 시작을 알린 피터 그리너웨이는 그렇게 영화를 맺습니다.

건축가라는 직업을 앞세워 피터 그리너웨이는 자의적인 영혼을 이야기합니다. 육신이 하드웨어라면 정신은 소프트웨어입니다. 가장 기념비적인 역사물로 가득 찬 로마, 지구상 가장 세계사적인 하드웨어 속에서 음모와 배신의 생활을 영위하는 소프트웨어는 너무 허탈할 뿐입니다.

〈건축가의 배〉를 통해 피터 그리너웨이 감독의 분위기를 살짝 엿보았습니다. 전시를 준비하는 9개월간 잉태된 생명, 출산과 자살, 임신부의 배와 건축가의 복통 등. 피터 그리너웨이 감독이 영화에서 설정한 복선과 퍼즐은 역사적인 사실이나 사건을 바탕으로 자신의 지적 상상력을 추가하여 영화의 연결고리를 만들어냅니다. 그래서인지 그의 영화는 늘 어렵다고 합니다.

'현란하다, 난해하다, 자극적이다'라는 문구가 피터 그리너웨이 영화를 설명합니다. 일단은 이전까지봐오던 영화와 많이 다르니까요. "전통적인 영화는 이미 뇌사상태에 빠졌다. 텍스트와 프레임, 배우, 카메라라는 영화의 4대 폭군으로부터 해방되어야 영화가 재탄생할 수 있다."라고 감독 스스로 언급한 것처럼 말입니다.

피터 그리너웨이의 아버지는 건축가였습니다. 만약 피터 그리너웨이가 건축을 했다면 어떤 작품을 만들었을까요? 분명한 것은 기존에 봐오던 건축물은 분명 아니었을 거라는 점이죠. 그의 작품엔 늘 종교, 성(性)과 죽음, 타이포그래피를 포함한 미적인 화면 구성, 수수께끼 같은 플롯, 그리고 터부시되는 모든 것이 포함되어 있습니다. 아마도 하나라도 놓치지 않고 보기 위해서는 천 개의 눈을 가져야 할 것입니다.

피터 그리너웨이의 〈털스 루퍼의 가방〉 시리즈는 총 3부작이며, 각각 3개씩 아홉 개의 에피소드, 총 92개의 여행 가방에 대한 이야기입니다. 1928년에서 1989년까지 60년을 이어가는 드라마로, 1928년은 우라늄 개발시기이며, 1939년부터 1945년은 2차 세계대전, 1989년은 베를린 장벽이 허물어지고 조지 부시와 미하일 고르바초프의 정상회담을 통해 냉전 종식을 알린 해이기도 합니다. 털스 루퍼는 전 세계를 돌아다니며 총 16곳의 감옥에 갇히죠.

주인공 털스 루퍼는 1911년 사우스 웨일스 뉴포트에서 태어났으며, 인생에서 가장 중요한 물건을 92개의 가방에 보관합니다. 거기엔 세상을 대표하는 물체가 들어있습니다. 그는 뉴멕시코 최초의 핵실험, 1968년 파리 학생운동, 1989년 베를린 장벽붕괴 등 20세기의 주요 사건에 참가한 것으로 보이죠. 평생 대부분이 수감 생활입니다. 또한 작가,

현란한 이미지가 돋보이는
영화 〈털스 루퍼의 가방〉의 포스터

수집가, 카탈로그 및 목록 제작자이며 흔적, 시스템, 지도, 숫자 및 유물 등에 매료되어 있습니다.

〈털스 루퍼의 가방〉 1부: 모압 이야기(2003)

첫 이야기는 2차 세계대전 이전의 20년 동안 영국 웨일스의 뉴포트, 미국 유타 모압, 벨기에의 앤트워프 등 3곳을 배경으로 합니다. 어렸을 때 집 뒷마당 석탄 창고에 처음으로 갇힌 루퍼는 석탄으로 첫 번째 가방을 꾸립니다.

1938년 털스 루퍼는 유타주 모압 사막으로 건너가 사라진 모르몬 도시를 찾던 중, 불법 주거침입과 관음증, 우라늄 불법 수집 등으로 모르몬 가족에게 체포됩니다. 제2차 세계대전에 참전하기 위해 유럽으로 떠나는 이 미국-독일계 모르몬 가족과는 앞으로 10년간 유럽에서의 악연을 계속합니다. 독일의 유럽 침공 당시 털스 루퍼는 다시 벨기에의 앤트워프 호텔 화장실에 세 번째로 투옥됩니다. 그를 가둔 역장 반 호이텐은 파시스트 국가로 바뀔 유럽을 상상하며 자신의 출세를 도모하는 친파시스트랍니다. 이곳에서 루퍼는 다시 모르몬 가족을 만납니다.

〈털스 루퍼의 가방〉 2부: 보에서 바다로(2004)

전쟁 발발 당시 털스 루퍼는 간수들에게 끌려 파리 북부 보에 있는 독일인 저택으로 갑니다. 이곳에서 그는 파시스트를 사랑하는 세 여성의 삶, 푸케와 루이 14세의 역사를 뒤바꾸려는 계획을 가진 독일군 장교 포에슬링의 삶, 그의 죄수 샤를로테 데 아르브레스의 삶에 관여하게 됩니다.

이후 루퍼는 보에서 쫓겨나 영화 필름이 가득 찬 가방을 가지고 스트라스부르그의 '아크 엔 씨엘 시네마'에 수감됩니다. 곧장 그곳을 탈출하고, 연합군의 폭격에서 살아남아 두 프랑스 아이들의 친구가 되죠. 루퍼는 프랑스 해안가 디나르의 한 가정에서 징병을 피하기 위해 여종업원 복장을 하고, 아이들에게 영어를 가르칩니다. 대저택과 영화관, 부르주아 가정, 그리고 보, 스트라스부르그, 디나르, 또 북프랑스의 세 교도소가 두 번째 영화의 배경입니다.

〈털스 루퍼의 가방〉 3부: 샤크섬에서 끝까지 (2004)

세 번째 이야기의 시대적 배경은 2차 세계대전 말과 그 이후 냉전시대로, 털스 루퍼는 포로로서의 모험을 계속해 나갑니다. 샤크섬에 난파되어 3명의 자매와 3개월 동안 생활하죠. 현상금 사냥꾼의 추격을 받아 바르셀로나로 도피합니다. 이후 이탈리아의 토리노와 베니스, 로마, 헝가리의 부다페스트로 모험은 계속되죠. 1963년 동서독 국경의 검문소 기둥 다리에 감금되지만 다시 탈출합니다. 그리고 마침내 마지막 92개의 가방이 개봉됩니다. 가방 안엔 어린 시절의 절친 마르티노 노커벨리와 놀던 기록필름이 들어 있습니다. 세 편 내내, 짧은 지식을 총동원하며 피터 그리너웨이의 열차에 겨우 올라탄 제게 이보다 더 큰 충격과 반전은 없었습니다.

세 편 모두의 줄거리를 꿰맞추기 조차 쉽지 않고, 영화에 등장하는 수많은 역사적인 사건과 기록영상, 피터 그리너웨이의 이전 작품들, 성경의 구약에 등장하는 모압 민족의 역사뿐만 아니라 인물들, 연극 같은 전개, 지리학 지식, 그래픽과 타이포그라피까지, 그 어느 것 하나 부족한 부분이 있다면 영화를 100퍼센트 이해할 수 없으니 감독이 가진 지식의 한계가 궁금할 뿐입니다. 단연코 피터 그리너웨이의 대표작입니다.

〈털스 루퍼 스토리〉(2005)는 〈털스 루퍼의 가방〉 3부작을 한 편으로 요약한 영화입니다. 원작보다 짧고 덜 난해하다고 하며, 2005년 제10회 부산 국제영화제에서 상영되었으나 DVD나 블루레이 등을 판매하지 않는 것으로 보아 오직 부산 국제영화제를 위한 편집본이 아니었을까 생각합니다. 그리고 세계여행을 경품로 걸고 털스 루퍼의 92개 가방을 찾는 인터랙티브 온라인 게임 'The Tulse Luper Journey'도 있었죠.

서양의 4대 명화는 레오나르도 다빈치의 '모나리자'와 '최후의 만찬', 미켈란젤로의 '시스티나 성당 천장화', 그리고 렘브란트의 '야경'입니다. 미술을 전공한 피터 그리너웨이, 그가 렘브란트의 '야경'이란 작품으로 다시 상상력을 이어나갑니다. 빛의 화가 렘브란트의 최고 작품으로 꼽히는 '야경'(1642)은 네덜란드 암스테르담 국립미술관에 소장되어 있는데, 단 한 번도 외국으로 반출된 적이 없다고 합니다. 어두운 배경 탓에 시간대가 밤인줄 알았던 이 작품은 오랜 세월 때문에 그림의

렘브란트의 '야경'(1642) ©Dennis Jarvis(Wikimedia Commons)

색채가 어둡게 퇴색된 것이라고 합니다. 그림이 복원된 이후, 오후 햇살을 배경으로 하고 있다는 사실이 밝혀지죠. 원제도 '프란스 바닝 코크 대장의 민병대'입니다.

당시 암스테르담엔 스페인에 맞서는 시민방위대가 있었습니다. 독립을 위해 평범한 시민들로 이루어진 순수 민간단체인데, 렘브란트의 '야경'은 그 중 어느 한 시민방위대를 그린 것입니다. 그 당시 네덜란드에는 단체 초상화를 그리는 유행이 있었는데 경제적인 여유가 있고 사회적인 지위가 비슷한 사람들끼리 비용을 분담해 단체 초상화를 그렸던 것이죠. 대부분 단체 초상화의 인물 표정은 딱딱하고, 배치도 늘 정면을 응시하며 무덤덤하게 서있을 뿐입니다. 그러나 렘브란트의 '야경'은 달랐죠. 중앙에 서있는 대장, 그 옆의 부관, 장총에 화약을 장전하는 사람, 북을 치는 사람, 무기를 들어 올린 사람, 화관을 쓴 소녀, 심지어 렘브란트 자신까지 마치 사진이나 영화의 한 장면처럼 역동적입니다. 렘브란트의 '야경'에는 모두 34명의 인물이 있습니다. 그림 값을 지불한 사람 18명 외에 나머지

는 모두 렘브란트가 상상해서 그려넣은 가상의 인물들이죠. 유달리 밝은 빛을 받고 있는 소녀가 눈에 띄는데 렘브란트의 부인인 사스키아를 그린 것이라고 합니다. '야경'이 완성될 즈음 사스키아는 사망합니다. 네덜란드도 영국과의 전쟁에서 패하면서 경기도 악화되고, 그로 인해 렘브란트의 삶도 어렵고 고달프게 변합니다. 말년에 주로 자화상을 그린 것도 이 때문입니다.

그림을 주문한 사람들이 렘브란트의 그림을 좋아했을까요? 본인의 의지와 달리, 신체의 아주 일부만 그려진 사람, 그림자 속에 배치되어 잘 보이지도 않는 사람, 본인이 원하지도 않는 포즈를 취한 사람. 좋아하지 않았을 겁니다. 여기서 감독의 상상력과 역사적 사건이 결합됩니다. 영화의 이해를 돕는 내러티브의 전개는 기대할 수가 없습니다. 예습은 필수죠. 2004년 10월, KBS에서 '빛의 마법사 렘브란트 야경의 비밀', 2009년 4월 MBC 프라임에서 '렘브란트, 천재화가의 삶, 빛과 어둠의 마법사'를 방영한 적이 있는데, 이 다큐를 보시고 영화를 보시면 예습 효과를 기대할 수 있을 듯합니다.

〈렘브란트의 심판〉(2008)은 'Rembrandt's J'accuse'가 원제입니다. 그대로 옮기면 렘브란트의 '나는 고발한다' 정도로 에밀 졸라의 기고문 '나는 고발한다'에서 따 온 제목입니다. 분명 렘브란트는 '야경'을 통해 무언가 하고 싶은 이야기를 숨겨놓은 듯합니다. 그림을 보면 볼수록 특이하고 이상한 점이 많이 발견되기 때문이죠. 피터 그리너웨이

감독의 명석한 두뇌를 통해 제목처럼 렘브란트가 무엇을 고발하고 있는지 파헤쳐나가는 형식입니다.

피터 그리너웨이는 그림 속에서 발견한 50개의 미스터리 중 31개를 조사하며 그림을 체계적으로 분석합니다. 인물의 배치와 복장, 상징의 의미(창, 죽은 닭, 냄비를 들고 있는 난쟁이)뿐만 아니라, 렘브란트의 조명 사용, 다른 야간 민병대를 관찰하며 대조합니다. 그림 속 인물들에게 가능한 동기들을 분석해 나가며 그 증거들을 바탕으로 살인사건을 풀어나가는 감독의 상상력에 경의를 표합니다.

〈골트지우스 앤 펠리컨 컴퍼니〉(2012)는 미디어가 창조해 낼 수 있는 디지털 이미지의 향연, 그 자체입니다. 헨드리크 홀치우스는 16세기 말 네덜란드의 화가이자 화보 인쇄업자이며, 그가 이끄는 펠리칸 컴퍼니는 그의 조카와 친구, 그들의 부인이나 애인들로 이루어진 집단입니다. 펠리칸 컴퍼니는 삽화가 그려진 구약성경을 출판하기 위해 새로운 인쇄기를 구입하고자 하죠. 그들은 프랑스 알자스 지방의 어느 후작에게, 성경 속 간통이나 근친상간 같은 성적인 타락과 금기를 연극으로 직접 보여주고, 관음증의 성적 욕구를 채워주며 금전적인 수익도 보장된다고 현혹합니다.

이 영화 역시 피터 그리너웨이식 미장센, 성경, 특히 구약에서 발췌한 성과 도덕에 관련된 일화들을 감독 자신의 언어로 표현한 작품입니다. 피터 그리너웨이가 늘 그랬듯이 영화 역시 실존 인물의 궤적에 상상력을 덧입힌 사실적 픽션으로 '보는 영화'가 아닌 '읽는 영화'입니다.

피터 그리너웨이를 포함해 장 뤽 고다르, 에드가 페라 등 세 감독이 〈3×3D〉(2013)라는 영화를 발표했습니다. 제목 그대로 3D로 촬영한 단편인데, 피터 그리너웨이 감독은 공간의 입체감을 자신만의 화려한 디지털 이미지와 잘 결합시켰습니다. 특히 3D 영화는 재미뿐만 아니라 공간을 입체적으로 표현할 수 있다는 점에서 건축이라는 분야에 아주 적합한 표현방법이 아닐까 합니다.

숨겨진 이야기, 건축 스캔들

무너진
아파트와 재개발:
도시 위에 군림하는 손

나폴리의 한 아파트가 무너져 사람들이 사망하는 사건이 벌어집니다. 사건의 중심엔 노톨라라는 도시개발업자가 있습니다. 그는 정치와 돈의 복선 구조를 잘 이해하고 있는 사람입니다. 흔히 말하는 정경 유착이죠. 시장이나 정치인 모두 노톨라를 무시할 수 없으니 오히려 정치판 실세는 이런 사람이 아닐까요?

영화 〈도시 위에 군림하는 손〉(1963)은 도시의 재개발을 둘러싼 좌파와 우파, 중도파의 이해관계와 권력형 비리를 그린 드라마입니다. 아파트 붕괴 사건의 진상을 파헤치기 위해 의회엔 진상조사 위원회가 만들어집니다. 시 공유지는 공매가 아닌 노톨라의 회사에 팔렸는데 그의 동생이 건설을 독점하고 있다는 사실은 누구나 아는 공공연한 비밀입니다.

진실을 밝히려는 좌파 정치인 드비타의 목소리에도 조사위원회는 책임을 떠넘기기에 급급하죠. 노톨라는 아파트가 무너진 곳을 위험지역으로 선포하려 합니다. 당연한 조치라고요? 이 악당들의 진짜 목적은 가난함으로 하루하루를 견디기 힘든 주민들에게 보상비 몇

정치와 돈이 작동하는 구조를 잘 이해하며
이득을 취하는 인물 노톨라, 〈도시 위에 군림하는 손〉
중에서 ©Francesco Rosi(Wikimedia Commons)

숨겨진 이야기, 건축 스캔들

푼 쥐여주고 내보낸 뒤, 다시 재개발을 통해서 한몫 더 단단히 잡으려는 심보입니다.

토지 매각, 지역지구 지정, 건설 독점, 부실 시공, 붕괴로 이어진 책임을 그 누구에게서도 찾을 수 없으니, 도덕적 양심을 운운하는 것 자체가 무리수인 정치판입니다. 여기에 정부의 무기력한 방임까지 더해집니다. 더욱이 붕괴사고는 선거철과 맞물리면서 주도권을 장악하기 위한 세력 싸움으로 흘러갑니다. 정치 거래라는 것이 논의되는 시점이죠.

영화는 좌파 지도자들만이 서민을 생각하는 유일한 희망임을 암시하는데, 이는 당시 이탈리아에서 벌어지고 있는 정부의 방임 정책에 대한 날카로운 비판 때문입니다. 악화되는 여론 때문에 선거에서 다수당의 자리를 위협받을지 모른다는 생각으로 우파는 중도파와 협상을 시작합니다. 희생을 최소화하기 위해 시장은 노톨라를 해임하기로 하지만, 새롭게 선출된 시장은 건설국장으로 다시 노톨라를 지명합니다.

1960년대 초 이탈리아는 경제 붐을 일으킵니다. 그 이면엔 다양한 사회, 경제, 정치적 부정이 발생할 수밖에 없었죠. 이 영화에서 우리가 공감하는 것도 그 지점일 겁니다. 우리의 지난 1970, 1980년대도 열심히 일하고 검소하게 살아가며 한 푼 두 푼 저축을 늘려가는 사람들보다, 소수의 기득권층들이 부동산으로 더 많은 경제적인 이득을 취했을 때니까요.

지금도 우리는 이 메커니즘이 빈부를 가르는 불공정한 사회에서 살고 있는지도 모릅니다. 선거 때만 되면 악수를 청하는 정치인들이 경제 상황을 제대로 이해한다고 느낀 적은 한 번도 없었으니까요. 영화 〈디스포제션: 공공주거의 허와 실〉에서도 영국 보수당이 임대주택 거주자 우선 분양 전환제도를 공약으로 내세우고 선거에서 승리합니다. 하지만 전환권으로 확보된 예산이 다시 임대주택에 재투자되지 않은 것을 보았습니다. 적확하게 말하면 지지표를 확보하기 위해 그런 제도를 만들어냈다고 해야겠죠.

건축은 가시적인 결과물이 있는 점, 도시계획은 시민들의 삶과 직접적으로 연관된다는 점 때문에 정치적인 소용돌이에 휘말리는 경우가 많습니다. 데얀 수직의 《거대건축이라는 욕망》(2011)은 이집트의 피라미드와 진시황의 만리장성, 록펠러의 맨해튼 록펠러 센터, 무솔리니나 히틀러의 파시즘 건축 등 건축을 이용해 자신들의 업적을 과시하고자 했던 부자들, 권력자들을 파헤치고 있어 흥미진진 합니다.

현상설계와 같이 정당한 절차를 거쳐 건축가가 선정되고 계획안이 만들어져도 건축이 어려움을 겪는 경우는 셀 수 없이 많습니다. 그 이야기는 가려진 채 결과물만 놓고 건축가만 욕을 먹는 경우도 허다하죠. 우리나라 국회의사당의 돔도 공사 현장을 찾은 박정희 대통령이 중앙집권을 상징하도록 지시한 것이라고 합니다.

문화적인 성숙도가 그 나라의 문화 수준을 결정짓습니다. 건축물은 건축가의 의견이 가장 많이 고려되어야 하고, 도시계획은 도시계획가의 의견이 제일 먼저 고려되어야 하죠. 표를 의식한 정치인이 도로나 지역지구의 지정에 개입해서는 절대 안된다는 뜻입니다. 현상설계를 통해 그랑 프로제(Grand Project)를 추진하려던 프랑스 미테랑 정부가 그 일환인 루브르박물관의 증축 설계를 I. M. 페이와 수의계약을 체결한 사례는 신뢰가 쌓였을 때에만 가능한 이야기입니다.

우리는
웃존을 원한다:
요른 웃존의 시드니
오페라하우스

덴마크 건축가 요른 웃존의 시드니 오페라하우스, 이 건물이 없는 호주의 시드니항을 상상할 수 있을까요?

"작가 괴테가 이탈리아 건축을 공부하던 당시에 베니스에서 보낸 편지에 이렇게 썼어요."

"나에게 일을 달라. 내 모든 사랑과 재능을 쏟아부어 헌신할 수 있는 일을!" "그럼 그것은 더 이상 일이 아니라 예술이요, 사랑의 표현이 된다."

"오페라하우스가 그랬죠."

다큐 〈요른 웃존의 시드니 오페라하우스〉(1998)를 촬영할 당시 80세였던 건축가 요른 웃존, 그의 진술한 말로 다큐는 시작합니다. 요른 웃존의 가족사, 성장과정, 교육과정, 그의 철학, 그의 스튜디오와 직원들의 증언 등 일반적인 형식을 따라 이어집니다. 1946년 알바 알토와 함께 일했던 경험은 젊은 웃존에게 강한 인상을 남깁니다.

불도저와 군악대를 동원해 하나의 국민적 행사로 만든 착공식,

항구에 정박한 선박의 돛을 형상화한
시드니 오페라하우스 ©Bernard Spragg. NZ(Flickr)

그 장면을 회상하는 노 건축가의 미소에 관객도 웃음이 지어집니다. 디자인도 디자인이지만 가장 중요한 셸 구조를 해결할 해결사로 세계적인 구조 엔지니어링 회사 오브 아럽이 정해집니다. 이들의 수많은 실험에도 불구하고 웃존의 디자인을 구현해 줄 셸(Shell) 형태는 모두 실패합니다. 결국 요른 웃존 스스로가 해결의 실마리를 제안하죠. 정말 명쾌하고 기발한 아이디어입니다. 그리고 흰색 외장 타일, 푸른 바다를 배경으로 햇빛에 반사될 하얀 곡선과 곡면 때문에, 다른 색과 재료는 애초에 생각도 하지 않았다는군요.

오페라하우스는 '국가의 중요한 건물설계를 왜 외국인에게 주었냐'는 논쟁, 덴마크 회사였던 오브 아럽과의 불화, 그리고 이를 권력 수단으로 이용하려는 정치인들로 인해 점차 어려운 국면으로 들어섭니다. 1965년 5월, 로빈 에스킨의 자유국민당 연합이 '오페라하우스 문제 해결'이라는 정책으로 주정부 선거에서 승리를 거둡니다. 국민당 데이비스 휴즈가 공공건설부 신임 장관으로 취임하면서 오페라하우스의 추가 예산에 대한 우려를 표하죠. 로빈 에스킨은 자신에게 유리한 이슈를 선점하고 오페라하우스에 대한 대중의 무지를 무차별적으로 악용합니다. 노동당 지도부를 뒤흔들 거라는 사실을 알고 있었으니까요.

데이비스 휴즈가 요른 웃존을 감시하기 위해 공공건설부의 건축가를 파견하면서 문제는 점점 더 악화됩니다. 그는 건축가를 장악하고 통제하려 하고, 결국엔 쫓아내기에 이르죠. 그에게 요른 웃존은 정치인에게 고분고분하지 않고 고집 센 건축가로 인정되었을 테니까요. 데이비스 휴즈 장관은 웃존이 스스로 사임한 것이며 모든 책임이 그에게 있다고 합니다. 성난 군중들은 '웃존을 원한다'라는 피켓을 들고 이 사태에 항의하죠. 그러나 요른 웃존은 1966년 4월 28일

호주를 떠나 다시는 돌아오지 못합니다. 이후 장관은 오페라하우스의 모든 걸 관여합니다. 커튼, 유리 벽 등, 마치 건축가라도 된 양, 마치 신이라도 된 양.

　요른 웃존은 이 프로젝트에 9년이란 세월을 쏟아부었습니다. 그중 공사기간은 5년, 공사비는 2천2백만 달러가 소요되었습니다. 요른 웃존이 떠난 후 오페라하우스는 호주 건축가 피터 홀, 라이오넬 토드, 데이비드 리틀모어가 이어갔으나, 완성하는 데까지 무려 7년 이상 시간이 걸렸습니다. 거의 다 된 공사를 요른 웃존보다 2년이나 더 허비했고, 비용은 무려 1억 2백만 달러가 들었습니다.

　요른 웃존의 당선작은 두 개의 홀 중 큰 홀이 오페라 극장이고 작은 홀이 콘서트홀이었는데, 새 정부는 이 용도를 바꿉니다. 결국 큰 홀이 콘서트 홀로, 작은 홀이 오페라 극장으로 변경됩니다. 그로 인해 웅장한 오페라 '아이다'를 볼 수 없음에 아쉬워하는 증언이 지금까지 이어지죠.

　1973년, 영국 여왕 엘리자베스 2세가 개관 테이프를 자릅니다. 건축가 요른 웃존은 초대되지도 않았고 그의 이름조차 언급되지 않았습니다. 2003년 프리츠커 재단은 오페라하우스에 대한 공로로 요른 웃존에게 프리츠커상을 수여합니다. 오페라하우스는 2007년 유네스코 문화유산에도 등재됩니다. 새 정부는 오히려 오페라하우스가 문화유산에 등재될까 봐 우려를 나타냈다고 하죠. 유지비를 대기 싫었다니 정말 어처구니가 없습니다.

　한편, 시드니 오페라하우스는 2008년 11월 웃존이 별세한 다음 날, 오페라하우스 건물 날개에 단 조명을 평소보다 낮춰 그의 죽음에 대한 조의를 표합니다. 다큐를 본 독자라면 원 제목 'The Edge of the Possible'이 다시 와닿으리라 생각됩니다.

정치에
사로잡힌 건축:
홀리루드 파일

2017년 스페인으로부터 분리 독립을 주장하며 국민투표를 실시한 카탈루냐 주 정부는 주민 90퍼센트의 압도적인 찬성을 이끌어냅니다. 세계 곳곳에는 독립적인 정체성을 주장하며 분리 독립을 주장하는 움직임이 많죠. 영화 〈홀리루드 파일〉(2005)은 영국으로부터의 분리 독립을 주장하는 스코틀랜드의 의사당 건축을 둘러싼 정치적 스캔들을 다룬 다큐멘터리입니다.

1997년 스코틀랜드는 의회만이라도 독립하기 위해 자치의회 설립 투표를 시행합니다. 70퍼센트가 넘는 찬성으로 독자적인 의회를 설립했고, 지금은 국방, 외교를 제외한 대부분의 영역에서 영국 중앙정부와는 별도의 행정을 펼쳐 나갑니다. 2014년 9월에 완전한 분리 독립을 위한 주민 투표가 있었으나, 반대 표가 55.3퍼센트로 나와 분리 독립은 무산되죠. 스코틀랜드를 별도의 독립된 국가로 아는 사람도 많습니다. 현재 영국은 잉글랜드, 스코틀랜드, 웨일스와 북아일랜드의 연합국입니다.

스코틀랜드 의회의 독립이 가결된 이후, 의사당을 새로 짓는 국제현상설계가 진행되는데 스페인 건축가 엔릭 미랄레스(1972~2000)

스코틀랜드 의사당 내부 ©Jun(Flickr)

의 안이 당선됩니다. 부인과 함께 설계사무소를 운영한 그는 유기적인 건축가로 알려져 있죠. 국회의사당 당선작 역시 스코틀랜드의 식물과 배의 곡선에서 영감을 받았다고 합니다. 그의 사무소도 안토니오 가우디의 사그라다 파밀리아 대성당이 있는 도시, 스페인 바르셀로나의 중심부에 있습니다.

그런데 스코틀랜드 의회는 정작 의사당 건축을 반대합니다. 스코틀랜드의 새로운 탄생을 기념하려던 의사당 건물의 국제 현상설계가 오히려 웃음거리가 된 거죠. 가장 큰 피해자 5명은 스페인 건축가 엔릭 미랄레스, 스코틀랜드 로컬 아키텍트 브라이언 스튜어트, 공무원이자 자문 역할의 존 기빈스, 총 공사 감독 알렌 맥, 그리고 스코틀랜드의 새로운 국회의사당을 처음으로 제안한 정치인 도널드 듀워입니다.

의사당 건축의 부당성을 두고 정치인들뿐만 아니라 언론까지 모두 목소리를 높입니다. 공사가 진행되는 가운데 의회는 공사 진행에 대한 투표를 하죠. 찬성과 반대는 64대 61로 아슬아슬하게 통과됩니다. 하지만 동시에 의회는 엄청난 설계변경과 2,275제곱미터의 추가 공간을 요구합니다. 원래 면적의 2.5배라니 배보다 배꼽이 더 큰 셈이네요. 늘어난 예산과 공사기간, 이를 꼬투리 잡아 의회는 또다시 전면 재검토를 결정합니다. 이후에도 공사, 재검토, 투표는 계속 반복됩니다. 그때마다 5명의 피해는 상상을 초월합니다. 마음의 상처도 깊어만 가죠.

정치인들이 마련한 의회 공사 성토 자리에 엔릭 미랄레스의 불참을 두고 다시 질문이 쏟아집니다. 사실 미랄레스의 뇌에는 악성 종양이 자라고 있었거든요. 이를 알던 브라이언 스튜어트는 정치인들의 질문에 답하지 못합니다. 언론까지 가짜 뉴스를 더하는 현실이 다큐를

스코틀랜드 의사당 외관 ©dun_deagh(Flickr)

스코틀랜드 의사당의 외벽 디테일 ©Martin
Pettitt(Flickr)

숨겨진 이야기, 건축 스캔들

보는 내내 답답함을 더합니다.

2000년 7월 3일, 엔릭 미랄레스의 사망 몇 달 후, 유일하게 그를 지지했던 정치인 도널드 듀워 마저 사망합니다. 영화 속 사건과 프로젝트의 전개가 답답한 것이 아니라, 저 모든 것이 실제 현실이었다는 사실이 너무도 슬픕니다. 미랄레스의 사망 이후에도 지배권을 장악하기 위한 정치인들의 논쟁은 계속되었고 의사당을 건축하느냐 마느냐도 거듭됩니다. 엔릭 미랄레스의 건강 상태를 은폐했다는 것 역시 도마에 다시 오르죠.

총책임자(정치인)도 계속 바뀝니다. 그때마다 끝없이 반복되는 일, 프로젝트 전반에 대한 조사, 조사를 담당할 전문가 지명, 보고서 제출 등. 그때마다 불려나가며 상처에 상처를 더하는 5인방. 컨테이너 2대 분량의 자료를 일일이 복사하고 요약하고 심문받고, 그럼에도 불구하고 의사당은 마침내 완성됩니다. 새 국회의 회기를 정하기 위해 모인 새 건물, 이곳에서도 의원들의 논쟁은 끊이질 않습니다.

"이 건물의 책임자들은 도망칠 수 있을지는 몰라도 영원히 숨을 순 없을 겁니다."

"이 홀리루드 프로젝트는 사기입니다."

"잊지 말아야 합니다. 이 건물은 국민의 혈세로 만들어졌다는 사실을. 학교나 병원에 썼어야 할 예산을 백만 달러 이상 낭비했다는 사실을."

2004년 10월 9일, 이날은 의사당의 공식적인 개관일입니다. 6년의 공사기간, 4만 3천 파운드의 예산을 들인 국회의사당은 스코틀랜드 제1 관광지가 되었고, 첫 6개월 동안 30만 명의 관광객이 다녀갔습니다.

민주주의와
건축:
프라하의 눈

'얀 카플리츠키와 그의 연구소 퓨처시스템(Future System)'. 체코 국립도서관의 국제현상설계 당선작은 350명의 경쟁자들을 물리치고 셀프리지 빌딩으로 체코 건축가 얀 카플리츠키에게 돌아갔다는 뉴스로 다큐 〈프라하의 눈〉(2010)이 시작됩니다. 2007년 체코에서의 첫 번째 국제 공모전, 자유국가로서 말이죠.

1968년 '프라하의 봄'이 실패한 체코슬로바키아에는 다시 공산주의 정권이 들어서면서, 이전의 개혁정책은 모두 폐기되고 개혁파가 숙청됩니다. 이듬해 체코슬로바키아 사회주의 연방공화국으로 국명을 바꾸어 양 공화국의 연방체제가 들어섰고, 표면상 공화국의 자치가 보장되었으나 실질적으로는 여전히 체코가 중심인 단일국가나 마찬가지였죠. 슬로바키아 측의 불만은 계속 쌓였죠. 1989년 11월 공산정권이 붕괴한 1993년 이후에야 지금의 체코와 슬로바키아 두 나라가 존재하게 됩니다.

그러는 동안 공산정권 하에서 문화 예술적 한계를 느낀 얀 카플리츠키는 영국 런던으로 건너가 1979년 퓨처시스템을 설립합니다. 1989년 아만다 레베트가 파트너로 합류하고, 이후에 얀과 아만다는

영국 버밍엄에 소재한
얀 카플리츠키의 셀프리지스 빌딩
©Bs0u10e0(Flickr)

결혼합니다. 2006년, 15년간의 결혼생활을 마지막으로 이혼하지만, 그 후에도 몇 년간은 파트너쉽을 지속합니다. 이들의 건축 경향은 신미래주의라고도 불리는 실험적 프로젝트를 시도하죠. 주로 자유로운 곡선을 많이 사용하며 물리적으로 구현 가능한 현실성도 배제하지 않습니다. 아마 국립도서관 현상설계에서 자하 하디드가 심사위원이었다는 점은 이들에겐 큰 힘이 되었을 겁니다.

얀의 국립도서관 당선작은 생긴 모양을 본 따 '문어'라는 별명을 얻죠. 현상설계 당선과 더불어 얀은 그리워하던 고국으로 금의환향합니다. 그리고 빠벨 벰 프라하 시장의 적극적인 지지와 함께 프로젝트가 힘차게 시작합니다.

사실 프라하는 붉은 기와, 고풍스러운 석조 건물들이 연상되는 프라하만의 도시 색을 갖고 있습니다. 1990년대 중반 프랭크 게리가 '댄싱 빌딩'을 건축할 당시도 도시와 조화를 이루지 못한다는 주장 때문에 적잖은 논쟁이 일었죠. 댄싱 빌딩의 위치가 도심 외곽인 이유로 겨우 프로젝트를 진행할 수 있었지만, 지금까지도 많은 사람들이 못마땅해 합니다. 따지고 보면 '장식과 죄악' 논쟁으로 아돌프 로스의 무덤덤한 건물 뮐러 주택도 프라하에 있습니다. 체코에 새 건물을 지을 때는 익숙한 건물이 아니라면 단단한 각오로 무장해야 합니다.

설계공모 당선 3개월 후, 체코의 바츨라프 클라우스 대통령이 신문에 '국립도서관에 대한 부당한 논의'를 발표하면서 프로젝트는 이상한 국면으로 접어들죠. 이후 국회 다수당인 시민당 의원들이 반대에 동참하고, 이때부터 프로젝트가 표류합니다.

"벰 시장이 프라하를 망친다."
"프라하라는 도시의 역사성을 무시한 처사다."

체코 출신의 건축가
얀 카플리츠키에 대한 다큐멘터리
〈프라하의 눈〉, 포스터

프라하 국립도서관을 반대하는 시민들뿐만 아니라, 찬성하는 무리까지 두 파로 나뉘어 자신들의 목소리를 높이며 집회를 이어갑니다. 결국 시민 공청회가 열리고 건축가가 불려 나옵니다.

그런데 건축가의 잘못은 무엇일까요? 건축가가 불려 나올 이유가 있었나요? 현상설계라는 제도를 선택한 것은 누구일까요? 누가 이 작품을 당선작으로 선정했을까요? 심사위원은 또 누가 선정했을까요? 위정자의 입맛에 맞는 건축가가 당선되어야 한다면 현상설계를 왜 하는 걸까요? 수의계약을 하지 못한 건 국민들의 눈을 의식해서였을까요? 체코가 그렇게 갈망했던 민주화였지만 이런 절차만큼은 너무도 미숙한 한계를 드러내고 맙니다.

2007년 10월 22일, 바츨라프 클라우스 대통령은 반대 입장을 표명한 편지를 얀에게 보냅니다. 이전 대통령 바츨라프 하벨은 얀의 국립도서관을 찬성하고 지지하는 쪽입니다. 온 나라와 매스컴이 국립도서관에 대한 이야기뿐입니다. 이미 장서가 수용 한계에 다다른 국립도서관의 관장은 프로젝트를 속히 추진할 것을 촉구합니다.

공모 당선 18개월 후, 문화부 장관은 국립도서관 관장을 해임하죠. 언론은 "도서관으로 디자인되었으나 죽어가고 있는 '문어'에게 문화부가 사형을 내렸습니다."라고 보도합니다.

심부전증으로 얀 카플리츠키가 도로에서 사망합니다. 그의 나이 71세, 이날은 부인 엘리스카가 딸을 출산한 날이기도 합니다. 얀의 장례식, 얀을 그리워하는 사람들이 모였습니다. 얀의 친구가 부르는 노래 가사는 슬픔을 넘어 자유를 갈망하던 프라하의 느낌까지 더하는군요. 이후에도 도서관 건축을 지지하는 군중 모임이 지속됩니다.

대부분 영화의 끝은 영화 제작을 위해 헌신했던 사람들의 크레디트가 끝없이 지나갑니다. '감독, 카메라, 음악, 의상, 녹음' 등 우린 대부분 수많은 이름들을 보지 않고 자리를 뜨죠. 〈프라하의 눈〉의 이름들을 눈여겨보면, 얀이 70세에 결혼한 두 번째 부인 엘리스카는 이 영화의 제작자인 엘리스카 카플리츠키 푹소바임을 알 수 있습니다.

건축가와
독재자:
슈페어와 히틀러

아돌프 히틀러, 배역으로만 보면 이 양반도 상당한 개런티를 챙겨야 할 만큼 영화 캐스팅 1순위가 아닌지 싶습니다. 히틀러 암살 사건을 다룬 〈작전명 발키리〉가 떠오르는군요. 나치의 육군 대령 슈타우펜베르크 역으로 톰 크루즈가 열연한 영화죠.

2차 세계대전은 아돌프 히틀러와 더불어 역사가 지워지지 않는 한, 영화 소재로서도 영원한 화두일겁니다. 전쟁 후 대부분의 전범들은 형장의 이슬로 사라졌지만, 특이한 인물이 하나 있었으니 그 이름이 알베르트 슈페어(1905~1981)입니다. 종전 당시 그의 직책은 군수장관, 그러나 대개 히틀러의 건축가로 알려져 있습니다. 슈페어는 다른 1급 전범들과 달리 지도부의 공동책임을 주장했으며, 금고 20년 형을 언도받고 스판다우 교도소에 수감되었다가 1966년 10월, 형을 모두 마치고 출소합니다.

영화 〈슈페어와 히틀러〉(2005)는 에미상 수상작 〈토마스 만〉(2001)의 작가이자 감독인 하인리히 브렐뢰의 작품입니다. 알베르트 슈페어 역은 〈슈타우펜베르크〉(2004)에서 슈나우펜베르그 역으로 나왔던 세바스티안 코치가 활약합니다. 베일에 가려 소문으로

비엔나 오페라 하우스를 그린 히틀러의 그림(1912)
©(Wikimedia Commons)

만 무성했던 이야기, 이데올로기의 희생양일지도 모를 건축가의 이야기, 전범의 자녀로서 세상으로 나올 수 없었던 그의 가족 이야기까지, 어떤 것이 진실이고 어떤 것이 왜곡된 진실인지, 이 영화에서 재평가해볼 수 있는 기회가 될 겁니다.

다시 태어나면 꼭 건축가가 되고 싶다고 했던 히틀러는 사실, 화가의 꿈을 키웠지만 진학시험에서 낙방합니다. 회화보다는 건축에 재능이 있어 보인다는 학장의 말을 듣고 그에겐 작은 믿음이 싹틉니다. 그런 그의 믿음은 알베르트 슈페어의 눈과 손을 통해 관심과 소망이 열정과 광기로 변해가죠.

〈슈페어와 히틀러〉는 건축가 알베르트 슈페어를 중심으로 전개됩니다. 전체적으로 극영화 형식을 취하지만, 동시에 다큐멘터리 형식을 병행하고 있습니다. 특히 슈페어와 히틀러를 담은 흑백 기록필

슈페어와 계획안을 보며 이야기를
나누는 히틀러 ©Deutsches
Bundesarchiv(Wikimedia Commons)

나치의 이미지가 담긴 〈의지의 승리〉
포스터

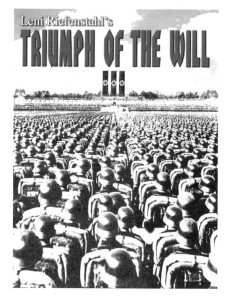

름, 가족을 포함한 관계자 인터뷰, 현장 검증 등이 삽입되어 독특한 사실감이 더해지면서 마치 같은 내용의 다른 영화를 두 편 본 기분이 듭니다. 이념이나 상황을 떠나 건축가 알베르트 슈페어를 한 인간으로 조명하려는 감독의 의욕이 진실이나 객관성을 증빙하고 싶어하는 것은 아닌지 모르겠습니다.

어둠이 깔린 방, 어마어마한 도시 베를린의 모형(게르마니아) 앞에 슈페어와 히틀러가 서 있고 조명이 어둠을 서서히 밝힙니다.

"새 베를린의 새 아침입니다."
"브란덴부르크 문 29미터"
"의사당 75미터"
"제국 홀은 기둥 높이가 45미터. 돔이 끝나는 220미터 높이에선 축포가 터질 겁니다."
"로마 베드로 성당은 상대도 되지 않겠군."
"로마보다 17배 이상 크죠."

전후 폐허가 될 도시 베를린의 재건은 알베르트 슈페어에게 엄청난 프로젝트였습니다. 거의 방 크기만 한 베를린 모형과 두 사람, 히틀러와 슈페어는 창조의 격정적인 대화에 빠집니다. 마치 새로운 도시를 위해 전쟁이라는 파괴를 자행하는 것처럼 말이죠.

이 나치 독일의 도시는 도시만이 아니라 각각의 건물 또한 규모가 엄청났습니다. 강인한 힘과 권력을 상징하고 중앙집권을 표현해야 했기 때문이죠. 이러한 스케일은 또 다른 나치 기록영화 〈의지의 승리〉(1934)에서도 볼 수 있는데, 보는 이로 하여금 일종의 도취와 최면상태에 빠져들게 합니다. 〈스타워즈〉나 〈반지의 제왕〉에서도 차용되었다는 탱크나 장갑차 같은 군 장비에서부터 헬멧이나 군복 같

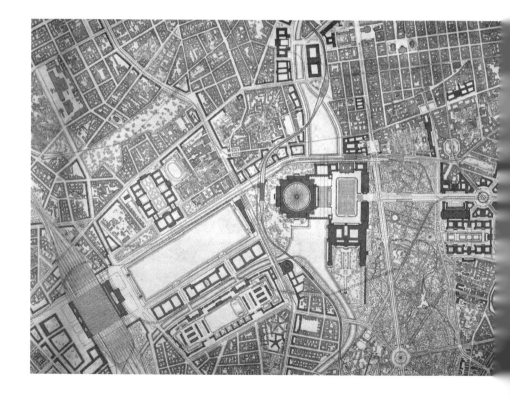

은 의상까지, 그들의 광기 어린 이미지는 지금 봐도 상당히 세련되었습니다.

〈슈페어와 히틀러〉에서는 숨어 지낼 수밖에 없었던 알베르트 슈페어의 여섯 자식 중 세 명이 처음으로 인터뷰에 응합니다. 의사인 아놀드 슈페어, 교육자인 힐데 슈페어, 건축가인 장남 알버트 슈페어 주니어입니다. 세계대전 이전의 아버지에 대한 기억은 세상의 지탄을 받는 전범으로 남아있을 뿐입니다. 다섯 살이나 되었을까요? 기억도 가물가물한 때의 어린 나이에 히틀러의 품에 안긴 자신의 모습을 보면서, 그땐 저 사람이 그렇게 나쁜 사람인지 몰랐다는 너무도 당연한 말, 어쩌면 불필요한 변명을 토해 놓습니다.

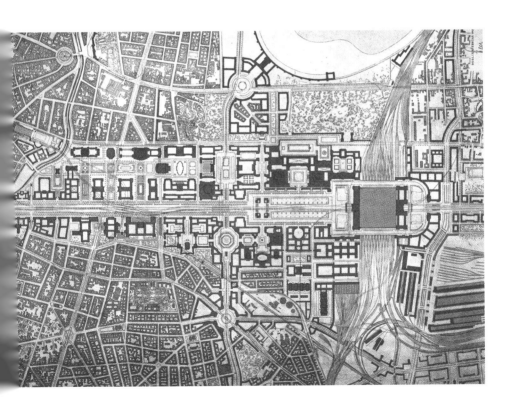

수십 년을 교감도 없이 지낸 아버지와의 첫 면회가 세상에서 가장 긴 30분이었다는 한숨도 가슴에 와 닿습니다. 외모가 아버지를 쏙 빼어 닮은 알베르트 슈페어 주니어는 아버지의 이름까지도 물려받았습니다. 그의 집안은 장남이 반드시 아버지 이름을 잇는 전통이 있다고 합니다. 그런 그 역시 건축가죠. 2008년 중국 베이징 올림픽의 도시계획을 마무리한 장본인으로, 인터넷을 검색해 보면 아버지의 베를린 '게르마니아' 계획과 유사하다는 이유로 상당한 논쟁거리가 되었습니다.

전쟁이 히틀러의 종말을 예견하듯 점차 불리해지는 상황에 군수장관이 비행기 폭발로 사망합니다. 전화로 이 사망소식을 접한 히틀러는 함께 있던 슈페어에게 장관직을 맡깁니다. 히틀러 암살은 총 42번의 시도가 있었다고 하는데 마지막은 패색이 짙던 전쟁 막바지, 히틀러가 생활하던 지하 벙커에 독가스를 주입하는 시도였습니다. 바로 알버트 슈페어에 의한 것이었죠.

또 다른 영화 〈운명의 건축〉(1989)도 파시스트 건축을 이해하는 데 도움이 됩니다. 부르노 간츠의 내레이션으로 시작하는 〈운명의 건축〉은 당시의 이데올로기나 군사적, 정치적 관점이 아닌 감독 피터 코헨만의 시각으로 그 답을 찾아갑니다.

〈운명의 건축〉은 비엔나 예술대학에 두 번을 낙방하고 1차 세계 대전에서 당시 생활고를 해결하기 위해 독일군에 자원입대를 하면서 히틀러의 행보가 시작되죠. 그는 의외로 서정적이고 놀라운 그림 솜씨를 보여줍니다. 죽기 직전까지도 지하 벙커에서 건축모형을 살피고 스케치를 멈추지 않았던 것은 또 다른 집착인 린츠 박물관 때문이었을 겁니다. 그의 고향이자 유년시절을 보낸 오스트리아 린츠에 세계 최고의 박물관을 건립하는 것보다 소중한 일은 없었죠. 린츠 박

나치의 전당대회 모습, 〈의지의 승리〉
중에서

물관을 채울 예술작품에 대한 집착이 전쟁에서의 약탈로 이어지는 동기일 가능성을 영화에서 이야기합니다. 러시아나 유태계 예술가들이 주축인 퇴폐예술에 대한 반감, 그리스 로마의 고대성, 바그너와 그의 오페라 리엔치 등은 히틀러가 집착했던 절대 신이었습니다.

한편, 오스트리아의 린츠는 2009년 유럽 문화수도로 선정됐습니다. 특히 과학과 예술을 접목시켜 새로운 도시 브랜드를 갖춘 성공적인 사례로 손꼽히니 히틀러의 꿈이 이루어졌다고 봐도 될까요?

〈운명의 건축〉은 1991년 스페인 바야돌리드에서 열린 다큐멘터리 영화제에서 1위를, 1992년 상파울루 영화제에서 비평가상을 수상하면서 그 가치를 인정받았습니다. 〈슈페어와 히틀러〉, 〈운명의 건축〉, 그리고 1934년 독일 뉘른베르크에서 열린 나치당 전당대회를 담은 레니 리펜슈탈의 영화 〈의지의 승리〉를 더하면 히틀러와 나치즘에 대한 건축적 관점의 영화를 완성할 수 있으리라 생각합니다.

쿠바 혁명과
미완의 공간들

쿠바의 독재자 풀헨시오 바티스타에 대항해 쿠바 혁명을 승리로 이끈 두 주역 피델 카스트로와 체 게바라. 1961년 이 두 사람은 쿠바의 수도 아바나에 있는 한 컨트리클럽에서 골프를 치다 그곳에 예술학교를 짓기로 결정합니다. 이름하여 쿠바 국립예술학교죠. 영화 〈미완의 공간들〉(2011)입니다.

학교를 짓기 위해 모든 권한을 셀마 디아즈라는 여성 건축가에게 위임합니다. 그녀는 즉시 동료 건축가 리카르도 포로에게 달려갑니다. 두 달 안에 설계를 마치고 착공까지 해야 한다는 단서가 문제입니다.

"그건 불가능해."
"그래? 그럼 그만둬."
"아니, 아니, 할게."

이렇게 대답한 리카르도 포로는 곧바로 친구 두 명을 부릅니다. 로베르토 고타르디와 비토리오 가라티. 쿠바에 있던 이탈리아 건축가들입니다. 5개의 건물을 혼자서 다 설계할 순 없었을 테니까요. 현

비토리오 가라티의 발레학교 내부,
〈미완의 공간들〉중에서

대무용, 조형미술, 연극, 발레, 음악, 이렇게 5개의 예술학교는 리카르도 포로가 현대무용과 조형미술, 로베르토 고타르디가 연극, 비토리오 가라티가 발레와 음악 예술학교를 맡습니다.

설계를 끝내고 공사를 마친 후 학생을 받는 것이 아니라, 설계와 공사와 수업, 이 세 가지가 동시에 이루어지는 상황이 발생합니다. 게다가 공사를 시작할 무렵, 갑자기 쿠바의 경제 상황이 어려워집니다. 미국의 제재 조치가 내려졌기 때문입니다. 수입 제재 조치에 따라 쿠바에서 자체 조달이 가능한 점토벽돌 말고는 다른 대안이 없습니다.

혁명 이후 쿠바는 점점 더 소련을 닮아갑니다. 소련과 같은 제도를 도입하려 했으니까요. 그중 하나가 조립식 건축입니다. 아름다움에 신경을 쓰는 것 자체가 부정적으로 보이니, 아름다움을 배워야 하는 예술학교는 어디로 가야 할까요? 급기야 건설부는 건축가를 부르주아로 분류합니다. 예술학교를 둘러싼 논쟁이 벌어지면서 쿠바 건축계는 둘로 갈라집니다. 예술학교를 찬성하는 사람들은 엘리트주의자, 지식인, 예술가로서 자기만족에만 탐닉하는 반사회적인 인사라는 꼬리표가 붙죠.

쿠바에서 유일하게 자유연애가 가능했던 예술학교, 그런 학교에 필요한 개성의 자유는 점점 더 눈총을 받으며, 결국 체 게바라는 '사회주의와 쿠바인'이라는 글로 예술학교에 실재하던 관념을 비판합니다. 정부의 지원을 받는 학비로 자유를 실천하는 데 동의할 수 없었던 거죠. 학교는 군대식 교육을 강요당합니다. 예술가들은 비현실적이고 사상적으로도 문제가 있는 사람으로 의심을 받으며, 일부 학생들이 쫓겨나는 데까지 이릅니다.

리카르도 포로는 이러한 분위기를 눈치채고 설계와 공사를 다그쳐 속히 학교를 완성하려 하지만, 쿠바에서 비생산적인 공사는 모두

리카르도 포로의 현대무용학교 ©Carol M.
Highsmith(Wikimedia Commons)

발레학교의 공사 당시 사진 ©Vittorio
Garatti(Wikimedia Commons)

중단됩니다. 예술학교를 포함해서 말이죠. 공사가 중지되었을 때 리카르도 포로의 작품인 현대무용학교는 거의 완성 단계에 있었습니다. 쿠바를 떠나지 않았던 건축가 안토니오 킨타나가 정부의 신임을 받으며 이 학교의 학장을 맡습니다. 리카르도 포로는 피델 카스트로의 건축가라고 하는 킨타나 밑에서 일하게 됩니다. 그 수모는 말할 수 없었겠죠?

비토리오 가라티는 공사현장 노동형을 선고받습니다. 집에 가져간 청사진 때문에 스파이로 의심을 받았던 겁니다. 가라티의 발레와 음악 예술학교는 서커스 장소로 사용되기도 합니다. 이후 건물은 완전히 방치되고, 잡초가 무성하게 자라 뒤덮어버리죠. 게다가 강이 범람해 학교는 침수까지 됩니다.

1991년 12월 소련이 붕괴하면서 쿠바는 경제 원조를 받을 수 있는 중요한 우방을 잃습니다. 수입의 75퍼센트가 감소하고 수출 시장도 모두 잃었습니다. 식량과 의약품 부족, 전력 부족, 자전거가 교통편을 대치하던 시절, 많은 사람이 사망하고 가족들은 뿔뿔이 흩어집니다. 미국으로 불법 입국을 시도한 사람도 엄청났죠.

2000년, WMF(세계유적기금)는 이 예술학교를 '가장 위태로운 유적 100'으로 지목합니다. 그러나 WMF도 결국은 예술학교에 도움을 줄 수 없었죠. 학교에 돈을 직접 조달할 방법이 없었으니까요. 쿠바가 모든 종류의 원조를 봉쇄당하면서 학교는 비참할 정도로 폐허가 됩니다.

UNEAC(쿠바 작가예술인연합) 회의가 열리는 자리에 피델 카스트로가 참석하는데 예술학교가 거론되죠. 국제 캠페인과 운동으로 학교를 살려보자는 논의였습니다. 여기에서 한 피델 카스트로의 말은 다시금 학교를 완성할 수 있다는 희망을 싹트게 했습니다.

"언젠가 학교를 완성해야 합니다. 완벽하게, 내가 처음 봤던 그 모습 그대로, 한때 사랑했던 여인처럼 말입니다. 학교 모형을 처음 가져왔을 때, 난 무지했지만 너무 놀랍고 좋았습니다."

다섯 개의 건물 중 단 두 건물뿐이었지만, 2008년 리카르도 포로의 현대무용학교와 조형미술학교의 복구가 완료됩니다. 2009년 세계 경제위기와 두 차례의 허리케인, 이후 쿠바는 다시 생산성 없는 건축 프로젝트에 대한 자금 지원을 중단합니다. 국립예술학교도 이에 포함되었습니다.

이 영화는 〈Cuba's Unfinished Spaces〉라는 제목으로 2016년 판이 존재하며 상영시간은 47분 15초로 짧지만 내용은 대동소이합니다. 쿠바에 대한 가장 핵심적인 것을 볼 수 있는 27분짜리 영화로 〈안녕 쿠바〉(1963)가 있으며, 23살의 의대생 체 게바라의 라틴 아메리카 여행기 〈모터싸이클 다이어리〉(2004)는 체를 이해하는 데 도움이 됩니다.

인류의 삶터, 도시 이야기

5장

도시와
도시화의 그늘,
방리유와 파벨라

2011년 서울 국제건축영화제에서 마티유 카소비츠 감독의 〈증오〉(1995)가 상영된 바 있습니다. 이 영화는 전체가 흑백필름으로 촬영된 영화로 1995년 칸 국제영화제가 27세의 젊은 마티유 카소비츠에게 감독상을 안겨준 작품입니다.

영화 〈증오〉는 경찰과 대치하거나 충돌하는 군중들의 데모에 꽤 긴 시간을 할애하며 시작합니다. 원인이 경찰의 가혹행위 때문에 비롯되었는데 체포된 10대 압델 이샤하를 경찰이 구타하다 중태에 빠뜨린 겁니다. 프랑스 젊은이들, 적확히 말하면 유태계 프랑스인 빈츠, 아랍계 프랑스인 사이드, 아프리카계 프랑스인 위베르, 그러니까 프랑스 사회의 철저한 이방인들이 하루 동안 파리 시내와 방리유(변두리)를 돌아다니며 겪는 사건을 담고 있습니다.

10시 38분, 사이드가 빈츠를 깨우러 가며 영화의 두 번째 시작을 알립니다. 이들이 도착한 장소, 어느 건물의 옥상은 마치 전 세계의 온갖 문제아들을 다 모아 놓은 곳 같습니다. 텐트도 있고, 의자도 있고, 먹을 걸 파는 친구도 있습니다. 그곳에 경찰들이 올라오는군요.

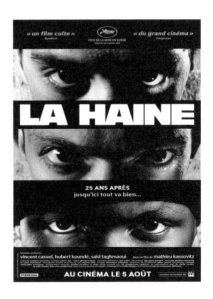

프랑스 사회의 철저한 이방인들이 하루
동안 겪는 사건을 담은 영화 〈증오〉, 포스터

시장이 도시를 시찰하고 있기 때문입니다. 이들은 해산시키려는 경
찰에게 절대 밀리지 않습니다. 이때가 12시 43분.

무료한 이 삼총사가 그라피티로 가득한 공원, 주거 단지 구석진
곳 등을 배회하며 시간을 보낼 때가 14시 12분. 이들에게 빈츠가 재
미있는 것을 보여준다고 합니다. 어젯밤 폭동 때 경찰이 잃어버렸다
는 권총, TV 뉴스가 앞다투어 보도했던 그 권총입니다. 이때부터 시
작되는 빈츠의 돌출행동 때문에 위베르뿐만 아니라 관객도 살얼음
을 걷는 듯합니다. 그러한 긴장감에도 감독은 에디트 피아프의 'Non,
je ne regrette rien'를 삽입하고, 카메라 앵글은 하늘을 나는 연처럼
몽환적인 시선으로 인간 세상을 비춥니다. 에디트 피아프의 노래는
〈인셉션〉(2010)에도 삽입되어 더 유명해집니다.

빈츠가 처음 등장할 때 선보이는 춤으로 저는 이미 감독의 위트가 보통이 아님을 파악했죠. 사이드의 여동생이 빈츠를 보고 "뱅상 오빠잖아?" "뱅상이 아니고 빈츠야."라고 하는데, 빈츠는 배우 뱅상 카셀의 애칭이고 사이드와 위베르는 모두 배우들의 본명입니다.

새벽 2시 57분, 파리의 어느 한 옥상에서 위베르가 말합니다.

"50층에서 추락하는 남자 얘길 들어봤어?"
"밑으로 떨어지는 동안 계속 중얼거리지."
"아직까진 괜찮아." "아직까진 괜찮아."
"추락하는 건 중요한 게 아냐, 어떻게 착륙하느냐지."

영화가 끝난 뒤에도 쉽게 잊히지 않는 말입니다. 제도권에 적응하지 못하고 늘 반항과 사고를 경력처럼 달고 다니는 문제아들, 그리고 그들을 반사회적인 범죄자라고 치부하기엔 가슴 한 쪽에서 흔쾌히 동의되지 않는 무언가가 있습니다.

이들이 파리 시내로 들어갈 때 보이는 광고판의 문구 "Le monde est à vous"(세상은 너희들 것이다)를, 파리 시내를 다시 나갈 때 사이드가 "Le monde est à nous"(세상은 우리들 것이다)로 고칩니다. 새벽 4시 27분, 압델 이샤하 사망 뉴스. 이들의 절친인 압델이 사망했습니다. 권총을 손에 넣은 후에 빈츠가 읊조리던 말이 위베르는 불현듯 떠오릅니다. 압델이 죽으면 반드시 복수를 하겠다고 했죠. 권총만 믿고 불필요한 행동을 일삼는 그를 불안해합니다.

세 친구는 스킨헤드 무리를 만나 봉변을 당할 위기에 처하는데, 빈츠의 권총 때문에 상황이 역전됩니다. 그들 중 한 명을 사로잡아 보복이 뭔지 혹독하게 알려주죠. 스킨헤드의 머리에 권총을 대고 겨누는 빈츠에게 '죽여보라'고 위베르는 소리 지릅니다. 빈츠는 자신이 사람을 죽일 수 없는 사람임을 처음으로 알게 됩니다. 빈츠에게 붙잡힌 스킨헤드가 바로 미티유 카소비츠 감독입니다.

지하철 운행이 시작되어서야 파리 시내에서 겨우 방리유로 돌아온 시간, 오전 6시. 빈츠는 권총을 위베르에게 내어 줍니다. 참으로 긴 하루였습니다.

영화를 보는 내내 살얼음을 걷듯 불안한 이 세 악당들의 행동은 결국 마지막 충격적인 장면으로 끝을 맺습니다. 그 기억은 오래도록 뇌리에서 지워지지 않습니다. 세 인물의 연기가 정말 일품인데, 특히 빈츠 역의 뱅상 카셀은 그의 작품을 다 찾아보고 싶을 정도죠.

영화의 압도적인 내러티브 때문에 이들이 머문 장소가 머릿속에 남아있지 않습니다. 사이드가 돈을 찾으러 간 스누피의 파리 집을 제외하면, 이들의 공간은 늘 중심에서 배제된 장소들입니다. 저소득층 주거 단지, 건물 옥상, 그라피티로 채워진 벽, 주사기가 널린 공원, 버려진 건물. 비슷한 처지의 소외계층이 이곳에 모입니다. 실제로 프랑스는 이민자 문제를 겪고 있는데 2005년엔 방리유에서 일어난 폭동이 프랑스 사회의 현안으로 떠올랐죠.

영화 〈증오〉에서 인종 문제 때문엥 비롯된, 소외된 도시환경을 보았다면, 도시에 영향을 주는 또다른 인자를 살펴볼 수 있는 영화가 있습니다. 삼바 리듬, 닭 울음소리, 칼을 가는 바쁜 손길, 줄을 끊고 탈출한 닭과 그 뒤를 쫓는 제빼게노 일당, 그들 앞에 놓이게 된 부스카페, 그리고 무장한 경찰들이 어느새 뒤에 와 있습니다. 페르난도 메이렐레스 감독의 영화 〈신의 도시〉는 시작부터 긴박합니다.

"신의 도시에서는 도망가도 죽고, 가만있어도 죽는다. 내가 어릴 적부터 이 법칙은 계속되었다."

부스카페의 회상을 시작으로 영화는 '신의 도시'에서 일어나는 일들을 1인칭 관찰자 시점으로 전합니다. 영화 전체를 좌우하는 황갈색 이미지에 더해진 핏빛의 안타까움도 관찰자의 시점처럼 손쓸 틈 없이 흘러갑니다. 폴로 린스의 자전적 동명 소설을 영화화 한〈신의 도시〉는 브라질에 실재하는 마을의 이름입니다. 역설적으로 '신이 버린 도시'라는 이 곳은 리우데자네이루의 서측에 위치한 자치구 자카레파과입니다.

2014년 월드컵 개최지로 전 세계 축구팬을 사로잡았던 리우데자네이루는 예수 상이 바다를 내려다보는 세계 3대 미항 중 하나인 코파카바나 해변이 있고, 매년 3월 초 밤낮을 가리지 않고 삼바 카니발이 열리죠. 이 도시는 브라질을 대표하는 도시라고 해도 과언이 아닙니다. 브라질의 수도를 브라질리아로 옮기기 전, 1763년부터 1960년까지 약 200년간 수도였는데 아직도 800여 곳의 파벨라(슬럼가)에 100만 명이 넘는 빈민들이 거주하고 있습니다. 축구 스타 호나우두, 히바우두도 이곳 출신입니다.

바로 이곳 '신의 도시'. 영화에서 파벨라의 아이들은 태어나면서부터 철저하게 미래가 없습니다. 장난감처럼 총을 다루고 그저 불쾌하면 사람을 죽이는 정도니, 정의는 고사하고 죄책감조차 존재할 리 없으니까요. 조직의 우두머리가 20살도 되지 않은 마당에 조직 강령이나 이념이 있을 리 없고 7, 8살 밖에 되지 않는 조직원 또한 어떤 신념이 있을 리 없죠.

"사람을 죽여서 존경받고 싶어요."

조직에 들어가려는 한 꼬마의 말입니다. 아이들의 폭력과 살인은 처절하게 가난한 '신의 도시'에서 어쩌면 본능적인 삶의 방식인지도 모릅니다. 영상과 전혀 어울리지 않을 것 같은 삼바 음악, 긴장과 이완을 반복하는 카메라 테크닉, 탄탄한 시나리오와 내러티브의 구성, 이 모든 것이 영화를 위한 치밀한 계획이라고 생각합니다. 그러나 이 영화는 실화입니다. 영화 마지막, 실존 인물과의 인터뷰는 더더욱 경악을 금치 못하게 하죠.

영화는 실제 '신의 도시'에서 촬영되지는 못했습니다. 주지하다시피 경찰조차도 들어갈 수 없는 치안 부재의 공간이기 때문입니다. 그러나 다른 곳도 상황은 비슷해 안전을 보장받을 수 없기는 마찬가지죠. 촬영진은 '신의 도시' 네 개의 구역 가운데 다른 한 구역의 보스에게 촬영 허가를 얻을 수 있었습니다. 대부분의 출연진은 기성 연기자가 아닌 파벨라에서 발탁된 아마추어 연기자라고 하는데, 특히 아이들이 어떻게 실감 나는 연기를 펼칠 수 있었는지 궁금합니다. 부스카페는 실제로 '신의 도시'에 거주하고 있다는군요.

〈신의 도시〉의 후속편으로 파울로 모렐리 감독의 〈시티 오브 맨〉(2007)이 있는데, 전편의 배우들이 대거 기용됩니다. 하지만 그만은 못하죠. 다큐멘터리로는 〈시티 오브 갓 - 10년 후〉(2013)도 있습니다.

근대건축은
왜 실패했는가:
프루이트 아이고

1972년 7월 15일 오후 3시 32분, 세인트루이스에 있는 '프루이트 아이고' 아파트 단지가 폭파되는 순간을 담은 한 장의 사진이 있습니다. 이 사진은 〈코야니스카시〉와 같은 여러 다큐에 자주 등장할 뿐만 아니라, 대표적인 건축 역사서인 《근대건축은 왜 실패하였는가》(피터 블레이크 저)의 표지에 수록되어 강력한 인상을 심어주었죠.

이 철거 사진이 뭐 그리 대단하냐고요? 이 사진 한 장으로 건축가들은 프루이트 아이고 단지에 대한 자책감뿐만 아니라, 근대건축의 실패에 대한 멍에 전체를 짊어지고 살았는지도 모릅니다. 이 단지는 근대건축을 상징하는 아이콘이었고, 사진은 그 실패를 상징했기 때문입니다. 건축 비평가 찰스 젠크스는 이 단지가 철거된 날을 근대건축의 사망일이라고 선언했습니다. 또 포스트모던이 출발한 시점으로 보기도 하죠.

미국의 세인트루이스 역시, 전후 도심 인구 유입이 빠르게 진행되면서 슬럼가 형성과 그에 따른 환경문제가 대두됩니다. 주정부는 새로운 아파트를 건립하기로 결정합니다. 낙후 환경을 개선하고 일자

1972년 프루이트 아이고 단지의 폭파 모습 ©Renato
Saboya(Flickr)

폭파되기 전의 프루이트 아이고 단지 ©Paul
Knittel(Flickr)

리를 창출한다는 면에서 개발업자나 정치인 모두에게 윈윈 게임이
었습니다. 이때까지만 해도 주정부는 인구 추계를 100만 명 이상으
로 예측하고 있었습니다.

검게 땅거미가 질 무렵, 덤불과 쓰레기로 방치된 외딴 장소를 빠른
속도로 달려가는 롱 숏, 타악기로 긴장감을 더한 음악, 배우 제이슨 헨
리의 내레이션으로 영화 〈프루이트 아이고〉는 시작됩니다. 당시 이 아
파트에 거주했던 주민, 연구에 참여했던 사람들의 증언, 아파트 광고
나 TV 뉴스, 기록 사진 등을 통해 영화는 단지의 여러 부문을 다각도

로 조명하며 문제를 제기합니다. 제이슨 헨리도 프루이트 아이고 아파
트 단지의 강 건너에서 태어나고 자란 산증인입니다.

제도적인 문제 역시 대두되죠. 전화기, TV 같은 가전제품이 없어
야 하고 가장이 없어야 한다는 입주 조건 때문에, 가족을 위해 집을
떠나는 가장들이 생깁니다. 또 연방주택법은 비슷한 비용으로 근교
의 넓은 정원을 갖춘 단독주택에 눈을 돌리게 하는 열풍도 빚어냈습

니다. 미국의 인종 차별, 즉 흑백 갈등 또한 하나의 요인이었으며, 입주민은 점점 줄어드는데도 1960년대 중반의 임대료는 초기의 3배까지 치솟습니다. 결국 마약, 반달리즘, 성매매 등 온갖 사회악의 온상지로 전락하면서 단지 폐쇄 결정이 내려집니다. 1972년 세 동을 철거하기 시작해 2년 후에 단지는 완전히 사라집니다.

'프루이트 아이고' 아파트 단지를 설계한 건축가 미노루 야마사키(1912~1986)는 시애틀에서 태어난 일본계 미국인입니다. 9.11 테러로 무너진 맨해튼의 세계무역센터 역시 그의 작품이죠.

영화에선 건축이나 도시적인 관점은 거의 다루어지지 않습니다. 짧은 순간이지만 딱 한 번 '건축가를 탓하기도 했다'는 대화가 나오며 미노루 야마사키의 사진이 겹쳐집니다. 마치 건축이 실패의 원인에 대해 면죄부를 받은 모양새입니다. 건축은 많은 부분에서 책임을 피할 수 없습니다. 환경에 대해서, 인간의 행태에 대해서, 사회적이고 심리적인 부분에 너무 무지했으니까요. 무지했다는 것이 무슨 뜻인지를 알려면 제인 제이콥스의 설명이 제일 필요해 보입니다.

〈프루이트 아이고〉의 극영화 버전으로 맷 토버 감독의 〈건축가〉(2006)이 있습니다.

[쉬어가기] 게임으로 도시 바꾸기

스웨덴의 '모장'이란 게임회사가 개발한 마인크래프트는 건축과 도시를 만들어가는 비디오 게임으로 2019년 말까지 1억 7,600만 장 이상 판매되었다고 합니다. 게임 유저만 해도 2019년 9월, 한 달간 1억 1,200만 명 이상이 이용한 최고의 인기 게임이죠.

영화 〈게임으로 도시 바꾸기〉(2016)는 게임을 도시나 건축에 활용할 수 있는지 들여다보는 다큐입니다. 특히 도시의 여러 문제를 해결할 땐 주민 참여가 필수적인데(이를 '참여 프로그램'이라고 합니다), 도시계획가나 건축가들이 작성한 도면은 일반인들이 100퍼센트 이해하기엔 너무 어렵습니다.

영화에서는 주민공청회 때, 게임을 통해 주민들의 의견을 반영하는 계획안을 보여주며 논의를 진행해 나갑니다. 유엔 해비타트에서도 주민 논의에 적극적으로 개입해 지속가능한 디자인을 도입하려고 합니다. 게임은 단순히 오락이 아니라 사회적인 소통을 도와주는 도구로 진화했습니다. TV나 영화와 달리 플레이어가 직접 참여한다는 데 의미가 큽니다. 즉 방관자가 될 수 없다는 의미입니다.

또 다른 사례 'Game For Change'은 공식적으로 사회 공헌을 표방하는 게임입니다. 교육적인 측면도 강하죠. 관심 있는 분들은 해당 홈페이지를 한 번쯤 찾아볼 것을 추천합니다. 에너지, 특히 신재생 에너지나 친환경 에너지 등에 대한 홍보효과가 아주 큽니다.

'블록 바이 블록' 게임 역시 실제로 네팔에서 쓰레기 적치장을 치우고 주민 의견을 반영하면서 장소를 바꾸어 나갑니다. 이 외에도 '심시티, 시티즈 스카이라인, 블록 후드' 등 도시 만들기 오락용 게임이 상상했던 것보다 엄청난 인기를 누리는군요. 게임을 통해 도시를 만들어 나가는 과정을 생각해 본다는 점은 상당히 고무적입니다. 앞으로도 이 분야가 어떤 변화를 거쳐 건축과 도시에 기여할지 무척 기대됩니다.

실제 도시와도 같은 게임 속 장면, 〈게임으로 도시 바꾸기〉 중에서

건축물과 도시를 만들어가는 게임 '마인 크래프트'의 한 장면 ©Gordon Wrigley(Flickr)

시민 제인과
어바나이즈드

영화 〈시민 제인: 도시를 위해 싸우다〉는 '제인 제이콥스 탄생 100 주년'을 기념해 만들어진 다큐멘터리입니다. 이 유명한 여성을 어떻게 소개해야 할까요? 반드시 알아야만 하는 중요한 인물 제인 제이콥스 (1916~2006)는 20세기 후반, 도시계획의 본류를 바꾸어 놓은 장본인 이라고 해도 지나치지 않습니다. 그녀의 영향력은 수많은 도시계획은 물론 사회운동과 건축가들에게 지대한 영향을 끼쳤습니다. 제인 제 이콥스의 《미국 대도시의 죽음과 삶》(1961)은 가장 독창적이며 강력 한 설득력을 가진 책으로 소개할 수 있습니다.

이 영화는 건강한 마을, 살기 좋은 도시, 그리고 일상 시민의 목소 리를 믿는 한 인간에 대한 다큐멘터리입니다. "도시는 사람들의 삶 에 막대한 영향을 끼친다."라는 내레이션은 영화를 본 사람이라면 마음속에 울림이 되어 사라지지 않습니다.

도시는 세계화와 발전을 거듭하며 어마어마한 속도로 팽창하고 있습니다. 도시로 이주하는 인구는 전 세계적으로 매주 1,500만 명 에 육박합니다. 두 달도 못되어 LA와 같이 엄청나게 큰 도시가 하나 씩 생기는 셈이죠. 이런 도시화의 속도와 규모는 인류 역사에서 찾아

정통 도시계획이 도외시했던 슬럼가,
〈시민 제인: 도시를 위해 싸우다〉 중에서

볼 수 없었습니다. 그런 도시에 누가 살고 또 어떻게 살고 있을까요?

영화는 로버트 모지스와 제인 제이콥스를 비교해가며 조명합니다. 20세기 중반 도시 조성의 방법이 서로 달랐던 두 인물이죠. 로버트 모지스(1888~1981)는 정통 도시계획가로 권력을 쥐고 모더니스트 계획을 성취한 인물입니다. 그는 도시의 슬럼가를 악의 온상인 암 조직으로 간주하고 무조건 도려내야 한다는 생각을 가진 사람입니다. 공동주택법을 수정하고 보완하면서 슬럼가의 문제가 해결되리라고 보는 건 꿈이라고 생각하죠.

반면 제인 제이콥스는 도시는 건물이 아니고 사람이라고 생각합니다. 그녀가 생각하는 공정하고 좋은 도시를 만드는 이론은 로버트 모지스의 실무와 반대되는 것이었습니다. 이들은 사사건건 부딪치고 결국 앙숙관계가 됩니다. 도시의 문제는 도시를 살펴봐야 한다고

뉴욕 도시개발의 마스터플래너 로버트 모세스
©C.M. Stieglitz(Wikimedia Commons)

제인 제이콥스는 생각합니다. 탁상행정이 아니라 다양한 사람들과 그들의 행태, 도시의 질서 그리고 다양한 관계를 이해해야 비로소 커뮤니티를 이해할 수 있다는 주장입니다.

　제인 제이콥스는 저널리스트였습니다. 18살부터 글을 쓰기 시작했고, 프리랜서를 거쳐 《건축포럼》(Architectural Forum)의 부편집장이 됩니다. 27년을 뉴욕에서 산 제인에게 '필라델피아 재개발 사업'이라는 취재가 떨어집니다. 제인은 취재를 진행하면서, 도시를 이론적으로만 아는 전문가들은 복잡한 도시의 질서를 모른다는 사실을 비로소 알게 되죠. 수없이 많은 인자가 복합적으로 돌아가는 유기적인 복합체로 도시를 이해해야 한다는 것을 깨닫습니다.

　"도로의 안전을 위해선 건물이 도로를 향해 있어야 합니다. 도로

언론인이자 사회운동가 제인 제이콥스
©Phil Stanziola(Wikimedia Commons)

를 등지고 있거나 창이 없는 벽면을 두면 안 된다는 뜻입니다. 안전은 보안요원으로부터 오는 게 아니예요. 도로에 사람이 있는 게 중요한 거죠. 도로를 감시할 수 있는 시선 말입니다.”

어느 날 로버트 모지스는 워싱턴 스퀘어 공원 하부를 관통해 5번가로 직접 연결되는 도로를 계획합니다. 5번가의 임대 가치를 올리려는 계획이었죠. 도로를 중심으로 도시를 생각하는 로버트 모지스와달리, 제인 제이콥스에겐 아이들과 엄마가 함께 산책하는 공원보다중요한 것은 없었죠. 여행자들로 넘쳐나고 버스킹 연주가 끊이질 않으며 벼룩시장이 열리는 공원을 지켜야 한다는 생각은 ‘글 쓰는’ 제인이 아니라 ‘도시 행동가’로서의 출발을 알립니다. 엄마들의 힘을 절대우습게 생각하면 안 된다는 사실을 명심합시다.

제인 제이콥스에 대한 다큐멘터리는 샤론 블리스 감독의 〈도시의 여신: 제인 제이콥스의 재평가〉(2008)도 있으며 도시 운동가로서, 또 작가로서 제인 제이콥스의 후기 삶과 그 영향을 북미의 대도시 뉴욕, 토론토, 밴쿠버에서 추적합니다.

또 한 편의 중요한 영화 〈어버나이즈드〉(2011)를 계속해서 살펴보기로 합니다. 〈어버나이즈드〉는 게리 허스트윗 감독의 다큐멘터리로 도시디자인의 교과서라 하기에도 손색 없는 영화입니다. 독립영화 제작작인 그는 어떤 도시 전공자 보다 도시와 도시의 복잡한 문제를 객관적으로 카메라에 담아냅니다.

영화는 현시대의 도시화가 인류 역사상 그 어느 때보다 빠른 속도로 진행되고 있음을 알리며 시작합니다. 그리스/로마 시대에는 도시 인구가 1백만 명이 되는 데 한 세기가 필요했습니다. 20세기에 들어서 인구의 10퍼센트가 도시에 살게 되었으며, 2009년엔 50퍼센트, 2050년이 되면 세계 인구의 75퍼센트가 도시에 거주할 것이라 전망합니다. 하지만 현재 도시의 빈민촌에 사는 사람들은 약 33퍼센트(세계 인구의 3분의 1)에 해당하죠. 이들은 편의시설, 상하수도, 위생 등 최소한의 인프라도 없이 생활하고 있다고 합니다.

인간이 살아가는 데 필요한 최소한의 기준은 무엇일까요? 정치인들은 말합니다. 공중 화장실을 보급하면 빈민층만 더 몰려든다고요. 이처럼 도시는 현재 성장과 개발, 주택 부족, 교통체증, 환경오염, 시민 참여 등 수많은 문제에 직면해 있죠. 이를 해결하기 위한 방법이 과연 있을까요? 있다면 대안은 무엇일까요?

영화는 인도 뭄바이, 칠레 산티아고, 브라질 브라질리아, 미국 뉴욕과 피닉스, 디트로이트, 중국 베이징, 남아프리카 케이프타운, 독일 슈투트가르트 등 세계 곳곳의 도시들을 방문하여 여러 건축가, 도시 설계자, 행정가, 철학자, 사상가들을 만나며 실제적인 도시문제를 묻습니다.

산업화와 같은 도시의 역사적인 관점뿐만 아니라, 오스망 남작이나 가든 시티 등 도시계획의 발전 과정도 이야기합니다. 빈 땅에 새롭게 세워진 도시 브라질리아를 너무 넓은 간격, 블록 간의 단절, 끝없는 직선, 사람은 없는데 차만 붐빈다고 엘렌 던햄-존스는 지적합니다.

현대 도시에선 자동차의 영향을 고려하지 않을 수 없습니다. 도로를 확장하고 주차장을 넓히면 도시의 교통체증이 줄어들까요? 아마 차를 더 많이 가지고 나올 겁니다. 대중교통이나 자전거와 같은 대안을 적극적으로 제시하는 콜롬비아 보고타 시장의 의견에 공감이 가는 이유입니다.

경제성과 제도, 환경, 위생, 교통, 밀도, 건축 혹은 그 장소의 역사나 전통, 도시재생까지도 놓치지 않는 다큐의 치밀함에 마치 도시 전공자가 다 된 느낌이 듭니다. 고인이 된 오스카 니에예메르뿐만 아니라 노먼 포스터, 렘 쿨하스 등 세계적인 건축가들의 인터뷰가 더해져 있으며, 복잡한 도시이론이나 논리를 다이어그램을 이용해 쉽게 설명하는 섬세함도 돋보입니다.

무엇보다 〈어바나이즈드〉는 도시를 도시 자체만이 아닌 사회문제로 인식하고 있는 게리 허스트윗 감독의 시각으로 인해 더욱 빛난다고 할 수 있습니다. 그는 〈헬베티카〉(2007), 〈오브젝티파이드〉(2009), 〈어버나이즈드〉(2011) 그리고 〈디터 람스〉(2018)까지 총 4편의 영화를 만들었는데 건축에 대한 영화도 조만간 하나 만들지 않을까요?

수도
이전계획:
브라질리아

브라질의 수도 브라질리아는 1960년에 새롭게 조성된 신수도입니다. 브라질이 독립한 1822년부터 1959년까지의 수도는 리우데자네이루였습니다. 리우데자네이루는 영화 〈신의 도시〉의 배경이기도 하죠. 어느덧 60여 년이 지난 2017년, 감독은 다양한 인물, 다양한 시선, 그리고 기록 사진을 통해 브라질리아를 들여다봅니다. 새롭게 만들어진 도시는 아름답고 편리하지만, 표현 못할 공허함이 전해옵니다. 그 위에 함께 존재해야 할 다양한 삶의 가치도 지금 브라질리아를 만들어 나가는 진행형이죠.

브라질리아 도시계획(플라누 필루투)은 루시우 코스타의 작업입니다. 비행기 모양을 한 계획은 동서를 잇는 기념비 축에 오스카 니에예메르가 설계한 정부 청사 등이 있고, 남북의 고속도로 축에는 주거 목적의 소규모 커뮤니티인 '슈퍼 블록'이 들어서 있습니다. 계획지역 주변의 위성도시는 31개로, 계속 늘어나고 있습니다. 하지만 계획지역 자체는 세계문화유산으로 지정되어 함부로 변경할 수 없죠.

루시우 코스타의 브라질리아 도시계획
©Uri Rosenheck(Wikimedia Commons)

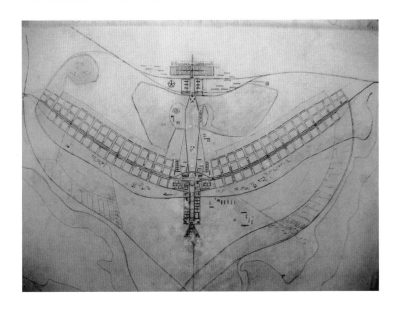

리우데자네이루는 1565년 식민 지배를 위해 건너온 포르투갈인이 처음 만든 도시입니다. 제2차 세계대전 이후 많은 사람들이 일자리를 찾아 리우데자네이루와 상파울루로 몰려옵니다. 상대적으로 발전이 더딘 내륙도시에 비해 리우데자네이루와 상파울루는 대서양에 면해있어 점점 더 커져만 갔죠. 이에 수도를 내륙으로 옮겨야 한다는 여론이 일었고, 당시 대통령에 당선된 주셀리누 쿠비체크는 국토의 균형 발전을 위해 과감하게 수도를 브라질리아로 옮기기로 결정합니다. 아무것도 없는 브라질의 중부 고원에 도시를 건설하는 일이 절대 쉬운 일은 아니었지만, 쿠비체크 대통령의 엄청난 추진력 덕분에 재임 기간 중 새 수도가 완성됩니다.

행정부, 입법부, 사법부의 세 건물이 있는 삼권광장(Three Powers Plaza) 중앙에는 칸당구 조형물이 우뚝 서 있습니다. 칸당구는 이 신도시를 건설했던 노동자들을 지칭하는 말로, 원래는 '하층민'이라는 뜻입니다. 쿠비체크 대통령은 그들을 도시 개척의 으뜸 공로자로 인정하며 감사하는 마음을 담아 조형물을 세운 겁니다.

오스카 니에예메르가 설계한 대통령 공관엔 외무부가 주관하는 행사가 열리고 있습니다. 시원하게 디자인된 건물 내부에는 멋진 정장을 차려입은 참석자들이 아름다운 음악과 함께 행사 후 파티에 여념이 없습니다. 밖은 브라질 국기가 펄럭이는 가운데, 최루탄 연기, 고함과 함성이 뒤섞입니다. 공무원 노조의 시위 때문이죠. 이들을 막기 위한 경찰 병력, 검은 양복을 입은 국빈 경호원들. 새로 깨끗하게 만들어진 도시라고 할지라도 사람 사는 문제는 어디나 같은 모양입니다.

국회의사당뿐만 아니라 브라질리아 대성당, 그 옆의 세례당 등 도시는 오스카 니에예메르의 수많은 작품들로 채워져 있습니다. 세례당은 마치 UFO가 도시에 내려앉은 모습이군요. 건축을 전공하는 학생 둘이 브라질리아 곳곳을 사진에 담습니다. 이 사진을 모아 전시를 할 생각이죠.

삼권광장에서 기념품을 파는 한 청년은 심리상담사가 되는 꿈이 있습니다. 기회를 찾아 리우데자네이루에서 브라질리아로 와서, 주말이면 고향을 찾기 위해 부지런히 터미널로 향하죠. 공무원이 되기 위해 시험을 준비 중인 대학생도 있습니다. 영화에서는 브라질리아의 물가, 경제, 고용 모든 게 아직 불안하니 공무원 만한 직업이 없습니다. 가사도우미, 건축 공무원 등 모두 각자의 시선으로 브라질리아를 바라보고 평가합니다. 이들이 브라질리아에 대한 가장 객관적인

오스카 니에예메르의 브라질 국회의사당
©Luciola Correia(Flickr)

칸당구 조형물과 그 뒤로 보이는 대통령 공관
©Mariordo(Mario Roberto Durán Ortiz)(Wikimedia Commons)

오스카 니에예메르의 브라질리아 대성당
©elton_sales(Pixabay)

관찰자가 아닐까요? 더 다양한 계층, 더 다양한 사람들의 이야기가 브라질리아에 대해 더 객관적인 평가를 만들어낼 겁니다.

본래 브라질리아는 면적 273제곱킬로미터에 인구 50만 명으로 계획된 도시입니다. 루시우 코스타는 계획지역이 포화상태가 되어야 위성도시가 생길 줄 알았습니다. 하지만 실제는 달랐죠. 도시를 건설했던 칸당구들은 브라질리아에서 살 수 있는 능력이 되지 않았기 때문에 처음부터 그들이 사는 위성도시가 생긴 겁니다. 위성도시까지 합해 인구가 300만 명 정도라고 하며 브라질 내 5위의 규모라고 하는군요. 주말이면 자신의 집으로 돌아가려는 인파들로 고속버스 터미널은 북새통을 이룹니다.

기존 도시들과 차별화하겠다는 의지로 계획에서 녹지 비율을 높였습니다. 잘 했다고요? 너무 지나친 비율 때문에 도시가 완성되고도 텅텅 비어 보이는 결과를 낳았습니다. 더구나 자동차 위주의 도로망과 부족한 인도로 더더욱 황량한 모습을 지울 수 없습니다.

한편으로 영화에서 언급하는 브라질리아의 교통사고율은 미국 평균의 약 5배에 달한다고 합니다. 인도가 부족하니 차도를 무단 횡단한 결과죠. 행정구역, 상업지역, 주거지역, 단 세 가지 용도로 나뉜 토지 용도구획, 그래서 그 넓은 광장에는 카페나 쉴 만한 장소가 없습니다. 먼 상업지역까지 가는 방법 외엔 다른 수가 없으니 노점상들이 들어섭니다.

"건축보다 삶이 더 중요해요."라고 늘 말하던 오스카 니에예메르가 2012년 작고합니다. 국민들의 박수를 받으며 떠나는 마지막 길, 이보다 더 행복한 건축가도 없을 겁니다. 건축가로서 나라의 국장으로 장례식을 치른 사람은 르코르뷔지에와 안토니오 가우디, 오스카 니에예메르 정도일 겁니다.

세계적인 건축가들의 역할, 모더니즘 이상의 구현, 미래도시의 상징 등으로 1987년, 브라질리아는 유네스코 세계문화유산으로 지정됩니다. 루시우 코스타의 도시계획, 오스카 니에예메르의 건축물들이 바트 심슨 감독의 필름 속에선 평가의 대상입니다.

도시를
말하는 여인:
아이 엠 벨파스트

    천둥 번개가 내리치던 칠흑 같은 밤은 어느덧 맑게 개어 파란 하늘로 바뀌고, 루비 머리의 노래 'Softly, Softly'(1955년 영국 싱글 차트 2위 곡)와 함께 하늘을 비행하는 장면으로 영화 〈아이 엠 벨파스트〉는 시작합니다.

    영국 북아일랜드의 수도 벨파스트. 조선과 직물로 유명한 벨파스트에는 타이타닉 호를 만든 조선소가 있습니다. 1958년도 고전 명화 〈타이타닉호의 비극〉이란 영화를 보면 벨파스트의 조선소가 그대로 등장하죠. 그러나 이 이름은 많은 사람들에게 낯섭니다. 어쩌면 북아일랜드라는 이름도 낯설지 않을까요? 북아일랜드를 비롯해 잉글랜드, 스코틀랜드, 웨일스로 이루어진 나라가 영국입니다.

    1922년 아일랜드는 영국으로부터 독립합니다. 아일랜드 북쪽의 6개 주는 아일랜드 신정부를 거부하고 영연방에 잔류하기로 결정하죠. 개신교도가 수적으로 훨씬 많았던 북아일랜드는 가톨릭이 주도하는 아일랜드를 받아들일 수 없었던 겁니다. 이때부터 분란이 시작되고, 뿌리 깊은 종교 문제가 전면에 대두됩니다. 신교와 구교 간의 마찰은 지역을 명확히 구분해 거주해야 할 만큼 지금도 격렬하고 유혈사태의 원인이 된다고 하는군요.

1972년 영국은 북아일랜드 의회 해산, 군대 파견 등 무력 통치를 시도합니다. 이때부터 IRA가 영국에 대한 테러 활동을 시작합니다. 이들 분리주의자들은 영국 통합주의자들과 갈등을 빚으며 1969년부터 1990년대 초까지 수천 명의 사상자를 만들어냅니다.

IRA의 테러는 1972년 일 년 동안 468명의 사망자를 기록할 정도였으며, 예전에는 TV 뉴스나 신문 1면을 장식하는 경우가 많았습니다. 이를 소재로 한 영화도 꽤 많은데 〈데블스 오운〉(1997)에서 신념에 찬 IRA 활동가 역을 맡은 브래드 피트가 제일 먼저 떠오르네요.

소금 공장을 지나가는 여인 벨파스트,
Hopscotch Films 제공

벨파스트에서 과거에 배를 만들던 모습,
Hopscotch Films 제공

이 외에 북아일랜드의 정치 문제와 인종 문제를 다룬 〈크라잉 게임〉
(1992), 〈아버지의 이름으로〉(1993)는 당시의 아일랜드 현실을 잘
나타낸 명작으로 손꼽힙니다.

북아일랜드의 아픈 역사를 배경으로 하는 〈아이 엠 벨파스트〉는
스스로를 '벨파스트'라고 주장하는 한 여인이 등장하여, 영화 내내 내
레이터와 대화를 주고받는 독특한 형식으로 전개됩니다. 매우 추상
적이고 시적인 흐름은 아름다운 화면과 감성을 자극하는 대사와 더
불어 다소 지루하게 흘러갑니다.

"당신은 너무 오래 떠나 있었어요."
"그래서 내 이야기를 들을 기회가 없었죠."

벨파스트의 과거 도시 풍경, Hopscotch
Films 제공

"네, 알아요."

"이제야 벨파스트로 돌아왔군요. 다른 여행자들처럼."

그녀는 눈을 감고 귀를 기울입니다. 주변 모든 사람들의 대화를 들을 수 있죠. 이 부분은 〈베를린 천사의 시〉에 대한 오마주인 듯합니다. 그러고는 옛 벨파스트의 흑백 기록사진을 보여주며 벨파스트 이야기를 시작합니다. 그들의 사랑 이야기부터 색상, 직물, 도시, 이웃들, 그리고 역사로 흘러가죠.

1972년 7월 21일 금요일 아주 더운 여름날, 도시의 한 장소에 폭탄이 터집니다. 비명소리, 울음소리와 함께 신체 일부들이 여기저기 바닥에 흩어집니다. 아픈 상처와 고통의 역사를 이야기하는 것은 쉽지 않습니다. 그 장면을 회상하는 것조차 쉽지 않죠. 하지만 이 벨파스트라는 여인은 1만 살이라는 도시의 나이답게, 부드럽고 편안하게 삶과 역사를 영상으로 그려갑니다.

IRA 대표부가 자정을 기점으로 군사행동을 포기한다는 흑백 영상이 소개되며 클래식 가요가 흘러나옵니다.

"베를린 장벽이 무너졌어요."
"우리의 벽도 무너져야 해요."

벨파스트라는 여인은 소금과 설탕, 짠맛과 단맛으로 비유하면서 통합주의자와 분리주의자, 가톨릭과 신교를 이야기합니다. 어떤 하나가 아닌, 두 가지 맛이 우리 삶엔 모두 필요하고 존재해야 하죠. 때론 두 가지가 섞인 애매하고 모호한 맛도 필요하고요. 영화 중반 한 사람의 장례식이 거행됩니다. 벨파스트에 남은 마지막 고집불통이죠. 고집불통은 아마 한 가지 맛만 고집하는 은유적인 표현일 겁니다. 이 장례식은 오랫동안 기다려온 기쁨이고 축제의 현장이 됩니다.

〈아이 엠 벨파스트〉와 함께 수많은 수상에 빛나는 케네스 브레너 감독의 〈벨파스트〉(2022)도 같은 아픔을 아름답게 전달하는 드라마입니다. 〈아이 엠 벨파스트〉의 감독 마크 코진스의 또 다른 영화 〈스톡홀름, 내 사랑〉(2016)도 놓칠 수 없는 수작입니다. 작곡가인 네네 체리가 건축가 역할을 맡아 스톡홀름의 거리를 걸으며 일상과 도시 건축이 교감하는 과정은 그녀의 과거 아픈 상처를 치유하는 과정이 됩니다.

도시의 미래는
디스토피아일까:
메트로폴리스

독일의 프리츠 랑 감독이 위대한 상상력으로 만든 〈메트로폴리스〉(1926)는 2007년까지만 해도 유네스코 문화유산에 등재된 유일한 영화였습니다. 《TIME》지 선정, IMDB 선정, AFI(미국 영화연구소) 선정 100편의 영화, 혹은 죽기 전에 꼭 봐야 할 영화 100편 등 그 어디에도 절대 빠지지 않는 영화입니다. 그런데 재미없는 흑백영화, 그것도 무성영화를 굳이 인류가 보존해야 할 유일한 필름으로 선정했을까요?

1926년 프리츠 랑이 만든 영화 원본은 153분입니다. 실제 1926년 11월 13일 독일에서 개봉할 당시는 228분(3시간 48분)이었습니다. 초당 16프레임의 속도였기 때문인데, 요즘 기준인 초당 24 프레임으로 환산하면 153분이죠. 이후 이 원본은 지구상에서 사라지고 여러 판본들이 난무합니다. 대략 6~7개의 판본이 존재하는데 짧은 것은 91분, 긴 것은 128분까지 다양한 버전이 있었습니다. 1927년 3월 미국 개봉 당시 채닝 폴록(Channing Pollock) 버전은 116분, 로스앤젤레스에서 107분으로 시작해 영국은 128분, 독일 나치의 지시로 편집

프리츠 랑이 상상한 2026년 미래도시,
〈메트로폴리스〉 중에서

된 91분까지 편집과 추가와 삭제가 수없이 반복되었습니다.

이후 전 세계는 한마음 한뜻으로 소실된 〈메트로폴리스〉의 원본을 찾는 노력을 계속합니다. 그러나 그 어디에서도 발견할 수 없었고, 유실 부분을 상상과 추측으로 이어 붙이는 슬픈 행위를 지속하죠. 결국 유네스코는 인류의 유산이 영원히 소실되었음을 선포했습니다. 그러다 2008년 7월, 부에노스아이레스의 시립 영화박물관에서 편집 없는 원본 그대로의 153분짜리 16밀리미터 〈메트로폴리스〉 필름이 발견됩니다.

〈메트로폴리스〉에서 프리츠 랑은 영화를 만들던 당시로부터 100년 후, 그러니까 2026년의 미래도시를 디스토피아로 표현하고 있습니다. 인간의 손으로 창조한 도시의 이미지는 그 중앙에 독특한 모양의 신바벨탑이 있고, 공중을 가로지르는 모노레일과 도로, 주차장을 방불케 하는 수많은 자동차, 도시를 부유하듯 떠다니는 비행기로 채워져 있습니다. 다스리는 자와 노동하는 자, 두 계급만이 존재하는 이원화된 세상은 지상과 지하로 구분되어 있습니다.

지도자 프레더슨의 아들로 태어난 프레더는 우연한 기회에 지하세계를 알게 되고, 꿈도 희망도 없이 일하는 그들의 생활에 깊숙이 얽힙니다. 노동자들의 아픔을 어루만지며 모순된 두 세계의 중재자를 기다리는 마리아는 프레더의 눈에서 희망을 읽습니다. 한편 지하세계의 중앙엔 로트왕이라는 이상한 과학자가 살고 있습니다. 그가 만들고 있는 로봇은 자신이 사랑했던 여인 헬입니다. 프레더슨은 로트왕을 시켜 로봇에 마리아의 이미지를 씌우고 로봇 마리아를 통해 지하세계를 통치하려 합니다.

영화에 등장하는 로봇을 비롯해 영화 포스터와 각종 디자인을 중점적으로 볼 필요가 있습니다. 또한 로트왕의 실험실 인테리어는

독일 표현주의 영향을 과감하게
드러내는 로베르트 비네 감독의
〈칼리가리 박사의 밀실〉, 포스터

마르셀 레르비에 감독의 〈비인간〉,
포스터

데스틸이 표현되었는데 마르셀 레르비에 감독의 〈비인간〉(1924) 속 장면들과 비교해 보면 좋겠습니다. 특히 눈여겨봄직한 회화적인 표현과 그래픽 요소가 많은데 어색한 부분도 눈에 많이 띕니다. 과하다 싶을 정도의 비주얼과 연기 때문으로 영화 전반을 흐르는 장엄함이 갑자기 우스꽝스럽게 느껴질 때가 적지 않죠. 이것은 당시 독일 표현주의의 영향입니다. 최고봉은 로베르트 비네 감독의 1919년 〈칼리가리 박사의 밀실〉이죠.

〈메트로폴리스〉의 시작에서 한 줄씩 땅속으로 떨어지고 떨어지는 자막은 바로 지하세계를 의미합니다. 반면 지상은 피라미드의 상부구조를 상징하듯 삼각형을 이루며 글자들이 위로 올라갑니다. 단어나 문장이 의미 전달을 넘어 그 자체로 하나의 디자인으로 설명되는 타이포그래피입니다. 기독교적인 느낌도 이 영화의 중요한 특징입니다. 이를테면 인용되는 요한 계시록의 예언뿐만 아니라, 마리아나 요셉과 같은 등장인물의 이름, 바벨탑 이야기와 카타콤 같은 장소, 그리스도의 박해를 상징하는 로봇 화형, 예수의 행적을 닮아 있는 프레더의 행적 등이 있습니다. 환락가를 표현하는 요시와라라는 일본식 지명은 디스토피아식 미래의 상징인 듯합니다. 〈블레이드 러너〉에도 일본 이미지를 차용한 네온사인이 등장합니다.

한편, 〈메트로폴리스〉의 여러 판본 중에서도 가장 독특하고 논란의 중심에 서 있는 것이 조르조 모로더의 버전입니다. 1984년 그에 의해 재탄생된 작품은 표현주의 영화의 그로테스크하고 무거운 화면에 전자음악을 더하고 컬러를 입혀 '원작 훼손'이라는 혹독한 비평과 동시에 '독창적이고 현대적'이라는 찬사를 받는 문제작이죠. 조르조 모로더는 88 올림픽의 주제가 '손에 손잡고'의 작곡가로, 〈플래시 댄스〉, 〈탑건〉을 포함한 수많은 영화의 주제가로 우리에게 익숙한 음악가입니다.

오스트리아 빈에서 태어난 프리츠 랑(1890~1976)은 건축가인 아버지처럼 비엔나 기술대학에서 건축을 전공합니다. 그 후 파리에서 화가로서도 활동하다 오스트리아 군인으로 1차 세계대전에 참가하죠. 그러나 부상을 입고 요양소에서 머물며 쓴 영화각본 때문에 영화계에 발을 딛습니다.

1924년 프리츠 랑은 아내 테아 폰 하르보우, 제작자 에릭 포머와 함께 뉴욕을 방문합니다. 당시 그는 이렇게 말했죠. "뉴욕의 야경은 영화의 주제로 사용해도 좋을 만큼 아름답고 강한 인상을 주었다. 여러 가지 색으로 빛나는 네온사인, 공중을 오고 가는 열차, 초고층 빌딩."

안토니오 산텔리아의 스케치에서나 봄직한 미래도시가 이미 그의 뇌리에 기록된 셈입니다. 맨해튼의 마천루가 1913년에서 1932년 사이에 집중적으로 건설된 점으로 미루어 봐 〈메트로폴리스〉에서 표현된 미래도시에 대해 건축가들을 포함한 온 세상이 그토록 찬사를 보내는 것에 대해 의심하지 않을 수 없었습니다. 이미 맨해튼은 영화만큼을 이루고 있었으니까요. 그점은 1935년 맨해튼을 처음 방문했던 르코르뷔지에의 충격과도 다르지 않습니다.

1933년 아돌프 히틀러가 정권을 잡아갈 무렵, 프리츠 랑은 나치 선전부장 괴벨스의 호출을 받습니다. 〈메트로폴리스〉에 감명 받은 히틀러가 괴벨스를 통해 손을 내민 것이었죠. 외가 쪽이 유태계였던 프리츠 랑은 24시간만 생각할 여유를 달라는 말로 그 자리를 총총히 빠져나옵니다. 그날 저녁, 랑은 파리로 도망합니다. 그리고 런던을 거쳐 결국 미국에 정착합니다. 〈메트로폴리스〉의 또 다른 숭배자이자 할리우드의 제작자인 월터 윈저에게로요. 〈메트로폴리스〉의 각본을 쓴 아내 테아 폰 하르보우(1888~1954)를 두고 혼자서죠. 아내 하르보우는 열성 나치당원이었습니다.

그런 프리츠 랑이 1963년 장 뤽 고다르의 영화 〈경멸〉에서 연기자로 출연합니다. 〈경멸〉은 이탈리아 건축가 아달베르토 리베라의 작품 말라파르테 주택으로 유명한 영화죠. 영화 〈경멸〉에서도 제작자에게 수모를 겪어 안쓰럽기까지 했던 그의 역할은 찬란했던 독일 우파(UFA; Universum Film Aktiengesellschaft) 시절을 아련한 추억으로 그리며 할리우드를 냉소한 건 아닐까요?

〈메트로폴리스〉가 독일 표현주의 영화의 대작으로, SF 영화의 기원으로 평가받는 데는 이견이 없습니다. 조지 루카스의 〈스타워즈〉 시리즈는

안토니오 산텔리아의 미래도시(1914)
©Wikimedia Commons

미래도시의 모습을 표현한
〈메트로폴리스〉 포스터

L'ALLIANCE CINÉMATOGRAPHIQUE EUROPÉENNE
PRÉSENTE UNE PRODUCTION UFA
RÉALISÉ PAR

FRITZ LANG

D'APRÈS LE SCÉNARIO DE
THÉA VON HARBOU:

Boris Bilinsky

〈메트로폴리스〉의 마리아 로봇을 차용하죠. 1982년 리들리 스콧의 〈블레이드 러너〉 역시 〈메트로폴리스〉의 신바벨탑 이미지와의 유사성을 인정하지 않긴 힘들다고 봅니다.

대도시라는 뜻의 '메트로폴리스', 건축을 전공한 감독 프리츠 랑, 최초의 SF 영화란 이 모든 것이 건축가들의 호기심을 자극하기에 충분합니다. 여기에 더해진 조르조 모로더만의 각색(1984), 그룹 퀸의 프레디 머큐리와 보니 타일러, 펫 베네타 등의 목소리와 더불어, 조르조 모로더는 이 영화를 위해 2개의 스코어를 더합니다. 어쨌든 이 엄숙한 영화가 전자 음악이나 프레디 머큐리의 강력한 보컬과 잘 어울립니다. 무료할 수도 있는 흑백 무성 영화의 태생적 흐름이 어느덧 가슴을 두드리는 박진감으로 다가옵니다.

〈메트로폴리스〉와 더불어 SF 영화의 걸작으로 꼽히는 영화 두 편을 살펴보지 않을 수 없습니다. 건축가들은 대개 〈블레이드 러너〉(1982), 〈제5원소〉(1997), 〈브라질(여인의 음모)〉(1985) 등을 많이 언급하는데 〈상상해 보라〉와 〈다가올 세상〉이 더 중요해 보입니다. 데이비드 버틀러 스토리 감독의 〈상상해보라〉(1930)는 〈메트로폴리스〉와 달리 흥행에 성공한 작품입니다. 어쩌면 1929년 10월 주가 폭락에 따른 세계 대공황의 여파로, 위로가 필요한 사람들에게 마음을 달래줄 수 있는 SF 뮤지컬 코미디였기 때문이 아닐까요?

〈상상해 보라〉에서 설정된 미래는 1980년, 지금으로선 이미 과거죠. 1930년에 상상해 본 1980년의 뉴욕은 250층 높이의 아파트, 사람 이름은 번호로, 음식은 알약으로 대체되어 있습니다. 서로 사랑하는 사이인 비행 조종사 J21과 그의 여인 LN 18. 그러나 LN-18의 결혼 상대는 국가에서 MT3로 지정합니다. 출산과 결혼을 국가에서 통제하죠. J21은 자신이 LN-18의 결혼 상대로 부족하지 않다는 사실을 증명하기 위해 화성으로 날아갑니다. 드론과 같은 이동 수단, 화상 통화, 손을 씻고 바람으로 말리는 장면을 보면 지금과 상당히 닮아 있습니다. 이 영화는 특수 효과와 세트 디자인으로 아카데미 최우수 미술상을 받게 됩니다.

윌리엄 카메론 멘지스 감독의 〈다가올 세상〉(1936)은 H.G. 웰즈 원작 소설 《다가올 세상의 형태》를 재구성한 영화입니다. 〈메트로폴리스〉와 마찬

데이비드 버틀러 스토리 감독의
SF 뮤지컬 코미디 영화 〈상상해보라〉의 한 장면

가지로 당시 흥행엔 실패했지만, 감독으로서는 당대의 어떤 감독들보다 예술적 감각이 뛰어나다는 찬사를 듣습니다. 이 영화는 3개의 시대적 배경으로 전개됩니다. 첫 배경인 1940년은 제2차 세계대전이 발발했던 해인데 1936년에 전쟁을 이렇게 정확히 예상했는지 모르겠군요. 다음은 1970년대의 어느 황폐한 마을이 등장하고, 그 마을에서 벌어지는 권력투쟁이 묘사됩니다. 마지막은 서기 2036년, 평화롭고 풍요롭고, 과학기술이 발달된 유토피아로 탈바꿈한 미래가 나타납니다.

SF 영화를 건축적으로 보는 중요한 시각은 미래 영화 이전에 미래라는 시대를 먼저 정의하는 데에 있습니다. 〈메트로폴리스〉말고도 미래를 디스토피아로 표현한 〈브라질〉, 〈블레이드 러너〉, 〈제5원소〉에서처럼 어둡고 음침하며, 또 고밀도로만 표현되는 고층 빌딩과 열악한 환경이 미래에 펼쳐질까요? 어쩌면 우리의 미래는 무슨 아파트 광고처럼 녹지와 새소리로 가득 차 있는 에덴동산 같을지도 모를 일이죠. 마치 로버트 샤이 감독의 영화 〈밈지〉(2007)나 조셉 러스나 감독의 〈13층〉(1999)처럼 말입니다. 악을 소탕해야 하는 배트맨에겐 어두컴컴한 고담시티가 필요한 것처럼, 디스토피아적 미래는 감독이 설정한 전제임을 잊지 말아야 하는 것이 영화를 통해 건축을 이해하려는 사람들의 몫입니다.

하늘을 날아다니는 교통수단, 수백 층짜리 고층 건물, 우주도시, 로봇 등이 SF 영화에서 흔히 등장하는 소재이지만, 장 뤽 고다르의 〈알파빌〉(19

65)이나 라이너 베르너 파스빈더의 〈선 위의 세상〉(1973)처럼 슈퍼컴퓨터에 의한 인간통제를 미래의 모습으로 다룬 영화도 있습니다. 더글러스 크럼블 감독의 〈싸일렌트 러닝〉(1972)이나 리처드 플레어셔 감독의 〈소일렌트 그린〉(1973)은 식량이나 녹색 에너지를 미래의 전제로 보기도 합니다. 이 외에도 〈AI〉(2001), 〈아이로봇〉(2004), 〈에바〉(2011)와 같이 로봇을 다룬 영화, 〈가타카〉(1997), 〈아일랜드〉(2005)처럼 복제 인간을 다룬 영화도 있습니다.

2036년의 미래도시를 그린
윌리엄 카메론 멘지스 감독의 〈다가올 세상〉 중에서

도시 게릴라들과
선물 가게를
지나야 출구

"누군가는 세상을 더 나은 곳으로 만들기 위해 경찰이 된다. 누군가는 세상을 좀 더 보기 좋은 곳으로 만들기 위해 파괴자가 된다."
― 그라피티 아티스트 뱅크시

　그라피티는 흔히 스프레이 캔을 사용한 도시의 낙서로 알려져 있습니다. 도시를 더럽히는 행위일 뿐만 아니라 제도에 적응하지 못하는 젊은이들의 일탈적인 행위라고 생각하는 사람들이 많죠. 〈선물 가게를 지나야 출구〉에서 새로이 알 수 있는 사실이 있습니다. 그라피티는 스티커, 스텐실, 포스터, 조각 등 다양한 표현 방법이 사용되고, 약자와 소수의 편에서 긍정적인 메시지를 전하려는 시도도 있다는 점입니다. 다수가 늘 옳지만은 않습니다. 다수제는 민주주의를 펼치기 위한 최선의 선택일 뿐이죠.

　이 영화 〈선물 가게를 지나야 출구〉를 주도해나가는 티에리, 그는 사실 그라피티 아티스트가 아니라 그들을 기록하는 카메라맨입니다. 늘 한 손에 카메라를 들고 찍어 대기만 할 뿐, 찍은 테이프들을 분류해서 목록화하거나 다시 보는 일도 없습니다.

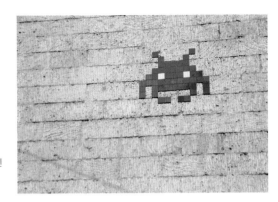

모자이크 타일을 사용해 제작된
'스페이스 인베이더' 벽화
©Francesco Ungaro(Pexels)

　　티에리에게는 모자이크 타일로 '스페이스 인베이더'라는 게임을 형상화해 도시 곳곳에 붙이고 다니는 사촌이 하나 있습니다. 그 또한 '거리미술'의 운동 주자로 이름을 알립다. 이제 이 거리미술은 인터넷과 SNS를 통해 수백만 관객에게 공유되고, 펑크 이후 반문화 운동으로 자리를 잡습니다. 그 중심엔 티에리의 영상이 한몫을 합니다.

　　그라피티 아티스트의 활동들을 담는 티에리에겐 소망이 하나 있습니다. 전설적인 뱅크시를 만나보는 겁니다. 그의 정체 조차 알 수가 없습니다. 루브르와 대영박물관에 자신의 작품을 몰래 걸고, 팔레스타인 분리 장벽에 평화의 염원을 담은 벽화를 그리는 등 저항적인 작품 활동을 펼치는 그라피티 아티스트 뱅크시입니다. 정의를 향한 그의 풍자는 전 세계적인 공감을 받으며 지금도 얼굴을 드러내지 않은 채 활동을 지속하고 있죠. 이 영화 〈선물 가게를 지나야 출구〉의 감독이 바로 그 뱅크시입니다.

　　뱅크시의 행적은 거리미술과 영화 제작에만 멈추어 있지 않습니다. 2015년 8월, 그는 테마파크를 하나 개장합니다. 이름하여 디즈멀랜드(Dismaland). 디즈니랜드를 풍자한 것인데 이름대로 음울합니다. 테마파크는 단 5주 동안만 운영되었고 뱅크시를 비롯하여 데미안 허스트, 제니 홀저 등 전 세계 작가 50여 명이 참여했습니다. 디즈멀랜드의 입장권 구매 사이트가 다운되고, 입장권료도 3파운드에서 600파운드까지 올랐죠. 다녀간 관람객은 총 15만 명에 이릅니다.

그리고 뱅크시는 또 한 번 세상 모두를 놀라게 하죠. 2017년 3월에는 호텔을 하나 개장합니다. '세상에서 가장 큰 감옥'이라고 불리는 요르단강 서안지구를 둘러싸는 웨스트뱅크 장벽(팔레스타인 분리 장벽) 바로 앞에 위치해 있기 때문입니다. 8미터 높이의 장벽이 인접해 하루에 햇빛을 받는 시간이 25분밖에 되지 않는다고 하는군요.

"우리 호텔은 세계 최악의 전망을 자랑합니다."
"이 호텔의 목적은 장벽에 대한 이야기를 전하고, 방문자 스스로 발견할 기회를 제공하는 것이다."

티에리는 우연한 기회에 꿈에 그리던 뱅크시를 만납니다. 뱅크시의 허락 하에 그가 작업하는 일련의 과정을 카메라에 담습니다. 뱅크시는 티에리에게 하나의 제안을 합니다. 거리미술은 일회적이고 존치 기간이 짧으니, 거리미술에 대한 다큐멘터리를 하나 만들어보면 어떻겠냐는 겁니다. 티에리는 곧바로 편집에 돌입합니다. 하지만 티에리의 정신병적 결과물에 경악을 금치 못한 뱅크시는 자신이 직접 영화를 만들기로 결심합니다. 그 결과로 티에리는 오히려 뱅크시가 연출한 영화의 주인공이 되고, 아티스트로서 난생처음으로 작품을 제작합니다. 〈선물 가게를 지나야 출구〉는 그렇게 만들어집니다.

도시 곳곳에 '스페이스 인베이더'를 붙이고 다니는 티에리의 사촌을 보니, 조회 수 200만 건이 넘는 패트릭 진의 〈픽셀스〉(2010)가 생각납니다. 세상을 픽셀로 바라본 감독의 냉소적인 비유는 길이가 2분 30초 밖에 되지않으니 꼭 보시길 바랍니다.

그라피티를 다룬 영화는 의외로 많습니다. 건축영화제를 통해 이미 소개된 〈메구니카〉(2008), 〈그래피티〉(2005)가 있고, 만프레드 키르히하이머 감독의 〈스테이션 오브 더 엘리베이티드〉(1981), 마르셀로 메스퀴타 감독의 〈회색도시〉(2013)도 도시의 그라피티를 다루고 있습니다.

뱅크시의 벽화 ©Gemma
Evans(Unsplash)

소리, 시간, 일상을
담는 로드 무비:
리스본 스토리 외

"친애하는 필에게. 나는 MOS를 계속할 수 없네. SOS. 모든 녹음 기재를 가지고 리스본으로 와주게. ASAP. 프리츠로부터."

사운드 엔지니어인 빈터는 친구이자 영화감독인 프리츠의 호출을 받습니다. 장소는 포르투갈의 수도 리스본. 빔 벤더스 감독의 〈리스본 스토리〉(1994)는 이렇게 시작합니다.

프리츠를 만나기 위해 빈터는 깁스한 다리를 이끌고 우여곡절 끝에 어느 집에 도착합니다. 그곳엔 찍다만 흑백필름이 널려 있고 몇몇 아이들만 그 집을 지키고 있을 뿐, 어디에도 프리츠는 보이지 않습니다. 그 아이들은 프리츠의 조수라며 어제도 프리츠와 함께 일을 했다는군요. 아무튼 빈터는 마땅히 할 일도 없고 친구도 찾을 겸 도시 이곳저곳을 다니며 여러 가지 소리를 녹음합니다. 골목길 소리, 비둘기 모이 주는 소리, 빨래하는 소리, 부엌칼 가는 소리 등. 이 영화는 우리가 매일 들으면서도 듣지 못했던 도시의 소리를 빛바랜 채색으로 아름답게 그려냅니다.

마드리드쉬라는 음악그룹은 사라진 프리츠가 만들고 있는 영화

리스본의 가로 풍경, 〈리스본 스토리〉 중에서

리스본의 소리를 채집하는 사운드
엔지니어 빈터, 〈리스본 스토리〉 중에서

에서 음악을 맡고 있습니다. 이들은 빈터를 포르투갈의 파두(Fado)
속으로 빠져들게 하죠. 정확히 말하면 빈터는 마드리드쉬 그룹의 싱
어인 테레사에게 빠집니다. 파두는 포르투갈 전통음악으로 '운명'이
란 뜻을 지닌 서민들의 노래입니다.

빔 벤더스의 또다른 영화〈부에나 비스타 소셜 클럽〉(1999)은 전
세계적인 신드롬을 일으킨 음악 영화의 시초입니다. 쿠바 음악은 춤
곡 단손, 룸바, 쏜 등이 대표적인데 이 중에서도 쏜이 가장 쿠바음악
의 중심이라고 볼 수 있죠. 이 영화의 대표곡 찬찬 역시 쏜 스타일입
니다. 쿠바 음악은 브라질과 더불어, 아프리카의 요소들과 스페인의
라틴 요소가 결합된 기원을 가지고 있습니다.

쿠바 혁명 이후에 쿠바 음악이 모두에게 잊혀갈 때, 미국의 프로
듀서 '라이 쿠더'는 숨겨져 있던 쿠바의 실력파 뮤지션들을 찾아 나
섭니다. 단 6일간의 녹음으로 완성된 이 영화의 앨범은 그래미 어워
드 수상, 빌보드 차트 1위, 전 세계 수백만 장의 음반 판매 등 세계 대
중음악사에 유례없는 기적의 스토리를 만들어냅니다. 유일한 단점

은 영화를 본 그날 하루 종일 찬찬 리듬이 떠나지 않는다는 점이죠.

영화를 깊이 모르는 사람들에게도 빔 벤더스는 〈베를린 천사의 시〉(1987), 〈파리 텍사스〉(1984), 〈에브리띵 윌 비 파인〉(2015) 등으로 익히 알려져 있는데, 늘 로드 무비 감독이라는 꼬리표가 붙어 있습니다. 장소를 이동하며 플롯에 맞게 이야기를 풀어나가는 방식, 여러 공간과 사람, 사건을 통해 전달하는 도시적, 장소적 의미, 건축영화 팬들로선 눈여겨봐야만 하는 감독입니다.

대표적인 로드 무비로는 〈도시의 앨리스〉(1973), 〈시간이 흐르면〉(1976)가 있습니다. 그 중 〈시간이 흐르면〉은 여러 마을을 돌며 영사기를 수리하고 또 영화도 상영하는 빈터, 이혼 후에 집과 직장을 버리고 나와 빈터와 함께하는 란더의 여정을 그립니다. 시간이라는 굴레는 일찌감치 벗어 버린 듯 이들을 좇는 느린 카메라는 마을 전체를 한량스럽기 그지없게 만들고, 그 여유는 이들이 묶는 동서독 경계 초소까지 연장될 정도죠. 그래서인지 영화의 중심선상에 있어야 할 이들의 대화와 이들의 일상은 오히려 배경으로 물러나고, 카메라는 마을이나 환경의 모든 디테일을 속속들이 표현합니다.

마지막 장면, 역에서 만난 꼬마와 란더의 대화가 기억에 남습니다. 대부분 우리가 못 보면서 살아가는 것들이니까요.

"뭘 그리니?"

"역과 제가 본 것들요."

"뭘 봤는데?"

"기찻길, 자갈, 시간표, 하늘, 구름"

"가방을 든 남자, 텅 빈 가방, 그리고 싱긋 웃음"

"검은 눈동자"

[쉬어가기] 로드 무비의 거장 아키 카우리스마키

또 다른 로드 무비의 거장을 그냥 지나칠 수 없습니다. 바로 아키 카우리스마키입니다. 그의 영화는 단번에 해석되지 않는 그만의 메시지가 있고 즐거움이 있죠. 광고나 단편마저도 그렇습니다. 그의 형, 미카 카우리스마키의 영화까지 다 보았을 정도로 제가 좋아하는 인생 감독이랍니다.

아키 카우리스마키의 작품이 괜찮았다면 로이 앤더슨과 사무엘 벤쉬트리의 영화도 추천합니다. 추천작으로는 로이 앤더슨 감독의 〈2층에서 들려오는 노래〉(2000), 〈유, 더 리빙〉(2007), 〈비둘기 가지에 앉아 존재를 성찰하다〉(2014), 〈어바웃 엔드리스니스〉(2019)와 사무엘 벤쉬트리 감독의 〈난 항상 갱스터가 되고 싶었다〉(2008), 〈마카담 스토리〉(2015)가 있습니다.

아키 카우리스마키의 영화는 특히 3부작 시리즈가 많습니다. 레닌그라드 카우보이 3부작으로 〈레닌그라드 카우보이 미국에 가다〉, 〈레닌그라드 카우보이 모세를 만나다〉, 〈토털 발랄라이카 쇼〉, 프롤레타리아 3부작〈천국의 그림자〉, 〈아리엘〉, 〈성냥공장 소녀〉, 핀란드(빈민) 3부작 〈어둠은 걷히고〉, 〈과거가 없는 남자〉, 〈황혼의 빛〉, 그리고 해안 도시 3부작 〈르 아브르〉, 〈희망의 건너편〉과 아직 발표되지 않은 한 편이 있습니다. 〈죄와 벌〉은 도스토옙스키의 장편소설을, 〈성냥공장 소녀〉는 한스 안데르센의 동화를 풍자한 것이죠.

〈성냥공장 소녀〉는 감독 스스로 걸작이라고 평한 바 있으며 그가 졸작으로 자평한 영화는 〈레닌그라드 카우보이 미국에 가다〉입니다. 자신의 영화 중 최악의 영화라고 평했지만, 가장 흥행에 성공했고 가장 재미있는 영화가 아닐까 생각합니다.

28세에 요절한 멕시코 작곡가 구티 카르데나스를 추모하는 영화 〈레닌그라드 카우보이 미국에 가다〉는 '...에 가다'라는 제목이 주는 느낌 대로 로드 무비인 동시에 핀란드의 록밴드 '레닌그라드 카우보이'의 음악을 함께 감상할 수 있는 영화입니다. 레닌그라드 카우보이는 1986년 결성되어 지금도 현역으로 활동하고 있습니다.

영화 속에서 레닌그라드 카우보이의 연주를 들은 한 프로모터는 미국에나 가보라는 충고를 합니다. 쓰레기도 팔 수 있는 곳이 미국이라뇨? 아무튼 이들은 아메리칸 드림을 안고 황량한 툰드라의 시골을 떠납니다. 그러나 이들의 연주 실력을 알아주는 사람이 기회의 땅 미국에는 아무도 없습니다. 한 프로모터가 멕시코 친척 결혼식에 가서 연주를 하라는 충고인지, 조언인지, 부탁인지를 듣고 또다시 멕시코로 향합니다.

수많은 도시, 그러니까 맨해튼, 멤피스, 뉴올리온즈, 갈베스턴, 랭트리, 휴스턴, 델 리오를 거치면서 주유소에서 주유원으로 일하는 사촌도 우연히 만납니다. 4살 때 낚시를 하다, 배가 뒤집히는 바람에 헤어졌다는군요. 어떻게 알아봤냐고요? 똑같은 머리 스타일과 긴 뾰족구두 때문입니다. 그러고는 드디어 도착한 멕시코 결혼식장에서 이들의 음악이 결국 인정을 받게 됩니다. 멕시코에 정착하며 가요 프로그램에서 당당히 순위에 오릅니다. 중고차 매장에서는 짐 자무쉬 감독이 판매원으로 깜짝 등장합니다.

아키 카우리스마키 감독의
〈레닌그라드 카우보이 미국에 가다〉, 포스터

영화는 〈레닌그라드 카우보이 모세를 만나다〉(1993)로 이어집니다. 이번엔 가히 전 세계적입니다. 미국 코니아일랜드, 프랑스 브르타뉴, 독일 프랑크푸르트와 라이프치히, 폴란드 바르샤바를 거치니까요.

사라졌던 악질 매니저 블라디미르가 '모세'라는 이름으로 다시 밴드 앞에 나타나는데 전편에서처럼 여전히 밴드를 착취합니다. 그는 선지자처럼 검은 옷을 입고 성경 구절을 인용하며 다닙니다. 그를 뒤쫓는 CIA 요원도 스스로를 선지자 엘리아라고 합니다. 모세는 밴드에게 앵벌이를 시켜 돈을 뜯어내고 돈이 적으면 매질도 합니다. 멕시코에 정착한 레닌그라드 카우보이는 노숙자와 다름없는 삶을 살아가죠. 밴드는 어느 음식점에서 '바빌론 강가에서'를 연주하는데, BC 587년 경 유다 왕국이 멸망하고 바빌론에 포로로 잡혀간 슬픔을 노래한 곡입니다. 구약에서 모세가 가나안에 들어가지 못했던 것처럼, 영화에서 모세도 소련 국경까지만 일행을 인도합니다.

전편이 미국 사회를 통해 자본주의의 폐해를 그렸다면 후편은 성경 속 인물과 내용을 통해 배타적인 유태인과 부패한 기독교를 상징한다는 게 일반적인 평입니다. 두 영화 모두 로드 무비의 음악이 주는 즐거움을 한껏 누릴 수 있습니다.

〈토털 발랄라이카 쇼〉(1994)는 아예 대규모 콘서트를 담은 다큐멘터리인데 정말 어울리지 않는 조합, 레닌그라드 카우보이와 러시아 붉은 군대 합창단(알렉산드로프 앙상블)의 1993년 헬싱키 라이브 공연입니다.

〈성냥공장 소녀〉는 〈레닌그라드 카우보이 미국에 가다〉와 같은 해에 만들어진 영화입니다. 성냥공장에서 일하며 가족의 생활비를 벌고 집안일까지 도맡아 해야 하는 이리스는 자신의 표정처럼 삶이 팍팍하지만, 가끔 클럽에 나가 새로움을 기대하죠. 영화 중간중간에 중국 천안문 사태가 뉴스 형식으로 삽입되는데 중국인들이 목숨을 걸며 갈망하는 자유가 이리스의 자유와 대비됩니다.

이 영화엔 주로 3개의 공간이 나옵니다. 성냥공장 소녀 이리스의 집, 그녀가 일하는 공장, 그리고 이리스를 파멸로 이끄는 아르네의 집이죠. 그리고 그 간격은 도시의 장면들이 메웁니다. 공장과 이리스의 집은 평이하지만, 세련되고 부유한 아르네의 집은 거의 흰색입니다. 흰색은 화면을 고급스러워 보이도록 하는데 건축에서도 많이 적용되죠.

〈오징어 노동조합〉(1985)은 15명 정도의 남자들이 모여 에이라로 가는 과정을 그린 로드 무비입니다. 에이라는 이상향으로 그려지는데, 실제로 헬싱키 근처의 유명한 관광지로 에이라라는 오래된 마을이 있습니다. A조는 북쪽, B조는 남쪽으로 나뉘어 움직이는데 대부분 선글라스를 쓰고 있는 이들의 이름은 모두 프랭크입니다. 겨우 둘만이 해변가에 도착하지만 에이라로 가는 배편이 이미 출발해버린 후입니다. 결국 이들은 허술한 나룻배를 타고 가까운 바다 저편 에스토니아로 갑니다.

1988년 작 〈아리엘〉은 광부 카스리넨이 주인공입니다. 일하던 탄광은 폐광이 되고, 도산한 사장에게는 권총과 오픈카 한 대만 남았습니다. 차 키는 카스리넨에게 주고, 사장은 권총으로 자살합니다. 실업자가 된 카스리넨은 눈 내리는 추위를 뚫고 지붕이 닫히지 않는 오픈카를 끌고 도시로 옵니다. 주차 단속 요원인 필라야를 만나 금세 동거를 시작하죠. 가진 것은 없고 사랑만 있는 이들 앞엔 역경이 닥쳐오죠. 갖은 우여곡절 끝에 이들은 밀항선을 타고 꿈의 땅인 아리엘로 향합니다.

아키 카우리스마키의 영화엔 억세게 운 나쁜 사람들이 늘 등장합니다. 뭘 해도 지지리 안 풀리는 그런 사람들 말이죠. 〈과거가 없는 남자〉(2002)는 기억을 잃어 이름조차 없는 남자가 등장합니다. 허름한 컨테이너 박스에 살면서 아무것도 없는 곳에 버려진 뮤직 박스를 제일 먼저 들여놓습니다. 빈 공간을 채우는 음악이 싱크대나 침대 보다 공간을 더 풍성하게 채웁니다. 직업도 돈도 기억도 무엇보다 재수가 없는 이 남자는 자신의 불행을 탓하지 않습니다. 사실, 이런 설정이 아키 카우리스마키 감독 영화의 정수죠.

〈나는 살인 청부업자를 고용했다〉(1990)는 핀란드가 아닌 영국 런던을 배경으로 촬영한 작품으로, 촬영당시 사망한 감독 마이클 포웰을 추모하는 뜻을 담고 있습니다. 할아버지가 특별히 많이 등장하는 이 영화에서는 회사에서 근무하는 직장인, 모텔의 카운터, 택시 기사, 식당 주인, 그리고 킬러마저 시한부 인생을 사는 노인입니다. 죽음과 가까운 사람들, 또 죽음에 대한 각자의 정의를 가지고 있을 사람들을 통해 다시 한 번 아키 카우리스마키 감독의 뜻을 추측해 봅니다.

〈센트로 히스토리코〉(2012)는 아키 카우리스마키를 비롯한 세계적인 거장들이 만든 네 개의 이야기입니다. 포르투갈의 고도 구이마레에스를 배경으로, 아키 카우리스마키는 한산하기만 한 어느 식당과 주인을 통해 조용하고 무표정하게 흘러가는 내러티브를, 페드로 코스타는 혁명에 실패한 후 미쳐버린 군인의 이야기를, 빅토르 에리세는 과거의 명성이 퇴색한 폐허 같은 공장을, 마누엘 데 올레베이라는 구이마레에스의 관광 가이드를 따라갑니다.

아키 카우리스마키 감독의 영화를 보는 방법은 첫 번째 '묻지도 따지지도 말 것'입니다. 그러나 그게 쉽진 않을 겁니다. "그의 영화가 없었다면 신이 사라진 이 세상에서 나는 결코 살아남을 수 없었을 것이다. 그래서 나는 죽을 때까지, 그리고 죽은 이후에도 그에게 감사할 것이다."라고 할 정도로 로베르 브레송을 존경한다고 한 아키 카우리스마키. 그의 영화의 공통점은 음악과 담배, 그리고 페르소나처럼 등장하는 배우, 카티 오우티넨과 마티 펠론파입니다.

핀란드를 대표하는 인물은 뭐니 뭐니 해도 건축가 알바 알토와 영화감독 아키 카우리스마키가 아닐까요? 알바 알토의 북유럽식 모더니즘 건축이 핀란드 자연에서 영감을 얻었다면 아키 카우리스마키의 '블랙 코미디' 역시 북유럽과 핀란드식의 유머에 영향이 있을 겁니다.

만약   6장
건물이 말을

한다면

한국
전통건축의
아름다움: 취화선

단원 김홍도와 혜원 신윤복을 두고 "너희만 원(園)이냐? 나(吾)도 원이다."라고 해서 지어졌다는 장승업(1843~1897)의 호 오원, 장승업은 18세기의 화원 김홍도와 신윤복과 더불어 조선을 대표하는 천재화가 삼원이 됩니다.

오원의 거침없는 붓놀림으로 시작하는 〈취화선〉의 첫 장면, 그리고 한참을 지나서 정적을 깨는 한마디 "술." 양반들의 탄성과 야유를 뒤로하고 저잣거리로 사라지는 오원과 함께 카메라는 골목길, 처마와 기와지붕, 멀리 인왕산까지 조감하며 그의 이야기가 시작됩니다.

눈 내리는 구한말의 종로, 어느 골목 안, 질척거리는 진흙 바닥에 쓰러져 맞고 있는 거지(어린 장승업)를 구해주는 김병문(안성기 분)은 평생 오원의 정신적 지주이자 삶의 스승이 됩니다. 그는 이상적(김정희의 제자)의 사위인 역관 이응헌에게 오원을 소개하고, 또 역관 신분으로 청나라를 왕래하면서 그림을 수집해온 이응헌도 오원의 재능을 알아보고 혜산 유숙에게 그를 맡김으로써, 오원은 결국 유숙의 문하생이 됩니다.

이후 오원의 인생은 자신을 대표하는 술, 여자, 방랑, 예술처럼 기

조선 후기 서울의 풍경(1908). 대로에서
한 켜 물러선 좁은 골목이 피맛길 ©Wikimedia Commons

생 진홍과 매향, 그림과 정체성, 그리고 기울어가는 구한말 정세 속
여러 가지 사건과 뒤범벅이 되면서 내러티브가 전개되죠.

　오원에게 그림을 부탁하러 온《한성신문》의 일본인 기자와 오원의
대화 장면을 살펴봅니다. 밝은 거지들의 각설이 타령이 시장의 분주
함을 더하고, 카메라 숏은 한옥의 안팎을 오갑니다. 오원의 정면에서
뒤로 보이는 담장과 담장 너머의 시장 풍경을 담아낸 숏(실외), 일본
인 기자를 정면에 놓고 그 뒤로 열린 문들이 겹겹이 표현된 숏(실
내)이 '중첩된 공간'을 만들어냅니다. 열린 문이 마치 액자 프레임처
럼 작은 화면을 만들고, 화면 안에는 공간과 그 너머의 공간이 담기
는 방식입니다. 너머의 공간에는 또 다른 작은 프레임이 있고 프레
임 안에 공간이 다시 담깁니다.

양반들이 지켜보는 가운데
거침없는 붓놀림을 시전하는 오원
장승업, 〈취화선〉 중에서

아산 건재고택 사랑채에서의 차경
ⓒ문화재청 국가문화유산포털

　오원이 이응헌의 집에서 머물 때, 이응헌의 여동생 소운을 흠모하며 창호 밖 담장 너머로 바라볼 때도 이렇게 중첩된 공간의 표현이 반복됩니다. 이는 우리 전통건축의 중요한 특징이기도 한데 방문과 마루가 연결되고, 다시 방문을 열면 또 다른 방이 나오는 식으로 전통공간의 연속성을 말합니다.

　첩첩이 이어지는 공간의 깊이는 대개 외부 공간, 즉 우리의 전통 마당이나 자연과 연결되어 특별히 차경(借景)이라는 용어를 사용합니다. 차경은 경치를 빌린다는 뜻인데 창호, 혹은 담장과 처마 같은 건축적 요소를 이용해 자연의 풍광을 담는 것을 말합니다. 창틀이 그림 액자와 같은 역할을 해서 풍경이 액자 안의 그림처럼 느껴지는 효과죠. 이것은 영화 〈취화선〉의 카메라 미학이 되고 우리 전통적 공간의 신비스러움을 드러냅니다. 그런데 오원이 그림 그리는 모습을 담은 장면에서 카메라의 높이는 좌식의 눈높이보다 약간 높게 설정되어 있어 본래의 전통 공간이 갖는 편안함과 다소 다르게 느껴집니다.

오원의 젊은 시절을 담은 이응헌의 저택 장면은 충남 아산 외암리 민속마을의 건재고택에서 촬영되었습니다. 오원과 비슷한 시기를 산 건재의 집에서 〈취화선〉을 찍은 것은 의도된 것인지 우연인지 모르겠습니다. '정원 100선'에 선정될 만큼 아름답다는 건재고택의 정원이 여러 영화 장면에 자주 등장하는데, 우리의 전통적인 조경은 아닙니다. 가옥의 마당은 잔디나 조경으로 채우기보다 백토를 깔아두고 집의 뒤쪽이나 주변을 꾸밉니다.

"푸른빛은 쪽물에서 나오지만 그 쪽물보다 더 아름다운 법이지."
"그렇지만 푸른빛은 쪽물이 없으면 나올 수 없어."
"너 역시 앞으로 이어질 이 땅의 후학들을 위해 쪽물 역할을 하거라."

유숙 선생이 머름에 팔을 기댄 채 석고대죄하는 오원을 향한 대사입니다. 전통건축의 머름은 창호문 아래 설치된 높은 문지방으로, 출입을 위한 문에는 설치하지 않습니다. 높이가 30~45센티미터 정도인데 사람이 팔을 걸쳤을 때 가장 편안하게 느끼는 높이입니다. 머름의 어원을 보면 재미있습니다. 하나는 뜻을 따고 하나는 소리를 따서, 즉 '멀' 원(遠)과 소리 '음'(音)이 합쳐진 멀음이 머름이 된 것입니다. 추녀 또한 봄 '춘'(春)에 '혀' 설(舌)이죠. 그러고 보니 봄날에 내민 혀 같지 않나요?

〈취화선〉은 아산 외암리 건재고택 외에도 강진의 영랑생가와 순천 선암사, 안동 병산서원, 경주 양동마을, 서울 창덕궁 부용지까지 전통건축에선 빠지지 않는 명소에서 촬영되었습니다. 눈 내리는 차디찬 바다 펄에서 오원이 엎드려 통곡하는 장면에는 〈서편제〉와 〈천년학〉을 잇는 임권택 감독만의 내공이 담겨있죠.

〈취화선〉 뒷이야기의 백미는 당시 MBC 미술감독이던 주병도 감독이 만든 양수리 종합영화촬영소입니다. 촬영소 초입의 주막에서는 오원의 취한 모습이 보이는 듯하고, 매향을 만난 기생촌과 각종 약전, 옹기전, 지물전 등은 영화의 장면 장면을 재현하는 듯합니다. 오원이 양반 행차도 모른 채 멍하니 서있다 죽도록 얻어맞은 길 뒤편엔 민초들의 피맛길도 보입니다. 그러니까 이 피맛길은 고관들의 말이나 가마 행차를 피해 다니던 길이죠. 먹거리 골목으로 유명해진 서울 종로 익선동의 피맛길도 같은 유래입니다.

〈취화선〉의 시나리오는 도올 김용옥이 썼다고 알려져 있습니다. 〈취화선〉의 홈페이지가 먹을 적신 붓놀림이 생동감 있게 드러나 너무 아름다웠는데 지금은 사라졌습니다. 대신 테 웨이 감독이 만든 잔잔한 애니메이션 〈목적〉(牧笛, 1968)에 한번 취해봄직 합니다.

〈취화선〉을 통해 전통건축 한옥에 대해 살펴보았으니, 한옥에 관련된 에피스도 하나로 이야기를 맺으려 합니다. 언젠가 어떤 영화감독으로부터 우리나라의 전통 한옥은 장애인이 살기에 너무 불편하지 않냐는 질문을 받은 적이 있습니다. 최근 들어 장애인 시설이 잘 갖추어진 건물이 많아졌는데, 이것은 점자블록부터 출입구 경사로, 장애인용 화장실, 승강기의 버튼까지, 누구의 도움 없이도 장애인이

동궐도에 표현된 창덕궁 돈화문의 월대
©(Wikimedia Commons)

혼자 생활해 나가는 데 불편함이 개선되었다는 뜻입니다.

　외국인들의 삶은 기본적인 원칙이 독립입니다. 그게 장애인이든 건강한 사람이든, 고등학생 정도 되면 자식조차 완전한 독립을 이루니까요. 장애인조차도 그렇게 혼자 살아 나갈 수 있도록 고려하는 게 서양 문화의 본질입니다. 그러나 우리나라는 예로부터 가족 중에 장애인이 생기면, 기본적으로 나머지 가족 모두가 평생 그 사람을 돌보면서 살았습니다. 오천년 넘게 경험을 토대로 발전되어 온 한옥이 외국처럼 독립적인 삶을 원칙으로 만들어졌다면, 분명 한옥도 장애인들이 편리하게 이용할 수 있도록 진화했을 겁니다.

　1907년, 순종은 즉위 후에 창덕궁으로 거처를 옮기고 고종은 계속 덕수궁에 머무릅니다. 자동차를 이용해 아버지 고종에게 매일 문안을 다니던 순종에게, 혹은 내정간섭으로 여념없이 창덕궁을 드나드는 일본인들에게 돈화문 앞 계단과 월대는 불편했을 겁니다. 결국 돈화문 월대는 아스팔트로 뒤덮이고 말죠. 1996년 12월이 되어서야 다시 예전의 모습으로 복원됩니다.

철거냐,
보존이냐:
나카긴 캡슐 타워

'근대 건축물 철거'는 잊을만하면 등장하는 단골손님 같습니다. 일제강점기 때 건축된 조선총독부 건물은 철거하기 전에 국립중앙박물관으로 사용되었는데 이 건물의 철거를 두고는 꽤나 시끄러웠습니다. 결국 1995년에 역사 속으로 사라졌습니다. 조선의 정궁인 경복궁 앞을 막고 서서 인왕산의 맥을 막고 있는 일본의 잔재물을 어찌 철거하지 않을 수 있느냐는 주장이야말로 전 국민이 공감했지만, 같은 일제 시대에 지어진 서울 한국은행 본관이나 옛 서울역사는 대한민국의 사적이 되었죠. 동북아시아에서도 조선총독부보다 훨씬 더 건축적 가치를 갖는 건물은 찾기 어려웠습니다. 사실 화신백화점과 경기도청, 부산세관, 동양척식주식회사, 경성우편국 등 이미 철거된 수많은 근대건축물을 기억조차 할 수 없습니다. 건물의 문화적 가치란 판단하기가 쉽지 않습니다.

철거 및 보존에 대한 논란은 일본에서도 다르지 않습니다. 도쿄를 여행해 본 사람이라면 한 번쯤 보았을 '나카긴 캡슐타워'도 2022년에 철거되어 이제는 볼 수가 없습니다. 구로카와 기쇼의 작품으로 일

수많은 논쟁 끝에 2022년 철거된
기쇼 구로카와의 나카긴 캡슐 타워 ©Jonathan Lin(Flickr)

본 메타볼리즘(Metabolism)을 대표하는 이 건물을 두고 수많은 논쟁이 있었는데 다큐 〈나카긴 캡슐 타워〉(2010)에서 그 일부를 확인할 수 있죠. 그 어느 것도 옳다고 또 틀리다고 하긴 쉽지 않습니다.

　메타볼리즘은 생물이 신진대사를 반복하며 성장해 가는 것처럼 건축이나 도시도 유기적으로 변화할 수 있도록 디자인되어야 한다는 일본의 건축 사조입니다. 일본의 메타볼리즘은 제2차 세계대전 이후 1960년대부터 고도 경제 성장기까지의 장대한 미래도시를 그리는 많은 건축적 실험을 실현시켰습니다.

일본은 최소 50년이 지난 건물이어야 보존에 대한 암묵적인 가치가 인정된다고 합니다. 반대로 말하면 그마마한 가치가 있었으니까 50년 이상을 견뎠다는 뜻이죠. 나카긴 캡슐 타워는 1972년에 준공되어 2022년에 철거되었으니, 만 50년이 되기 바로 직전에 철거된 셈입니다. 일본 모더니즘을 대표한다는 이 건물이 왜 그런 운명을 맞은 걸까요?

이 타워의 기본 개념은 4미터×2.5미터 크기의 캡슐들을 독립적으로 구성하여 필요에 따라 언제든지 교체하는 것이었습니다. 그런데 승강기와 계단 등 수직 코어에 연결된 캡슐은 기술적으로는 교체가 가능하지만 비용이 만만치 않습니다. 단위면적이 10제곱미터밖에 되지 않으니 체감상으로는 훨씬 더 크겠죠. 사실 캡슐을 완전히 교체한 적은 없습니다.

다큐는 이소자키 아라타나 이토 도요 등 일본의 건축가들, 당시이 건물을 설계할 때 직간접적으로 참여한 사람들, 그리고 실제 이 건축물에 거주하는 사용자들이 등장해 그들 나름대로 각각의 이유를 들며 보존과 철거에 대한 지지 의사를 밝힙니다. 수선이나 유지관리가 거의 이루어지지 않았던 나카긴 타워는 끝없는 하자 투성이였습니다. 리노베이션과 신축을 두고 입주자협의회는 전문가 자문을 받습니다. 신축은 리노베이션과 비슷한 비용으로 건축 가능한 면적이 2배로 늘어난다는 의견을 듣죠.

훨씬 이전에 철거된 다카마츠 신의 기린타워, 곧 철거예정인 단게 겐조의 가가와 현립체육관 등 일본도 철거와 보존 논란은 도코모모(Docomomo)와 같이 보존을 위해 힘쓰는 소수만의 목소리인가 봅니다. 비단 철거와 보존 논란은 건축물에만 있는 것이 아닙니다. 도심 지역을 재개발하는 경우에 이를 강행하려는 지자체와 저지하려는

메디아테크 건설에 대해 시장과
토론을 펼치는 10세의 소녀 ⓒLes Films du Losange

주민들 사이의 실력행사로 번지는 경우가 많습니다. 여기에는 당연히 정치적 이권이나 경제적인 셈 등이 바탕에 깔려 있죠. 영화〈나무, 시장, 메디아테크〉(1993)는 프랑스의 한 교외 지역의 개발을 둘러싼 이야기인데 철거나 보존, 논란 등의 단어가 주는 선입견과 달리 아주 편안하고 차분하게 흘러갑니다.

국회의원 선거에서 낙선한 시장 줄리앙 드숌은 방데 마을의 활성화를 위해 수영장과 도서관이 포함된 메디아테크를 기획합니다. 초등학교 교사인 마크 로시뇰은 메디아테크 계획에는 반대하지만 정치에 관여하거나 의견을 펼치는 면에선 극히 소극적입니다. 토론도 좋아하고 정치에도 관심이 많은 마크의 10살짜리 딸 조에가 오히려 시장과 적극적인 토론을 펼칩니다.

사실 줄리앙 드숌 시장도 생태주의자의 편에 서있지만 정치적인 배경, 즉 유권자들의 표 때문에 개발을 주장할 뿐입니다. 특히 시장의 애인인 소설가 베레니스 보리바주와 함께 펼쳐지는 도시와 시골에 대한 논쟁은 건축가뿐만이 아니라 모든 시민이 눈여겨 볼 필요가 있습니다. 특히 영화는 마크 로시뇰 선생이 학생들에게 조건법 종속절에 대해 가르치는 과정을 중심으로 전개되는데, 구성 또한 If 라는 가정으로 시작하는 7개의 장으로 이루어져 형식적인 재미를 더합니다. 여기에 장소 보존과 개발에 대한 공감이 영화를 지루하지 않게 이끌고 갑니다.

이 영화〈나무, 시장, 메디아테크〉는 파리를 너무도 사랑하는 감독 에릭 로메르의 작품입니다. 그의 영화를 보면 왠지 파리를 다 알 것만 같죠. 뉴욕, 특히 맨해튼의 우디 앨런처럼 장소가 무엇인지를 아는 감독 에릭 로메르의 영화는 파리를 알기 위해 그의 영화를 본다는 말이 더 적확할 것 같습니다.

만약 건물이
말을 한다면:
문화의 전당

빔 벤더스를 포함한 여섯 명의 감독이 참여한 영화인 〈문화의 전당〉은 '만약 건물이 말을 한다면'을 부제로 하고 있습니다. 건물이 말하는 여섯 개의 이야기를 감독 각자의 시각과 느낌으로 전달합니다. 다른 나라, 다른 건물, 다른 감독, 용도 역시 모두 다르죠. 영화 속 건물이 말을 건네고 우린 듣기만 할 뿐입니다.

본래 이 영화는 3D로 제작되었습니다. 어쩌면 건축의 공간감이 그대로 전달될 수 있는 가장 이상적인 형태가 3D 영화가 아닐까 생각합니다. 3D 영화로는 2013년에 〈3×3D〉가 먼저 상영되었는데, 포르투갈의 기마랑이스가 2012년 유럽 문화도시로 선정된 것을 기념해 만들어졌습니다. 3명의 거장 피터 그리너웨이, 장 뤽 고다르, 에드가 페라가 옴니버스 형식으로 참여했고, 감독들은 각자의 시각으로 도시 기마랑이스를 해석합니다.

영화 〈문화의 전당〉은 빔 벤더스의 기획으로 만들어졌는데 공간의 심리학적인 면에 주목합니다. 사람이 만들어낸 공간은 그 공간에 의해 사람이 다시 영향을 받곤 하죠.

한스 샤루운의 대표작 베를린 필하모닉
©Karen Mardahl(Flickr)

만약 건물이 말을 한다면

빔 벤더스 감독이 보여주는 '베를린 필하모닉'은 건축가 한스 샤루운의 대표작으로 지금까지도 아름다운 디자인을 자랑합니다. 독일이 통일되기 이전, 동서독의 분기점에 서 있는데 1956년 현상설계를 통해 1963년에 완공되었습니다. 헤르베르트 폰 카라얀 등 세계적인 지휘자들이 거쳐 간 이 건물은 연주자와 지휘자의 자리가 독특하게 건물의 중앙에 배치되어 있습니다. 카라얀, 그는 당시 독일 최연소 음악 총감독이었으며 나치 당원이었습니다.

미카엘 글라보거 감독의 '러시아 국립도서관'은 무려 1795년에 설립되어 격동의 역사를 간직해온 건물입니다. 톨스토이, 도스토옙스키 등 러시아 문학의 산실이기도 하죠. 영화 속 러시아 국립도서관이 말하는 대사가 장편소설《죄와 벌》과 같은 문학작품의 내용들로 이루어져 있습니다.

마이클 매드슨 감독이 작업한 노르웨이 '할덴 교도소'는 세계에서 가장 호화로운 감옥으로 알려져 있습니다. 담장 안 수감자들의 생활은 어떨까요? 수감자들의 생활과 건물 자신의 역할을 담담히 이야기합니다. 세계에서 재범률이 가장 낮은 교도소라니, 건축적인 역할을 확인해야 할 필요가 있겠습니다.

영화 〈스팅〉의 대표 스타 로버트 레드포드가 메가폰을 잡은 '소크 연구소'는 두 말이 필요 없는 루이스 칸의 작품입니다. 어떻게 이 연구소 한 건물에서만 여섯 명의 노벨상이 배출될 수 있었을까요? 칸의 작품은 늘 어떤 상념에 사로잡히게 만드는데 27분이라는 이 짧은 다큐에서도 마찬가지입니다.

'오슬로 오페라하우스'는 마가레트 올린 감독이 맡았는데, 건물은 노르웨이 수도 오슬로에서 피오르가 바라보이는 해안가에 하얀 빙하의 모습으로 서있습니다. 노르웨이 국립오페라단과 발레단의 근

루이스 칸의 소크 연구소 ©Naquib Hossain(Flickr)

스뇌헤타의 오슬로 오페라하우스 ©Jorge
Lascar(Flickr)

거지로 그들의 아름다운 춤의 선율과 소망이 건축의 기억과 내면 속에 함께 표현됩니다.

카림 아이누즈 감독이 그리는 프랑스의 자존심 '퐁피두 센터'는 국제현상설계에서 당선된 건축가 렌조 피아노와 리처드 로저스가 퐁피두 대통령의 꿈과 소망을 이룬 건물입니다. 이 건물은 공장, 플랜트 같은 외관 때문에 개관 전부터 비난과 조소의 대상이었죠. 지금은 퐁피두 센터 없는 파리를 상상할 수 없습니다. 오히려 파리의 대표적인 아이덴티티가 아닐까요?

건축을 학문적으로 연구하려면 여러 분야를 공부해야 하겠지만 〈문화의 전당〉처럼 다양한 건축물을 살펴보면서 비교적 쉽게 건축에 대한 식견을 넓힐 수도 있습니다. 건축물에 대한 영화를 많이 제작하는 일라 베카와 루이즈 르무안 감독의 영화들을 주목해 볼 필요가 있죠. 이들과 달리 아무런 설명 없이 건축물 자체만을 담담하게 전달하는 하인츠 에미히홀츠 감독의 작품도 좋은 건축영화입니다. 대부분이 건물 이름이나 위치 등 간단한 정보만을 자막으로 제공하므로 건물에 대한 느낌이나 평가는 모두 보는 사람의 몫이죠. 경우에 따라 이 같은 영화가 더 많은 해석과 느낌을 전달합니다. 그의 작품 중 〈두 개의 대성당〉(2018)과 〈스트리트 스케이프(대화)〉(2017)는 2018년 전주 국제영화제에서 상영된 적이 있습니다.

만약 〈베를린 천사의 시〉(1987)를 보지 않았다면 한 번은 꼭 보길 권합니다. 이 선물을 포기하는 것은 일종의 직무유기에 해당합니다. LA 비평가협회상(촬영상, 외국어영화상, 1988), 뉴욕 비평가협회상(촬영상, 1988), 유럽 영화상(유러피안 감독상, 올해의 남우조연상, 1988), 칸영화제 감독상(1987) 등의 수상 경력이 작품성을 보증합니다.

천사인 다미엘과 카시엘은 베를린 상공에서 지나는 모든 사람들의 생각과 대화를 듣습니다. 이내 이들은 건축가 한스 샤루운(1893~1972)이 설계한 베를린 국립도서관에 머뭅니다. 맞은편 '베를린 필하모닉'도 한스 샤루운의 작품이죠.

그런데 천사들이 모이는 장소로 왜 도서관을 설정했을까요? 천사들은 고통받는 영혼들에게 힘을 줄 뿐 그들의 삶에 개입할 순 없습니다. 천사들의 눈에는 더없이 약한 인간들이지만, 인간의 지성을 표상하는 곳으로서 도서관을 가장 신성하게 여겼기 때문이 아닐까요?

천사 다미엘은 인간인 여인 마리온 곁을 맴돕니다. 서커스단의 공중곡예사인 마리온은 늘 공연 중 추락할까 봐 두려워하죠. 고독과 실직, 인생살이 모두를 두려워합니다. 영화에서 '공중'은 건축에서의 중력과 마찬가지로 '불안'을 상징합니다. 천사 카시엘은 도서관에 남아 전쟁의 기억을 더듬는 노인과 동행합니다. 노인은 포츠담 광장을 찾습니다. 마찬가지로 노인은 기억을 상징하죠.

한스 샤루운의 베를린 국립 도서관 내부
©Jorge Franganillo(Flickr)

흑백 스크린이 컬러로 바뀔 때, 비로소 관객은
감독의 의도를 가늠해 볼 수 있습니다. 천사들의
세상은 흑백, 인간 세상은 컬러. 마리온이 공중곡
예를 연습할 때 처음으로 화면이 컬러로 바뀌는데
천사 다미엘이 인간의 마음을 품었기 때문입니다.

다시 다미엘은 영화 촬영차 독일을 찾은 형사
콜롬보와 마주하죠. 콜롬보가 다미엘에게 손을 내
밀어 악수를 청합니다. 천사 다미엘의 존재를 느낄
수 있다면서요. 그리곤 말하죠. 추울 때 손을 비비
면 몸이 따뜻해지고, 아침에 커피를 한 잔 마시면
더할 나위 없이 기쁘고, 연필로 그림을 그리는 행
복감이 얼마나 큰지를 알게 되었다고요. 다미엘은
손을 잡습니다. 형사 콜롬보는 나중에 카시엘에게
도 손을 내밀지만 그는 거절합니다.

결국 다미엘은 카시엘의 만류에도 불구하고 천
사의 직분을 버리고 사람이 됩니다. 한시적인 생명
을 가진 사람, 희로애락과 함께 늘 불안한 삶을 영
위해야 하는 사람이 되기로 한 거죠. 그러고는 마
리온에게 달려갑니다. 이때 영화는 흑백에서 완전
한 컬러로 전환됩니다. 흑백과 컬러의 대비, 이러
한 극적인 대비는 건축에서도 중요한 반전의 기법
입니다.

인간 세상을 내려다 보는
천사 다니엘, 〈베를린 천사의 시〉, 포스터

영화는 로드 무비처럼 도시의 곳곳을 다니는데 독일이 통일되기 전이라 베를린 장벽이 늘 등장합니다. 천사들과 인물들은 페터 한트케의 시 '아이의 노래'(Lied Vom Kindsein)를 자주 외웁니다.

아이가 아이였을 때 팔을 휘저으며 다녔다.

시냇물은 하천이 되고 하천은 강이 되고 강도 바다가 된다고 생각했다.

아이가 아이였을 때 자신이 아이라는 걸 모르고 완벽한 인생을 살고 있다고 생각했다.

아이가 아이였을 때 세상에 대한 주관도 습관도 없었다.

책상다리를 하기도 하고 뛰어다니기도 하고 사진 찍을 때도 억지로 표정을 짓지 않았다.

아이가 아이였을 때 질문의 연속이었다.

왜 나는 나이고 네가 아닐까?

왜 나는 여기에 있고 저기에는 없을까?

시간은 언제 시작되었고 우주의 끝은 어디일까?

태양 아래 살고 있는 것이, 내가 보고 듣는 모든 것이 모였다 흩어지는 구름조각은 아닐까?

악마는 존재하는지, 악마인 사람이 정말 있는 것인지

내가 내가 되기 전에는 대체 무엇이었을까?

지금의 나는 어떻게 나일까?

과거엔 존재하지 않았고 미래에도 존재하지 않는, 다만 나일 뿐인데 그것이 나일 수 있을까?

— 〈베를린 천사의 시〉 중에서

〈베를린 천사의 시〉는 빔 벤더스와 페터 한트케가 함께 시나리오를 썼는데 원제가 '베를린의 하늘'(Der Himmel über Berlin)입니다. 그리고 '끝'이 아니라 '계속'으로 막을 내리는데 "모든 전직 천사들에게 바침. 특히 야스지로, 프랑소와, 안드레에게" 라고 합니다. 이 세 명은 분명 오즈 야스지로, 프랑수아 트뤼포, 안드레이 타르코프스키일 겁니다.

〈베를린 천사의 시〉 속편인 〈멀고도 가까운〉(19 93)는 전편과 마찬가지로, 인간의 삶을 선택한 천사들의 이야기입니다. 잔잔한 감동과 부드러운 충격으로 오래 각인되기는 전편과 다를 게 없습니다. 속편에 등장하는 또 다른 천사 에미트 프레스티(Emit Flesti)는 '시간'(Time Itself)을 거꾸로 한 이름이죠. 역시 인간과 천사의 세계를 오가며 깊이 관여하죠. 니콜라스 케이지, 멕 라이언 주연의 할리우드 영화 〈시티 오브 앤젤〉(1998)도 〈베를린 천사의 시〉를 리메이크한 작품입니다.

전쟁 전후에 독일 상황과 이데올로기가 중요한 축을 이루며 전개되는 이 영화는 천사들의 철학적인 대화, 복선에 복선을 거듭하는 복잡한 실타래가 하나둘 이야기 조각이 되어 완성됩니다. 잊고 산 듯한 무언가를 생각하게 된다면, 혹시 삶이 고단하고 힘겨워진다면 인간의 삶을 동경했던 천사들을 통해 인생을 조금 깊이 사유하는 시간이 되길 기대합니다.

인류의
문제를 해결하는
디자인

르코르뷔지에의 유니테 다비타시옹으로 시작하는 영화 〈바우하우스〉(2018)는 디자인, 건축, 도시를 진지하게 다룬 다큐멘터리입니다. 디자인이나 인체의 치수뿐 아니라 최소의 주택에서부터 도시계획까지 방대하고 다양한 내용을 다루고 있는데, 8개의 카테고리로 나뉘어 있습니다. 새로운 인물/ 신체 학습/ 공동체/ 집짓기 블록/ 주거공간/ 도시들/ 휴먼 스케일/ 참여 등.

2차 세계대전 이후 발터 그로피우스는 데사우의 퇴르텐 지역에 연립주택 단지를 짓습니다. 이틀에 한 동씩이죠. 대량생산을 위한 규격화, 표준화는 지금의 시각으로 볼 때 반복적인 형태로 인해 비인간적이고 따분하게 느껴집니다. 또 이를 꼬집는 사람들도 많습니다. 그러나 거주자의 견해는 단호하고 의미심장합니다. 상상할 수도 없이 저렴한 가격에, 전쟁 직후 얼마나 감사한 삶을 살았는지 모른다는 고백 때문입니다. 이런 말이 발터 그로피우스에 대한 세간의 비평을 일축합니다.

또한 에른스트 노이페르트가 '데사우 바우하우스'의 건설 감독일 뿐만 아니라 발터 그로피우스의 주택과 그의 작품 대부분에서 현장

세계적인 서체 헬베티카
©TORLEY(Flickr)

감독으로 일했다는 사실도 알 수 있습니다.

앞서 살펴 본 〈어바나이즈드〉의 감독 게리 허스트윗은 세 편의 디자인 영화를 만들었는데 〈헬베티카〉(2007), 〈오브젝티파이드〉(2009), 〈디터 람스〉(2018)이 있습니다. 그중 〈헬베티카〉는 우리가 눈 뜨고 잠자리에 들 때까지 얼마나 많은 글자들의 홍수 속에서 생활하고 있는지를 영화의 도입부에서부터 리얼하게 전합니다. 내용을 전달해야하는 게 글자의 본래 목적이지만, 이미 글자는 그 목적을 넘어 디자인의 한 분야로 자리 잡은 지 오래죠.

수공예를 상징하던 인쇄, 식자, 조판과 같은 단어는 어느덧 컴퓨터가 상당 부분을 대체합니다. 타이포그래피는 인쇄 매체를 떠나 도시의 커뮤니케이션이 되었고 기호학, 언어학, 수사학, 의미론의 범주까지 넓어졌습니다. 마이클 비럿, 폴라 샤허, 에릭 슈피커만 등 세계적인 디자이너 70여 명이 출연해 서체 헬베티카에 대한 이야기와 다양한 타이포그래피 디자인에 대해 나름대로의 의견을 밝힙니다.

〈오브젝티파이드〉(2009)는 산업디자인에 관한 다큐입니다. 알람시계, 샤워기, 빗, 칫솔, 수도꼭지, 냉장고, 그릇, 수저, 커피포트 같이 아침에 일어나 잠자리에 들 때까지 우리 일상에서 만나는 제품에는 기능적인 요구사항이 반영됩니다. 인체공학적인 편리성일 수도 있고 그렇지 않을 수도 있죠. 또한 대량생산과 연결되려면 광고, 유통, 이윤이라는 자본주의의 당연한 원칙과 충돌하기도 합니다.

아날로그 시대에서 디지털 시대로 넘어오면서 가장 주목하는 것은 지속가능성에 대한 관심입니다. 지속 가능성은 환경에 대한 책임일 뿐만 아니라 인류의 생존문제와 이어진다고 합니다. 그 점에서 수명이 짧은 제품은 일회용품과 다름 아니죠.

영화는 아이팟과 아이맥의 조너선 아이브를 비롯해 BMW의 크리스 뱅글, 브라운 사의 디터 람스, 헬라 용에리위스, 던 & 라비, 카림 라시드, IDEO, 마크 뉴슨, 부홀렉 형제에 이르기까지 당대 최고의 디자이너들이 총출연합니다.

"좋은 디자인은 혁신적이야 하고, 좋은 디자인은 실용적이야 하며, 좋은 디자인은 미학적이어야 합니다. 또 좋은 디자인은 제품을 제대로 설명할 수 있어야 하고, 좋은 디자인은 정직해야 하며 과하지 않고 겸손해야 합니다. 좋은 디자인은 오래가야 하고, 그 디테일이 한결같아야 하며 환경친화적이어야 합니다. 마지막으로 좋은 디자인은 조금 덜 디자인된 것입니다." ― 디터 람스의 십계명 중에서

게리 허스트윗의 다른 영화 〈디터 람스〉는 제목 그대로 디자인계의 독보적인 인물 디터 람스에 대한 다큐입니다. 그는 재스퍼 모리

슨, 후카사와 나오토 등 세계 최고의 디자이너들이 존경하는 디자이
너입니다. 디터 람스의 모토 'Less is Better'로 만들어진 미니멀리즘의
제품들을 보면 조너선 아이브의 고백처럼, 애플의 성공 밑바탕이 디
터 람스라고 판단할 수밖에 없습니다.

　'Less is Better'는 독일 건축가 미스 반 데어 로에의 'Less is More'에
서 따 온 것입니다. 워낙 유명하다 보니 이 말에 숟가락 하나씩 얹는
사람이 꽤 많은데, 미스 반 데어 로에를 조소라도 하듯 포스트 모더니
즘의 건축가 로버트 벤투리는 'Less is a bore'라고 했고, 렘 콜하스는
'More and more, more is more', 비야케 잉겔스는 'Yes is More'라는 말
을 남기기도 했습니다. 디터 람스의 디자인처럼 미스 반 데어 로에
의 바르셀로나 파빌리온도 아마 영원히 후세들 입에 오르내릴 겁니
다. '최소한의 표현'은 채우고 더해질 가능성이 많은 더할 나위 없이
세련된 표현이죠.

　비교적 최근 영화로 〈이너프 화이트 티컵스〉(2018)를 꼭 보시길
권합니다. 이 영화는 인덱스 프로젝트(덴마크의 비영리단체인 인덱

스(INDEX) 주관의 디자인 공모전)의 수상작과 그 주제들을 소개하는데, '하얀 찻잔은 이미 충분하다'(Enough White Tea Cups)는 영화 제목처럼 전 세계 사람들의 삶을 개선하기 위한 디자인과 디자인 프로세스를 장려합니다.

영화에서 소개하는 대표작으로, 해양정화장치(2015)는 매년 바다에 버려지는 140억 파운드의 쓰레기 문제를 해결하기 위해 자연스러운 해류의 흐름을 활용합니다. 새로운 주소 시스템 What3Words (2017)으로 주소가 없는 전세계의 40억 명은 출생 등록에서부터 은행계좌 개설, 사회보장제도와 전기/수도 신청이 가능해집니다.

그리고 출산 질식으로 사망하는 신생아와 산모의 목숨을 구하는 훈련용 키트 나탈리 컬렉션(2013), 바람을 이용한 지뢰제거 장치 마인 카폰(2013), 전기 없이도 혈액을 분리해내는 종이원심분리기 페이퍼퓨즈(2017), 인프라 열악한 지역에 드론을 이용한 의료품 공급 시스템 짚라인(2017) 등 이제 디자이너의 역할은 더 이상 찻잔을 디자인하는 데 머물러 있지 않습니다.

이 외에도 〈임스: 건축가와 화가〉(2011), 〈앱스트랙트: 디자인의 미학〉을 반드시 봐야 합니다. 〈앱스트랙트: 디자인의 미학〉 시즌 1은 크리스토프의 일러스트레이션, 팅커 햇필드의 신발 디자인, 에즈 데블린의 무대 디자인, 비야케 잉겔스의 건축, 랄프 질의 자동차 디자인, 폴라 셰어의 그래픽 디자인, 플라톤의 사진 촬영, 일세 크로퍼드의 인테리어 디자인이 소개되며, 시즌 2는 올라푸르 엘리아손의 세상을 보는 예술, 네리 옥스만의 자연을 품은 건축, 루스 카터의 의상디자인, 캐스 홀먼의 놀이가 되는 디자인, 이언 스폴터의 디지털 경험과 디자인, 조너선 헤플러 서체 디자인이 펼쳐집니다.

[I ♡ NY] 로고를 디자인한 밀튼 글레이저에 대한 〈Milton : To

Inform And Delight〉(2009), 캐스린 조 감독의 〈Typecast〉(2006), 인
테리어 디자이너이자 패션의 아이콘인 아이리스 아펠에 대한 다큐멘
터리, 앨버트 메이즐스 감독의 〈아이리스〉(2014), 스위스 서체 헬베
티카를 미국에 처음 소개하고 1970년대 뉴욕 지하철 사인물을 통합
시킨 디자이너 비그넬리 부부의 독창적인 예술과 디자인에 대한 이야
기 〈디자인 이즈 원: 더 비그넬리스〉(2012), 스위스 현대 사진 포스터
의 창시자 허버트 매터에 대한 다큐 〈허버트 매터의 비주얼 언어〉
(2010)가 더 있습니다.

비트라 뮤지엄에서 열렸던
찰스 & 레리 임스의 'The Power of Design'
전시회 ©Heinz Bunse(Flickr)

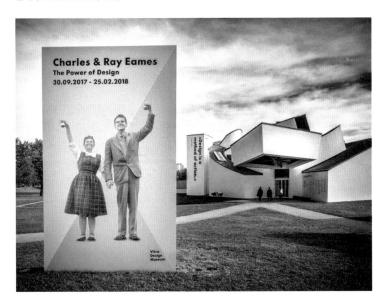

[쉬어가기] 건축사진의 미학

프랑스 파리에서 맛있는 빵, 그냥 맛이 있는 것이 아니라 진짜 진짜 맛있는 빵은 미국 뉴욕에서도 맛이 있을까요? 정말 맛있는 빵이라면 전세계 어디에서도 그 맛을 인정받을까요? 어떤 대상이 정말로 아름답다면 동서고금을 막론하고 모두 아름답다고 인정할까요? 미의 본질은 동일하다는 주장이 로저 스크루턴의 미학이고, 문화와 전통 등에 의해 그 아름다움은 장소에 따라 다를 수도 있다는 주장이 포스트모더니즘의 출발점입니다.

사진가의 카메라 파인더를 통해 본 건축물은 어떨까요? 건축 사진가 줄리어스 슐먼(1910~2009)에 대한 다큐멘터리가 있습니다. 바로 더스틴 호프먼이 내레이션을 맡은 〈비주얼 어쿠스틱스〉입니

다. 내놓으라 하는 건축가들, 루돌프 쉰들러, 리처드 노이트라, 프랭크 로이드 라이트, 존 로트너, 프랭크 게리 등 모두 줄리어스 슐먼과 떼어 놓을 수 없는 건축가들입니다. 그들의 작품은 어김없이 줄리어스 슐먼의 사진들로 빛이 나니까요. 줄리어스 슐먼이 건축가들의 작품을 더 빛나게 하고, 또 그들을 더 유명하게 만들었다는 것을 부정할 수 없습니다. 줄리어스 슐먼 역시도 건축가들로 인해 건축사진를 대표하는 사람이 된 것도 사실입니다.

실제 건축물보다 사진작가들의 사진이 훨씬 더 멋있다는 지적이 많습니다. 바꾸어 말하면 실제 건축물이 사진보다 못하다는 뜻이죠. 어쩌면 사진작가들로선 당연한 임무 아닐까요? 여기서 간과하지

건축 사진가 줄리어스 슐먼에 대한
다큐멘터리. 에릭 브리커 감독의 〈비주얼
어쿠어틱스〉, 포스터

말아야 할 것은 실제 멋있는 것보다 훨씬 더 멋있게 만드는 사진가의 시선입니다. 카우프만 하우스의 처마 선이 보여주는 아름다움을 포착한 줄리어스 슐먼은 화려하지 않고 정갈한 주택의 수평/수직 구도와 배경이 되는 산의 곡선이 어우러지도록 인물을 주변으로 밀어냅니다. 사진가들은 여러 개의 렌즈를 가지고 강조할 포인트를 더 강조하기 위해 싸웁니다. 빛과 그림자를 위해 시간과 싸우고 색감을 위해 계절과도 싸우며, 좋은 앵글을 찾기 위해 별의별 수단을 다 동원합니다.

영화는 프랭크 게리나 리카르도 레고레타 같은 건축가의 인터뷰뿐만 아니라, 패션 디자이너 톰 포드, 아카데미상을 수상한 촬영감독 단테 스피노

르코르뷔지에와 루시앙 에르베(1955)
©Wikimedia Commons

티, 영화배우 켈리 린치 등 여러 명사들도 직접 출연해 줄리어스 슐먼의 영향력에 대해 이야기합니다. 그의 작품집을 출간한 독일 출판사 타센의 편집진 및 경영진과의 협력 작업, 그리고 프랭크 게리 스튜디오의 면면도 볼 수 있죠.

또 한 명의 위대한 건축 사진가가 있습니다. "당신은 건축가의 영혼을 가졌소." 마르세유의 사무실에서 르코르뷔지에가 루시앙 에르베를 처음 만난 날, 루시앙 에르베가 찍은 650장의 사진을 본 후 한 말입니다. 1910년 헝가리에서 태어난 루시앙 에르베는 그 날 이후 르코르뷔지에의 전속 사진작가로 활동하게 됩니다. 르코르뷔지에가 세상을 떠난 후에는 마르셀 브로이어, 오스카 니에예메르, 발터 그로피우스, 리하르트 노이트라, 알바 알토 등의 세계적인 건축가들과 작업을 이어나갔죠.

두 사진가의 다큐는 우리에게 큰 숙제를 남겨놓습니다. 카메라 렌즈를 통해 표현해낸 줄리어스 슐먼과 루시앙 에르베의 건축은 실제보다 늘 더 멋지게 표현되어 있으니까요. 사진작가가 강조하고픈 요소를 파악해서 해석하고 평가하는 방법이 요구됩니다.

만약 건물이 말을 한다면

중국
근현대사의
비밀: 빌딩 173

《나의 문화유산 답사기》는 '아는 만큼 보인다'는 유명한 말을 남겼습니다. 이 말은 건축에도 해당됩니다. 귀를 기울여 그 역사를 들어보면 새로운 의미가 있음을 알게 됩니다. 파란만장한 역사를 겪어낸 건물의 역사성은 형태나 재료, 공간이 바뀌어 온 과정만을 이야기하지는 않습니다. 함께 그곳을 지켜온 사람들의 역사가 어쩌면 건물의 진정한 삶인지도 모르죠. 영화 〈빌딩 173〉(2009)을 통해 건축과 역사를 이해하는 방법을 들여다보기로 합니다.

"건물은 단순히 벽돌과 회반죽, 유리나 돌로 되어있는 바람막이가 아닙니다."

"건물은 인간의 역사이자 과거와 현재 세대의 비밀이 담긴 책입니다."

영화의 시작을 알리는 내레이션, 한 건물을 통해 중국 격변기의 75년 역사를 풀어나갑니다.

1930년대 상하이는 기회의 도시였습니다. 전 세계 기업가들이

〈빌딩 173〉의 포스터, 〈빌딩 173〉의
주요 무대가 되는 '코즈모폴리턴' 아파트(1934) ©C.H.Wong

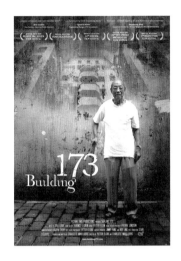

상하이로 모여들었고, 이들을 수용하기 위해 아파트 단지가 들어섭니다. 이 국제정착촌의 초호화 아파트가 '코즈모폴리턴'입니다.

린다 탄의 조모가 현재의 가치로 2,400만 달러를 들여 건축한 56세대 아파트는 가정부 영역이 따로 있고, 아르데코 형 가구에 유선 라디오도 설치된 당대 최고급 아파트죠. 탄 가족은 무려 600제곱미터의 펜트 하우스에 거주합니다. 하인 12명, 기사와 보디가드가 2명씩 4명, 더이상의 호화생활은 없는듯 합니다. 린다 여사와 그녀의 언니는 피아노를, 어머니는 마작을 하기도 하며, 영화를 보기도 합니다. 어떤 곳은 가끔 무도장으로 사용되기도 합니다. 옥상엔 큰 운동장이 있어 한쪽에선 축구, 한쪽에선 테니스를 즐겼습니다.

1930년대 상하이는 '동방의 파리'였지만 '아시아의 매춘굴'로도 불렸습니다. 코즈모폴리턴을 제외한 거리의 사람들은 모두 굶주렸습니다. 범죄조직이 거리를 지배하고, 아편 거래, 총기 밀수, 매춘, 납치 등을 주도했죠. 그 두목은 두위에성이고 그의 아들 로저두가 바로 린다 탄의 남편입니다.

지하조직이던 공산주의자들은 서민에게 나은 삶을 약속하고 마오쩌둥은 군사력을 늘려가고 있었습니다. 1937년 일본이 중국을 공격합니다. 외국인이 많았던 국제정착촌은 안전해서 중국인들이 많이 몰려들었죠. 1941년 12월 진주만 폭격 다음날, 일본군이 국제정착촌에 들이닥치고 외국인들을 수용소로 몰아넣었습니다. 14만여

1930년대 상하이의 도시 풍경
©(Wikimedia Commons)

명 중 3분의 1은 행방불명 되죠. 그래도 중국인보다는 형편이 훨씬 나은 편입니다. 2차 대전이 끝날 무렵, 중국인 사망자는 1천만 명에 달했으니까요.

코즈모폴리턴 아파트는 2차 세계대전 후 다시 생기를 되찾습니다. 다양한 국적의 사람들이 입주를 했으니까요. 그러나 바깥 상황은 아직 혼란스럽습니다. 물가상승은 통제가 불가능했죠. 공산당이 입지를 넓혀가고, 탄씨 가족은 공산당이 상하이로 진격한다는 소식에 가족 모두 홍콩으로 피신합니다. 이때도 이들은 60만 달러짜리 전용기를 사서 떠납니다. 하루아침에 상하이와 중국이 마오쩌둥의 공산당 손에 들어갑니다. 이후 노동자계급은 대우를 받게 되며 공장엔 노조가 생겨 쉽게 해고당하지 않게 됩니다.

1949년 겨울, 공산당은 모든 외국회사를 압류하겠다고 공표합니다. 남아있던 외국인들은 모두 중국을 떠나게 되죠. 이후 코즈모폴리턴 아파트에는 노동자 계급이 입주하는데 높은 세를 받는 게 금지되고, 한때는 공무원 숙소로 이용되기도 합니다. 린다 탄의 아버지는 홍콩에서 네 번째 결혼을 하지만, 공산당은 일부다처를 금지합니다. 1957년 체포되어 15년형 선고받고 탄의 언니도 체포되어 무기한 노동 형을 선고받습니다.

혁명 직후 공산당은 숙청해야 하는 악인을 여섯 부류로 나눕니다. 지주, 부농, 반혁명분자, 불순분자, 우파, 범죄자. 맘에 들지 않으면 공무원도 가차 없이 죽이는 시대였습니다. 어느 정도 정리를 끝냈다고 생각한 마오쩌둥은 대약진 운동을 펼치며 중국을 순수한 사회주의 국가로의 변화를 시도합니다. 그러나 대규모 집단농장과 구 소련식 농업정책이 실패하고 1960년에서 1961년 사이에 기근으로 2천만 명의 인구가 사망합니다.

1966년 여름, 문화대혁명이 시작됩니다. 이때 코즈모폴리턴 아파트는 '빌딩 173'으로 개명하며 집은 3~4개의 작은 집으로 나뉩니다. 빌딩 173의 정문 계단에 자본주의자를 세워놓고 교화라는 명분으로 성토대회가 열리는 등 상황은 점차 폭력적으로 변질되어 갑니다. 남자는 부인을 버리고 자식은 부모를 버리는 때였죠. 이전에도 결혼 문제로 살인사건을 경험했던 코즈모폴리턴 아파트, 빌딩 173으로 개명한 후에도 3명의 자살사건이 발행합니다. 교화라는 명분으로 괴롭힘을 당했기 때문입니다.

1976년 마오쩌둥이 사망하고 문화대혁명과 대약진 운동 모두 실패로 끝이 납니다. 1977년 마오쩌둥의 후계자 덩샤오핑이 권력을 잡으며 문화대혁명의 상처를 치유하기 시작하죠. 경제개혁, 일자리 창출, 정치범 복권 등이 그것입니다. 이때 탄징(린다 탄 아버지)이 중국으로 돌아오고, 문호개방에 따라 외국인들도 돌아옵니다.

지금은 빌딩 173만큼 집세가 싼 곳도 없다는군요. 50년 이후 세를 올린 적이 없기 때문입니다. 은퇴한 유명 배우처럼 화려한 과거 시절이 있었는지는 그 누구도 기억해주지 않은 빌딩 173, 초호화 아파트에서 싸구려 아파트로 몰락한 채 초라한 모습으로 서있습니다. 그런 몰락 자체가 건물에 녹아든 역사이며, 역사는 이곳에 사는 가난한 세입자들을 통해 구전됩니다.

흑백사진의 입체감을 살리고 애니메이션을 장면에 더해 역사 속에서 건물과 사람의 관계를 흥미롭게 표현한 다큐 〈빌딩 173〉입니다. 우리나라도 더 늦기 전에 챙겨야 할 건축기록이 많이 남아있습니다.

시대의 유행,
건축운동과
예술사조

건축도 시대가 변하면서 여러 가지 흐름이나 하나의 운동이 유행처럼 번지기도 합니다. 〈건축가의 배〉에서는 18세기 프랑스 건축가 루이 불레를 통해 신고전주의라는 역사적 흐름을 보았습니다. 피에트 몬드리안으로 유명한 데스틸 영화를 하나 소개합니다. 〈비인간〉 (1923)은 마르셀 레르비에 감독 말고도 로버트 말레 스테뱅스, 피에르 샤로우, 페르낭 레제 등이 제작에 관여한 영화입니다.

피카소, 브라크와 함께 입체파 화가로 알려져 있는 페르낭 레제는 이 영화의 실험실 세트를 디자인함으로써 자신의 성향을 유감없이 표현합니다. 〈비인간〉이 제작된 다음해에는 M. 레이와 협력해 직접 〈발레 메카닉〉이라는 19분짜리 단편을 제작하죠. 그는 르코르뷔지에와 교분이 깊었고, 특히 르코르뷔지에와 거의 평생을 같이한 가구 디자이너 샤를로트 페리앙과도 여러 번 협력관계를 유지합니다.

로버트 말레 스테뱅스는 1920~30년대 프랑스에서 활동한 실험적인 건축가로서 이 영화의 전체적인 건축 디자인을 맡았습니다. 르코르뷔지에의 에스프리 누보관으로 유명한 1925년 파리의 국제산업장식

로버트 말레 스테뱅스의 노아유 별장 ©Fred
Romero(Flickr)

피에르 샤로우의 유리의 집 ©August
Fischer(Flickr)

미술박람회에서 관광안내소를 설계하여, K. C. 멜니코프의 소련 파빌리온과 더불어 혁신적인 경향을 견지한 건축가로 자리매김합니다. 이 박람회를 통해 '아르데코'와 '에스프리 누보'라는 용어가 고유명사로 자리를 잡게 되죠. 그의 대표작인 노아유 별장(1923)은 1929년 맨 래이 감독의 〈주사위 성의 신비〉에서 배경으로 사용되었습니다.

　마지막으로, 영화에서 가구를 담당했던 피에르 샤로우 역시 프랑스 건축가이자, 인테리어 및 가구 디자이너입니다. CIAM(현대건축 국제회의) 창립 멤버 중의 한 사람이며, 그의 대표작 유리의 집(1932)은 철골을 사용한 건식 구조로 혁신성을 높게 평가받습니다. 1927년 1, 2층이 호텔로 이용되던 3층짜리 건물을 달자스 박사가 구입해 주택으로 개조하는 데까지 4년이 걸립니다. 여기엔 에피소드가 하나 있답니다. 공사 중, 달자스 부인은 매일 저녁 검은 외투를 입은 사람이 스케치를 하고 간다는 보고를 받는데, 그 사람은 코르뷔지에로 판명되었습니다. 그 후 코르뷔지에의 작품(클라르테나 포르트 몰리토르 집합주택)에서 그 유사성이 발견되죠.

　1917년 피에트 몬드리안, J. J. P. 오우트와 함께 데스틸 운동을 창립한 테오 반 두스부르흐는 1923년 파리에서 전시회를 갖습니다. 비대칭성, 경계의 상호관입 등으로 표현되는 데스틸은 엑소노메트릭과 빨강, 파랑, 노랑 색채로 르코르뷔지에를 매료시켰죠. 1930년 두스부르흐는 무든에 자신의 집을 건축하고, 공동 스튜디오(피에르 샤로우와 공동 작업)로 사용합니다. 이곳에 설치된 회전문 역시 르코르뷔지에를 사로잡았고, 이후 그의 여러 작품에서 영향을 엿볼 수 있습니다. 마르셀 레르비에 감독을 제외한 말레 스테뱅스, 피에르 샤로우, 페르낭 레제 모두는 영화가 제작된 1923년경 르코르뷔지에와의 친분 관계를 유지했던 만큼, 르코르뷔지에도 이 영화를 보지 않았을까요?

페르낭 레제가 디자인한
영화 세트, 〈비인간〉 중에서

데스틸식 건물을 떠나는
주인공 노르센, 영화
〈비인간〉 중에서

　극중 포스터나 각종 장식, 건축물 형태는 건축가 말레 스테뱅스
의 영향으로, 모두 데스틸의 영향을 강하게 보여주고 있습니다. 장식
을 담당했던 알베르토 카발칸티는 브라질 태생으로 영화감독, 제작
자, 시나리오 작가이며, 제네바에서 건축학을 공부하고 프랑스 영화
계에서 미술감독으로도 일했습니다. 조경을 담당했던 클로드 오탕
라라는 장 르누아르를 비롯한 감독들을 도와 세트 장식과 의상 디자
인의 경험을 쌓은 후 독자적인 영화를 제작합니다. 의상을 담당했던
폴 푸아레는 프랑스의 의상 디자이너입니다.

　페르낭 레제와 더불어 당대의 유명한 예술가들 모두가 참여했다
는 자체만으로도 화제가 된 영화 〈비인간〉은 데스틸을 소개하는 모
든 곳에 항상 등장하는 단골입니다. 개봉 당시 과도한 장식과 표현주
의적 경향으로 냉소적인 비판을 받았지만, 지금은 무성영화 시대에
제작된 과감한 아방가르드 작품으로 높은 가치를 인정받고 있습니
다. 이 영화는 1986년 다리우스 미오의 연주 음악과 색채를 더한 버
전으로 복원되었습니다.

갈색을
사랑하는 법:
피에트 우돌프의 정원

조경가의 작품세계를 담은 다큐멘터리를 한 편 소개하려고 합니다. 2018년 국제환경영화제 최우수상 수상작 〈피에트 우돌프의 정원〉(2017)은 네덜란드 출신의 조경 디자이너 피에트 우돌프와 그의 작품들을 다룬 영화입니다. 2019년 서울 환경영화제에서도 상영된 적이 있죠

피에트 우돌프는 뉴욕 하이라인 조경으로 널리 알려져 있는 인물이죠. 뉴욕 하이라인은 1930년대 맨해튼 공장 지대에 세워진 화물열차용 고가철도였는데 1980년에 이르러 폐선이 됩니다. 이후에 생태공원으로 탈바꿈하면서 세계적인 명소로 거듭납니다. 이 아름다운 하이라인 외에도 피에트 우돌프의 홈멜로 정원, 시카고 밀레니엄 파크 루리가든 등이 영화에서 함께 소개됩니다.

영화 〈피에트 우돌프의 정원〉은 오계절, 그러니까 가을, 겨울, 봄, 여름, 가을 순으로 아름다운 야생화의 향연을 펼칩니다. 이 오계절은 피에트 우돌프의 조경을 잘 보여주는 중요한 개념인데, 빛과 함께 그려지는 자연의 오계절 모습을 후기 인상파의 그림, 특히 모네의 수련

연작을 우아한 선율 아래 감상한다고 표현하면 그나마 비슷할까요? 하얀 눈 밖에 없는 황량한 겨울 정원은 과연 어떨지 궁금했는데 그조차도 준비된 아름다운 모습입니다. 그의 조경은 기하학적인 원리를 따르기보다 자연스러움을 바탕으로 야생화들의 경계를 정하고 계절에 맞는 다년생 초화류를 식재합니다. 영화에서는 그의 조경 개념이 어떻게 실현되는지를 훔멜로의 정원을 통해 잘 보여줍니다. 그의 식재기법은 사계절이 있는 한국에도 잘 맞을 것 같습니다.

1981년 피에트 우돌프는 훔멜로에 1에이커(4,046제곱미터)의 저렴한 농장을 구입해, 이듬해 가족과 함께 이사합니다.

영국 서머셋의 하우저 & 워스
갤러리 조경, 〈피에트 우돌프의 정원〉 중에서

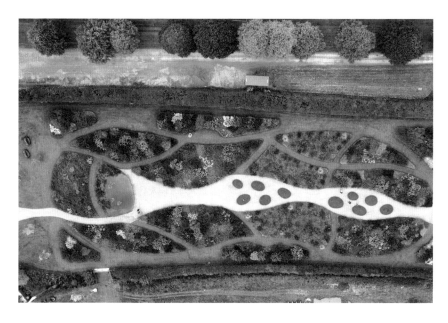

"식물들은 시들어 갈 때조차 꽃이 피었을 때처럼 매우 아름다워요.""그러나 사람들이 이 시기에 식물을 본다면, 그럼 죽어가는 식물만 보는 거예요. 여전히 아름다운데 말이죠."

"제 인생을 생각해 보면 71살, 이제 인생의 가을인 셈이죠. 정원에 비유하면 가장 아름다운 때에요."

그의 말처럼 시간이 흐르고 계절이 바뀔 때마다 변화하는 한 장소의 모습은 피에트 우돌프의 스케치가 갖는 자연스럽고 풍성한 색감을 통해서도 느껴집니다. 그의 스케치만으로 전시 하나쯤은 가능하겠거니 생각될 정도인데, 결국 영화 후반에 전시가 열립니다. 스케치가 현장에서 플랜팅으로 실현되는 과정도 더슬레이드 농장에서 소개됩니다. 현장 작업자들과의 대화하면서 장소와 현장 여건에 맞게 적절히 변경되는 모습은 오히려 인간적입니다.

"당신은 식물에 대해 참 많이 아는 것 같아요."
"식물을 사랑해서 아는 거죠. 식물이 자라는 것을 알고 싶어서, 식물들이 어디에서 자랄지 아는 거예요."

이 말에 하나를 더해야 하겠습니다. "천재는 노력하는 사람을 이길 수 없고, 노력하는 사람은 즐기는 자를 이길 수 없다."

영화의 끝, 왜 이 영화가 가을부터 시작했는지에 대한 답을 알았습니다. 추함 속에서 아름다움을 보는 것, 식물의 죽음을 통해 보는 아름다움, 쇠락 속에서의 아름다움, 기대하지 못한 것에서의 아름다움, 그것들 역시 삶의 한 부분이니까요. 우리 삶의 여정도 진정한 아름다움을 찾는 것이겠지만, 첫 눈에 아름답지 않은 것들 속에도 발견할 수 있습니다.

피에트 우돌프로부터 배울 수 있는 '정원에 대한 생각' 10가지

1. 사계절 정원을 만들어라

2. 안개가 낀 듯한 경관을 연출하라

3. 70퍼센트 규칙을 따르라

4. 한 가지 주제를 반복해서 사용하라

5. 매트릭스 식재

6. 지역의 생물다양성을 증진하라

7. 층위를 고려한 식재를 하라

8. 조망의 틀을 구성하라

9. 경계를 흐릿하게 하라

10. 갈색을 사랑하는 법을 익혀라

피에트 우돌프의 스케치
©John Lord(Flickr)

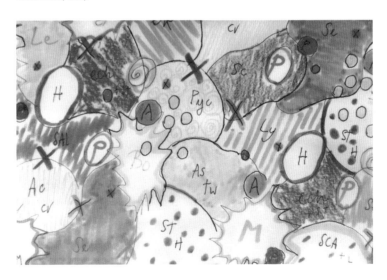

피에트 우돌프의
정원 ©Allan Harris(Flickr)

정원이라고 하면 단독주택이나 전원주택의 정원이 제일 먼저 연상됩니다. 최근에는 고양 국제꽃박람회라거나 순천만국가정원, 그리고 국가정원 2호로 지정된 울산 태화강 국가정원으로 정원에 대한 인식과 스케일이 커졌습니다. 이들 정원은 규모뿐만이 아니라 이벤트 형식을 띤 축제처럼, 관광이나 행사로서의 조경이나 정원이 아닌지 하는 느낌이 듭니다. 그래서인지 담양 소쇄원의 소박한 자연조경이 저는 훨씬 더 좋습니다. 제가 주택설계를 할 때 자주 참고하는 조경서적도 강희안의 《양화소록》(養花小錄)이죠.

영국에서는 매년 5월 하순에 첼시 꽃 박람회가 런던 템즈 강변에서 4일 동안 열립니다. 네덜란드의 암스테르담 국제원예박람회와 함께 세계적인 원예 축제로 손꼽히죠. 혹시라도 영국을 방문할 계획이 있다면 이 최고의 볼거리에 시간을 맞추어 보너스를 하나 더 얻어 보는 건 어떨까요? 이 박람회에 참가하려는 업체나 단체는 18개월 전에 기획서를 제출해야 하고, 이를 왕립원예협회에서 검토하여 참가자를 엄격하게 선발합니다. 그리고 박람회 기간 동안의 평가를 거쳐 금, 은, 동메달을 수여합니다.

"사람의 손길이 닿지 않은 자연을 보려고 사람들은 세상 곳곳을 여행합니다. 반면 정원은 이제 자연의 단순한 아름다움에 주목하지 않죠. 이 아름다운 자연 그대로의 특별한 모습을 보호하고 보존해야 합니다."

이 글은 2001년 11월, 첼시 플라워 쇼 참가 지원자가 쓴 지원서의 일부 내용입니다. 바로 세계적인 가든 디자이너 메리 레이놀즈가 쓴 것이죠. 그때의 실화를 바탕으로 만들어진 드라마가 〈플라워 쇼〉 (2015)입니다.

정원에 대한 열정을 가진 아일랜드 여성, 메리 레이놀즈는 가든 디자이너의 꿈을 이루기 위해 수도인 더블린으로 갑니다. 도착한 그녀는 당시 유명한 플로리스트이자 가든 디자이너인 샬롯을 찾죠. 샬롯은 그녀의 포트폴리오를 본 순간 메리의 재능을 눈치챕니다. 메리의 아이디어를 훔쳐 자신의 사업에 이용하려 드는데 이 사실을 알게 된 메리는 곧장 뛰쳐나옵니다. 혼자 힘으로 첼시 플라워 쇼에 도전하기로 하고 식물학자 크리스티와 함께 에티오피아로 갑니다. 그곳에서 자연의 새로운 모습을 다시 느끼기 위함입니다. 영화에서 에티오피아의 라리벨라 암굴교회를 만날 수 있습니다.

이 영화 〈플라워 쇼〉는 특히 감독 비비엔느 드 커시의 뒷이야기도 재미 있습니다. 그는 본래 미국에서 변호사로 일하다가 은퇴하고 고향인 아일랜드로 돌아옵니다. 아담한 집을 짓고 야생 자연정원을 만들어줄 디자이너를 찾던 중에 메리 레이놀즈를 만나게 됩니다. 그러다 이 영화도 만들게 되었다는군요. 변호사가 만든 영화라니! 만약 커시 감독처럼 메리 레이놀즈의 조경에 관심이 생겼다면 그녀의 책《생명의 정원》이 있음을 말씀드립니다.

대한민국 1호 여성 조경가 정영선의 이야기 〈땅에 쓰는 시〉(2023)도 있습니다. 정영선의 대표작인 선유도 공원, 여의도 샛강 생태공원, 경춘선 숲길, 서울 아산병원 숲 등을 통해 사람과 공간에 대한 조경가의 철학을 보여주는 다큐멘터리입니다. 특히 선유도 공원은 옛 정수장을 활용한 국내 최초의 재활용 생태공원이죠. 다음세대에게 물려줄 지구환경을 생각한다면 선유도 공원이야말로 성공적인 모범적인 사례라고 할 수 있습니다.

조경가들의 녹색사랑 이야기를 환경 영역으로 확대해 보겠습니다. 〈지구를 위한 2분〉(2010)은 세계 각지에서 감독 30명의 2분짜리 작품들을 모아놓은 옴니버스 영화입니다. 지구의 환경 문제와 함께 실천 가능한 대안도 제시하죠. 짧은 2분이지만 임팩트가 큽니다. 그 중 몇 가지를 살펴보기로 합니다.

　　두 남매가 대화를 합니다.
　　"우리 집 실내온도는 늘 섭씨 24도야."
　　"실내온도를 19도로 낮추면 연료가 30퍼센트 절약되지만 엄마가 춥대." "여름이 되면 엄마는 더위를 많이 타서 에어컨을 계속 켜."
　　"알아, PET. 폴리에틸렌 테레프탈레이트지. 환경호르몬이 유리병의 2배나 나와." "저걸 매주 15병씩 버리니 끔찍하지."
　　"주방은 멋지지만 에너지 효율이 높은 전구는 하나도 없어."
— 가르침

　　그리고 몇몇은 짧은 내레이션만으로 전개되는데 간단한 메세지가 크나큰 울림으로 가슴에 새겨지는 경험을 선사합니다. 흔치 않은 영화만의 강점이죠.

　　"전 세계에서 사용되는 비닐봉지는 1년에 5천억 개에서 1조 개다. 재활용되는 건 그 중 1퍼센트다. 비닐봉지는 1,000년 정도가 지나야 분해된다." — 1,000년
　　"나도 지쳤어요. 왜 나비가 없는 거죠? 살충제 1그램은 물 1천만 리터를 오염시킨다. 2008년 프랑스에서는 살충제 8만 톤이 사용됐다."
— 잘 가, 나비들아

　　"풍력에너지와 청정에너지는 존재한다. 재처리한 방사성 폐기물의 독성은 만 년 동안 사라지지 않는다. 330세대가 살아갈 시간이다." — 아이올로스

이외에도 〈북극의 눈물〉(2008)은 기후변화의 영향을 가장 많이 받는 북극 생명들의 현실을 여실히 보여주는 영화입니다. 또 환경문제를 적극적으로 해결하고 실천하는 인물들의 이야기 〈노임팩트맨〉(2009)과 〈가비지 워리어〉(2007)가 있는데, 지구환경에 무해한 것만으로 일 년 동안 사는 환경운동가, 폐품을 활용한 집 짓기와 자연에너지를 이용해 생활하는 건축가 마이크 레이놀드가 각각의 삶의 방식을 풀어냅니다.

환경문제에 대한 자각과 윤리를 강조하는 고발 영화로 미국 전 부통령 엘 고어의 〈불편한 진실〉(2006), 화학기업 듀폰 사의 독성 폐기물질 유출 사건을 폭로한 〈다크 워터스〉(2020) 등은 여러 사회에 충격과 파장을 일으키기도 했습니다. 여기에 레오나르도 디카프리오가 참여하고 출연한 〈비포 더 블러드〉(2016), 프랑스에서 110만 명의 관객을 동원하고 최우수 다큐멘터리 상을 수상한 〈내일〉(2015)도 중요한 영화입니다.

매년 열리는 환경영화제도 있으니, 관심만 갖는다면 좋은 환경영화들을 만날 수가 있습니다. 특히 2004년 처음 시작된 서울 환경영화제는 자연환경과 인간의 공존을 모색하고 실천을 논의하기 위한 자리로 기획되었는데 전 세계의 시급한 환경 이슈를 다루는 우수한 작품들을 꾸준히 소개하고 있습니다.

건축영화 베스트 100
연대별 건축영화 목록

건축영화
베스트 100

베스트 10

1. 메트로폴리스(Metropolis, 1927) 153' 프리츠 랑(Fritz Lang) 243~251쪽 참조

2. 마천루(The Fountainhead, 1949) 114' 킹 비더(King Vidor) 2009 SIAFF/ 2011 AFFR 156~163쪽 참조

3. 운명의 건축(The Architecture of Doom, 1989) 123' 피터 코헨(Peter Cohen) 198~205쪽 참조

4. 나의 건축가: 아버지의 궤적을 찾아서(My Architect: A Son's Journey, 2003) 116' 나다니엘 칸(Nathaniel Kahn) 2009 SIAFF 132~138쪽 참조

5. 로스앤젤레스 자화상(Los Angeles Plays Itself, 2003) 169' 톰 앤더슨(Thom Andersen) 23쪽 참조

6. 콜하스 하우스라이프(Koolhaas Houselife, 2008) 60' 일라 베카(Ila Bêka) & 루이즈 르무안(Louise Lemoine) 80~85쪽 참조

7. 성가신 이웃(El Hombre De Al Lado, 2009) 103' 마리아노 콘(Mariano Cohn), 가스통 뒤프라(Caston Duprat) 88~92쪽 참조

8. 말하는 건축가(Talking Architect, 2011) 95' 정재은 2012 SIAFF/ 2012 SIEFF 140~145쪽 참조

9. 프루이트 아이고(The Pruitt-Igoe Myth, 2011) 83' 차드 프리드리히(Chad Freidrichs) 221~224쪽 참조

10. 프라이스 오브 디자이어(The Price of Desire, 2015) 108' 메리 맥구키안(Mary McGuckian) 126~129쪽 참조

플러스 20

1. 버스터 키튼의 일주일(One Week, 1920) 일렉트릭 하우스(The Electric House, 1922) 허수아비(The Scarecrow, 1920) 에드워드 클라인(Edward F. Cline) 113~117쪽 참조

2. 비인간(L'Inhumaine, 1924) 135' 마르셀 레르비에(Marcel L'Herbier) 245, 299~303쪽 참조

3. 지붕(Il Tetto, 1956) 101' 비토리오 데 시카(Vittorio De Sica) 107~111쪽 참조

4. 건축가의 배(The Belly of Architct, 1987) 118' 피터 그리너웨이(Peter Greenaway) 166~172쪽 참조

5. 나무, 시장, 메디아테크(The Tree, the Mayor and the Mediatheque, 1993) 110' 에릭 로메르(Éric Rohmer) 2017 SIAFF 276~277쪽 참조

6. 증오(La Haine, 1995) 98' 마티유 카소비츠(Mathieu Kassovitz) 214~220쪽 참조

7. 모두의 집(Everybody's House, 2001) 116' 미타니 코키(三谷幸喜) 98~105쪽 참조

8. 루럴 스튜디오(The Rural Studio, 2002) 56' 척 슐츠(Chuck Schultz) 151~155쪽 참조

9. 취화선(Chihwaseon, 2002) 120' 임권택 268~272쪽 참조

10. 홀리루드 파일(The Holyrood File, 2005) 87' 스튜어트 그릭(Stuart Greig) 188~192쪽 참조

11. 비네타(Vineta, 2006) 100' 프란치스카 슈튕켈(Franziska Stünkel) 139쪽 참조

12. 비주얼 어쿠스틱스(Visual Acoustics, 2008) 83' 에릭 브리커(Eric Bricker) 2010 SIAFF/ 2012 ADFF Winnipeg 292~293쪽 참조

13. 빌딩 173(Building 173, 2009) 52' 페터 엘딘(Petter Eldin), 샬롯 미켈보그(Charlotte Mikkelborg) 294~298쪽 참조

14. 문화의 전당(Cathedrals of Culture, 2014) 156' 빔 벤더스(Wim Wenders)외 5명 2014 SIAFF/ 2014 DMZ IDFF 278~282쪽 참조

15. 무한 행복(The Infinite Happiness, 2015) 85' 일라 베카(Ila Bêka) & 루이즈 르무안(Louise Lemoine) 2017 ADFF:Seoul 72~77쪽 참조

16. 시민 제인: 도시를 위해 싸우다(Citizen Jane : Battle for the City, 2016) 92' 맷 타노어(Matt Tyrnauer) 2018 SIAFF/ 2017 ADFF:Seoul/ 2017 AFFR/ 2017 ADFF Winnipeg 226~231쪽 참조

17. 모리야마 씨(Moriyama-San, 2017) 63' 일라 베카(Ila Bêka) & 루이즈 르무안(Louise Lemoine) 64~69쪽 참조

18. 브라질리아(Brasília: Life After Design, 2017) 88' 바트 심슨(Bart Simpson) 2018 ADFF Winnipeg 232~237쪽 참조

19. 인생 후르츠(Life Is Fruity, 2017) 91' 후시하라 켄시(伏原健之) 52~53쪽 참조

20. 게리 허스트윗(Gary Hustwit) 4부작. 어버나이즈드(Urbanized, 2011), 오브젝티파이드(Objectied, 2009), 헬베티카(Helvetica, 2007), 디터람스(Rams, 2018) 게리 허스트윗 226~231, 286~291쪽 참조

플러스 30

1. 북극의 나누크(Nanook Of The North, 1922) 79' 로버트 플래허티(Robert J. Flaherty) 111~112쪽 참조

2. 상상해 보라(Just Imagine, 1930) 109' 데이비드 버틀러(David Butler) 뮤지컬 형식의 SF 코미디. 1980년의 뉴욕을 그린 이 영화는 특수 효과와 세트 디자인으로 아카데미 최우수 미술상을 받았다. 250~251쪽 참조

3. 다가올 세상(Things to Come, 1936) 102' 윌리엄 캐머런 멘지스(William Cameron Menzies) H. G. 웰즈의 원작을 재구성한 영화. SF의 최고 걸작 중 하나로 손꼽힌다. 1940년 전쟁에서 1970년대 황폐한 마을, 2036년 유토피아적 미래가 펼쳐진다. 250~251쪽 참조

4. 잃어버린 지평선(Lost Horizon, 1937) 133' 프랑크 카프라(Frank Capra) 제임스 힐튼의 동명 소설이 원작이다. 극중 상그릴라는 가공의 장소로 유토피아를 상징하며 '마음속의 해와 달'을 뜻하는 티베트어.

5. 맥추(Early Summer, 1951) 125' 오즈 야스지로(小津安二郎) 핵가족으로 옮겨가는 일본 대가족의 해체 이야기. 오즈 야스지로 영화의 특징이기도 한 가족들의 삶은 일본 전통주거 공간과 관계를 맺으며 그려진다.

6. 나의 아저씨(Mon Oncle, 1958) 96' 자크 타티(Jacques Tati) 전자동시스템이 가동되는 현대적인 주택에 사는 윌로 씨의 누이. 동생을 남편의 회사에 취직시키려고 부른다. 윌로 씨는 다소 어리숙하고 한 박자 늦고 소동만 일으키지만 누구보다 사랑받는 인물. 자크 타티의 영화에 늘 등장하는 윌로 씨는 현대판 찰리 채플린이다. 바로 감독 본인.

7. 인도, 어머니의 땅(India Matri Bhumi, 1959) 90' 로베르토 로셀리니(Roberto Rossellini) 문명과 자연이 서로 조화로운 동시에 대립하는 인도에서의 삶의 양상을 우화적으로 그려낸다. 세계와 인간에 대한 통찰이 매혹적인 또 하나의 로베르토 로셀리니 걸작.

8. 도시 위에 군림하는 손(Le Mani Sulla Citta, 1963) 105' 프란체스코 로시(Francesco Rosi) 180~183쪽 참조

9. 붉은 사막(Red Desert, 1964) 120' 미켈란젤로 안토니오니(Michelangelo Antonioni) 이탈리아 공업도시 페라라에 가득한 뿌연 연기. 가정이 있는 줄리아니의 불안감은 노이로제 상태 그 이상이다. 그녀의 문제 속으로 영국인 건축가 코라도 젤러가 빠져 들어간다.

10. 체리타운(Cheryomushki, 1964) 92' 드미트리 쇼스타코비치(Dmitri Dmitriyevich Shostakovich) 1950년 말, 소련의 중산층 주거단지 개발을 배경으로 한 네 가족의 이야기가 담긴 뮤지컬 영화. 123쪽 참조

11. 내가 본 파리(Paris Vu Par, 1965) 95' 클로드 샤브롤(Claude Chabrol), 장 뒤셰(Jean Douchet), 장 뤽 고다르(Jean-Luc Godard), 장 다니엘 폴레(Jean-Daniel Pollet), 에릭 로메르(Éric Rohmer), 장 루쉬(Jean Rouch) 파리의 여섯 장소를 배경으로 그려낸 프랑스 거장들의 옴니버스 다큐. 이 영화의 제작 20주년을 기념한 〈내가 본 파리, 20년 후〉(Paris vu par... vingt ans après, 1984)가 있다.

12. 플레이타임(Playtime, 1967) 자크 타티(Jacques Tati) 파리 근교의 신도시 타티빌을 찾은 윌로 씨의 일화. 고층 빌딩, 차량과 군중의 흐름이 전개되는 도시 공간은 모두가 세트 같다. 개인주의와 프라이버시, 통제와 치안, 기술 등 현대 도시의 모든 것이 풍자적으로 녹아있는 명작이다.

13. 패널 스토리: 커뮤니티의 탄생(Panelstory : A Birth of A Community, 1979) 96' 베라 히틸로바(Vera Chytilová) 118~123쪽 참조

14. 블레이드 러너(Blade Runner, 1982) 117' 리들리 스콧(Ridley Scott) 복제인간이 인간과 거의 동일하게 진화한 2019년의 사회. 2017년 제작된 〈블레이드 러너 2049〉도 있다.

15. 도쿄가(Tokyo-Ga, 1985) 92' 빔 벤더스(Wim Wenders) 빔 벤더스가 존경하는 감독 오스 야스지로의 작품 〈동경 이야기〉(1953)를 추적한다. 96쪽 참조

16. 크로노스(Chronos, 1985) 43' 론 프릭(Ron Fricke) 심오하고 관념적이며 놀랍도록 아름다운 타임랩스 다큐. 71쪽 참조

17. 베를린 천사의 시(Wings of Desire, 1987) 128' 빔 벤더스(Wim Wenders) 283~285쪽 참조

18. 건축가(Die Architekten, 1990) 102' 피터 카헤인(Peter Kahane) 독일 통일 이전의 동독 건축가들의 턴키식 설계경기 이야기. 164쪽 참조

19. 리스본 스토리(Lisbon Story, 1994) 103' 빔 벤더스(Wim Wenders) 257~261쪽 참조

20. 탁산드리아('Taxandria,1994) 82' 라울 세르베(Raoul Servais) 30년 이상 애니메이션을 만들어 온 라울 세르베 감독이 실사와 그래픽을 디지털로 합성해 만든 장편영화. 기계나 미래가 금지된 '현재의 나라.' 이 고요하고 비밀스러운 세상 속에서 건축적인 경험과 기억을 누리시기를...

21. 나카긴 캡슐 타워(Nakagin Capsule Tower, 2010) 58' 리마 야마자키(Rima Yamazaki) 2011 AFFR 273~277쪽 참조

22. 라이프 인 어 데이(Life In A Day, 2011) 95' 케빈 맥도날드(Kevin David McDonald) 54~55쪽 참조

23. 골트지우스 앤 더 팰리칸 컴퍼니(Goltzius and the Pelican Company, 2012) 128' 피터 그리너웨이(Peter Greenaway) 꼭 봐야 할 피터 그리너웨이 영화 중 하나. 성기 노출이나 섹스 장면에 전혀 거침이 없고 화면 가득한 감독만의 시각적 가능성 또한 끝이 없다. 173~177쪽 참조

24. 미스 반 데어 로에의 투겐타트 하우스(Haus Tugendhat, 2013) 117' 디터 라이파르트(Dieter Reifarth) 2013 AFFR/ 2015 SIAFF 체코에 있는 미스 반 데어 로에의 투겐타트 하우스에 대한 다큐

25. 셜리에 관한 모든 것(Shirley - Visions of Reality, 2013) 92' 구스타프 도이치(Gustav Deutsch) 2013 SIAFF 에드워드 호퍼의 그림이 영화의 배경. 회화적 공간 속 인물들의 행동이 극도로 절제돼 있다.

26. 데오의 집(Theon Talo, 2014) 108' 랙스 린네캉가스(Rax Rinnekangas) 건축가 형제인 데오와 빈센트. 10년 후에 다시 만난 그들에게 건축적 갈등과 함께 중년의 위기감이 더해진다.

27. 마일스와 함께 집짓기(The Architect, 2016) 95' 조너선 파커(Jonathan Parker) 2016 SIAFF/ 2017 ADFF Winnipeg 자신들만의 집을 짓기로 한 두 부부와 건축가 마일스의 관계를 익살스럽게 표현한 코미디.

28. 아이 엠 벨파스트(I Am Belfast, 2016) 84' 마크 커즌스(Mark Cousins) 238~242쪽 참조

29. 잠든 콘크리트: 사회주의, 자본주의를 만나다(Slumbering Concrete: Socialism Meets Capitalism, 2016) 51' 사샤 반(Sasa BAN) 에피소드1 2018 SIAFF/ 2017 AFFR 아드리아 해 크르크 섬에 위치한 할루도보 호텔리조트. 지금은 폐허로 남은 할루도보의 화려했던 시절과 민영화 이후 쇠퇴하기까지의 짧은 역사를 되짚어 본다.

30. 집의 시간들(A Long Farewell, 2017) 72' 라야 58~62쪽 참조

플러스 40

1. 베를린 대도시 교향곡(Berlin, Symphony of a Metropolis, 1927) 74' 발터 루트만(Walter Ruttmann) 시간에 따른 베를린의 일상이 전체 5부로 나뉘어 전개되는 대작. 리메이크 버전으로 〈베를린 심포니〉(2002)가 있다.

2. 안녕, 여름 빛(Farewell to the summer light, 1968) 96' 요시다 요시다게(吉田喜重) 건축가 가와무라는 유럽 각지를 전전하며 성당 순례를 이어간다. 미국인 남편을 둔 나오코와의 계속된 조우로 가까워지는데...

3. 홈 바디스(Homebodies, 1974) 96' 래리 유스트(Larry Yust) 철거 위기의 건물에 거주하는 노인들이 행정가, 공사자와 기발한 방법으로 싸워나가는 블랙 코미디.

4. 시간이 흐르면(Kings of the Road, 1976) 176' 빔 벤더스(Wim Wenders) 마을을 돌아다니며 영화를 상영하고 영사기도 수리하는 빈터. 이혼 후에 집과 직장을 버리고 나와 빈터의 여정에 합류하는 란더. 이 두 사람의 여정은 시간이라는 굴레를 일찌감치 벗어 버린다. 260쪽 참조

5. 맨해튼(Manhattan, 1979) 96' 우디 앨런(Woody Allen) 우디 앨런이 사랑하는 도시 뉴욕의 아름다운 밤과 그의 미국식 유머를 흑백필름에 그려놓은 작품. 그의 작품 〈미드나잇 인 파리〉(2011)의 낭만적인 모습과 비교해 보면 좋다.

6. 천국보다 낯선(Stranger Than Paradise, 1984) 89' 짐 자무쉬(Jim Jarmusch) 뉴욕, 클리블랜드, 플로리다로 옮겨가며 전개되는 3개의 에피소드 '신세계(The New World), 1년 후(One Year Later), 천국(Paradise)'. 이민자에게 낯선 도시는 천국이라 할지라도 낯설다.

7. 브라질(Brazil, 1985) 132' 테리 길리엄(Terry Gilliam) 조지 오웰의 소설 〈1984〉의 영향을 받은 영화로 대중에게 공개되기 전 가제는 〈1984 1/2〉였다. 완벽해야 할 미래는 오점으로 가득하다. 수많은 매체와 평론가들로부터 역대 최고의 SF 영화로 평가받는다.

8. 딕 트레이시(Dick Tracy, 1990) 107' 워렌 버티(Warren Beaty) 만화가 지배하는 세상. 딕 트레이시는 악당 빅보이와 전면전에 나선다.

9. 리베스트럼(Liebestraum, 1991) 112' 마이크 피기스(Mike Figgis) 획기적인 철골조 건물이던 랄슨 백화점은 1953년 치정 살인사건 후 폐쇄되었다. 이 백화점의 폭파에 관여하게 된 젊은 건축가 폴과, 운명을 믿는 닉의 만남은 비밀과 미스터리로 반전을 향해 나아간다.

10. 지상의 밤(Night on Earth, 1991) 129' 짐 자무쉬(Jim Jarmusch) LA, 뉴욕, 파리, 로마, 헬싱키 등 5개 도시에서 밤사이 택시에서 일어난 일화를 그린 옴니버스 영화.

11. 홍등(Raise The Red Lantern, 1991) 126' 장이머우(張藝謀) 1920년대 봉건적인 가부장제 속 네 여인들의 이야기와 폐쇄된 중국 전통 고택인 사합원 공간의 영상미를 통해 장이머우 감독을 다시 확인한다.

12. 토이즈(Toys, 1992) 122' 베리 레빈슨(Barry Levinson) 초현실주의 배경과 순수한 상상력이 만드는 다채로운 색감의 판타지 영화.

13. 중경삼림(重慶森林, 1994) 102' 왕가위(王家卫) 홍콩을 배경으로 한 두 개의 러브 스토리. 도시의 밤거리와 네온사인이 그리는 몽환적이고 불안한 영상은 중국으로의 환속 시점과 세기말을 앞둔 정서를 표현한다.

14. 허드서커 대리인(The Hudsucker Proxy, 1994) 111' 조엘 코엔(Joel Coen), 에단 코엔(Ethan Coen) 뉴욕 맨해튼의 도시 공간과 건축적인 미학이 돋보이는 영화.

15. 구름 저편에(Beyond The Clouds, 1995) 110' 미켈란젤로 안토니오니(Michelangelo Antonioni), 빔 벤더스(Wim Wenders) 4개의 에피소드로 구성된 영화. 네 번째는 장 누벨의 카르티에 재단이 배경이다.

16. 13층(The Thirteenth Floor, 1999) 100' 조셉 러스낙(Josef Rusnak) 시뮬레이션 가상세계로 접속해 과거를 넘나드는 판타지 영화.

17. 라이프 애즈 어 하우스(Life As A House, 2001) 127' 어윈 윙클러(Irwin Winkler) 중년의 건축가 케빈 클라인은 어느 날 회사로부터 해고 통보를 받는다. 설상가상으로 시한부 선고까지 받은 그는 유일한 혈육 아들과 함께 새 집을 짓기로 한다. 그동안의 오해와 서로에 대한 편견을 깨고 새로운 관계를 형성해 나가는 시간이 된다.

18. 이든(Eden, 2001) 91' 아모스 기타이(Amos Gitai) 1940년대 팔레스타인을 배경으로, 가족을 뒤로한 채 새 조국 건설을 위해 대부분의 시간을 건설 현장에서 헌신하는 건축가 도브 등 다섯 인물들의 이야기가 그려진다. 이스라엘의 시온주의 사상이 녹아있다.

19. 카시 3부작. 코야니스카시(Koyaanisqatsi, 1983), 포와카시(Powaqqatsi, 1988), 나코이카시(Naqoyqatsi, 2002) 갓프레이 레지오(Godfrey Reggio) 70~71쪽 참조

20. 코드 46(Code 46, 2003) 93' 마이클 윈터바텀(Michael Winterbottom) 유전자마저 제어하는 첨단 문명에 대한 불안감과 회의감을 그리는 SF 영화. 코드 46은 유전인자를 통제하는 법안 중 하나를 말한다. 영화 촬영지는 상하이와 두바이.

21. 에펠탑(La legende vraie de la Tour-Eiffel, 2005) 90' 사이몬 브룩(Simon Brook) 1889년 파리 만국박람회에서 에펠탑을 건설한 구스타프 에펠. 지금은 파리를 넘어 프랑스를 상징하는 아이콘이 되었지만 과거 이 탑은 몇 번의 철거 위기를 지나왔다.

22. 건축가(The Architect, 2006) 82' 맷 토버(Matt Tauber) 공공 아파트 단지에 거주하는 토냐는 단지 환경이 나빠지고 있는 것은 그릇된 설계 때문이라고 생각한다. 설계자인 건축가 레오를 찾아가지만 변명뿐이다. 224쪽 참조

23. 더 폴: 오디어스와 환상의 문(The Fall, 2006) 117' 타셈 싱(Tarsem Singh) 영화 내내 소름 끼칠 정도로 아름다운 화면들이 펼쳐진다. 모두 전 세계를 돌며 촬영한 것이다.

24. 르네상스(Renaissance, 2006) 크리스티안 볼크만(Christian Volckman) 흑백 애니메이션 영화. 불필요한 장식은 모두 걷어버리고 평면적 공간을 질주해 보자.

25. 버틴스키와 산업사회의 초상(Manufactured Landscape, 2006) 90' 제니퍼 베이철(Jennifer Baichwal) 2008 SIEFF 유명 사진작가 에드워드 버틴스키의 삶과 작품을 다룬 다큐. 중국의 산업현장과 그 일상을 사진가의 시선으로 추적한다.

26. 브레이킹 앤 엔터링(Breaking And Entering, 2006) 120' 안소니 밍겔라(Anthony Minghella) 런던 킹스 크로스 외곽의 재개발 설계를 맡은 건축가 윌, 그의 회사에 한 소년이 침입해 윌의 노트북을 훔친다.

27. 유 앰 아이(You am I, 2006) 90' 크리스티요나스 빌지우나스(Kristijonas Vildžiūnas) 2006 BIFF 모든 일상을 버리고 산속에 자신만의 집을 짓기로 결심한 건축가 이야기. 이내 숲의 정적을 깨는 침입자들이 들어온다.

28. 나의 위니펙(Winnipeg mon amour, 2007) 97' 가이 매딘(Guy Maddin) 감독의 고향인 캐나다 위니펙을 소재로 만든 다큐 판타지.

29. 한자비어텔: 내일의 도시와 삶(Leben In Der Stadt Von Morgen, 2007) 97' 마리안 엔겔(Marian Engel) 98~105쪽 참조

30. 24 시티(24 City, 2008) 102' 지아장커(賈樟柯) 1958년 대약진 정책의 일환으로 세워진 중국 청두의 국영공장 팩토리 420. 50여 년간 노동자의 삶 그 이상이었던 이곳이 고급 아파트 24시티로 바뀐다.

31. 건축가(Der Architekt, 2008) 93' 이나 베이세(Ina Weisse) 성공한 건축가 게오르그는 어머니의 사망 소식을 받고 고향을 찾는다. 자신의 성공 뒷전에만 두었던 가족. 마침 폭설로 고립된 게오르그는 가족들과의 새로운 관계를 찾아간다. 164쪽 참조

32. 리버풀의 추억(Of Time And The City, 2008) 74' 테렌스 데이비스(Terence Davies) 리버풀에 대한 다큐. 리버풀이 고향인 감독은 마치 에세이처럼 옛 기억을 더듬어 영상에 빛바랜 흑백 이미지를 옮겨 놓는다.

33. 비하인드 더 글래스(Behind the Glass, 2008) 80' 즈린코 오그레스타(Zrinko Ogresta) 늘 바쁘기만 한 35세의 건축가 니콜라 제렌, 그의 아내 마차와 8살 아들. 오랜 정부 아나도 그와의 이별을 원한다. 5일간의 여정을 다룬 영화는 반전으로 여운을 남긴다.

34. 헬싱키 포에버(Helsinki, Forever, 2008) 74' 피터 폰 바흐(Peter von Bagh) 핀란드 헬싱키의 과거를 영상으로 복원해가는 과정.

35. 500일의 썸머(500 days of summer, 2009) 95' 마크 웹(Marc Webb) 24~27쪽 참조

36. 브라우니언 무브먼트(Brownian Movement, 2010) 나누크 레오폴드(Nanouk Leopold) 아들과 함께 브뤼셀에 살고 있는 맥스와 샤를로트. 맥스는 의사인 아내가 환자들과 육체적 관계를 탐닉한다는 사실을 눈치챘다. 가족은 모든 생활을 접고 인도로 향한다. 르코르뷔제의 작품과 공간 미학이 잘 드러나는 영화.

37. 상해전기(I Wish I Knew, 2010) 138' 지아장커(賈樟柯) 중국 최고의 항구도시 상하이, 그곳에서 격변의 시대를 살았던 다양한 이들의 증언으로 도시의 현재를 이해한다.

38. 인셉션(Inception, 2010) 148' 크리스토퍼 놀란(Christopher Edward Nolan) 38~43쪽 참조

39. 부에노스아이레스에서 사랑에 빠질 확률(Medianeras, 2011) 95' 구스타보 타레토(Gustavo Taretto) 2013 SIAFF/ 2011 AFFR/ 2016 ADFF Winnipeg 44~49쪽 참조

40. 삼사라(Samsara, 2011) 102' 론 프릭(Ron Fricke) 론 프릭 감독의 뛰어난 영상미와 삶을 돌아보게 하는 감동이 그대로 전해진다. 삼사라는 윤회라는 뜻. 70~71쪽 참조

연대별
건축영화 목록

로테르담 건축영화제
AFFR(Architecture Film Festival Rotterdam)

서울 국제건축영화제
SIAFF(Seoul International Architecture Film Festival)

서울 국제환경영화제
SIEFF(Seoul International Eco Film Festival)

전주 국제영화제
JJIFF(JEONJU International Film Festival)

EBS 국제다큐영화제
EIDF(EBS International Documentary Festival)

DMZ 국제다큐멘터리영화제
DMZ IDFF(DMZ International Documentary Film Festival)

건축&디자인 영화제
ADFF(Architecture & Design Film Festival)
- ADFF : NY(뉴욕)
- ADFF : LA(로스앤젤레스)
- ADFF : Toronto(토론토)
- ADFF : Vancouver(밴쿠버)
- ADFF : DC(워싱턴)
- ADFF : Chicago(시카고)
- ADFF : Winnipeg(위니펙)
- ADFF : Seoul(서울)
- ADFF : Online(온라인)

부산 국제영화제
BIFF(Busan International Film Festival)

서울 디자인페스티벌
SDF(Seoul Design Festival)

1900년대

1. 달세계 여행(Le Voyage dans la Lune, 1902) 13' 조르주 멜리에스(Georges Méliès)

1910년대

1. 어설픈 관계(Poor Relations, 1919) 50' 킹 비더(King Vidor) 소실 추정

2. 칼리가리 박사의 밀실(The Cabinet of Dr. Caligari, 1919) 80' 로베르트 비네(Robert Wiene) 2020 AFFR

1920년대

1. 게누인(Genuine, 1920) 88' 로베르트 비네(Robert Wiene)

2. 알골(Algol, Tragedy of Power, 1920) 99' 한스 베르크마이스터(Hans Werckmeister)

3. 일주일(One Week, 1920) 24' 버스터 키튼(Buster Keaton), 에드워드 클라인(Edward F. Cline) 2011 SIAFF

4. 허수아비(The Scarecrow, 1920) 19' 버스터 키튼(Buster Keaton), 에드워드 클라인(Edward F. Cline)

5. 북극의 나누크(Nanook Of The North, 1922) 79' 로버트 플래허티(Robert J. Flaherty)

6. 일렉트릭 하우스(The Electric House, 1922) 21' 버스터 키튼(Buster Keaton), 에드워드 클라인(Edward F. Cline) 2011 SIAFF

7. 길(Die Straße, 1923) 74' 칼 그루운(Karl Grune)

8. 비인간(L'Inhumaine, The Inhuman women, 1924) 135' 마르셀 레르비에(Marcel L'Herbier)

9. 앨리타-화성의 여왕(Aelita-The queen of mars, 1924) 113' 야코프 프로타자노프(Yakov Protazanov)

10. 파리는 잠들어(Paris qui dort, 1924) 35' 르네 클레르(René Clair)

11. 죽음의 광선(The Death Ray, 1925) 125' 레프 쿨레쇼프(Lev Kuleshov)

12. 활기 없는 거리(The Joyless Street, 1925) 60' 게오르그 빌헬름 파브스트(Georg Wilhelm Pabst)

13. 메트로폴리스(Metropolis, 1927) 153' 프리츠 랑(Fritz Lang)

14. 베를린 대도시 교향곡(Berlin, Symphony of a Metropolis, 1927) 74' 발터 루트만(Walter Ruttmann)

15. 고독(Lonesome, 1928) 69' 팰 페조스(Pál Fejös)

16. 대도시에서(V bolshom gorode, 1928) 73' 미하일 에버바흐(Mikhail Averbakh), 마르크 돈스코이(Mark Donskoy)

17. 에펠탑의 비밀(Le mystere de la tour Eiffel, 1928) 129' 줄리앙 뒤비비에(Julien Duvivier)

18. 파리 연구(Études sur Paris, 1928) 76' 앙드레 소바쥬 (André Sauvage)

19. 달의 여인(Woman In The Moon, 1929) 200' 프리츠 랑(Fritz Lang)

20. 대역죄(High Treason, 1929) 95' 모리스 엘비(Maurice Elvey)

21. 리버티(Liberty, 1929) 20' 레오 맥커리(Leo McCarey) 2013 AFFR

22. 비(Regen, 1929) 14' 요리스 이벤스(Joris Ivens)

23. 세상의 멜로디(Melody of the World, 1929) 47' 발터 루트만(Walter Ruttmann)

24. 아스팔트(Asphalt, 1929) 90' 조 메이(Joe May)

25. 주사위 성의 신비(The Mysteries of the Chateau of Dice, 1929) 27' 만 레이(Man Ray)

26. 카메라를 든 사나이(The Man with the Movie Camera, 1929) 68' 지가 베르토프(Dziga Vertov)

1930년대

1. 니스에 관하여(A propos De Nice, 1930) 25' 장 비고 (Jean Vigo)

2. 상상해 보라(Just Imagine, 1930) 109' 데이비드 버틀러(David Butler)

3. 새로운 주거(Die Neue Wohnung, 1930) 27' 한스 리히터(Hans Richter)

4. 일요일의 사람들(People On Sunday, 1930) 73' 에드가 울머(Edgar G. Ulmer)

5. 두오로 강의 노동자들(Douro, Faina Fluvial, 1931) 20' 마노엘 데 올리베이라(Manoel de Oliveira)

6. 세상의 종말(La Fin du Monde, 1931) 105' 아벨 강스 (Abel Gance)

7. 스카이스크래퍼 소울(Skyscraper Souls, 1932) 99' 에드가 셀윈(Edgar Selwyn) 2013 AFFR

8. 건축가 회의(Architects' Congress ,1933) 30' 모흘리 나기(László Moholy-Nagy)

9. 아란의 사람들(Man of Aran, 1934) 76' 로버트 플래허티(Robert J. Flaherty)

10. 터널(The Tunnel, 1935) 95' 모리스 엘비(Maurice Elvey)

11. 다가올 세상(Things to come, 1936) 102' 윌리엄 캐머런 멘지스(William Cameron Menzies)

12. 잃어버린 지평선(Lost Horizon, 1937) 133' 프랑크 카프라(Frank Capra)

13. 빌더(Les Btisseurs/The Builders, 1938) 48' 장 엡스탱(Jean Epstein)

14. 새로운 모스코바(Novaya Moskva, 1938) 100' 알렉산드르 메드베드킨(Aleksandr Olenin)

15. 도시(The City, 1939) 43' 랄프 스타이너(Ralph Steiner), 윌러드 반 다이크(Willard Van Dyke)

1940년대

1. 경성(京城, 1940) 24' 시미즈 히로시(清水宏)

2. 시민 케인(Citizen Kane, 1941) 119' 오손 웰즈(Orson Welles)

3. 디자인 워크샵(Design Workshops, 1944) 36' 모흘리 나기(László Moholy-Nagy)

4. 나선계단(The Spiral Staircase, 1946) 83' 로버트 시오드막(Robert Siodmak)

5. 미스터 블랜딩스(Mr. Blandings Builds His Dream House, 1948) 94' H. C. 포터(H.C. Potter) 2018 AFFR

6. 마천루(The Fountainhead, 1949) 114' 킹 비더(King Vidor) 2009 SIAFF/ 2011 AFFR

7. 춤추는 뉴욕(On the Town, 1949) 98' 스탠리 도넌(Stanley Donen)

1950년대

1. 인생은 내일부터(La Vie Commence Demain, 1950) 87' 니콜 베드레스(Nicole Védrès) 소실 추정

2. 맥추(Early Summer, 1951) 125' 오즈 야스지로(小津安二郎)

3. 싸일런트 러닝(Silent Running, 1952) 89' 더글러스 트럼블(Douglas Trumbull)

4. 도시의 사랑(Love in the City, 1953) 115' 미켈란젤로 안토니오니(Michelangelo Antonioni) 외 5인

5. 동경 이야기(東京物語, 1953) 136' 오즈 야스지로(小津安二郎)

6. 월로씨의 휴가(Mr. Hulots Holiday, 1953) 114' 자크 타티(Jacques Tati)

7. 길(La Strada, 1954) 108' 페데리코 펠리니(Federico Fellini)

8. 이창(Rear Window, 1954) 112' 알프레드 히치콕(Alfred Hitchcock)

9. 금지된 행성(Fobidden Planet, 1956) 98' 프레드 M. 윌콕스(Fred M. Wilcox)

10. 세상의 모든 기억(All the Memory of the World, 1956) 22' 알렝 레네(Alain Resnais)

11. 지붕(Il Tetto, 1956) 101' 비토리오 데 시카(Vittorio De Sica)

12. 칠드런스 빌딩 사이트(The Children's Building Site/ Le Chantier des gosses, 1956) 83' 장 하레즈(Jean Harlez)

13. 세느가 파리를 만나다(La Seine a rencontré Paris, 1957) 32' 요리스 이벤스(Joris Ivens)

14. 나의 아저씨(Mon Oncle, 1958) 96' 자크 타티(Jacques Tati) 2015 ADFF Winnipeg

15. 오페라 하우스 이야기(Schicksal Einer Oper, 1958) 10' 베른하르트 되리스(Bernhard Dörries), 에드가 라이츠(Edgar Reitz)

16. 카이로 중앙역(Cairo Station, 1958) 77' 유세프 샤힌(Youssef Chahine)

17. 태양의 도시(Cités du soleil, 1958) 20' 장클로드 세(Jean-Claude Sée)

18. 인도, 어머니의 땅(India Matri Bhumi, 1959) 90' 로베르토 로셀리니(Roberto Rossellini)

19. 조립식 주택(Domy z panelu, 1959) 6' 이리 멘젤(Jiří Menzel)

1960년대

1. 가을 햇살(Late Autumn, 1960) 128' 오즈 야스지로(小津安二郎)

2. 새로운 땅, 새로운 마을(Een nieuw dorp op nieuw land, 1960) 25' 루이스 반 가스테렌(Louis van Gasteren)

3. 테렌 바그(Terrain Vague/Wasteland 1960) 103' 마르셀 카르네(Marcel Carné)

4. 4월(Avril, 1961) 50' 오타르 이오셀리아니(Otar Iosseliani)

5. 고하야가와가의 가을(End Of Summer eclipse, 1961) 103' 오즈 야스지로(小津安二郎)

6. 서울의 지붕 밑(Under the Sky of Seoul, 1961) 123' 이형표

7. 어떤 여름의 기록(Chronicle Of A Summer, 1961) 35' 장 루쉬(Jean Rouch)

8. 태양은 외로워(The Eclipse, 1962) 126' 미켈란젤로 안토니오니(Michelangelo Antonioni)

9. 페르가몬 박물관(In the Pergamon Museum, 1962) 19' 위르겐 뵈트허(Jürgen Böttcher)

10. 경멸(Le Mepris, 1963) 103' 장 뤽 고다르(Jean-Luc Godard)

11. 도시 위에 군림하는 손(Le Mani Sulla Citta, 1963) 105' 프란체스코 로시(Francesco Rosi) 2015 AFFR

12. 도시의 풍경(Paysages urbains, 1963) 22' 에릭 로메르(Éric Rohmer)

13. 발파라이소(A Valparaiso, 1963) 27' 요리스 이벤스(Joris Ivens)

14. 체리타운(Cheryomushki, 1963) 92' 드미트리 쇼스타코비치(Dmitri Dmitriyevich Shostakovich)

15. 달에 첫 인간(First Men In The Moon, 1964) 103' H. G. 웰스(H. G. Wells)

16. 루이자의 선택(What a Way to Go, 1964) 111' J. 리 톰슨(J. Lee Thompson)

17. 리오의 사나이(L'homme de Rio, 1964) 114' 필립 드 브로카(Philippe de Broca)

18. 붉은 사막(Red Desert, 1964) 120' 미켈란젤로 안토니오니(Michelangelo Antonioni)

19. 풍경의 변모(공업 시대)(Les métamorphoses du paysage : l'ère industrielle, 1964) 23' 에릭 로메르(Éric Rohmer)

20. 고뇌와 환희(The Agony and the Ecstasy, 1965) 138' 캐롤 리드(Carol Reed)

21. 나는 스무살(I Am Twenty, 1965) 189' 마를렌 후치예프(Marlen Khutsiyev)

22. 내가 본 파리(Paris Vu Par/Six in Paris, 1965) 95' 클로드 샤브롤(Claude Chabrol), 장 뒤세(Jean Douchet), 장 뤽 고다르(Jean-Luc Godard), 장 다니엘 폴렛(Jean-Daniel Pollet), 에릭 로메르(Éric Rohmer), 장 루쉬(Jean Rouch)

23. 네 개의 벽(Vier muren, 1965) 22' 요한 반 데르 코이켄(Johan van der Keuken) 2022 AFFR

24. 알파빌(Alphaville, 1965) 99' 장 뤽 고다르(Jean-Luc Godard)

25. 도시의 사람들(La Cité des hommes, 1966) 14' 알버트 노블러(Albert Knobler), 프레데릭 로시프(Frédéric Rossif)

26. 찬디가르(Une ville à Chandigarh, 1966) 51' 알랭 타너(Alain Tanner)

27. 캐시 컴 홈(Cathy Come Home, 1966) 75' 켄 로치(Ken Loach)

28. 그녀에 대해 알고 있는 두세 가지 것들(Two or Three Things I Know About Her, 1967) 87' 장 뤽 고다르(Jean-Luc Godard)

29. 모뉴먼트 투 더 드림(Monument to the Dream, 1967) 30' 찰스 구겐하임(Charles Guggenheim) 2010 ADFF

30. 플레이타임(Playtime, 1967) 155' 자크 타티(Jacques Tati) 2019 AFFR

31. 디아볼릭(Danger Diabolik,1968) 105' 마리오 바바(Mario Bava)

32. 브라질리아: 신도시의 역설(Brasília:Contradições de uma Cidade Nova, 1968) 24' 호아킴 페드로 데 안드라데(Joaquim Pedro de Andrade)

33. 석류의 빛깔(The Colour of Pomegranates, 1968) 79' 세르게이 파라자노프(Sergei Parajanov)

34. 안녕, 여름 빛(Farewell to the summer light, 1968) 96' 요시다 요시다게(吉田喜重)

35. 도시의 콘크리트(Entretien sur le béton, 1969) 29' 에릭 로메르(Éric Rohmer)

36. 빅토르 휴고의 건축(Victor Hugo architecte, 1969) 26' 에릭 로메르(Éric Rohmer)

37. 월든: 다이어리, 노트, 스케치(Walden - Diaries Notes and Sketches, 1969) 180' 요나스 메카스(Jonas Mekas) 2019 SIEFF

38. 콘트라스 시티(Contras' City, 1969) 22' 지브릴 디오프 맘베티(Djibril Diop Mambéty)

1970년대

1. 작은 도시(La Ville-Bidon, 1971) 90' 자크 바라티어(Jacques Baratier)

2. THX-1138(1971) 86' 조지 루카스(George Lucas)

3. 레이너 밴험과 로스 앤젤레스(Reyner Banham Loves Los Angeles, 1972) 52' 줄리안 쿠퍼(Julian Cooper)

4. 로마(Fellini's Roma, 1972) 128' 페데리코 펠리니(Federico Fellini) 2017 SIAFF

5. 산리츠카: 이와야마에 철탑이 세워지다(Narita : The Building of the Iwayama Tower, 1972) 85' 오가와 신스케(小川紳介) 2013 SIAFF

6. 모세 샤프디의 이노센트 도어(The Innocent Door, 1973) 29' 케네스 매크리디(Kenneth McCready

7. 소일렌트 그린(Soylent Green, 1973) 67' 리처드 플레이셔(Richard Fleischer)

8. 인류애(Lyubit cheloveka, The Love of Mankind, 1973) 165' 세르게이 게라시모프(Sergey Gerasimov)

9. 전선위의 세계(World On Wires, 1973) 214' 라이너 베르너 파스빈더(Rainer Werner Fassbinder)

10. 제임스 스털링의 건축(James Stirling's Architecture, 1973) 49' 론 구아리엔토(Ron Guariento)

11. 템로크(Themroc, 1973) 110' 클로드 파랄도(Claude Faraldo) 2011 AFFR

12. 티타시라 불리는 강(A River Called Titas, 1973) 159' 리트윅 가탁(Ritwik Ghatak)

13. 도시의 앨리스(Alice in the Cities, 1974) 110' 빔 벤더스(Wim Wenders)

14. 버크민스터 풀러의 세계(The World of Buckminster Fuller, 1974) 85' 로버트 스나이더(Robert Snyder), 베이리스 글래스콕(Baylis Glascock)

15. 안토니오 가우디, 끝나지 않은 비전(Antonio Gaudi : The Unfinished Vision, 1974) 45' 존 알레이모(John Alaimo)

16. 차이나타운(Chinatown, 1974) 130' 로만 폴란스키(Roman Polanski)

17. 타워링(Towering Inferno, 1974) 165' 존 길러민(John Guillermin)

18. 홈 바디스(Homebodies, 1974) 96' 래리 유스트(Larry Yust) 2011 AFFR

19. 새로운 도시(Ville nouvelle : La Forme de la ville/Enfance d'une ville, 1975) 52' 에릭 로메르(Éric Rohmer)

20. 여행자(The Passenger, 1975) 126' 미켈란젤로 안토니오니(Michelangelo Antonioni) 2021 SIEFF

21. 디자인 이노베이션 포 카나디언 세틀먼트(Design Innovations for Canadian Settlements, 1976) 17' 브루스 맥케이(Bruce Mackay) 2014 ADFF Winnipeg

22. 로건의 탈출(Logan's Run, 1976) 120' 마르쿠 안토니우 페레이라(Marco Antonio Pereira)

23. 시간이 흐르면(Kings of the Road, 1976) 176' 빔 벤더스(Wim Wenders)

24. 대리석 인간(Czlowiek z marmuru/Man of Marble, 1977) 165' 안제이 바이다(Andrzej Wajda)

25. 보부르, 예술문화의 중심 퐁피두센터(Beaubourg, centre d'art et de culture Georges Pompidou, 1977) 56' 로베르토 로셀리니(Roberto Rossellini)

26. 솔 바스의 그래픽디자인(Bass on Titles, 1977) 32' 솔 바스(Saul Bass)

27. 라 알라메다(La Alameda, 1978) 43' 후안 세바스티안 보야인(Juan Sebastián Bollaín)

28. 마이 세텔링의 스톡홀름(Mai Zetterling's Stockholm, 1978) 52' 마이 세텔링(Mai Zetterling)

29. 브뤼셀 베귀나지의 매그넘(Magnum Begynasium Bruxellense, 1978) 보리스 레흐만(Boris Lehman)

30. 알레이자징유(O Aleijadinho, 1978) 23' 호아킴 페드로 데 안드라데(Joaquim Pedro de Andrade)

31. 주여, 가난한 자들을 돌보소서(It is Not Enough for God to be with the Poor, 1978) 보란 알라우이(Borhane Alaouié)

32. 하산 파시(It is Not Enough for God to be with the Poor, 1978) 74' 보란 알라우이(Borhane Alaouié)

33. 돈 지오반니(Don Giovanni, 1979) 185' 조지프 로지 (Joseph Losey) 2013 AFFR

34. 맨해튼(Manhattan, 1979) 96' 우디 앨런(Woody Allen)

35. 파이널 마크: 활자예술(Final Marks : The Art of the Carved Letter, 1979) 49' 프랭크 무흘리(Frank Muhly, Jr.)

36. 패널 스토리: 커뮤니티의 탄생(Panelstory : A Birth Of A Community, 1979) 96' 베라 히틸로바(Vera Chytilová)

37. 피에트 슈레더스 헐리웃에 가다(Hollywood at Last!, 1979) 51' 테오 아위텐보하르트(Theo Uittenbogaard)

1980년대

1. 벽, 벽들(Mur murs, 1980) 82' 아녜스 바르다(Agnès Varda)

2. 작은 도시공간의 사회적 삶(Social Life of Small Urban Spaces, 1980) 58' 윌리엄 H. 와이트(William H. Whyte) ADDF

3. 하우스(House/Bayit, 1980) 49' 아모스 기타이(Amos Gitai)

4. 나도 말할 권리가 있다(J'ai droit a la parole, 1981) 30' 도미니크 카브레라(Dominique Cabrera)

5. 부르클린 다리(Brooklyn Bridge, 1981) 58' 켄 번스 (Ken Burns)

6. 아름다운 시간(L'Heure Exquise, 1981) 60' 르네 알리오(René Allio)

7. 블레이드 러너(Blade Runner, 1982) 117' 리들리 스콧 (Ridley Scott)

8. 일본 후루야시키 마을(ニッポン国古屋敷村, 1982) 210' 오가와 신스케(小川紳介)

9. 코야니스카시(Koyaanisqatsi, 1982) 86' 갓프레이 레지오(Godfrey Reggio) 2018 DMZ IDFF/ 2017 AFFR

10. 트론(Tron, 1982) 96' 스티븐 리스버거(Steven Lisberger)

11. 노스탤지아(Nostalgia, 1983) 125' 안드레이 타르코프스키(Andrei Tarkovsky)

12. 로마의 대화(Il Dialogo di Roma, 1983) 61' 마르그리트 뒤라스(Marguerite Duras)

13. 폴 루돌프의 건축(Spaces : The Architecture of Paul Rudolph, 1983) 29' 밥 아이젠하르트(Bob Eisenhardt) ADDF

14. 내가 본 파리, 20년 후(Paris Seen By…20 Years After, 1984) 샹탈 아커만 Chantal Anne Akerman 외 5인

15. 방7, 부엌, 그리고 욕실(7p., cuis., s. de b., ... à saisir, 1984) 28' 아녜스 바르다(Agnès Varda)

16. 비욘드 유토피아(Beyond Utopia : Changing Attitudes in American Architecture, 1984) 59' 마이클 블랙우드(Michael Blackwood)

17. 안토니오 가우디(Antonio Gaudi, 1984) 72' 히로시 테시가하라(Hiroshi Teshigahara)

18. 월드 오브 투모로우(The World of Tomorrow, 1984) 83' 랜스 버드(Lance Bird)

19. 조르조 모로더의 메트로폴리스(Metropolis : Giorgio Moroder, 1984) 82' 조르조 모로더(Giorgio Moroder)

20. 천국보다 낯선(Stranger Than Paradise, 1984) 89' 짐 자무쉬(Jim Jarmusch)

21. 도쿄가(Tokyo-Ga, 1985) 92' 빔 벤더스(Wim Wenders)

22. 브라질(Brazil, 1985) 132' 테리 길리엄(Terry Gilliam) 2012 SIAFF/ 2018 AFFR

23. 서브웨이(Subway, 1985) 104' 뤽 배송(Luc Besson)

24. 크로노스(Chronos, 1985) 43' 론 프릭(Ron Fricke)

25. 다운 바이 로우(Down by Law, 1986) 107' 짐 자무쉬 (Jim Jarmusch)

26. 라비린스(Labyrinth, 1986) 101' 짐 헨슨(Jim Henson)

27. 맨헌터(Manhunter, 1986) 120' 마이클 만(Michael Mann)

28. 머니핏(Money Pit, 1986) 91' 리차드 벤자민(Richard Benjamin

29. 미스(Mies, 1986) 63' 마이클 블랙우드(Michael Blackwood)

30. 스털링(Stirling, 1986) 60' 마이클 블랙우드(Michael Blackwood)

31. 안개가 걷힐 때(Sisler Kovulunca, 1986) 41' 쉬하 아린(Süha Arın)

32. 웅거스의 독일건축박물관(O.M. Ungers : Designing a Museum of Architecture in Germany, 1986) 59' 보도 케슬러(Bodo Kessler)

33. 건축가의 배(The Belly of Architct, 1987) 118' 피터 그리너웨이(Peter Greenaway) 2010 SIAFF

34. 르 코르뷔지에(Museum without walls : Le Corbusier, 1987) 45' 한스 요하임 호스펠드(Hans-Joachim Horsfeld)

35. 르 코르뷔지에와 인도(Le Corbusier en Inde, 1987) 15' 다니엘 뒤부아(Daniel Darbois)

36. 베를린 천사의 시(Wings of Desire, 1987) 128' 빔 벤더스(Wim Wenders) 2019 ADFF Winnipeg

37. 사프란볼루의 유산(The Ballad of the Wood, 1987) 35' 쉬하 아린(Süha Arın)

38. 알바 알토(Alvar Aalto : Technology and Nature, 1987) 59' 웨 자란데르(Ywe Jalander)

39. 드뷔시를 위한 노트, 장 뤽 고다르에게 보내는 공개 서한(Notes pour Debussy, lettre ouverte à Jean-Luc Godard, 1988) 80' 장 패트릭 르벨(Jean-Patrick Lebel)

40. 상계동 올림픽(Sanggyedong Olympic, 1988) 27' 김동원 2012 SIAFF

41. 포와카시(Powaqqatsi, 1988) 100' 갓프레이 레지오(Godfrey Reggio)

42. 뉴욕 스토리(NewYork Stories, 1989) 120' 우디 앨런(Woody Allen), 프란시스 포드 코폴라(Francis Ford Coppola), 마틴 스코세이지(Martin Scorsese)

43. 운명의 건축(The Architecture of Doom, 1989) 123' 피터 코헨(Peter Cohen)

1990년대

1. 건축가(Die Architekten, 1990) 102' 피터 카헤인(Peter Kahane)

2. 건축의 정신: 존 라우터(The Spirit in Architecture : John Lautner, 1990) 60' 베트 제인 코헨(Bette Jane Cohen)

3. 국두(菊豆, 1990) 95' 장이머우(張藝謀)

4. 도시의 삶(City Life, 1990) 251' 텔라 타르(Béla Tarr) 외 11명

5. 딕 트레이시(Dick Tracy, 1990) 107' 워렌 버티(Warren Beaty)

6. 해체주의 건축의 거장들(Deconstructivist Architects, 1990) 58' 마이클 블랙우드(Michael Blackwood) 2014 SIAFF

7. 로마의 유물(Les antiquites de Rome, 1991) 105' 장클로드 루소(Jean-Claude Rousseau)

8. 리베스트럼(Liebestraum, 1991) 112' 마이크 피기스(Mike Figgis)

9. 지상의 밤(Night on Earth, 1991) 129' 짐 자무쉬(Jim Jarmusch)

10. 파리: 도시 이야기(Paris, roman d'une ville, 1991) 52' 스탠 뉴만(Stan Neumann)

11. 홍등(Raise The Red Lantern, 1991) 126' 장이머우(張藝謀)

12. 뉴 모더니스트: 6 유럽 건축가(The New Modernists : 6 European Architects, 1992) 58' 마이클 블랙우드(Michael Blackwood)

13. 바라카(BARAKA, 1992) 96' 론 프릭(Ron Fricke)

14. 시티 오브 조이(City of Joy, 1992) 135' 롤랑 조페(Roland Joffe)

15. 토이즈(Toys, 1992) 122' 베리 레빈슨(Barry Levinson)

16. 건축과 권력(Arhitectura si putere, 1993) 52' 니콜라에 마르기니누(Nicolae Margineanu)

17. 건축교육: 쿠퍼 유니온 건축학교의 교훈(Education of an Architect : Voices from The Cooper Union School of Architecture, 1993) 64' 킴 슈카피치(Kim Shkapich)

18. 공간의 본질(De Natuurlijke Ruimte, 1993) 72' 프랑크 셰퍼(Frank Scheffer)

19. 구로가와 기쇼: 메타볼리즘에서 상징주의까지(Kisho Kurokawa : From Metabolism to Symbiosis, 1993) 58' 마이클 블랙우드(Michael Blackwood)

20. 나무, 시장, 메디아테크(The Tree, the Mayor and the Mediatheque, 1993) 110' 에릭 로메르(Éric Rohmer) 2017 SIAFF

21. 멀고도 가까운(Faraway, So Close!, 1993) 144' 빔 벤더스(Wim Wenders)

22. 미스터 존스(Mr. Jones, 1993) 114' 마이크 피기스(Mike Figgis)

23. 건축가 올리베이라, 우리 시대의 영화(TV시리즈) (Oliveira l'architecte : Cinéma, de notre temps, 1994) 60' 파울루 호샤(Paulo Rocha)

24. 런던(London, 1994) 100' 패트릭 켈러(Patrick Keiller)

25. 리스본 스토리(Lisbon Story, 1994) 103' 빔 벤더스(Wim Wenders)

26. 마야 린의 비전(Maya Lin – A Strong Clear Vision, 1994) 83' 프리다 리 모크(Freida Lee Mock) 2018 SIAFF/ 2015 DMZ IDFF

27. 바우하우스: 20세기의 표상(Bauhaus : The Face of the 20th Century, 1994) 50' 프랭크 휘트포드(Frank Whitford)

28. 생태 디자인과 미래의 발견(Ecological Design : Inventing the Future, 1994) 65' 브라이언 대니츠(Brian Danitz)

29. 제리 빌딩: 나치 독일의 유물(Jerry Building : Unholy Relics of Nazi Germany, 1994) 37' 러셀 잉글랜드(Russell England)

30. 조국(Fatherland, 1994) 106' 크리스터퍼 매누얼(Christopher Menaul)

31. 중경삼림(重慶森林, 1994) 102' 왕가위(王家卫)

32. 탁산드리아(Taxandria,1994) 82' 라울 세르베(Raoul Servais)

33. 허드서커 대리인(The Hudsucker Proxy, 1994) 111' 조엘 코엔(Joel Coen), 에단 코엔(Ethan Coen)

34. 건축가 한스 샤로운(Imaginary Architecture, the architect Hans Scharoun, 1995) 65' 하르트무트 비톰스키(Hartmut Bitomsky)

35. 공각기동대(Ghost In The Shell, 1995) 83' 오시이 마모루(押井守)

36. 공장을 떠나는 노동자들(Arbeiter verlassen die Fabrik, 1995) 36' 하룬 파로키(Harun Farocki) 2013 AFFR

37. 과스메이/시겔의 건축:투명성을 찾아서(In Search of Clarity : The Architecture of Gwathmey and Siegel, 1995) 44' 머리 그리고르(Murray Grigor)

38. 구름 저편에(Beyond The Clouds, 1995) 110' 미켈란젤로 안토니오니(Michelangelo Antonioni), 빔 벤더스(Wim Wenders)

39. 루이스 칸:빛과 침묵(Louis Kahn : Silence and Light, 1995) 58' 마이클 블랙우드(Michael Blackwood)

40. 스모크(Smoke, 1995) 112' 웨인 왕(Wayne Wang)

41. 에드워드 제임스:꿈의 건축가(Edward James : Builder of Dreams, 1995) 58' 에이버리 댄지거(Avery Danziger)

42. 율리시즈의 시선(Ulysses' Gaze, 1995) 176' 테오도로스 앙겔로플로스(Theodoros Angelopoulos)

43. 일 지라솔레(Il Girasole : A House Near Verona, 1995) 15' 크리스토퍼 샤우브(Christopher Schaub) 2018 AFFR

44. 증오(La Haine, 1995) 98' 마티유 카소비츠(Mathieu Kassovitz) 2011 SIAFF

45. 파리의 랑데부(Rendezvous in Paris, 1995) 98' 에릭 로메르(Éric Rohmer)

46. 피터 아이젠만(Peter Eisenman : Making Architecture Move, 1995) 56' 마이클 블랙우드(Michael Blackwood)

47. 암스테르담 지구촌(Amsterdam Global Village, 1996) 245' 요한 반 데르 케우켄(Johan van der Keuken)

48. 친화력(Le Affinità Elettive, 1996) 98' 파올로 타비아니(Paolo Taviani), 비토리오 타비아니(Vittorio Taviani)

49. 카를로 스카르파(Carlo Scarpa, 1996) 57' 머리 그리고르(Murray Grigor) 2016 SDF

50. 가타카(Gattaca, 1997) 106' 앤드류 니콜(Andrew Niccol)

51. 로빈슨 인 스페이스(Robinson in Space, 1997) 82' 패트릭 켈러(Patrick Keiller)

52. 아이 엠 페이(First Person Singular : I. M. Pei, 1997) 90' 피터 로젠(Peter Rosen)

53. 의지의 향연(Concert of Wills : Making the Getty Center, 1997) 100' 수잔 프롬크(Susan Froemke)

54. 제 5원소(The Fifth Element, 1997) 127' 뤽 배송(Luc Besson)

55. 집(The House, 1997) 120' 사루나스 바르타스(Šarūnas Bartas)

56. 필립 존슨:별난 건축가의 일기(Philip Johnson : Diary of an Eccentric Architect, 1997) 55' 바바라 울프(Barbara Wolf)

57. LA 컨피덴셜(L.A. Confidential, 1997) 138' 커티스 핸슨(Curtis Hanson)

59. 도시의 공간들(Plätze in Städten/places in cities, 1998) 117' 앙겔라 샤넬렉(Angela Schanelec)

60. 아드리안 프루티거:타입페이스 디자이너(Adrian Frutiger : Typeface Designer/Adrian Frutiger : Schriftengestalter, 1998) 54' 안느 쿠네오(Anne Cuneo)

61. 아오스타의 로마거리(Die Römerstraße im Aostatal, 1998) 92' 피터 네스틀러(Peter Nestler)

62. 영원과 하루(Mia Eoniotita Ke Mia Mera, 1998) 132' 테오도로스 앙겔로플로스(Theo Angelopoulos)

63. 요른 웃촌의 시드니오페라하우스(The Edge of the Possible, 1998) 77' 다릴 들로라(Daryl Dellora) 2011 SIAFF/ 2016 ADFF Winnipeg

64. 프랭크 로이드 라이트(Frank Lloyd Wright, 1998) 146' 켄 번스(Ken Burns), 린 토빅(Lynn Novick)

65. 13층(The Thirteenth Floor,1999) 100' 조셉 러스낙(Josef Rusnak)

66. 다니엘 리베스킨트와 21세기 건축(Daniel Libeskind : Welcome to the 21st Century Architecture, 1999) 50' 메리 다운스(Mary Downes)

67. 바람이 우리를 데려다 주리라(The Wind Will Carry Us, 1999) 118' 압바스 키아로스타미(Abbas Kiarostami)

68. 빌딩 헤븐 리멤버링 어스(Building Heaven, Remembering Earth, 1999) 97' 올리버 호켄헐(Oliver Hockenhull)

69. 스티븐 홀: 공간의 실체(Steven Holl : The Body in Space, 1999) 58' 마이클 블랙우드(Michael Blackwood)

70. 퓨투로(Futuro - tulevaisuuden olotila, 1999) 29' 미카 타닐라 Mika Taanila ADFF

71. 프리피야트(Pripyat, 1999) 100' 니콜라우스 가이어할터(Nikolaus Geyrhalter)

2000년

1. 다크 데이즈(Dark Days, 2000) 84' 마크 싱어(Marc Singer)

2. 더 디래피데이티드 드웰링(The Dilapidated Dwelling, 2000) 80' 패트릭 켈러(Patrick Keiller)

3. 더 셀(The Cell, 2000) 107' 타셈 싱(Tarsem Singh)

4. 시티 오브 드림스(City of Dreams, 2000) 55' 벨린다 메이슨(Belinda Mason)

5. 오스카 니마이에르: 창조의 건축가(Oscar Niemeyer: An Architect Committed to His Century, 2000) 60' 마르크-앙리 와인베르크(Marc Henri Wajnberg)

6. 웨이다운타운(Waydowntown, 2000) 87' 게리 번스(Gary Burns)

7. 존슨 왁스 빌딩(Johnson Wax Building, 2000) 28' 프레데릭 콩팽(Frederic Compain) ADFF

8. 칼라트라바: 신은 주사위를 던지지 않는다(Calatrava, God Does Not Throw Dice, 2000) 58' 캐서린 아다(Catherine Adda) 2010 ADFF

9. 코르뷔제와 인도(Le Corbusier En Inde, 2000) 99' 마누 레왈(Manu Rewal)

10. 플랫폼(Platform, 2000) 154' 지아장커(贾樟柯)

2001년

1. 공사중(En construccion, 2001) 125' 호세 루이스 게린(José Luis Guerín)

2. 글래스 하우스(the Glass House, 2001) 106' 다니엘 색하임(Daniel Sackheim)

3. 라이프 애즈 어 하우스(Life As A House, 2001) 127' 어윈 윙클러(Irwin Winkler)

4. 마야르 브릿지(Maillart's Bridges, 2001) 24' 하인츠 에미히홀츠(Heinz Emigholz)

5. 모두의 집(Everybody's House, 2001) 116' 미타니 코키(三谷幸喜)

6. 무빙 하우스(Moving House, 2001) 22' 탄 핀핀(Tan Pin Pin)

7. 베를린 바빌론(Berlin Babylon, 2001) 88' 후버투스 지거트(Hubertus Siegert)

8. 설리반의 은행(Sullivan's Banks, 2001) 38' 하인츠 에미히홀츠(Heinz Emigholz)

9. 쇼핑 세계의 창조자들(The Creators Of Shopping Worlds, 2001) 75' 하룬 파로키(Harun Farocki) 2007 JJIFF

10. 이든(Eden, 2001) 91' 아모스 기타이(Amos Gitai)

11. 제임스 허벨의 예술(Eye of the Beholder: The Artistry of James Hubbell, 2001) 46' 마리안느 게르데스(Marianne Geredes) ADFF

2002년

1. 나의 아버지는 천재(My Father, the Genius, 2002) 84' 루시아 스몰(Lucia Small) 2018 AFFR

2. 나코이카시(Naqoyqatsi, 2002) 89' 갓프레이 레지오(Godfrey Reggio)

3. 노스이스트 패시지(NorthEast Passage: The Inner City and the American Dream, 2002) 55' 스펜서 울프(Spencer Wolf), 코넬리우스 스와트(Cornelius Swart)

4. 다운사이드 업(Downside Up, 2002) 57' 낸시 켈리(Nancy Kelly) ADFF

5. 라고스/콜하스(Lagos/Koolhaas, 2002) 55' 브레흐티어 판데르 하크(Bregtje van der Haak)

6. 러시아 방주(Russian Ark, 2002) 99' 알렉산드르 소쿠로프(Aleksandr Sokurov)

7. 루럴 스튜디오(The Rural Studio, 2002) 56' 척 슐츠(Chuck Schultz)

8. 베를린 심포니(Berlin Symphony, 2002) 77' 토마스 샤트(Thomas Schadt)

9. 블루 비닐(Blue Vinyl, 2002) 98' 주디스 헬판드 Judith Helfand ADFF

10. 쇼는 계속되어야 한다(The Show Must Go On, 2002) 78' 한스 헤이넨(Hans Heijnen)

11. 신의 도시(City Of God, 2002) 129' 페르난도 메이렐레스(Fernando Meirelles)

12. 취화선(Chihwaseon, 2002) 120' 임권택 2009 SIAFF

13. 휴양지(Balnearios, 2002) 80' 마리아노 이나스(Mariano Llinás)

2003년

1. 14인의 현대 일본 건축가(surFace: 14 Contemporary Japanese Architects, 2003) 97' 로랜드 하겐베르그(Roland Hagenberg) & Karl Neubet)

2. 나의 건축가: 아버지의 궤적을 찾아서(My Architect: A Son's Journey, 2003) 116' 나타니엘 칸(Nathaniel Kahn) 2009 SIAFF

3. 도그빌(Dogville, 2003) 178' 라스 폰 트리에(Lars Von Trier)

4. 딜러와 스코피디오 휘트니 박물관에 대한 단상(Aberrant Architecture? : Diller and Scofidio at the Whitney Museum, 2003) 58' 마이클 블랙우드(Michael Blackwood) 2017 ADFF : Seoul

5. 로스앤젤레스 자화상(Los Angeles Plays Itself, 2003) 169' 톰 앤더슨(Thom Andersen) 2011 JJIFF

6. 메이킹 더 모던(Making the Modern, 2003) 60' 해리 린치(Harry Lynch)

7. 미스 반 데 로헤(Mies van der Rohe : Less Is More, 2003) 60' 필립 스미스(Philip Smith)

8. 사막의 브루스 고프(Goff in the Desert, 2003) 110' 하인츠 에미히홀츠(Heinz Emigholz)

9. 안토니오 가우디(Antoni Gaudi : God's Architect, 2003) 60' 맨디 창(Mandy Chang)

10. 알바로 시자(Alvaro Siza : Transforming Reality, 2003) 58' 마이클 블랙우드(Michael Blackwood)

11. 알버트 슈페어(Albert Speer : Size Matters, 2003) 60' 테레사 그리피스(Teresa Griffiths)

12. 엘 리시츠키(El Lissitzky : A Film of The Life, 2003) 40' 알렉산드라 아르히포바(Alexandra Arkhipova)

13. 울리히 무터의 건축(Für den Schwung sind sie zuständig, 2003) 58' 마르가레테 푸치스(Margarethe Fuchs) 2011 AFFR

14. 인 더 시티(En La Ciudad/In the City, 2003) 110' 케스크 게이(Cesc Gay)

15. 철서구(鐵西區/West of the Tracks, 2003) 3부작 551' 1부 녹(Rust)/ 2부 폐허(Remnants)/3부 철로(Rails) 왕빙(王兵)

16. 코드 46(Code 46, 2003) 93' 마이클 윈터바텀(Michael Winterbottom)

17. 코추 : 일본 건축의 기원과 영향(Kochuu : Japanese architecture, Influence and Origin, 2003) 52' 예스퍼 바하트(Jesper Wachtmeister) 2012 SIAFF

18. 키친 스토리(Kitchen Stories, 2003) 95' 벤트 해머(Bent Hamer)

19. 털스 루퍼의 가방 1 : 모압 이야기(The Tulse Luper Suitcases, Part 1 : The Moab Story, 2003) 127' 피터 그리너웨이(Peter Greenaway)

20. 토킹 픽처(A Talking Picture, 2003) 96' 마노엘 데 올리베이라(Manoel de Oliveira)

21. 피니스테어(Finisterre, 2003) 57' 키어런 에반스(Keran Evans), 폴 켈리(Paul Kelly)

2004년

1. 교외의 종말(The end of suburbia, 2004) 90' 그레고리 그린(Gregory Greene)

2. 라고스(Lagos : wide & close, 2004) 120' 브레흐티어 판데르 하크(Bregtje van der Haak)

3. 러스트롱: 미국의 미래주거(Lustron – The House America's Been Waiting For, 2004) 57' 빌 페레호크(Bill Ferehawk), 빌 쿠보타(Bill Kubota)

4. 루시의 집(Lucy's House, 2004) 17' 임스 데메트리오스(Eames Demetrios)

5. 메킨토시 주택(The House That Mackintosh Built, 2004) 94' 에릭 놀즈(Eric Knowles)

6. 미스 반 데 로헤(Regular or Super : Views on Mies van der Rohe, 2004) 56' 패트릭 데머스(Patrick Demers) & 조셉 힐렐(Joseph Hillel) 2013 ADFF Winnipeg

7. 벽(Mur, 2004) 100' 스펜서 울프(Spencer Wolf), 코넬리우스 스와트(Cornelius Swart)

8. 세계(世界, 2004) 139' 지아장커(賈樟柯)

9. 스카이스크레이퍼스(Building Big : Skyscrapers, 2004) 60' 조셉 맥마스터(Joseph McMaster)

10. 안녕 나의 집(Fang dong jiang xian sheng/Last House Standing, 2004) 55' 간 차오(Chao Gan) 2004 EIDF

11. 자하 하디드의 하루(A day with Zaha Hadid, 2004) 58' 마이클 블랙우드(Michael Blackwood)

12. 침입(The Uninvited Guest, 2004) 90' 기엠 모랄레스(Guillem Morales)

13. 콘스트럭티브 매드니스(A Constructive Madness, 2004) 58' 토마스 볼(Thomas Ball), 브라이언 네프(Brian Neff)

14. 콘크리트 혁명(The Concrete Revolution, 2004) 62' 구오 샤오루(Xiaolu Guo) 2005 SIEFF

15. 털스 루퍼의 가방 2 : 보에서 바다로(The Tulse Luper Suitcases, Part 2 : Vaux to the Sea, 2004) 108' 피터 그리너웨이(Peter Greenaway)

16. 털스 루퍼의 가방 3 : 사크 섬에서 끝까지(The Tulse Luper Suitcases, Part 3 : From Sark to the Finish, 2004) 124' 피터 그리너웨이(Peter Greenaway)

17. 텅 빈 도시(Hollow City, 2004) 90' 마리아 조앙 강가(Maria João Ganga)

18. 투겐다트 하우스(The Tugendhat house : Mies van der Rohe's Czech masterpiece, 2004) 57' 준 핀퍼(June Finfer)

19. 프랭크 로이드 라이트(Frank Lloyd Wright, 2004) 178' 켄 번스(Ken Burns), 린 토빅(Lynn Novick)

2005년

1. 5 아파트와 1 상점의 교환(In Exchange for Five Apartments and One Shop, 2005) 110' 야니스 스코페티어스(Giannis Skopeteas)

2. 건축가 로베르토(Roberto : Insect Architect, 2005) 13' 갈렌 포트(Galen Fott)

3. 낙수장(Frank Lloyd Wright's Fallingwater, 2005) 60' 린다 와고너(Lynda Waggoner)

4. 낯선 이웃: 대중 관찰의 역사(How Little We Know of Our Neighbours, 2005) 49' 레베카 바론(Rebecca Baron)

5. 노먼 포스터와 거킨 빌딩(Building The Gherkin, 2005) 89' 미리암 본 아르스(Mirjam Von Arx) 2009 SIAFF

6. 레저라마(Leisurama, 2005) 51' 제이크 고스트(Jake Gorst)

7. 매그니피센트 옵세션(Magnificent Obsession : Frank Lloyd Wright's Buildings and Legacy in Japan, 2005) 126' 카렌 세 번스(Karen Severns), 코이치 모리(Koichi Mori)

8. 바타빌: 우린 미래가 두렵지 않다(Bata-Ville : We are not afraid of the future, 2005) 93' 카렌 거스리(Karen Guthrie)

9. 불멸의 건축가, 마즈하를 이슬람(The Architect, 2005) 48' 에나물 카림 너르자르(Enamul Karim Nirjhar)

10. 산티아고 칼라트라바의 터닝 토르소(The Socialist, the Architect and the Twisted Tower, 2005) 59' 프레드릭 게르튼(Fredrik Gertten)

11. 슈페어와 히틀러(Speer & Hitler, 2005) 3부작 270' 하인리히 브렐러(Heinrich Breloer)

12. 아드리안 프루티거의 흑백사랑(Adrian Frutiger : Der Mann von Schwarz und Weiss, 2005) 45' 크리스토프 푸르티거(Christoph Frutiger), 크리스티안 코프(Christine Kopp)

13. 에펠탑(La legende vraie de la Tour-Eiffel, 2005) 90' 사이몬 브룩(Simon Brook)

14. 원주민 건축(Aboriginal Architecture – Living Architecture, 2005) 92' 폴 M. 리카드(Paul M. Rickard) 2017 ADFF Winnipeg

15. 위대한 침묵(Into Great Silence, 2005) 160' 필립 그로닝(Philip Groning)

16. 존 소온: 미국의 유산(Sir John Soane, An English Architect : An American Legacy, 2005) 62' 머리 그리고르(Murray Grigor)

17. 찰리와 초코렛 공장(Charlie And The Chocolate Factory, 2005) 114' 팀 버튼(Tim Burton)

18. 카트 끄는 남자(Man Push Cart, 2005) 87' 라민 바흐러니(Ramin Bahrani)

19. 프랭크 게리의 스케치(A sketches of Frank Gehry, 2005) 83' 시드니 폴락(Sydney Pollack) 2009 SIAFF

20. 홀리루드 파일(The Holyrood File, 2005) 87' 스튜어트 그릭(Stuart Greig)

21. UN 본부의 탄생(A Workshop for Peace : Designing the United Nations Headquarters, 2005) 56' 피터 로젠(Peter Rosen) 2018 ADFF Winnipeg

2006년

1. 건축가(The Architect, 2006) 82' 맷 토버(Matt Tauber)

2. 네덜란드 유원지(Pretpark Nederland, 2006) 90' 미쉘 판 엘프(Michiel van Erp)

3. 더 폴: 오디어스와 환상의 문(The Fall, 2006) 117' 타셈 싱(Tarsem Singh)

4. 두-바이!(Do Buy!, 2006) 30' 사이몬 브룩(Simon Brook)

5. 레이크 하우스(The Lake House, 2006) 105' 알레한드로 아그레스티(Alejandro Agresti)

6. 르네상스(Renaissance, 2006) 105' 크리스티안 볼크만(Christian Volckman)

7. 버틴스키와 산업사회의 초상(Manufactured Landscape, 2006) 90' 제니퍼 베이철(Jennifer Baichwal) 2008 SIEFF

8. 브레이킹 앤 엔터링(Breaking And Entering, 2006) 120' 안소니 밍겔라(Anthony Minghella)

9. 비네타(Vineta, 2006) 100' 프란치스카 슈팅켈(Franziska Stünkel)

10. 비주얼 퓨처리스트: 시드 미드의 예술과 삶(Visual Futurist : The Art & Life of Syd Mead, 2006) 107' 호아킨 몬탈반(Joaquin Montalvan)

11. 빛나는 도시(Radiant City, 2006) 93' 짐 브라운(Jim Brown, 게리 번즈(Gary Burns)

12. 뼈아픈 진실: 석유의 경제학(A Crude Awakening : The Oil Crash, 2006) 64' 미구엘 G. 모랄레스(Miguel G. Morales) 2008 SIEFF

13. 사랑해, 파리(Paris, I Love You, 2006) 116' 조엘 코엔(Joel Coen) 외 21명

14. 산티아고 칼라트라바의 선다이얼 브릿지(Santiago Calatrava's Sundial Bridge : Angle of Inspiration, 2006) 30' 조니 안토넬리(John Antonelli)

15. 성가신 남자(The Bothersome Man, 2006) 95' 옌스 리엔(Jens Lien)

16. 스틸라이프(三峽好人/Still Life, 2006) 112' 지아장 커(賈樟柯)

17. 아일린 그레이(Eileen Gray Invitation To A Voyage, 2006) 52' 요르그 분트슈(Jorg Bundschuh)

18. 유 앰 아이(You am I, 2006) 90' 크리스티요나스 빌 지우나스(Kristijonas Vildžiūnas)

19. 장 누벨의 미학(Jean Nouvel – The Aesthetics of Wonder, 2006) 56' 베아트 쿠에트(Beat Kuert)

20. 조 빌딩: 스탈린 기념탑(Joe Building: The Stalin Memorial Lecture, 2006) 78' 조나단 미즈(Jonathan Meades)

21. 카모메 식당(Kamome Diner, 2006) 102' 오기가미 나오코(Naoko Ogigami)

22. 테이트 모던(TATE Modern, Herzog & de Meuron, 2006) 76' 베아트 쿠에트(Beat Kuert)

23. 퓨처 디자인(Future by Design, 2006) 86' 윌리엄 가제키(William Gazecki)

24. 프랭크 게리: 건축의 즐거움(Frank Gehry: An Architecture of Joy, 2006) 60' 마이클 블랙우드(Michael Blackwood)

25. 피터 아이젠만의 홀로코스트 메모리얼(Peter Eisenman: Building Germany's Holocaust Memorial, 2006) 60' 마이클 블랙우드(Michael Blackwood)

26. 행복의 집(La Maison Du Bonheur, 2006) 99' 대니 분(Dany Boon)

27. 행복의 집(The Perfect Home, 2006) 3부작 42' x 3 영국 TV방송 채널4

2007년

1. 12인의 건축가, 지구의 SOS에 답하다(Last call for planet earth, 2007) 76' 자크 알라르(Jacques Allard) 2009 SIEFF

2. 나의 위니펙(My Winnipeg/Winnipeg mon amour, 2007) 97' 가이 매딘(Guy Maddin)

3. 낙서(Bomb it, 2007) 94' 존 레이스(Jon Reiss)

4. 뉴 어반 카우보이(New Urban Cowboy: Toward a New Pedestrianism, 2007) 83' 마이클 아스(Michael E. Arth) 2011 AFFR

5. 다즐링 주식회사(The Darjeeling Limited, 2007) 104' 웨스 앤더슨(Wes Anderson)

6. 러시아 아방가르드(Architecture and the Russian Avant-garde, 2007) 40' 마이클 크레이그(Michael Craig)

7. 불가능을 달성하다(Achieving the Unachievable, 2007) 52' 장 베르주롱(Jean Bergeron)

8. 사막의 성(The Desert Castle, 2007) 55' 에이린 기에르브(Eirin Gjørv) 2011 AFFR/ADFF

9. 쉰들러 주택(Schindler's Häuser, 2007) 99' 하인츠 에미히홀츠(Heinz Emigholz)

10. 시네도키, 뉴욕(Synecdoche, New York, 2007) 123' 찰리 카프먼(Charlie Kaufman)

11. 실비아의 도시에서 찍은 사진들(Unas fotos en la ciudad de Sylvia, 2007) 67' 호세 루이스 게린(José Luis Guerín)

12. 실비아의 도시에서(In the City of Sylvia, 2007) 84' 호세 루이스 게린(José Luis Guerín)

13. 쓰레기 검투사(Garbage Warrior, 2007) 86' 올리버 하지(Oliver Hodge)

14. 알렉산더 로드첸코와 러시아 아방가르드(Alexander Rodchenko and the Russian Avant-garde, 2007) 40' 마이클 크레이그(Michael Craig)

15. 언포신(The Unforeseen, 2007) 93' 로라 던(Laura Dern)

16. 오스카 니마이에르의 인생(A Vida E Um Sopro, 2007) 90' 파비아노 마시엘(Fabiano Maciel) 2016 ADFF Winnipeg

17. 위대한 유산(Great Expectations, 2007) 57' 제스퍼 와크마이스터(Jesper Wachtmeister) 2012 SIAFF

18. 유, 더 리빙(You The Living, 2007) 95' 로이 앤더슨(Roy Andersson)

19. 진흙의 미래(The Future Of Mud: A Tale Of Houses And Lives In Djenne, 2007) 58' 수잔 보겔(Susan Vogel)

20. 철길을 지나(Il passaggio della linea/Crossing the Line, 2007) 60' 피에트로 마르첼로(Pietro Marcello)

21. 카라카스(Caracas, The Informal City, 2007) 49' 롭 슈뢰더(Rob Schroder)

22. 탄자니아 모더니즘 이야기(Many words for modern: a survey of modern architecture in Tanzania, 2007) 60' 조드 덴 홀랜더(Jord den Hollander)

23. 페드로 E. 게레로: 이미지 메이커의 초상(Pedro E. Guerrero: Portrait of an Image Maker, 2007) 27' 수잔 D. 존슨(Suzanne D. Johnson) 2016 ADFF Winnipeg

24. 프랭크 로이드 라이트의 탈리아신 웨스트(Frank Lloyd Wright's Taliesin West, 2007) 82' 티모시 사카모토(Timothy Sakamoto)

25. 필리스 램버트 A to Z(Citizen Lambert: Joan of Architecture, 2007) 52' 테리 웬-다미쉬(Teri Wehn-Damisch) 2018 SIAFF/ 2011 AFFR/ 2017 2015 ADFF Winnipeg

26. 한자비어텔: 내일의 도시와 삶(Leben In Der Stadt Von Morgen, 2007) 97' 마리안 엔겔(Marian Engel)

27. 헬베티카(Helvetica, 2007) 80' 게리 허스트윗(Gary Hustwit) 2012 ADFF Winnipeg

28. VDL 리서치: 리차드 뉴트라의 집과 스튜디오 (VDL Research House : Richard Neutra's Studio & residence, 2007) 40' 티모시 사카모토(Timothy Sakamoto)

2008년

1. 24 시티(24 City, 2008) 102' 지아장커(贾樟柯) 2013 SIAFF

2. 갱들의 천국: 예루살렘(Jerusalema, 2008) 120' 랄프 지만(Ralph Ziman) 2013 AFFR

3. 거울(Lo specchio, 2008) 90' 데이빗 크리스텐슨(David Christensen) 2011 AFFR

4. 건축가(Der Architekt, 2008) 93' 이나 베이세(Ina Weisse)

5. 내일을 위한 건축법(The Greening of Southie, 2008) 73' 이언 체니(Ian Cheney) 2010 SIEFF

6. 뉴욕 아이 러브 유(NewYork I love you, 2008) 103' 알렌 휴즈(Allen Hughes) 외 10명

7. 다크나이트(The Dark Night, 2008) 152' 크리스토퍼 놀란(Christopher Edward Nolan)

8. 도시의 여신, 제인 제이콥스(Urban goddess, Jane Jacobs reconsidered, 2008) 52' 존 톰슨(John Thomson)

9. 디스 이즈 투모로우(This Is Tomorrow, 2008) 73' 폴 켈리(Paul Kelly)

10. 레이크스 박물관의 새 단장(The New Rijksmuseum, 2008) 120' 우카 후겐데이크(Oeke Hoogendijk) 2009 EIDF/ 2015 ADFF Winnipeg

11. 렌조 피아노의 예술과 과학(The Art & Science of Renzo Piano, 2008) 26' PBS e² Design Series 2010 ADFF

12. 렘 콜하스: 도전과 혁신(Rem Koolhaas : a kind of architect, 2008) 97' 마르쿠스 하이딩스펠더(Markus Heidingsfelder), 민 테쉬(Min Tesch) 2009 SIAFF

13. 리버풀(Liverpool, 2008) 84' 리산드로 알론소(Lisandro Alonso)

14. 리버풀의 추억(Of Time And The City, 2008) 74' 테렌스 데이비스(Terence Davies)

15. 메구니카(Megunica, 2008) 82' 로렌조 폰다(Lorenzo Fonda) 2011 SIAFF

16. 모래성(The Sand Castle/Desert Castle, 2008) 55' 에린 지르프(Eirin Gjørv) 2010 ADFF

17. 미래공동주택(Cost of Living, 2008) 15' 래리 라폰드(Larry LaFond) 2009 SIEFF

18. 볼륨 0: 찰스 코레아의 작품세계(Volume Zero : The Work of Charles Correa, 2006) 58' 아룬 코프카르(Arun Khopkar)

19. 비주얼 어쿠스틱스(Visual Acoustics, 2008) 83' 에릭 브리커(Eric Bricker) 2010 SIAFF/ 2012 ADFF Winnipeg

20. 비하인드 더 글래스(Behind the Glass, 2008) 80' 즈린코 오그레스타(Zrinko Ogresta)

21. 스티븐 홀의 넬슨 애킨슨 미술관(Steven Holl : The Nelson-Atkins Museum of Art Bloch Building, 2008) 31' 톰 파이퍼(Thomas Piper)

22. 시티 오브 엠버: 빛의 도시를 찾아서(City of Ember, 2008) 95' 길 키넌(Gil Kenan)

23. 아돌프 로스와 장식(Loos Ornamental, 2008) 72' 하인츠 에미히홀츠(Heinz Emigholz)

24. 아론 베츠키와 비엔날레 만들기(Making of the Biennale with Aaron Betsky, 2008) 60' 스티븐 나탄슨(Stephen Natanson) 2010 ADFF

25. 아워 시티 드림스(Our City Dreams, 2008) 85' 키아라 클레멘스(Chiara(Clemente)

26. 작은 벽돌로 쌓은 집(House of Small Cubes, 2008) 15' 가토 쿠니오(Kato Kunio) 2009 SIEFF

27. 정원(The Garden, 2008) 80' 스콧 해밀턴 케네디 (Scott Hamilton Kennedy)

28. 존 로트너의 무한공간(Infinite Space : The Architecture of John Lautner, 2008) 91' 머리 그리고르(Murray Grigor) 2012 ADFF Winnipe

29. 첼시 온 더 락(Chelsea on the Rocks, 2008) 89' 아벨 페라라(Abel Ferrara) 2015 AFFR

30. 콜하스 하우스라이프(Koolhaas Houselife, 2008) 60' 일라 베카(Ila Bêka) & 루이즈 르무안(Louise Lemoine) 2010 SIAFF/ 2011 AFFR/ 2012 ADFF Winnipeg

31. 톰 메인(Thom Mayne : U.S. Federal Office Building, San Francisco, 2008) 29' 톰 파이퍼(Thomas Piper), 찰스 간사(Charles Gansa)

32. 판테온의 비밀(Secrets of the Parthenon, 2008) 50' 개릴 글래스먼(Gary Glassman) 2015 ADFF Winnipeg

33. 프로시드 앤드 비 볼드!(Proceed and Be Bold!, 2008) 90' 로라 징거(Laura Zinger)

34. 피터 아이젠만: 피닉스 대학교 스타디움(Peter Eisenman : University of Phoenix Stadium for the Arizona Cardinals, 2008) 28' 톰 파이퍼(Thomas Piper)

35. 헤르초크드 뫼롱의 건축 연금술: 테이트 모던 리노베이션(Architects Herzog & de Meuron : Alchemy of Building and Tate Modern Reviews, 2008) 77' 베아트 쿠에트(Beat Kuert)

36. 헤르초크 드 뫼롱의 베이징 스타디움(Bird's Nest – Herzog & de Meuron in China, 2008) 88' 크리스토프 쇼브(Christoph Schaub) 2013 ADFF Winnipeg

37. 헬싱키 포에버(Helsinki, Forever, 2008) 74' 피터 폰 바흐(Peter von Bagh)

2009년

1. 100명의 여성 건축사: 라이트 스튜디오(A Girl is a Fellow Here : 100 Women Architects in the Studio of Frank Lloyd Wright, 2009) 20' 비버리 윌리스(Beverly Willis) 2011 SIAFF

2. 500일의 썸머(500 days of summer, 2009) 95' 마크 웹(Marc Webb)

3. 건축물의 에너지 효율(Energy Efficient Buildings, 2009) 51' 조나단 슈츠(Jonathan Schütz)

4. 굿 그레이스(Grote Genade/Good Grace, 2009) 55' 리자 루벤(Lieza Reuben) 2011 AFFR

5. 그레이 가든즈(Grey Gardens, 2009) 104' 마이클 석시(Michael Sucsy)

6. 나의 놀이터(My Playground, 2009) 58' 카스파 아스트럽 슈뢰더(Kaspar Astrub Schröder) 2010 SIAFF/ 2011 AFFR/ 2012 ADFF Winnipeg

7. 더 오일 록스: 시티 오보브 더 시(The Oil Rocks : City Above the Sea, 2009) 54' 마크 웹(Marc Webb) 2011 AFFR

8. 도쉬, 인도를 짓다(Doshi, 2009) 74' 프렘짓 라마찬드란(Premjit Ramachandran) 2019 SIAFF

9. 레이 카프(Ray Kappe : California Modern Master - Forty Years of Modular Evolution, 2009) 26' 머피 던(Muffie Dunn)

10. 로스트 타운(Lost Town, 2009) 93' 요르그 아돌프(Jorg Adoph) 2011 AFFR

11. 릭 조이(Rick Joy : Interludes, 2009) 22' 머피 던(Muffie Dunn)

12. 마리오 보타: 뉴 스칼라(Mario Botta - The New Scala, 2009) 26' 베아트 쿠에트(Beat Kuert)

13. 마리오 보타: 이야기의 모양(Mario Botta – The Shape of a Story, 2009) 24' 베아트 쿠에트(Beat Kuert)

14. 메트로폴리스(Metropolis, 2009) 11' 롭 카터(Rob Carter) 2011 AFFR

15. 밀턴 글레이저(Milton Glaser, To Inform & Delight, 2009) 73' 웬디 키스(Wendy Keys) 2010 ADFF

16. 바우하우스: 모델과 신화(Bauhaus : Modell und Mythos, 2009) 93' 커스틴 스투터하임(Kerstin Stutterheim), 닐스 볼브링커(Niels Bolbrinker)

17. 베를린의 24시간(24h Berlin - Ein Tag im Leben/ The Lives of Berliners, 2009) 110' 폴커 하이제(Volker Heise), 앨리스 아그네스키르히너(Alice Agneskirchner), 우트 바두라(Ute Badura)

18. 벤자민 라트로브: 미국 최초의 건축가(Benjamin Latrobe : America's First Architect, 2009) 60' 마이클 엡스타인(Michael Epstein)

19. 비교(Zum Vergleich/In Comparison, 2009) 61' 하룬 파로키(Harun Farocki) 2011 AFFR

20. 빌딩 173(Building 173, 2009) 52' 페터 엘딘(Petter Eldin), 샬롯 미켈보그(Charlotte Mikkelborg) 2011 SIAFF

21. 빛의 교훈: 아이 엠 페이의 비전(Learning from Light : The Vision of I.M. Pei, 2009) 84' 보 랜딘(Bo Landin), 스털링 반 와게넨(Sterling Van Wagenen)

22. 성가신 이웃(El Hombre De Al Lado, 2009) 103' 마리아노 콘(Mariano Cohn), 가스통 뒤프라(Caston Duprat) 2010 SIAFF/ 2011 AFFR

23. 성당에 미친 노인(El loco de la Catedral/The Madman and the Cathedral, 2009) 20' 제임스 로간(James Rogan) 2011 AFFR

24. 세실 발몽드의 비전(Cecil Balmond : Visionary Engineer and Architect, 2009) 56' 마이클 블랙우드(Michael Blackwood) 2015 ADFF Winnipeg

25. 세이빙 리브 하우스(Saving Lieb House, 2009) 25' 짐 벤추리(Jim Venturi) 2010 ADFF

26. 센스 오브 아키텍처(Sense Of Architecture, 2009) 168' 하인츠 에미히홀츠(Heinz Emigholz)

27. 쇼핑몰(Malls R Us, 2009) 78' 헬렌 클로다우스키(Helene Klodawsky) 2010 ADFF

28. 스튜디오 강: 아쿠아 타워(Studio Gang : Aqua Tower, 2009) 27' 에드가 B. 하워드(Edgar B. Howard), 톰 파이퍼(Tom Piper) 2011 AFFR/ 2010 ADFF

29. 신의 건축가(God's Architects, 2009) 잭 고드셜(Zack Godshall)

30. 쓰레기의 꿈(Garbage Dreams, 2009) 79' 마이 이스칸더(Mai Iskander) 2011 AFFR

31. 아트 앤 카피(Art & Copy, 2009) 90' 더그 프레이(Doug Pray)

32. 업(Up, 2009) 96' 피트 닥터(Pete Docter)

33. 오브젝티파이드(Objectified, 2009) 76' 게리 허스트윗(Gary Hustwit)

34. 오토*메이트(Auto*mate, 2009) 90' 마르틴 마르첵(Martin Marecek) 2010 SIEFF

35. 유토피아, 파트3: 더 월즈 라지스트 쇼핑 몰(Utopia, Part 3 : The World's Largest Shopping Mall, 2009) 20' 샘 그린(Sam Green) 2013 AFFR

36. 인터내셔널(The International, 2009) 118' 톰 튀크베어(Tom Tykwer)

37. 존 고링스(John Gollings : Eye for Architecture, 2009) 52' 샐리 잉글턴(Sally Ingleton) 2014 ADFF Winnipeg

38. 집의 설계(Architecture of Home, 2009) 30' 토룬 하프스타드(Thorunn Hafstad) 2011 AFFR

39. 카사 브롬프칸(Casa Bronfman, 2009) 39' 엘리자베스 레나르드(Elizabeth Lennard), 에르마노 코라도(Ermanno Corrado) 2010 ADFF

40. 코펜하겐의 꿈(Dromme i Kobenhavn. AKA Dreams.in.Copenhagen, 2009) 80' 맥스 케스트너(Max Kestner)

41. 콘크리트 해안(Concrete Coast, 2009) 26' 로버트 피트먼 Robert Pittman

42. 키어런팀버레이크 : 라블랄리 하우스와 셀로판 하우스(KieranTimberlake : Loblolly House & Cellophane House, 2009) 27' 톰 파이퍼(Thomas Piper)

43. 타입페이스(Typeface, 2009) 59' 저스틴 나간(Justine Nagan)

44. 태초의 땅- 생태건축(First Earth : Uncompromising Ecological Architecture, 2009) 87' 데이빗 신(David Shen)

45. 트루 투 폼(True to Form : Vladimir Ossipoff Architect, 2009) 30' 빌 쿠보타(Bill Kubota) ADFF

46. 판초 게데스: 모더니즘의 메아리(Pancho Guedes : Echoes of an Alternative Modernity, 2009) 30' 페드로 가다뇨(Pedro Gadanho) 2011 AFFR

47. 페이 쳉(Fei Cheng/Ghost Town, 2009) 169' 조대용(Zhao Dayong)

48. 푸에르토리코의 아르데코 건축(Arquitectura Art Deco en Puerto Rico, 2009) 46' 호세 아르테미오 토레스(José Artemio Torres)

49. 프레데릭 키슬러(Two Projects by Friedrich Kiesler/Zwei Projekte von Friedrich Kiesler, 2009) 16' 하인츠 에미히홀츠(Heinz Emigholz)

50. 피터 스터치버리: 장소의 건축(Peter Stutchbury : Architecture of Place, 2009) 28' 부르스 잉글리스(Bruce Inglis) 2010 ADFF

51. 하이라이즈(Um Lugar ao Sol/High Rise, 2009) 71' 가브리엘 마스카로(Gabriel Mascaro) 2011 AFFR

2010년

1. 5인의 아키텍트, 5개의 집(Five Master Houses of the World, 2010)

- 안도 타다오의 고시노 하우스(Tadao Ando/Koshino House) 60'

- 르코르뷔지에의 오두막(Le Canbanon par Le Corbusier) 60'

- 알바 알토의 빌라 마이레아(Villa Mairea) 50'

- 콘스탄틴 멜니코프의 멜니코프 하우스(The Melnikov House) 58'

- 루이스 바라간의 스튜디오(CASA ESTUDIO por Luis Barragán) 60' 랙스 린네캉가스(Rax Rinnekangas) 2013 SIAFF

2. 권력과 건축가(Arquitetos do Poder, 2010) 100' 빈센트 페라스(Vicente Ferraz), 알렉산드라 알데(Alessandra Aldé)

3. 그랑지 호텔(Grande Hotel, 2010) 70' 로트 스투프스(Lotte Stoops) 2011 AFFR/ 2011 EIDF

4. 그루엔 이펙트(The Gruen Effect, 2010) 50' 아네트 발다우프(Anette Baldauf), 카타리나 바인가르트너(Katharina Weingartner) 2013 AFFR/ADFF

5. 나카긴 캡슐 타워(Nakagin Capsule Tower, 2010) 58' 리마 야마자키(Rima Yamazaki) 2011 AFFR

6. 노먼 포스터- 건축의 무게(How Much Does Your Building Weigh, Mr.Foster?, 2010) 78' 카를로스 카르카스(Carlos Carcas) & 노베르토 로페즈(Norberto López Amad) 2013 SIAFF/ 2013 EIDF/ 2011 AFFR/ 2012 ADFF Winnipeg

7. 다니엘 번햄과 도시계획(Make No Little Plans : Daniel Burnham and the American City, 2010) 60' 주디스 맥브리엔(Judith McBrien)

8. 단테 페레티: 프로덕션 디자이너(Dante Ferretti : Production Designer, 2010) 52' 잔프랑코 자니(Gianfranco Giagni)

9. 더글라스 카디닐의 건축(Radical Attitudes : The Architecture of Douglas Cardinal, 2010) 48' 짐 햄(Jim Hamm) 2020 ADFF Winnipeg

10. 도시농장 만들기(Public Farm 1 : The Making of an Urban Farm, 2010) 16' 릴리벳 포스터(Lilibet Foster) ADFF

11. 도열드 영, 로고타입 디자이너(Doyald Young, Logotype Designer, 2010) 42' 스콧 에릭슨(Scott Erickson)

12. 드리프터(Eine flexible Frau/The Drifter, 2010) 97' 타타나 투란스키(Tatjana Turanskyj)

13. 로빈훗 가든(Robin Hood Gardens/Every Brutalist Strucure for Itself, 2010) 17' 마틴 지네스티(Martin Ginestie) 2011 AFFR

14. 로커웨이의 방갈로(The Bungalows of Rockaway, 2010) 52' 제니퍼 칼라한(Jennifer Callahan) 2011 AFFR

15. 루시엔과 로빈의 디자인(Contemporary Days: The Designs of Lucienne and Robin Day, 2010) 77' 머리 그리고르(Murray Grigor) 2013 ADFF Winnipeg

16. 루이스 설리번(Louis Sullivan: The Struggle for American Architecture, 2010) 97' 마크 리차드 스미스(Mark Richard Smith)

17. 뮤즈(MUSE, 2010) 11' 마고 온네스 Margo Onnes 2011 AFFR

18. 미완성 이탈리아(Unfinished Italy, 2010) 34' 베노이트 펠리치(Benoit Felici) 2013 AFFR

19. 발드리프트(Falling Apart/Valdrift, 2010) 11' 재스퍼 웨셀스(Jasper Wessels) 2011 AFFR

20. 버크민스터 풀러와 유니온 탱크 카 돔(A Necessary Ruin: The Story of Buckminster Fuller and the Union Tank Car Dome, 2010) 30' 이반 마써(Evan Mather) 2011 AFFR

21. 브라우니언 무브먼트(Brownian Movement, 2010) 나누크 레오폴드(Nanouk Leopold)

22. 빈센트 스컬리(Vincent Scully: An Art Historian Among Architects, 2010) 56' 톰 파이퍼(Thomas Piper) 2010 ADFF

23. 빌딩 포 더 아트(Buildings for the Arts/Bauten für die Künste, 2010) 25' 조지 리하(Georg Riha)

24. 빌바오의 43기둥들(43 Colonne in scena a Bilbao, 2010) 52' 레오나르도 바랄디(Leonardo Baraldi), 엘레오노라 사라신(Eleonora Sarasin) 2010 ADFF

25. 사막의 유토피아(Desert Utopia: Mid-Century Architecture in Palm Springs, 2010) 55' 제이크 고스트(Jake Gorst) 2011 AFFR/ 2014 ADFF Winnipeg

26. 상해전기(I Wish I Knew, 2010) 138' 지아장커(賈樟柯)

27. 서프라이즈빌(Surpriseville, 2010) 10' 팀 트래버스 호킨스(Tim Travers Hawkins) 2015 AFFR

28. 선물가게를 지나야 출구(Exit Through The Gift Shop, 2010) 87' 뱅크시(Banksy)

29. 스페이스, 랜드, 타임(Space, Land and Time: Underground Adventures with Ant Farm, 2010) 77' 로라 해리슨(Laura Harrison), 엘리자베스 페드리치(Elizabeth Federici) 2011 AFFR/ 2010 ADFF

30. 시티 빌로우(The City Below, 2010) 110' 크리스토프 호흐호이즐러(Christoph Hochhausler)

31. 시티즌 아키텍트(Citizen Architect, 2010) 60' 샘 웨인라이트 더글러스(Sam Wainwright Douglas) 2010 SIAFF/ 2017 ADFF: Seoul/ 2010 ADFF

32. 아이 엠 페이: 빌딩 차이나 모던(I. M. Pei: Building China Modern, 2010) 53' 앤 메이크피스(Anne Makepeace) 2011 AFFR

33. 업 투 더 스카이(Up to the Sky: Hearst Tower, 2010) 78' 사빈 폴마이어(Sabine Pollmeier) ADFF

34. 여성 건축가 자하 하디드(Lioness Among Lions – The Architect Zaha Hadid, 2010) 52' 호르스트 브란덴부르크(Horst Brandenburg)

35. 여성은 영웅이다(Women Are Heroes, 2010) JR

36. 울타리 전쟁(The Home Front, 2010) 40' 프히 암보(Phie Ambo) 2011 EIDF

37. 웨이스트 랜드(Waste Land, 2010) 루시 워커(Lucy Walker) 2011 SIEFF

38. 윌리엄 크리셀(William Krisel: Architect, 2010) 87' 제이크 고스트(Jake Gorst)

39. 유토피아 런던(Utopia London, 2010) 82' 톰 코델(Tom Cordell) 2011 SIAFF/ 2011 AFFR/ 2013 ADFF Winnipeg

40. 인사이드 잡(Inside Job, 2010) 108' 찰스 퍼거슨(Charles Ferguson)

41. 인셉션(Inception, 2010) 148' 크리스토퍼 놀란(Christopher Edward Nolan)

42. 인테리어 패세이지(The Interior Passage/Le paysage intérieur, 2010) 83' 피에르 메일라드(Pierre Maillard) 2013 AFFR/ADFF

43. 인투 더 가든 오브 글래스 앤드 스틸(Into the Garden of Glass and Steel, 2010) 15' 아리스토텔리스 마라그코스(Aristotelis Maragkos) 2011 AFFR

44. 일 카포(Il Capo, 2010) 16' 유리 안카리니(Yuri Ancarani) 2015 AFFR/ADFF

45. 주차중(Parked, 2010) 94' 데렉 번(Darragh Byrne)

46. 지니어스 오브 디자인(Genius of Design, 2010)
- 1회. 기계속의 영혼(Ghosts in the Machine) Tim Kirby
- 2회. 주거를 위한 디자인(Designs for Living) Hattie Bowering
- 3회. 전쟁을 위한 청사진(Blueprints for War) Chris Wilson, Hattie Bowering
- 4회. 플라스틱 세상(Better Living Through Chemistry) Peter Sweasey, Chris Rodley
- 5회. 욕망의 대상(Objects of Desire) Chris Wilson

47. 천도(遷都) 10년(Capital, 2010) 55' 막심 포즈도롭킨(Maxim Pozdorovkin), 조 벤더(Joe Bender) 2011 AFFR/ 2010 DMZ IDFF

48. 카이탄 시의 풍경(Sketches Of Kaitan City, 2010) 152' 구마키리 가즈요시(熊切和嘉)

49. 컨텐트-미래의 과거(Content - Zukünftige Vergangenheit, 2010) 77' 크리스 프티(Chris Petit)

50. 트론: 새로운 시작(Tron:Legacy, 2010) 127' 조셉 코신스키(Joseph Kosinski)

51. 파라다이스 호텔(Paradise Hotel, 2010) 54' 소피아 차벨라(Sophia Tzavella) 2011 EIDF

52. 폐허 속의 로빈슨(Robinson in Ruins, 2010) 패트릭 켈러(Patrick Keiller)

53. 풀 파티(Pool Party, 2010) 75' 베스 알라(Beth Aala) ADFF

54. 프라하의 눈(Oko nad Prahou/Eye Over Prague, 2010) 78' 올가 슈파토바(Olga Spátová) 2010 SIAFF/ 2011 AFFR/ 2010 ADFF

55. 하우 투 메이크 어 북 위드 슈타이들(How to Make a Book with Steidl, 2010) 88' 게레온 베첼(Gereon Wwetzel), 외르크 아돌프(Jorg Adolph) 2012 ADFF Winnipeg

56. 허버트 매터의 비주얼 언어(The Visual Language of Herbert Matter, 2010) 78' 레토 카두프(Reto Caduff) 2010 ADFF

57. 헤드스페이스 1(Headspace 1, 2010) 16' 스타니슬라프 루다브스키(Stanislav Roudavski) ADFF

58. 헤르만 헤르츠버거(Searching for Space. On the Architect Herman Hertzberger, 2010) 키스 힌(Kees Hin)

2011년

1. 건축적인 삶(Life Architecturally, 2011) 52' 브릿 아서(Britt Arthur) 2013 ADFF Winnipeg

2. 다클로퍼스(Daklopers, 2011) 11' 라마즈 멜라쉬빌리(Ramaz Melashvilli) 2011 AFFR

3. 더 밀 앤 더 크로스(The Mill And The Cross, 2011) 96' 레흐 마예스키(Lech Majewski)

4. 데이비드 치퍼필드의 형태(David Chipperfield : Form Matters, 2011) 59' 마이클 블랙우드(Michael Blackwood) 2013 ADFF Winnipeg/ 2023 SIAFFF

5. 도널드 트럼프의 전쟁(You've Been Trumped, 2011) 95' 안토니 백스터(Anthony Baxter) 2015 AFFR/ 2012 SIEFF

6. 디스 스페이스 어베일러블(This Space Available, 2011) 90' 그웨나엘르 고베(Gwenaelle Gobe) 2013 AFFR

7. 디트로이트 와이드 시티(Detroit Wild City, 2011) 80' 플로랑 틸롱(Florent Tillon) ADFF

8. 라이프 인 어 데이(Life In A Day, 2011) 95' 케빈 맥도날드(Kevin David McDonald)

9. 레테라22(Lettera22, 2011) 46' 에마누엘레 피카르도(Emanuele Piccardo) 2011 AFFR

10. 로버트 A. M. 스턴: 뉴욕 아파트의 역사(Robert A.M. Stern : 15 Central Park West and the History of the New York Apartment House, 2011) 24' 톰 파이퍼(Thomas Piper) ADFF

11. 루이스 칸, 6 장면의 실내악(ARCHITECT, A Chamber Opera in Six Scenes, 2011) 65' 제니 칼릭(Jenny Kallick)

12. 리차드 롤랜드 홀스트의 아틀리에(Het Atelier van Richard Roland Holst, 2011) 30' 윌마 쿠이벤호븐(Wilma Kuijvenhoven) 2011 AFFR

13. 말하는 건축가(Talking Architect, 2011) 95' 정재은 2012 SIAFF/ 2012 SIEFF

14. 멘델존의 끝없는 비전(Mendelsohn's Incessant Visions, 2011) 71' 두키 드로르(Duki Dror) ADFF

15. 모더니즘을 위한 청원(A Plea for Modernism, 2011) 17' 에반 매더(Evan Mather) 2011 AFFR

16. 모래(My Father's House, 2011) 40' 강유가람 2012 SIAFF/ 2011 EIDF

17. 모형: 사고, 형태, 쇼, 사랑, 분노(Models : Think, Shape, Show, Love, Fury, 2011) 33' 조지오 시안카(Giorgio Scianca) 2011 AFFR

18. 미션: 네덜란드 대사관 건축(Mission Statements : The Architecture of Dutch Diplomacy, 2011) 60' 조드 덴 홀랜더(Jord den Hollander) 2011 AFFR/ 2013 ADFF Winnipeg

19. 미완의 공간들(Unfinished Spaces, 2011) 86' 알리사 나미아스(Alysa Nahmias) & 벤자민 머레이(Benjamin Murray) 2016 SIAFF/ 2017 ADFF : Seoul/ 2011 2013 AFFR

20. 민카(Minka, 2011) 16' 다비나 파르도(Davina Pardo) ADFF

21. 밀턴 케인즈 이야기(Conversations in Milton Keynes, 2011) 73' 인고 발테스(Ingo Baltes) 2013 AFFR

22. 바라간 하우스(The Barragán House : A Universal Value, 2011) 30' 투픽 마클루(Tufic Makhlouf Akl) ADFF

23. 별을 삼키는 도시(The City Dark, 2011) 84' 이언 체니(Ian Cheney) 2012 SIEFF/ 2013 AFFR

24. 부에노스아이레스에서 사랑에 빠질 확률(Medianeras, 2011) 95' 구스타보 타레토(Gustavo Taretto) 2013 SIAFF/ 2011 AFFR/ 2016 ADFF Winnipeg

25. 북촌방향(The Day He Arrives, 2011) 79' 홍상수

26. 사라진 마을, 알로스(The Dead of Alos, 2011) 32' 다니엘레 아트제니(Daniele ATZENI) 2013 SIEFF

27. 삼사라(Samsara, 2011) 102' 론 프릭(Ron Fricke)

28. 생명 디자인(Biophilic Design : the architecture of life, 2011) 60' 소피아 차벨라(Sophia Tzavella) 2011 ADFF

29. 수직도시(Vertical City, 2011) 34' 아비짓 무쿨 키쇼르(Avijit Mukul Kishore) 2015 AFFR

30. 시네마 예닌(Cinema Jenin : The Story of a Dream, 2011) 70' 마커스 베터(Marcus Vetter) 2012 EIDF

31. 신기루(MIRAGE, 2011) 42' 슬로단 케카(Srdan Keca) 2011 AFFR

32. 심플 라이프(桃姐/A Simple Life, 2011) 117' 허안화(許鞍華)

33. 쓰리 월(Three Walls, 2011) 26' 자히드 마와니(Zahed Mawani) 2013 AFFR

34. 아메리칸 홈즈(American Homes, 2011) 12' 버나드 프리드만(Bernhard Friedman) 2011 AFFR

35. 안트베르펜 중앙역(Antwerpen Centraal, 2011) 93' 피터 크루거(Peter Krüger) 2011 AFFR/ 2017 ADFF : Seoul

36. 어바니제이션 인 차이나(Urbanisation in china : Happiness is seen Everywhere, 2011) 60' 데이비드 링거락(David Lingerak) 2012 SIAFF

37. 어버나이즈드(Urbanized, 2011) 85' 게리 허스트윗(Gary Hustwit) 2013 SIAFF/ 2017 ADFF : Seoul/ 2012 ADFF Winnipeg

38. 언서포티드 트랜짓(Unsupported Transit, 2011) 15' 재커리 폼왈트(Zachary Formwalt) 2013 AFFR

39. 얼음의 땅, 깃털의 사람들(People of a Feather, 2011) 90' 조엘 히스(Joel Heath) 2013 EIDF

40. 에쿠메노폴리스(Ekumenopolis : City Without Limits, 2011) 88' 임고은, 이고르 셰브축(Igor Sevcuk) 2012 SIAFF/AFFR 2011

41. 연속된 움직임(Movements Continued, 2011) 50' 프란스 파테시우스(Frans Parthesius) 2011 AFFR

42. 열심히 일하고 신나게 즐겨라(Work Hard - Play Hard, 2011) 90' 카르멘 로스만(Carmen Losmann) 2013 AFFR/ 2014 ADFF Winnipeg

43. 인사이드 피아노(Inside Piano, 2011) 65' 일라 베카(Ila Bêka) & 루이즈 르무안(Louise Lemoine) 2011 SIAFF/ 2011 AFFR/ 2015 ADFF Winnipeg

44. 임스: 아키텍트 & 페인터(EAMES : the architect and the painter, 2011) 84' 제이슨 콘(Jason Cohn), 빌 저지(Bill Jersey) 2013 SIAFF/ 2013 AFFR/ 2014 ADFF Winnipeg

45. 존 포트만(John Portman : A Life of Building, 2011) 52' 벤 로테만(Ben Loeteman) 2011 AFFR

46. 죽은 자의 정원 : 카를로 스카르파(Carlo Scarpa 1978 Brion Tomb, 2011) 10' 프랑코 디 카푸아(Fran di Capua) 2011 SIAFF

47. 짐 리머의 금속활자 디자인(Making Faces : Metal Type in the 21st Century, 2011) 45' 리처드 케글러(Richard Kegler)

48. 집(Yurt, 2011) 76' 무자페르 오즈데미르(Muzaffer Özdemir)

49. 트리 오브 라이프(The Tree Of Life, 2011) 139' 테렌스 맬릭(Terrence Malick)

50. 트리하우스의 꿈(Der Traum vom Baumhaus, 2011) 85' 베아테 렌트(Beate Lendt) 2011 AFFR

51. 틀라텔롤코(Tlatelolco, 2011) 75' 로테 슈라이버(Lotte Schreiber) 2013 AFFR

52. 파구스: 월터 그로피우스와 근대화 공장(Fagus – Walter Gropius and the factory for modernity, 2011) 26' 닐스 볼브링커(Niels Bolbrinker) ADFF

53. 패시브 패션(Passive Passion, 2011) 23' 찰리 혹시(Charlie Hoxie) ADFF

54. 퍼스펙티브스(Perspectieven/Perspectives, 2011) 50' 조지 보겔라르(George Vogelaar) 2011 AFFR

55. 펑키 마천루 이야기(The Freaky Story of the Funky Skyscraper, 2011) 75' 안드레스 루비오(Andres Rubio) 2011 AFFR

56. 프레스포즈플레이(PressPausePlay, 2011) 88' 다비드 드워스키(David Dworsky)

57. 프루이트 아이고(The Pruitt-Igoe Myth, 2011) 83' 차드 프리드리히(Chad Freidrichs) 2011 SIAFF/ 2013 AFFR

58. 플랜 오브 더 시티(Plan of the City, 2011) 13' 조슈아 프랑켈(Joshua Frankel) 2011 AFFR

59. 하늘을 향한 꿈(Vertical Expectations : The Shard, 2011) 26' 시모나 피안티에리(Simona Piantieri)

60. 하루에 다섯 도시, 다섯 장소(5 Cities, 5 Places, One Day, 2011) 14' 카밀라 로빈슨 2012 SIAFF/ 2011 AFFR

2012년

1. 16 에이커스(16 Acres, 2012) 95' 리처드 행킨(Richard Hankin) 2014 SIAFF/ 2013 AFFR

2. 건축학 개론(Architecture 101, 2012) 118' 이용주

3. 경계의 건축(Coast Modern, 2012) 56' 마이크 베르나르도(Mike Bernard), 개빈 프룸(Gavin Froome) 2013 SIAFF/ 2017 ADFF : Seoul/ 2016 ADFF Winnipeg

4. 고가수조(Water From Above, 2012) 12' 갈라 루테로스(Gala Lutteroth) ADFF

5. 골트지우스 앤 더 팰리칸 컴퍼니(Goltzius and the Pelican Company, 2012) 128' 피터 그리너웨이(Peter Greenaway)

6. 공기구조(Structures of Air, 2012) 12' 다이앤 데이비스-시코라(Diane Davis-Sikora) 2013 AFFR

7. 구룡에서의 또 다른 우울한 하루(Another Day of Depression in Kowloon, 2012) 15' 입 육유(Yuk-Yiu Ip) 2013 AFFR

8. 나의 브룩클린(My Brooklyn, 2012) 85' 켈리 앤더슨(Kelly Anderson ADFF

9. 네이버링 사운즈(Neighbouring Sounds, 2012) 131' 클레버 멘돈사 필로(Kleber Mendonça Filho) 2013 AFFR

10. 니나(Nina, 2012) 84' 엘리사 푹사스(Elisa Fuksas) 2013 AFFR

11. 다몽고 프로젝트(More Than Bricks and Mortar : The Damongo Project, 2012) 135' 마이클 허스루드(Michael Hersrud) 2014 ADFF Winnipeg

12. 더 앱센트 컬럼(The Absent Column, 2012) 8' 나단 에디(Nathan Eddy) ADFF

13. 더 톨리스트 타워: 빌딩 더 샤드(The Tallest Tower : Building the Shard, 2012) 47' 콜린 캠벨(Colin Campbell)

14. 도시 속 도시(A City Within A City, 2012) 18' 사이클릭세(Cyclixe) 2013 AFFR

15. 도시의 혼돈(Caos En La Ciudad, 2012) 53' 엔리케 페레즈(Enrique Pérez) 2013 AFFR

16. 도시학교(De school als stad 2012) 50' 모니엑 반 드 발(Moniek van de Vall) 2013 AFFR

17. 드롭시티(Drop City, 2012) 82' 조안 그로스만(Joan Grossman) 2013 AFFR

18. 디자인과 사고(Design & Thinking, 2012) 74' 무밍 차이(Mu-Ming Tsai)

19. 디자인은 하나(Design is One : Lella and Massimo Vignelli, 2012) 86' 캐시 브류(Kathy Brew), 로베르토 구에라(Roberto Guerra) 2014 ADFF Winnipeg

20. 디트로피아(Detropia, 2012) 91' 헤이디 에윙(Heidi Ewing), 레이첼 그레디(Rachel Grady)

21. 딜러 스코피디오 + 렌프로: 레이마기닝 링컨 센터 앤 더 하이 라인(Diller Scofidio + Renfro : Reimagining Lincoln Center and the High Line, 2012) 55' 머피 던(Muffie Dunn), 톰 파이퍼(Tom Piper) 2013 AFFR/ 2013 ADFF Winnipeg

22. 라이노타임: 더 무비(Linotype : The Film, 2012) 75' 더 글라스 윌슨(Douglas Wilson) 2017 ADFF Winnipeg

23. 라틴 스카이스크레이퍼(The Latin Skyscraper, 2012) 76' 세바스티안 쉰델(Sebastián Schindel) 2015 AFFR/ADFF

24. 레드 하우스(The Red House, 2012) 75' 알릭스 던칸(Alyx Duncan) 2013 SIEFF/ 2018 AFFR

25. 로베르토 브라더스(Os Irmãos Roberto, 2012) 72' 티아고 아라킬리안(Tiago Arakilian)

26. 로스트 리버(Lost Rivers, 2012) 72' 캐롤라인 바클(Caroline Bacle) 2013 SIAFF/ 2013 AFFR

27. 리컨버전(Reconversão/Reconversion, 2012) 68' 톰 앤더슨(Thom Andersen) 2013 AFFR/ 2013 DMZ IDFF

28. 마르키즈(Marquise, 2012) 12' 안드레우 메이시데(Andreu Meixide) 2013 AFFR

29. 마지막 성전 연대기(The Chronicles of the Last Temple, 2012) 58' 데이비드 시메니스(Dāvis Sīmanis) 2013 AFFR

30. 마천루 위에서의 점심(Men at Lunch, 2012) 65' 션 오 쿠알라인(Seán Ó Cualáin) 2013 SIAFF/ 2013 AFFR

31. 모던 타이드: 미드센추리 아키텍처 온 롱 아일랜드(Modern Tide : Midcentury Architecture on Long Island, 2012) 86' 제이크 고스트(Jake Gorst) 2013 AFFR

32. 바우마이스터(Baumeister, 2012) 9' 클라우디아 라르허(Claudia Larcher) 2013 AFFR

33. 브리프 히스토리 오브 컬랩스(A Brief History of Collapses, 2012) 22' 마리암 가니(Mariam Ghani) 2013 AFFR

34. 비야누에바, 악마라 불린 천재(Villanueva The Devil, 2012) 80' 후안 안드레스 베요요(Juan Andres Bello) 2015 SIAFF

35. 사그라다 파밀리아, 가우디의 유산(Sagrada : The Mystery Of Creation, 2012) 90' 슈테판 하우트(Stefan Haupt) 2015 SIAFF/ 2017 ADFF :Seoul

36. 세상에서 가장 안전한 핵발전소(The Safest Nuclear Power Station, 2012) 28' 헬레나 후프나겔(Helena Hufnagel) 2014 SIEFF

37. 시지지아(Sizígia, 2012) 18' 루이스 우르바노(Luis Urbano) 2013 AFFR

38. 쓰촨은 무너지지 않았다(Fallen City, 2012) 89' 치 자오(Qi ZHAO) 2013 AFFR

39. 알도 로시의 가설(L'hypothèse Aldo Rossi, 2012) 71' 프랑소아즈 아놀드(Françoise Arnold)

40. 얀 겔의 위대한 실험(The Human Scale, 2012) 83' 안드레아스 달스가르드(Andreas M. Dalsgaard) 2013 AFFR/ 2017 ADFF :Seoul

41. 얀 드 용(Uitzicht voor de geest, 2012) 25' 아넬리스 아위텐보하르트(Annelies Uittenbogaard) 2013 AFFR

42. 에브리씽 머스트 체인지: 피엣 즈워트(Everything Must Change : Piet Zwart/Alles Moet Nieuw : Piet Zwart, 2012) 75' 셔먼 드 헤수스(Sherman De Jesus)

43. 오르도스 100(Ordos 100, 2012) 61' 아이 웨이웨이(艾未未)

44. 오일러 하우스(The Oyler House : Richard Neutra's Desert Retreat, 2012) 45' 마이클 도시(Mike Dorsey) 2017 ADFF :Seoul/ 2017 AFFR/ 2014 ADFF Winnipeg

45. 위 스틸 리멤버(We still remember/Aún Nos Queda El Recuerdo, 2012) 19' 에이아드 살레(Eiad Saleh)

46. 이상도시(La Citta Ideale, 2012) 105' 루이지 로 카시오(Luigi Lo Cascio)

47. 인 컨텍스트(In Context, 2012) 50' 야스퍼 하위징아(Jasper Huizinga), 롯데 벨트만(Lotte Veltman) 2013 AFFR

48. 인조공간(Man Made Place/Ren zao kong jian, 2012) 53' 유 셴 수(Yu-Shen Su) 2013 AFFR

49. 인지 드러커리: 티칭 투 씨(Inge Druckrey : Teaching to See, 2012) 38' 안드레이 세버니(Andrei Severny)

50. 인터컬러리 스페이스(Intercalary Space/Espaces intercalaires, 2012) 56' 다미엥 포르(Damien Faure) 2013 AFFR

51. 크리스마스 마이어(Xmas Meier, 2012) 51' 일라 베카(Ila Bêka) & 루이즈 르무안(Louise Lemoine) 2011 AFFR

52. 타운 M(Town M, 2012) 45' 유타 마리 예센(Jutta Marie Jessen) 2013 AFFR

53. 파라비톤-피어 루이지 네르비 앤드 로만 콘크리트(Parabeton – Pier Luigi Nervi and Roman Concrete, 2012) 100' 하인츠 에미히홀츠(Heinz Emigholz)

54. 페레 인 프랑스 앤 알제리(Perret in France and Algeria, 2012) 113' 하인츠 에미히홀츠(Heinz Emigholz)

55. 페터 줌토르 방문기(The Practice of Architecture : Visiting Peter Zumthor, 2012) 58' 마이클 블랙우드(Michael Blackwood) 2015 ADFF Winnipeg

56. 포므롤, 헤르조그 & 드 뮤론(Pomerol, Herzog & de Meuron, 2012) 51' 일라 베카(Ila Bêka) & 루이즈 르무안(Louise Lemoine) 2011 AFFR

57. 폴 스미스: 젠틀맨 디자이너(Paul Smith : Gentleman Designer, 2012) 55' 스테판 카렐(Stéphane Carrel) ADFF

58. 하르파(HARPA, 2012) 52' 흐라프닐두르 군나르스도티르(Hrafnhildur Gunnarsdóttir) 2013 AFFR

59. 헬싱키 뮤직센터-전주곡(Helsinki Music Centre - PRELUDE, 2012) 93' 미이사 라티카 Miisa Latikka, 마티 레이니카 Matti Reinikka ADFF

60. 환생의 주일(To Be Reborn, 2012) 황규덕 2013 SIAFF

61. ART: 21–사라 제의 밸런스(ART : 21 – Sarah Sze in "Balance", 2012) 60' ART 21 2014 ADFF Winnipeg

2013년

1. 3×3D(2013) 69' 장 뤽 고다르(Jean-Luc Godard), 피터 그리너웨이(Peter Greenaway), 에드가 페라(Edgar Pêra)

2. 개미군단 이야기(Microbrigades - Variations of a Story, 2013) 31' 알렉산더 슈모에거(Alexander Schmoeger), 리사 슈미트 콜리넷(Lisa Schmidt-Colinet), 플로리안 차이팡(Florian Zeyfang) 2015 AFFR

3. 거꾸로 된 파테마(サカサマのパテマ, 2013) 99' 요시우라 야스히로(吉浦康裕) 2017 ADFF Winnipeg

4. 건물을 출력해 드립니다(The Man Who Prints Houses, 2013) 60' 마크 웹(Marc Webb) 2014 SIAFF/ 2013 AFFR

5. 겨울(Zima, 2013) 크리스티나 피치(Cristina Picchi) 2015 AFFR

6. 그녀(Her, 2013) 126' 스파이크 존즈(Spike Jonze)

7. 남겨진 것(What remains, 2013) 16' 안냐 크라우트가서(Annja Krautgasser) 2013 AFFR

8. 다비드의 탑(Tower of David, 2013) 23' 다니엘 슈워츠(Daniel Schwartz) & 마르쿠스 크네어(Markus Kneer)

9. 더 네이크드 브랜드(The Naked Brand, 2013) 57' 제프 로젠블럼(Jeff Rosenblum)

10. 더 빅 립(The Big Leap, 2013) 12' 크리스토퍼 칼슨 러스(Kristoffer Rus) 2015 AFFR

11. 더 페드웨이(The Pedway : Elevating London, 2013) 40' 크리스 베번 리(Chris Bevan Lee) 2013 AFFR/ 2014 ADFF Winnipeg

12. 돔 노보고 비타(ДОМ НОВОГО БЫТА/Dom Novogo Byta, 2013) 46' 로렌조 트리포디(Lorenzo Tripodi), 콘티 마누엘라(Conti Manuela) 2013 AFFR

13. 드로잉 온 라이프(Drawing on Life, 2013) 83' 폴 클라크(Paul Clarke), 코너 맥카퍼티(Conor McCafferty) 2016 2014 ADFF Winnipeg

14. 디스 빌딩 윌 싱 포올 오브 어스(This Building Will Sing For All of Us, 2013) 29' 올리버 하르트(Oliver Hardt) ADFF

15. 로테르담 2040(Rotterdam 2040, 2013) 92' 가이즈 라 리비에르(Gyz la Rivière) 2013 AFFR

16. 루시앙 에르베의 자화상(Lucien Hervé : Photographer Despite Himself, 2013) 54' 게리 메시앙(Gerrit Messiaen) 2014 SIAFF/ 2013 AFFR

17. 르코르뷔지에 페사크(Le Corbusier de Pessac, 2013) 51' 장 마리 베르티노(Jean-Marie Bertineau)

18. 마가렛 크롭 홀러(Margaret Staal-Kropholler, 2013) 50' 마그다 아우구스테인(Magda Augusteijn), 프로스퍼 드 루스(Prosper de Roos) 2013 AFFR

19. 마이크로토피아(Microtopia, 2013) 52' 제스퍼 와크마이스터(Jesper Wachtmeister) 2014 SIAFF/ 2014 EIDF

20. 말하는 건축, 시티: 홀(City : Hall, 2013) 106' 정재은 2013 SIAFF/ 2013 SIEFF/ 2013 AFFR

21. 모디파이드 하우징(Slightly Modified Housing, 2013) 76' 기욤 메이뉴(Guillaume Meigneux) 2017 AFFR

22. 모바일 하우스 제작기(How to Build a Mobile House, 2013) 98' 혼다 타카요시(Honda Takayoshi) 2013 SIAFF

23. 무에서 영원을 보다: 안도 다다오의 건축(Tadao Ando – From Emptiness to Infinity, 2013) 61' 마티어스 프릭(Mathias Frick) 2013 EIDF/ 2017 ADFF : Seoul

24. 뭄바이(Mumbai, 2013) 18' 마르쿠스 니어(Markus Kneer) 2013 AFFR

25. 미국을 바꾼 건축 10선(10 Buildings That Changed America, 2013) 57' 제프리 베어(Geoffrey Baer), 댄 프로테스(Dan Protess)

26. 미스 반 데어 로에의 투겐타트 하우스(Haus Tugendhat, 2013) 117' 디터 라이파르트(Dieter Reifarth) 2013 AFFR/ 2015 SIAFF

27. 미켈레 데 루키와 멤피스 그룹((Why a Film About Michele De Lucchi, 2013) 64' 알레씨오 보체르(Alessio Bozzer) 2014 SIAFF

28. 베니스, 내 사랑(I Love Venice, 2013) 71' 헬레나 뮈스켄스(Helena Muskens), 퀴런 라케(Quirine Racké) 2014 SIEFF

29. 브루클린 농부(Brooklyn Farmer, 2013) 27' 마이클 티부르스키(Michael Tyburski) ADFF

30. 블록 P(Block P, 2013) 35' 리케 디머(Rikke Diemer) 2015 ADFF Winnipeg

31. 빛나는 태양(The Radiant Sun, 2013) 58' 로니트 아이젠바흐(Ronit Eisenbach), 테리 사리스(Terri Sarris) 2018 ADFF Winnipeg

32. 사일로 468(Silo 468, 2013) 37' 안티 세페넨(Antti Seppänen) 2019 SIAFF/ADFF

33. 살기위한 기계: 크루체트 하우스(The Machine for Living, 2013) 61' 부르노 가리카노(Bruno Garritano)

34. 성스러운 도로(Sacro GRA, 2013) 95' 잔프랑코 로시(Gianfranco Rosi)

35. 세계시민 파올로 솔레리(Paolo Soleri : Citizen of the Planet, 2013) 50' 제프리 마데자(Geoffrey Madeja) 2017 ADFF : Seoul

36. 셜리에 관한 모든 것(Shirley - Visions of Reality, 2013) 92' 구스타프 도이치(Gustav Deutsch) 2013 SIAFF

37. 수카 시티(Sukkah City, 2013) 67' 제이슨 허트(Jason Hutt)

38. 스카이하우스(Skyhouse, 2013) 11' 조나단 로빈슨(Jonathan Robinson) 2013 AFFR

39. 슬럼: 미래의 도시(Slum : Cities of Tomorrow, 2013) 82' 장-니콜라스 오르혼(Jean-Nicolas Orhon) 2015 SIEFF

40. 아고라 포비아: 터키 도시개발연구(Agoraphobia : Investigating Turkey's Urban Transformation, 2013) 52' 임고은, 이고르 셰브축(Igor Sevcuk)

41. 아르헨티나 건축의 거장, 아만시오 윌리암스(Amancio Williams, 2013) 77' 헤라르도 파네로(Gerardo Panero) 2015 SIAFF/ 2015 AFFR

42. 알도 로시- 세계의 극장(Aldo Rossi : Il Teatro del Mondo, 2013) 45' 다리오 자나시(Dario Zanasi)

43. 알파벳 순서의 타임머신(The Time Machine in alphabetic order, 2013) 103' 존 톰슨(Jon Thomson), 앨리슨 크레이그헤드(Alison Craighead) 2013 AFFR

44. 어웨이 프롬 올 더 선스(Away From All the Suns/Fort von allen Sonnen, 2013) 77' 이사 빌링겐(Isa Willinger) 2015 AFFR/ 2014 ADFF Winnipeg

45. 에브리바디 스트리트(Everybody Street, 2013) 85' 셰릴 던(Cheryl Dunn)

46. 에코폴리스 차이나(Ecopolis China, 2013) 56' 안나-카린 그뢴루스(Anna-Karin Gronroos) 2014 SIAFF/ 2014 SIEFF

47. 오래된 터, 새로운 삶(Life in the Coffin Factory, 2013) 48' 알렉산더 드보르샤크(Alexander Dworschak) 2016 SIAFF

48. 요나(jonah, 2013) 17' 킵웨 타바레스(Kibwe Tavares) 2013 AFFR

49. 워터마크(Watermark, 2013) 90' 제니퍼 베이철(Jennifer Baichwal), 에드워드 버틴스키(Edward Burtynsky) 2015 AFFR/ 2017 ADFF Winnipeg

50. 웨이스트랜더(Wastelanders, 2013) 15' 잔느 반 헤에스비이크(Jeanne van Heeswijk, 마샬 반 데르 마이스(Marcel van der(Meijs) 2013 AFFR

51. 이프 유 빌드 잇(If You Build It, 2013) 86' 패트릭 크레돈(Patrick Creadon) 2017 ADFF : Seoul/ 2013 AFFR/ 2014 ADFF Winnipeg

52. 자우어브루크 후톤의 건축가들(Sauerbruch Hutton Architects, 2013) 73' 하룬 파로키(Harun Farocki) 2015 서울국제뉴미디어페스티벌

53. 자하 하디드의 위대한 도전(Zaha Hadid Who Dares Wins, 2013) 75' 린제이 핸런(Lindsey Hanlon) 2014 SIA FF/ 2015 AFFR/ 2015 ADFF Winnipeg

54. 제4의 벽(Fourth Wall, 2013) 50' 마리-프랑스와즈 플리사르(Marie-Françoise Plissart) 2014 SIAFF

55. 컴퍼티션(The Competition, 2013) 99' 앤젤 보레고 쿠베로(Angel Borrego Cubero) 2013 AFFR

56. 케이프코드의 바우하우스(Built on Narrow Land, 2013) 65' 멜라키 코널리(Malachi Connolly) 2015 SIA FF

57. 클레이뷔르흐: 마지막 베일머 주거단지(Kleiburg:de laatste Bijlmerflat, 2013) 51' 제로엔 비저(Jeroen Visser) 2013 AFFR

58. 타워 하우스(Tower House, 2013) 62' 카를 하인츠 클롭프(Karl-Heinz Klopf)

59. 토레 다비드(Torre David, 2013) 22' 다니엘 슈위츠(Daniel Schwartz), 마르쿠스 니어(Markus Kneer)

60. 파리의 에릭 로메르(Rohmer In Paris, 2013) 67' 리차드 미섹(Richard Misek) 2015 AFFR

61. 파올로 솔레리의 비전(The Vision of Paolo Soleri : Prophet in the Desert, 2013) 88' 리사 스카푸로(Lisa Scafuro) ADFF

62. 파올로 솔레리: 형태를 넘어(Paolo Soleri : Beyond Form, 2013) 80' 에이미 매드슨(Aimee S. Madsen) ADFF

63. 프라미스드 랜드(Promised Land, 2013) 106' 구스 반 산트(Gus Van Sant)

64. 프라하(Prague, 2013) 109' 아쉬쉬 R. 슈클라(Ashish R. Shukla)

65. 프랭크 게리: 현기증(Gehry's Vertigo, 2013) 48' 일라 베카(Ila Bêka) & 루이즈 르무안(Louise Lemoine) 2011 AFFR

66. 하늘을 향한 꿈(Reaching for the sky, 2013) 59' 베르트 오스터벨드(Bert Oosterveld), 피터 프란케네스트(Peter Frankenest) 2013 AFFR

67. 해닝 라르센의 빛과 공간(Henning Larsen – Light and Space, 2013) 56' 자이트 렉스 Jytte Rex ADFF

68. 해피니스(Happiness, 2013) 81' 토마스 발메스(Thomas Balmès) 2014 SIEFF

69. 헨리 도엘저의 유산(Little Boxes : The Legacy of Henry Doelger, 2013) 45' 로버트 케일(Robert Keil)

70. 홈(Home, 2013) 11' 토마스 글레슨(Thomas Gleeson) 2013 AFFR

71. 회색도시(Cidade Cinza, 2013) 85' 마르셀로 메스퀴타(Marcelo(Mesquita)

72. J. L. 세르트: 노매딕 드림(J. L. Sert : A Nomadic Dream, 2013) 72' 파블로 부조사 로드리구에즈(Pablo Bujosa Rodríguez) 2013 AFFR

2014년

1. 25번가(25 Bis, 2014) 46' 일라 베카(Ila Bêka) & 루이즈 르무안(Louise Lemoine)

2. 3D 프린팅: 전설을 만들다(Print the Legend, 2014) 98' 루이스 로페즈(Luis Lopez), 제이 클레이 트윌(J. Clay Tweel) 2014 SIAFF

3. 건축가가 사는 곳(Where Architects Live, 2014) 78' 프란체스카 몰테니(Francesca Molteni) 2016 SIAFF/ 2015 AFFR/ADFF

4. 건축의 얼굴을 바꾸다: 5명의 여성 건축사들(Making Space : 5 Women Changing the Face of Architecture, 2014) 50' 울탄 길포일(Ultan Guilfoyle) 2018 SIAFF/ 2016 ADFF Winnipeg

5. 고든 마타 클락과 그의 친구들(Crossed Words : Matta-Clark's Friends, 2014) 70' 마티아스 카돈(Matias CARDONE) 2018 SIAFF/ 2018 AFFR

6. 구룡성채도시 20년 후(City of Imagination Kowloon Walled City 20 Years Later, 2014) 18' 다이아나 주(Diana Jou)

7. 궁전의 땅(The Land of Many Palaces, 2014) 60' 아담 제임스 스미스(Adam James Smith), 팅 송(Song Ting) 2015 DMZ IDFF/ 2015 AFFR/ADFF

8. 그랜드 부다페스트 호텔(The Grand Budapest Hotel, 2014) 99' 웨스 앤더슨(Wes Anderson)

9. 그로잉 홈(Growing Home, 2014) 22' 파이살 아트라체(Faisal Attrache) 2015 AFFR

10. 극장전개(Unfold the Tehater, 2014) 62' 백종관 2014 SIAFF

11. 내셔널 갤러리(Die Neue Nationalgerie, 2014) 174' 프레데릭 와이즈먼(Frederick Wiseman) 2014 SIAFF/ 2018 ADFF Winnipeg

12. 네 개의 꿈과 천 개의 철거(Four Dreams and a Thousand Demolitions, 2014) 28' 엘즈비에타 야신스카 브룬베르크(Elzbieta Jasinska Brunnberg) 2015 ADFF

13. 네온(Neon, 2014) 52' 에릭 베드나스키(Eric Bednarski) ADFF

14. 논 스페이스(Non-space - The Collapse of the City as Commodity, 2014) 12' 임레 아젬(Imre Azem) 2015 AFFR

15. 다운 투 더 컨트리사이드(Down to the Countryside, 2014) 12' 리 톰프슨(Leah Thompson), 선 윤판(Sun Yun fan) 2015 AFFR

16. 댄 크룩섕크(Dan Cruickshank and the Family That Built Gothic Britain, 2014) 60' 팀 던(Tim Dunn)

17. 더블 해피니스: 복제된 도시(Double Happiness, 2014) 75' 엘라 라이델(Ella Raidel) 2015 SIAFF/ 2015 AFFR

18. 데오의 집(Theon Talo, 2014) 108' 랙스 린네캉가스(Rax Rinnekangas)

19. 두 박물관(Two Museums/Zwei Museen, 2014) 17' 하인츠 에미히홀츠(Heinz Emigholz)

20. 라 사피엔자(La Sapienza, 2014) 107' 유진 그린(Eugène Green) 2015 AFFR/ 2015 ADFF Winnipeg

21. 라마달레나(La Maddalena, 2014) 12' + 라마달레나 의자(La Maddalena Chair, 2014) 25' 일라 베카(Ila Bêka) & 루이즈 르무안(Louise Lemoine)

22. 러시아 혁명: 자하 하디드와 말레비치(The Russian Revolutionary : Zaha Hadid on Kazimir Malevich, 2014) 30' 앨런 옌토브(Alan Yentob) 2017 2015 ADFF Winnipeg

23. 레이크스 박물관의 새 단장 2(The New Rijksmuseum-The Film, 2014) 120' 우카 후겐데이크(Oeke Hoogendijk)

24. 루타 마리아 릭스(Lutah - A Passion for Architecture : A Life in Design, 2014) 65' 쿰쿰 바흐나니(Kum-Kum Bhavnani) 2017 AFFR/ 2016 ADFF Winnipeg

25. 마리아 엘레나(María Elena, 2014) 40' 로드리고 레페(Rodrigo Lepe)

26. 마에스트로와 마스터(The Maestro and the Master : Building the New Mariinsky, 2014) 60' 요시프 페이긴버그(Yosif Feyginberg) 2016 ADFF Winnipeg

27. 마지막 인형극(Tomorrow We Disappear, 2014) 83' 아담 위버(Adam Weber), 지미 골드 블룸(Jimmy Goldblum) 2015 AFFR

28. 마틴 반 세브렌의 무한한 세계(Maarten Van Severen : Addicted to Every Possibility, 2014) 61' 문 블레세(Moon Blaise) 2015 SIAFF/ 2015 AFFR

29. 망대(Watch Tower, 2014) 66' 문숭욱 2014 SIAFF/ 2014 SIEFF

30. 매킨토시를 마주보고(Facing up to Mackintosh, 2014) 59' 루이스 록우드 Louise Lockwood ADFF

31. 메이커(Maker, 2014) 65' 차이 무밍(Mu-Ming Tsai) 2014 SIAFF

32. 메타볼리즘 그 이후(Beyond Metabolism, 2014) 40' 폴커 자텔(Volker Sattel) 2015 AFFR

33. 메트로폴리스의 탄생(Our Metropolis, 2014) 95' 과탐 손티(Gautam Sonti), 우사 라오(Usha Rao) 2015 SIAFF

34. 문화의 전당(Cathedrals of Culture, 2014) 156' 빔 벤더스(Wim Wenders) 외 5명 2014 SIAFF/ 2014 DMZ IDFF

35. 미스리딩 이노센스(Misleading Innocence(tracing what a bridge can do), 2014) 49' 샤하브 미한두스트(Shahab Mihandoust) 2016 ADFF Winnipeg

36. 바르디의 시(Precise Poetry, 2014) 55' 벨린다 루크치오(Belinda Rukschcio) 2015 AFFR/ 2016 ADFF Winnipeg

37. 바비카니아(Barbicania, 2014) 90' 일라 베카(Ila Bêka) & 루이즈 르무안(Louise Lemoine) 2015 AFFR/ 2016 ADFF Winnipeg

38. 베르나르데스(Bernardes, 2014) 92' 파울루 드 바로스(Paulo De Barros), 구스타부 가마 로드리게스(Gustavo Gama Rodrigues) 2015 AFFR

39. 보닝턴 스퀘어(Bonnington Square, 2014) 21' 알리스테어 올덤(Alistair Oldham) 2015 AFFR

40. 뵘 가문의 건축과 함께하는 삶(Die Böhms : Architektur einer Familie, 2014) 87' 마우리치우스 슈테어클-드럭스(Maurizius Staerkle-Drux) 2015 SIAFF/ 2015 AFFR/ 2016 ADFF Winnipeg

41. 블루밍 러브(A Little Chaos, 2014) 117' 알란 릭만(Alan Rickman) 2016 ADFF Winnipeg

42. 비둘기 가지에 앉아 존재를 성찰하다(A Pigeon Sat on a Branch Reflecting on Existence, 2014) 101' 로이 앤더슨(Roy Andersson)

43. 삶이 있는 도시-서울 속 도시재생 이야기(City with Life - A Story of the Urban Regeneration in Seoul, 2014) 58' 원호성, 하은영, 문경록 2014 SIAFF

44. 새총(SlingShot, 2014) 93' 폴 나사로(Paul Lazarus) ADFF

45. 슈퍼 유니트(Superjednostka/Super Unit, 2014) 20' 테레사 체피에츠(Teresa Czepiec) 2015 AFFR

46. 스펙큘레이션 네이션(Speculation Nation, 2014) 75' 빌 브라운(Bill Brown), 사빈 그루팻(Sabine Gruffat) 2015 AFFR

47. 슬리퍼 비트(Sleepers' Beat, 2014) 17' 아나스타샤 키릴로바(Anastasia Kirilova) 2015 AFFR

48. 신성한 장소(Göttliche Lage - Eine Stadt erfindet sich neu, 2014) 100' 마이클 로에켄(Michael Loeken), 울리케 프랭크(Ulrike Franke) 2015 AFFR

49. 싸인 페인터스(Sign Painters, 2014) 81' 페이스 레빈(Faythe Levine), 샘 매콘(Sam Macon) 2015 ADFF Winnipeg

50. 아일린 그레이: E-1027의 비밀(Gray Matters, 2014) 76' 마르코 오르시니(Marco Orsini) 2015 SIAFF

51. 아파트에 갇힌 꿈(03-FLATS, 2014) 90' 루이 왕 핑 (Lei Yuan Bin) 2014 SIAFF/ 2014 BIFF

52. 어 레이디언트 라이프(A Radiant Life/Une vie radieuse, 2014) 17' 메릴 아르트(Meryll Hardt) 2015 AFFR

53. 에펠탑(L'Expérience du Vide, 2014) 45' 일라 베카(Ila Bêka) & 루이즈 르무안(Louise Lemoine)

54. 우리의 도시(Our City, 2014) 84' 마리아 타란티노(Maria Tarantino)

55. 우미 야마 아이다-인 비트윈 마운틴스 앤드 오션스(Umi Yama Aida - In Between Mountains and Oceans, 2014) 79' 미야자와 마사키(Masaaki Miyazawa) 2015 AFFR

56. 월터 티그의 산업디자인(Teague : Design & Beauty, 2014) 88' 제이슨 모리스(Jason Morris)

57. 유리의 집(Skleněné domy/Glass Houses, 2014) 30' 올가 마투스유스카(Olga Matuszewska)

58. 이로 인해 그대는 죽지 않을 것이다(The Deathless, 2014) 66' 안건형 2015 SIAFF

59. 인 메디아스 레스(In Media Res/In The Midst Of Things, 2014) 72' 루차나 피나(Luciana Fina) ADFF

60. 인스파이어드 바이 주코브(Inspired By Shukhov, 2014) 28' 나탈리아 아르샵스카야(Natalia Arshavskaya) 2015 AFFR

61. 자연의 건축가 유진 추이(Telos : The Fantastic World of Eugene Tssui, 2014) 55' 이경 2015 AFFR

62. 작은 집에 산다는 것(Tiny : A story about living small, 2014) 66' 메레테 뮬러(Merete Mueller), 크리스토퍼 스미스(Christopher Smith) 2013 EIDF/ 2017 ADFF : Seoul

63. 장소의 정신(Tale of the Tongs, 2014) 69' 주디스 드완 할렛(Judith Dwan Hallet) 2017 ADFF : Seoul

64. 주거에 대한 사유(HABITAT : Note Personali, 2014) 55' 에밀리아노 단테(Emiliano Dante) 2017 AFFR

65. 칼리갈리부터 히틀러까지(From Caligari to Hitler, 2014) 119' 뤼디거 슈호란트(Rüdiger Suchsland)

66. 코펜하겐(Copenhagen, 2014) 98' 마트 라소(Mark Raso)

67. 콘크리트 스토리: 조립식 건축의 역사(Concrete Stories, 2014) 72' 로렌츠 핀데이(Lorenz Findeisen) 2015 SIAFF/ 2015 AFFR

68. 크리스티아나아(Christiania : 40 Years of Occupation, 2014) 77' 리차드 잭맨(Richard Jackman), 로버트 로슨(Robert Lawson) 2017 ADFF : Seoul

69. 톨리아티(Togliatti(GRAD), 2014) 52' 지안 피에로 팔롬비니(Gian Piero Palombini) 페데리코 스키아비(Federico Schiavi) 2017 AFFR

70. 트라반텐(Trabanten, 2014) 55' 미카엘라 슈바이거(Michaela Schweiger

71. 포트리스 오브 솔리튜드(Fortress of Solitude, 2014) 18' 스페이스 캐비아르(Space Caviar) 2015 AFFR

72. 프레더릭 로 옴스테드, 미국을 디자인하다(Frederick Law Olmsted : Designing America, 2014) 60' 로렌스 호트(Lawrence Hott) 2015 SIAFF/ 2015 AFFR

73. 플레이 미(Play Me, 2014) 5' 캐스린 추벡(Cathryne Czubek), 루르 올라이졸라(Lur Olaizola), 루스 소말로(Ruth Somalo) ADFF

74. 하기 벨즈버그의 건축 실험(Experimenting Architecture : Hagy Belzberg, 2014) 11' 신디 알렌(Cindy Allen) ADFF

75. 현장 24시(24 Heures sur Place, 2014) 90' 일라 베카(Ila Bêka) & 루이즈 르무안(Louise Lemoine)

76. 홈 스위트 홈(Home Sweet Home, 2014) 10' 피에르 클레네(Pierre Clenet), 로맹 마제베(Romain Mazevet), 알레한드로 다아즈(Alejandro Diaz) 2015 AFFR

77. 활주로-모더니즘의 도피(The Airstrip : Decampment of Modernism, Part III, 2014) 108' 하인츠 에미히홀츠(Heinz Emigholz)

78. 휴 M. 캅투르의 건축(Quiet Elegance : The Architecture of Hugh M. Kaptur, 2014) 54' 존 C. 브라운(John C. Brown) 2015 ADFF Winnipeg

79. DLRG(2014) 12' 안체 벅홀츠(Antje Buchholz), 스벤 플렉센하르(Sven Flechsenhar), 마자 웨이어만(Maja Weyermann) 2015 AFFR

80. E. 스튜어트 윌리엄즈의 모더니즘(The Nature of Modernism : E. Stewart Williams, 2014) 79' 제이크 고스트(Jake Gorst), 트레이시 레니(Tracey Rennie) 2015 ADFF Winnipeg

2015년

1. 건축의 선구자 페터 베렌스(Peter Behrens – A Pioneer in Architecture, 2015) 33' 시린 사바히(Shirin Sabahi) 2016 SIAFF/ADFF

2. 건축의 정신: 존 라우터 25주년(25th Anniversary Spirit in Architecture : John Lautner, 2015) 73' 베트 제인 코헨(Bette Jane Cohen)

3. 관점(민호카오)(Ponto de Vista- Minhocão, 2015) 31' 잉그리드 마벨(Ingrid Mabelle)

4. 그레이슨 페리의 꿈의 집(Grayson Perry's Dream House, 2015) 47' 닐 크롬비(Neil Crombie) 2016 SIAFF/ 2015 AFFR

5. 깨어나는 도시(Awakening City, 2015) 101' 페르난도 라모스(Fernando Ramos) 2016 SIEFF

6. 나의 호텔 순례기(The Hotel, 2015) 63' 크리스티안 페트리(Kristian Petri) 2017 SIAFF/ 2017 AFFR

7. 내일(Demain, 2015) 120' 시릴 디옹(Cyril Dion), 멜라니 로랑(Melanie Laurent)

8. 뉴욕 스테이트 파빌리온의 부활(Modern Ruin : A World's Fair Pavilion, 2015) 77' 매튜 실바(Matthew Silva) 2015 SIAFF/ 2015 AFFR/ADFF

9. 다퉁 개발 프로젝트(The Chinese Mayor, 2015) 89' 주호(Zhou Hao) 2015 AFFR/ 2015 EIDF

10. 더 로드(The Road, 2015) 95' 장 잔뽀(Zanbo Zhang) 2017 AFFR

11. 더 쾨벨 도시재생 프로젝트(Urban Tides, 2015) 39' 시모네 엘레펠트(Simone Eleveld) 2017 SIAFF/ 2015 AFFR/ 2016 ADFF Winnipeg

12. 데이비드 아디아예(David Adjaye – Collaborations : A Portrait of the Architect through the Eyes of Others, 2015) 50' 올리버 하르트(Oliver Hardt) 2016 ADFF Winnipeg

13. 데이비드 치퍼필드(David Chipperfield A Place to Be, 2015) 60' 로저 파슨스(Roger Parsons) BBC One, Imagine(TV Episiode)

14. 도시의 재건(The Art of Recovery, 2015) 85' 피터 영(Peter Young) 2017 AFFR

15. 드림 랜드(Dream Land, 2015) 90' 스티브 첸(Steve Chen) 2016 SIAFF

16. 디자이너스 인비트윈(Designers Inbetween, 2015) 58' 올리버 레토(Oliver Lehtonen), 조나단 라말호(Jonathan Ramalho)

17. 디자인 스쿨의 모든 세계(Hela Världen i en Designskola, 2015) 59' 토마스 마티아스 로우(Thomas Mattias Löw)

18. 라스 마노스(Las Manos/The Hands, 2015) 61' 미구엘 G. 모랄레스(Miguel G. Morales) 2017 ADFF Winnipeg

19. 로리베이커: 상식을 넘어서(Uncommon Sense : The Life and Architecture of Laurie Baker, 2015) 68' 비니트 라다크리슈난(Vineet Radhakrishnan) 2017 SIAFF/ 2017 ADFF Winnipeg

20. 르코르뷔지에의 디자인 혁명(Le Corbusier 50 : stories of encounters that have revolutionised design, 2015) 52' 발레리아 파리시(Valeria Parisi) 2016 SIAFF/ 2016 SDF

21. 르코르뷔지에의 시대(Le Corbusier's Century, 2015) 52' 줄리엣 까자노트(Juliette Cazanave) 2019 AFFR

22. 마지막 출구 알렉산더플라츠(Last Exit Alexanderplatz, 2015) 56' 한스 크리스티안 포스트(Hans Christian Post) 2015 AFFR

23. 메이드 유 룩(Made You Look, 2015) 70' 폴 오코너(Paul O'Connor), 안소니 피터스(Anthony Peters)

24. 목욕탕 사람들(Gente dei bagni, 2015) 60' 스테파니아 보나(Stefania Bona) 2017 AFFR

25. 무한 행복(The Infinite Happiness, 2015) 85' 일라 베카(Ila Bêka) & 루이즈 르무안(Louise Lemoine) 2017 ADFF : Seoul

26. 미니멀리즘 비우는 사람들의 이야기(Minimalism A Documentary About the Important Things, 2015) 79' 맷 토버(Matt Tauber)

27. 미카담 스토리(Asphalte, 2015) 100' 사루나스 바르타스(Šarūnas Bartas)

28. 밀라노 대성당, 끝없는 건축(The Never-Ending Factory of the Duomo, 2015) 74' 마시모 다놀피(Massimo D'Anolfi), 마르티나 파렌티(Martina Parenti) 2016 SIAFF/ 2020 AFFR

29. 바이루 드림(Le Rêve de Bailu/Baiu Dream, 2015) 12' 니콜라스 부네(Nicolas Boone) 2015 AFFR

30. 발코니 이야기(Historias de Balcones/Balcony Tales, 2015) 28' 헬레 웬델롭-리젤리우스(Helle Windelov-Lidzelius) 2015 AFFR

31. 볼링트레프(Bowlingtreff, 2015) 60' 아드리안 도르슈너(Thomas Beyer), 토마스 베이어(Adrian Dorschner) 2017 AFFR

32. 뵈르게 모겐센, 일상을 디자인하다(Børge Mogensen - Designs for life, 2015) 58' 캐스퍼 회위베르 Casper Høyberg, 토마스 모겐센 Thomas Mogensen 2016 SIAFF

33. 빌라노바 아티가스: 건축사 그리고 빛(Vilanova Artigas : The Architect and the Light, 2015) 94' 로라 아티가스(Laura Artigas), 페드로 고스키(Pedro Gorski) 2018 SIAFF

34. 수면 아래(Onder De Oppervlakte, 2015) 92' 디그나 신크(Digna Sinke) 2015 AFFR

35. 스마트 시티(Smart Cities - Building for the Cities of Tomorrow, 2015) 44' 클라우디아 기지 헤프너(Claudia Giczy-Hefner), 피터 지치(Peter Giczy)

36. 아버지와의 대화(Talking to My Father, 2015) 90' 세메리 도일(Sé Merry Doyle)

37. 아이리드(EYELID, 2015) 25' 프란체스코 마투치(Francesco Mattuzzi) 2015 AFFR

38. 아키컬처(Archiculture, 2015) 25' 다비드 크란츠(David Krantz)

39. 아키프릭스 인터내셔널 마드리드(Archiprix International Madrid, 2015) 45' 크리스티안 판 쉴름비크(Christiaan van Schermbeek) 2015 AFFR

40. 안개의 아이들이 사는 땅(Ever the Land, 2015) 89' 자라 그로네르트(Sarah GROHNERT) 2016 SIAFF

41. 안데르마트: 글로벌 빌리지(Andermatt : Global Village, 2015) 90' 레오니다스 비리(Leonidas Bieri) 2015 AFFR

42. 안도 타다오(Tadao Ando - Samurai Architect, 2015) 73' 미즈노 시게노리(水野重理) 2017 SIAFF/ 2017 AFFR

43. 어보브 앤 빌로우(Above and Below, 2015) 118' 니콜라스 스타이너(Nicolas Steiner) 2015 AFFR

44. 억만장자들의 지하층 전쟁(Millionaire Basement Wars, 2015) 50' 제임스 도슨(James Dawson) 2015 AFFR

45. 언더 더 스킨 오브 디자인(Under the Skin of Design, 2015) 60' 오드리 아퀼리나(Audrey Aquilina) ADFF

46. 엑스 마키나(Ex Machina, 2015) 108' 알렉스 가랜드(Alex Garland) 2015 AFFR

47. 오브 아럽(Ove Arup : The Philosopher Engineer, 2015) 38' 타기 아미라니(Taghi Amirani) ADFF

48. 오스카 니마이에르의 긴 투쟁(Oscar Niemeyer, The Fight is Long, 2015) 52' 아드리안 도르슈너(Thomas Beyer), 토마스 베이어(Adrian Dorschner) ADFF

49. 외교관과 예술가, 그리고 양복(The Diplomat, the Artist and the Suit, 2015) 57' 폴 골드만(Paul Goldman) ADFF

50. 우르비노의 건축가(The Architect of Urbino, 2015) 30' 에마누엘레 피카르도(Emanuele Piccardo) 2015 AFFR

51. 위기(Auf Der Kippe, 2015) 62' 얀 하구스(Jan Hargus), 마르코 퀴네(Marco Kühne) 2015 AFFR

52. 자비에 베이양: 모더니즘 건축의 재발견(Architectones by Xavier Veilhan, 2015) 68' 프랑수아 콩뱅(Francois Combin) 2017 SIAFF

53. 자전거 vs 자동차(Bikes vs Cars, 2015) 91' 프레드릭 게르튼(Fredrik Gertten) 2015 SIEFF

54. 자전거, 도시(Bicycle, City, 2015) 140' 공미연 2015 SIAFF/ 2015 DMZ IDFF

55. 장벽 너머(Walls, 2015) 80' 파블로 이라부루(Pablo Iraburu) 2016 EIDF

56. 지구 연구소(Institute Above-Ground, 2015) 22' 플로리안 제이팡(Florian Zeyfang), 리사 슈미트 콜리넷(Lisa Schmidt-Colinet)

57. 지오 폰티 예찬(Amare Gio Ponti_Loving Gio Ponti, 2015) 34' 프란체스카 몰테니(Francesca Molteni) 2016 SIAFF/ 2016 SDF

58. 집, 몽상(Estate, a Reverie, 2015) 83' 안드레아 루카 짐머만(Andrea Luka Zimmerman) 2013 AFFR/ 2015 ADFF Winnipeg

59. 체르노빌의 할머니들(The Babushkas of Chernobyl, 2015) 70' 앤 보거트(Anne Bogart), 홀리 모리스(Holly Morris) 2015 AFFR

60. 트러블메이커스: 더 스토리 오브 랜드 아트(Troublemakers : The Story of Land Art, 2015) 72' 제임스 크럼프(James Crump) 2017 AFFR

61. 포고 섬 이야기: 낯설고도 익숙한(Strange & Familiar: Architecture on Fogo Island, 2015) 55' 마샤 코닐리(Marcia Connolly) & 캐서린 나이트(Katherine Knight) 2016 SIAFF/ 2017 ADFF : Seoul/ 2015 AFFR/ 2015 ADFF Winnipeg

62. 포장마차(Pojangmacha, 2015) 13' 얀 샤베르트(Jan Schabert) 2015 AFFR

63. 프라이스 오브 디자이어(The Price of Desire, 2015) 108' 메리 맥구키안(Mary McGuckian)

64. 프랑코포니아(Francofonia, 2015) 88' 알렉산드르 소쿠로프(Aleksandr Sokurov)

65. 프랭크 게리 이해하기(Getting Frank Gehry, 2015) 59' 샐리 앳킨(Sally Aitken) 2017 ADFF : Seoul/ 2015 AFFR

66. 프랭크 게리의 불가능은 없다(Frank Gehry : The Architect Says "Why Can't I?", 2015) 60' 샐리 앳킨(Sally Aitken), 루크 맥마흔(Luke McMahon) BBC One, Imagine 2015

67. 플라워쇼(Dare to Be Wild, 2015) 100' 비비엔느 드 커시(Vivienne De Courcy)

68. 피터 줌토르, 또 다른 침묵(Peter Zumthor : Different Kinds of Silence, 2015) 61' 마크 크리스토프 바그너(Marc-Christoph Wagner)

69. 핀란드 오이스터: 토론토 시청사 비하인드 스토리(Finn with an Oyster : The Story Behind Toronto's New City Hall, 2015) 70' 마이클 카이너(Michael Kainer)

70. 하이라이즈(High-rise, 2015) 119' 벤 웨틀리(Ben Wheatley) 2016 ADFF Winnipeg

71. W.I.N.D. 하우스(The W.I.N.D. House, 2015) 31' A.P. 코멘(A.P. Komen), 카렌 머피(Karen Murphy) 2016 ADFF Winnipeg

2016년

1. 건축의 희망: 매기 센터(Building Hope : The Maggie's Centres, 2016) 60' 사라 호윗(Sarah Howitt) 2017 AFFR/ 2018 ADFF Winnipeg

2. 게임으로 도시 바꾸기(Gaming the Real World, 2016) 73' 안데르스 에클룬드(Anders Eklund) 2017 SIAFF/ 2018 AFFR/ 2019 ADFF Winnipeg

3. 광고작가 토니 쎄가라(Toni Segarra : The Ads Writer/ Toni Segarra : un tipo que escribe anuncios, 2016) 65' 호세 마뉴엘 피닐로(José Manuel Pinillo)

4. 그린 스크린 그링고(Green Screen Gringo, 2016) 16' 도위 다익스트라(Douwe(Dijkstra) 2017 SIAFF

5. 꿈을 팔아요(Selling Dreams, 2016) 11'+ 23' 일라 베카(Ila Bêka) & 루이즈 르무안(Louise Lemoine)

6. 내 사랑 한옥마을(Dearest, Hanok Village, 2016) 89' 김정인 2016 SIAFF

7. 노브고로드의 우주선(The Novgorod Spaceship, 2016) 45' 안드레이 로즌(Andrei Rozen) 2017 SIAFF/ 2017 ADFF : Seoul/ 2017 AFFR

8. 니콜라스 그림쇼의 12가지 즐거움(Some Kind of Joy : The Inside Story of Grimshaw in Twelve Buildings, 2016) 60' 샘 홉킨슨(Sam Hobkinson) 2016 SIAFF/ 2017 AFFR/ADFF

9. 달의 항구 보르도 여행(A Journey Around The Moon, 2016) 75' 일라 베카(Ila Bêka) & 루이즈 르무안(Louise Lemoine) 2017 SIAFF

10. 대도시 교향악(Hymn to the Great City, 2016) 50' 세르게이 데비제프(Sergey Debizhev)

11. 더 해피 필름(The Happy Film, 2016) 93' 힐만 커티스(Hillman Curtis), 벤 네이버스(Ben Nabors), 스테판 사그마이스터(Stefan Sagmeister) ADFF

12. 도슨 시티 : 얼어붙은 시간(Dawson City : Frozen Time, 2016) 120' 빌 모리슨(Bill Morrison) 2019 AFFR

13. 도시 농부 프로젝트(Wild Plants, 2016) 108' 니콜라스 험버트(Nicolas Humbert) 2017 EIDF/ 2017 AFFR

14. 디자인 디스럽터(Design Disruptors, 2016) 63' 맷 드아벨라(Matt D'Avella)

15. 런던 운하 위의 삶(London Afloat, 2016) 29' 글로리아 아우라 보르톨리니(Gloria Aura Bortolini) 2017 SIAFF

16. 렘(REM, 2016) 75' 토마스 콜하스(Tomas Koolhaas) 2018 ADFF Winnipeg

17. 로저 다스투스 : 캐나다의 모더니스트(Roger D'Astous, 2016) 103' 에티엔느 데로지에(Etienne Desrosiers) 2017 AFFR/ 2017 ADFF Winnipeg

18. 록키 II를 찾아서(Where Is Rocky II?, 2016) 93' 피에르 비스무스(Pierre Bismuth) 2018 AFFR

19. 리스본에는 누가 사는가(You'll Soon Be Here, 2016) 38' 파비오 페트로닐리(Fabio Petronilli) 2017 SIAFF

20. 마일스와 함께 집짓기(The Architect, 2016) 95' 조너선 파커(Jonathan Parker) 2016 SIAFF/ 2017 ADFF Winnipeg

21. 모더니스트 해리 자이들러(Harry Seidler : Modernist, 2016) 58' 대릴 들로라(Daryl(Dellora) 2017 SIAFF/ 2018 AFFR/ 2017 ADFF Winnipeg

22. 미래 노스탈지아(Nostalgia for the Future, 2016) 54' 아비지트 무쿨 키쇼레(Avijit Mukul Kishore), 로한 쉬브쿠마(Rohan Shivkumar)

23. 바투샤의 집(Batusha's House, 2016) 70' 티노 글림만(Tino Glimmann), 얀 골롭(Jan Gollob) 2017 SIAF

24. 벤 빌딩 : 무솔리니, 모뉴먼트, 모더니즘(Ben Building : Mussolini, Monuments and Modernism, 2016) 86' 프란시스 헨리(Francis Hanly)

25. 벤치에 관한 연구(Alone Together, the Social Life of Benches, 2016) 18' 에스더 존슨(Esther Johnson) 2017 AFFR

26. 봄이 지나가고(After Spring, 2016) 101' 스테프 칭(Steph Ching), 엘렌 마르티네즈(Ellen Martinez)

27. 부서진 기억들(The Destruction of Memory, 2016) 58' 팀 슬레이드(Tim Slade) 2017 SIAFF/ 2017 AFFR/ ADFF

28. 비하인드 더 스톤월(Behind the Stone Wall, 2016) 59' 메갈리 로우카우트(Magali Roucaut) 2017 AFFR

29. 사이트 오브 사이트(Site of Sites, 2016) 61' 나탈리아 카브랄(Natalia Cabral), 오리올 에스트라다(Oriol Estrada) 2017 AFFR

30. 산티아고 칼라트라바(Santiago Calatrava, 2016) 20' 알렉산드라 리버리스(Alexandra Liveris) ADFF

31. 살라모네의 세계(Mundo Salamone : La reinvención de la Pampa, 2016) 80' 에세키엘 힐버트(Ezequiel Hilbert) 2017 AFFR

32. 세바스티안 에라수리스: 거의 모든 것의 디자인(Sebastian Errazuriz : Monologues in the Artist's Studio, 2016) 35' 폴 아바디아(Paul Abadia) 2017 SIAFF

33. 스토리 텔러: 발터 벤야민 이후(The Storyteller. After Walter Benjamin, 2016) 62' 나다니엘 놉(Nathaniel Knop) ADFF

34. 스피리티(Spiriti, 2016) 15 X 3' 일라 베카(Ila Bêka) & 루이즈 르무안(Louise Lemoine)

35. 시네마 퓨처(Cinema Futures, 2016) 126' 마이클 팜(Michael Palm) 2018 SIAFF

36. 시민 제인: 도시를 위해 싸우다(Citizen Jane : Battle for the City, 2016) 92' 맷 타노어(Matt Tyrnauer) 2018 SIAFF/ 2017 ADFF : Seoul/ 2017 AFFR/ 2017 ADFF Winnipeg

37. 시터 오브 월스(City of Walls, 2016) 22' 에네오스 카르카(Eneos Çarka) 2017 AFFR

38. 씨 투모로우(Sea Tomorrow/Zavtra more, 2016) 88' 카테리나 수보로바(Katerina Suvorova) 2017 AFFR

39. 아디스 아바바(Addis Ababa - Chinese New Flower, 2016) 30' 실반 하겐브록(Silvan Hagenbrock) 2017 AFFR

40. 아마추어(L'amatore, 2016) 90' 마리아 마우티(Maria(Mauti) 2017 SIAFF/ 2017 AFFR

41. 아웃 오브 다크니스(Out of Darkness/Ciudades a contraluz, 2016) 87' 프란체스카 레알레(Fransesc Relea) 2017 AFFR

42. 아이 엠 벨파스트(I Am Belfast, 2016) 84' 마크 커즌스(Mark Cousins)

43. 아지무트(Azimut, 2016) 15' 에밀리아나 산토로(Emiliana Santoro) 2017 AFFR

44. 알바로 시자와 담배 한 대(Having a cigarette with alvaro siza, 2016) 52' 이언 딜타이(Iain Dilthey) 2017 SIAFF/ 2017 AFFR

45. 야나의 차이나 드림(Dream Empire, 2016) 73' 다비드 보렌스테인(David Borenstein) 2017 AFFR

46. 에로 사리넨: 미래를 짓다(Eero Saarinen : The Architect Who Saw the Future, 2016) 68' 피터 로젠(Peter Rosen) 2016 SIAFF/ 2017 AFFR/ 2017 ADFF Winnipeg

47. 예술가의 집(Art House, 2016) 88' 돈 프리만(Don Freeman) 2016 SIAFF/ 2016 SDF

48. 완덴콜크(WANDENKOLK, 2016) 15' 브루토 피르미노(Bruno Firmino) 2017 AFFR

49. 왓 위 해브 메이드(What We Have Made, 2016) 71' 파니 통드르(Fanny Tondre) 2017 AFFR

50. 요제프 쿠델카의 장벽(Koudelka : Shooting Holy Land, 2016) 72 길라드 바람(Gilad Baram) 2017 AFFR

51. 워크 플레이스(Workplace, 2016) 77' 게리 허스트윗(Gary Hustwit)

52. 위대한 도시(Hymn to a Great City, 2016) 50' 세르게이 데비제프(Sergey Debizhev)

53. 윈드실드: 사라진 비전(Windshield : A Vanished Vision, 2016) 47' 엘리사 브라운(Elissa Brown) 2017 AFFR/ 2017 ADFF Winnipeg

54. 윌리엄즈버그 하우스(The Williamsburg Houses, 2016) 13' 아이린 바르톨로메(Irene Bartolomé), 테사 렉스(Tessa Rex) 2017 AFFR

55. 이륙 전(Before the Flight, 2016) 20' 로랑스 봉뱅(Laurence Bonvin) 2018 AFFR

56. 이웃(Vizinhos Vicini Buren Nachbarn Neighbours, 2016) 155' 캔디다 핀투(Cândida Pinto)

57. 이태원(Itaewon, 2016) 96' 강유가람 2017 SIAFF/ 2016 DMZ IDFF

58. 이토 도요오, 멕시코의 도전(No Further Instructions) 프란시스코 곤잘레스 피냐(Francisco González Piña) 2023 SIAFF

59. 인디아 인 어 데이(India in a Day, 2016) 86' 리치 메타(Richie Mehta) 2017 AFFR

60. 일조권(the right of light, 2016) 17' 이동헌

61. 자하 하디드를 추모하며(Zaha Hadid, an Architect, a Masterpiece, 2016) 52' 카린 로이(Carine Roy) 2018 EIDF

62. 잠든 콘크리트: 사회주의, 자본주의를 만나다(Slumbering Concrete : Socialism Meets Capitalism, 2016) 51' 사샤 반(Sasa BAN) 에피소드1 2018 SIAFF/ 2017 AFFR

63. 장 누벨: 리플렉션스(Jean Nouvel : Reflections, 2016) 15' 맷 타노어(Matt Tyrnauer) 2018 AFFR

64. 집 이야기: 아일린 그레이와 장 바도비치(Talking House : Eileen Gray, 2016) 43' 엘리자베스 레나르드(Elizabeth Lennard) ADFF

65. 치유 디자인(Design That Heals, 2016) 26' 알란 릭스(Alan Ricks), 대처 빈(Thatcher Bean) 2017 AFFR/ 2017 ADFF Winnipeg

66. 카멜 플레이스 만들기(Making Carmel Place, 2016) 11' 안티 세페넨(Antti T Seppänen) ADFF

67. 캠브리지 호텔 무단점거(Era o Hotel Cambridge, 2016) 99' 엘리안느 카페(Eliane caffé)

68. 트로이-리비에르 코제코 경기장(Amphithéâtre Cogeco De Trois-Rivières, 2016) 47' 안티 세페넨(Antti Seppänen) 2017 ADFF Winnipeg

69. 판매도시(City for Sale, 2016) 82' 안드레아스 빌케(Andreas Wilcke) 2017 AFFR

70. 프라이 오토의 움직이는 미래(Frei Otto : Spanning the Future, 2016) 60' 조슈아 하셀(Joshua Hassel) 2015 AFFR/ 2017 ADFF Winnipeg

71. 프란시스 케레: 사이의 건축(Francis Kéré : An Architect Between) 다니엘 슈워츠(Daniel Schwartz, 2017) AFFR

72. 플라네타 페트릴라(Planeta Petrila, 2016) 90' 안드레이 다스칼레스쿠(Andrei Dascalescu) 2018 AFFR

73. 플라스틱 바다(A Plastic Ocean, 2016) 102' 그레이그 리슨(Craig Leeson) 2018 SIEFF

74. 플라스틱 보틀 빌리지(Plastic Bottle Village, 2016) 7' 다비드 프레이드(David Freid) ADFF

75. 한국 현대건축의 오늘: 집(Korean Architecture Today : The House, 2016) 22' 정다운, 김종신 2017 SIAFF/ 2017 ADFF : Seoul

76. 한국 현대건축의 오늘(Korean Architectrue Today, 2016) 54' 정다운

77. 해머즈보그(Hammersborg - Protecting the bygone Future, 2016) 17' 비르기트 시그먼드스타드(Birgitte Sigmundstad) 2020 AFFR

78. NYC 1991(2016) 25' 파울루 아브레우(Paulo Abreu) 2018 AFFR

2017년

1. 2017 서펜타인 갤러리 파빌리온(Serpentine Pavilion 2017 : Francis Kere, 2017) 10' 캔디다 리차드슨(Candida Richardson) 2017 AFFR/ADFF

2. 42번가의 기적(Miracle on 42nd Street, 2017) 68' 앨리스 엘리엇(Alice Elliott) 2020 AFFR/ADFF

3. 6129 M2(2017) 25' 줄리 벨라드(July Bellard) 2018 AFFR

4. 690 보프나피외르뒤르(690 VOPNAFJÖRÐUR, 2017) 57' 카르나 시귀르다르도티르(Karna Sigurðardóttir) 2019 AFFR

5. 갬블 하우스(The Gamble House, 2017) 58' 돈 한(Don Hahn) ADFF

6. 건축가의 죽음(Vida y muerte de un arquitecto : Life and Death of an Architect, 2017) 52' 미구엘 이크(Miguel Eek) 2017 AFFR

7. 공산주의 시대 건축의 유물(Built to last – Relics of Communist-era Architecture, 2017) 58' 하루나 한쿠프(Haruna Honcoop) ADFF

8. 공중부양 극장 프로젝트(Flying Monks Temple, 2017) 55' 자네테 스카룰레(Zanete Skarule) 2020 SIAFF

9. 국가의 모습 : 세계무역박람회(Face of a Nation : What Happened to the World's Fair?, 2017) 60' 미나 차우(Mina Chow)

10. 그래픽디자인 수단들 : 그래픽디자인 제작의 역사 (Graphic Means : A History of Graphic Design Production, 2017) 84' 브라이어 레빗(Briar Levit)

11. 그린 아일랜드(Green Island, 2017) 35' 우 쉔 수(Yu - Shen Su) 2017 AFFR

12. 그린 프레전트 랜드(This Green and Pleasant Land, 2017) 13' 맥스 콜슨(Max Colson) 2018 AFFR

13. 글렌 머컷 : 장소에 깃든 영혼(Glenn Murcutt : Spirit of Place, 2017) 59' 캐서린 헌터(Catherine Hunter) 2018 SIAFF / 2018 AFFR / 2018 ADFF Winnipeg

14. 누구의 도시인가?(Whose City?, 2017) 54' 한스 크리스티안 포스트(Hans Christian Post) 2017 AFFR

15. 뉴 내셔널갤러리(The Neue Nationalgalerie, 2017) 52' 이나 베이세(Ina Weisse) 2018 SIAFF/ 2017 AFFR

16. 뉴타운 유토피아(New Town Utopia, 2017) 80' 크리스토퍼 이안 스미스(Christopher Ian Smith) 2018 AFFR

17. 더 나은 미래를 향한 건축 : 라틴 아메리카의 실험 (Do More with Less, 2017) 84' 마리오 바바(Mario Bava) 2019 SIAFF/ 2018 AFFR

18. 더 미러(The Mirror, 2017) 14' 데이비드 바움플렉(David Baumflek) 2017 AFFR

19. 더 피어(The Pier/De pier in woelige tijden, 2017) 45' 제로엔 비저(Jeroen Visser) 2017 AFFR

20. 도시의 미래(The Future of Cities, 2017) 18' 오스카 보이슨(Oscar Boyson) ADFF

21. 디디 콘트랙터 : 흙으로 만든 집(Didi Contractor : Marrying the Earth to the Building, 2017) 81' 스테피 지아라쿠니(Steffi Giaracuni) 2018 SIAFF/ 2017 AFFR

22. 디스 콜드 라이프(This Cold Life , 2017) 88' 대런 만(Darren Mann) 2018 AFFR

23. 디스포제션 : 공공주거의 허와 실(Dispossession : The Great Social Housing Swindle, 2017) 82' 폴 오코너(Paul O'Connor), 안소니 피터스(Anthony Peters) 2017 AFFR

24. 디자이닝 라이프 : 알버트 레드너의 모더니즘(Designing Life : The Modernist Architecture of Albert C. Ledner, 2017) 47' 캐서린 레드너(Catherine Ledner), 로이 비슨(Roy Beeson) 2018 ADFF Winnipeg

25. 디자인 능력(Design-ability, 2017) 34' OTOXO productions 2019 ADFF Winnipeg

26. 라봇(Rabot, 2017) 70' 크리스티나 반더커르츠크호베(Christina Vandekerckhove) 2018 AFFR

27. 러시아 : 고독한 건물(Russia : Building Amidst Solitude, 2017) 56' 핌 즈비르(Pim Zwier) 2018 AFFR

28. 레코 시티(Reko City, 2017) 15' 요른 슈타거(Jörn Staeger) 2017 AFFR

29. 로젠버그(Roosenberg, 2017) 29' 잉겔 바이클라(Ingel Vaikla) 2018 AFFR

30. 루브르 아부다비(Louvre Abu Dhabi, Création d'Un Musée Universel, 2017) 52' 패트릭 라두켓(Patrick Ladoucette) 2018 AFFR

31. 리닝 인투 더 윈드 : 앤디 골즈워디(Leaning into the Wind : Andy Goldsworthy, 2017) 97' 토마스 리엘데시메르(Thomas Riedelsheimer) 2018 AFFR/ 2019 ADFF Winnipeg

32. 리워야단의 눈을 통하여(Through Leviathan's Eyes, 2017) 10' 베다니 에드구스(Bethany Edgoose), 나단 수(Nathan Su) 2020 AFFR

33. 메이드 인 리마(Made in Ilima, 2017) 65' 대처 빈(Thatcher Bean)

34. 모리야마 씨(Moriyama-San, 2017) 63' 일라 베카(Ila Bêka) & 루이즈 르무안(Louise Lemoine)

35. 모울맨(Mole Man, 2017) 87' 거이 피오리타(Guy Fiorita) 2018 AFFR

36. 미래의 유물(Relics of the Future, 2017) 62' 롭 린제이(Rob Lindsay) 2017 AFFR/ 2018 ADFF Winnipeg

37. 미스와 루터 킹의 유산(A Legacy of Mies and King, 2017) 62' 니엔케 안데르손(Nienke Andersson) 2018 ADFF Winnipeg

38. 반 시게루, 독창성의 구성(The Inventive Work of Shigeru Ban, 2017) 막시밀리안 호마에이(Maximilian Homaei) 2023 SIAFF

39. 버블 패밀리(Family in the Bubble, 2017) 77' 마민지 2018 AFFR

40. 벤츄라 테라의 모더니즘(Ventura Terra-Projectar a Moderndade, 2017) 55' 페르난도 카힐류(Fernando Carrilho)

41. 분기점(Breakpoint, 2017) 28' 크리스토프 얀코베츠(Krystof Jankovec) ADFF

42. 브라질리아(Brasília : Life After Design, 2017) 88' 바트 심슨(Bart Simpson) 2018 ADFF Winnipeg

43. 블랙 뮤지엄(The Black Museum, 2017) 52' 올리버 하르트(Oliver Hardt) 2019 ADFF Winnipeg

44. 블로키(Bloki, 2017) 57' 콘라드 크롤리코스키(Konrad Królikowski) 2018 SIAFF/ 2017 AFFR

45. 비아르케 잉엘스의 위대한 도전(Big Time, 2017) 93' 카스파르 아스트룹 슈뢰데르(Kaspar Astrup Schroder) 2017 SIAFF/ 2022 EIDF/ 2017 ADFF : Seoul/ 2018 ADFF Winnipeg

46. 사다르 앤 부가(Sadar + Vuga XX, 2017) 51' 담잔 코졸르(Damjan Kozole) 2017 AFFR

47. 수퍼디자인(SuperDesign, 2017) 62' 프란체스카 몰테니(Francesca Molteni) 2018 SIAFF/ 2018 AFFR/ ADFF

48. 수학자의 집(Integral Man, 2017) 62' 조셉 클레먼트(Joseph Clement) 2018 SIAFF/ 2018 ADFF Winnipeg

49. 스타쉽 시카고(Starship Chicago, 2017) 16' 나단 에디(Nathan Eddy) 2017 AFFR/ADFF

50. 스톤 매터스(Stone Matters, 2017) 11' 미카엘라 버스토우(Mikaela Burstow) 2017 AFFR

51. 스트리트스케이프-디에스테[우루과이](Streetscapes - Dieste[Uruguay], Chapter 4, 2017) 95' 하인츠 에미히홀츠(Heinz Emigholz)

52. 스트리트스케이프[대화](Streetscapes[Dialogue], Chapter 3, 2017) 132' 하인츠 에미히홀츠(Heinz Emigholz)

53. 스파: 자보드지의 건축(A Spa : Architecture Of Zawodzie, 2017) 30' 이와 트르숀카(Ewa Trzcionka) 2018 AFFR

54. 시간의 건축(The Architecture of Time, 2017) 41' 정다운, 김종신 2017 SIAFF/ 2017 ADFF : Seoul

55. 시멘트의 맛(Taste of Cement, 2017) 88' 지아드 칼소움(Ziad Kalthoum) 2018 AFFR

56. 시바티에서의 마지막 나날들(Last Days in Shibati, 2017) 60' 헨드릭 뒤졸리에(Hendrick Dusollier) 2018 AFFR

57. 실험적 도시(The Experimental City, 2017) 96' 채드 프라이드릭스(Chad Freidrichs) 2019 SIAFF/ 2018 AFFR

58. 써니사이드(Sunnyside, 2017) 72' 프레데릭 카본(Frederik Carbon) 2019 AFFR

59. 아웃도어(Bayit Bagalil, 2017) 80' 아사프 사반(Asaf Saban) 2018 AFFR

60. 아이 엠 젠트리피케이션: 컨페션스 오브 어 스카운드럴(I Am Gentrification : Confessions of a Scoundrel, 2017) 98' 토마스 하엠밀리(Thomas Haemmerli) 2019 AFFR

61. 아이레스 마테우스(Aires Mateus : Matter in Reverse, 2017) 65' 엔히크 카마라 피나(Henrique Câmara Pina)

62. 아일랜드 국립미술관의 자화상(Portrait of a Gallery, 2017) 78' 아드리안 맥카시(Adrian McCarthy) 2018 AFFR/ 2018 ADFF Winnipeg

63. 아파트 생태계(Ecology in Concrete, 2017) 80' 정재은 2017 SIAFF

64. 알렘 주택 건축기(The Construction of Villa Além, 2017) 55' 루이 마누엘 비에이라(Miguel Tavares), 티아구 코스타(Tiago Costa), 아나 레센데(Ana Resende), 미구엘 타바레스(Rui Manuel Vieira)

65. 앙골라 건축(Arquitectura in Angola, 2017) 65' 페드루 호드리게스(Pedro Rodrigues)

66. 앱스트랙: 디자인의 미학 시즌 1(Abstract : The Art of Design S01, 2017) 45'
- 1. 일러스트레이션: 크리스토프(Christoph Niemann : Illustration) Morgan Neville
- 2. 신발 디자이너: 팅커 햇필드(Tinker Hatfield : Footwear Design) Brian Oakes
- 3. 무대 디자인: 에즈 데블린(Es Devlin : Stage Design) Brian Oakes
- 4. 건축 비야케: 비아케 잉겔스(Bjarke Ingels : Architecture) Morgan Neville

- 5. 자동차 디자이너: 랠프 질(Ralph Gilles : Automotive Design) Elizabeth Chai Vasarhelyi
- 6. 그래픽 디자인: 폴라 셰어(Paula Scher : Graphic Design) Richard Press
- 7. 촬영: 플라톤(Platon : Photography) Richard Press
- 8. 인테리어 디자이너: 일세 크로퍼드 (Ilse Crawford : Interior Desig) Sarina Roma 넥플릭스 Netflix

67. 양쯔강 풍경(A Yangtze Landscape, 2017) 156' 서신 (Xu Xin)

68. 에니 빌리지(Villaggio Eni : A Pleasant Sojourn In The Future, 2017) 52' 다비데 마페이(Davide Maffei) 2019 AFFR

69. 엑소더스(Exodus - Where I Come From Is Disappearing, 2017) 90' 행크 레빈(Hank Levine) 2018 AFFR

70. 영화 & 칵테일(Films & Cocktails, 2017) 58' 하루나 혼쿱(Haruna Honcoop) 2018 ADFF Winnipeg

71. 오페라 하우스(The Opera Houses, 2017) 111' 수잔 프롬크(Susan Froemke) 2018 AFFR

72. 웨스트포인트(Westpoint, 2017) 31' 제니 반 덴 브로에크(Jenny van den Broeke)

73. 의자를 훔치는 방법(How to Steal a Chair, 2017) 87' 콘스탄티노스 캄부로글루(Konstantinos Kambouroglou) 2018 AFFR

74. 이너(INNER, 2017) 15' 조나단 야디르 바로자스(Jonathan Yadir Barojas) 2018 AFFR

75. 이스탄불 에코(Istanbul Echoes, 2017) 100' 줄리아 프라티(Giulia Frati) 2017 AFFR

76. 인생 후르츠(Life Is Fruity, 2017) 91' 후시하라 켄시(Kenshi Fushihar)

77. 잇츠 올 어 플랜(Tudo é Projeto : It's All a Plan, 2017) 74' 조아나 멘데스 다 로차(Joana Mendes da Rocha)

78. 자연 도시(Natura Urbana : The Brachen of Berlin, 2017) 72' 매튜 갠디(Matthew Gandy) 2019 AFFR

79. 자하 하디드: 전설(Zaha Hadid : An Architectural Legacy, 2017) 27' 로라 마크(Laura Mark) 2017 ADFF

80. 잘라나시-엠터 쇼어(Zhalanash - Empty Shore, 2017) 40' 마르친 사우테르(Marcin Sauter) 2018 AFFR

81. 짐(The Burden/Min Börda, 2017) 15' 니키 린드로트 본 바르(Niki Lindroth Von Bahr) 2019 AFFR

82. 집의 시간들(A Long Farewell, 2017) 72' 라야

83. 카르투초(Cartucho, 2017) 54' 안드레스 차베스(Andrés Chaves) 2018 AFFR

84. 캄보디아를 짓다(The Man Who Built Cambodia, 2017) 35' 크리스토퍼 롬프레(Christopher Rompre) 2018 SIAFF/ 2017 AFFR

85. 케빈 로쉬: 과묵한 건축사(Kevin Roche : The Quiet Architect, 2017) 81' 마크 누난(Mark Noonan) 2018 SIAFF/ 2018 AFFR/ 2018 ADFF Winnipeg

86. 콘크리트 병사들(Concrete Soldiers, 2017) 62' 니키타 울프(Nikita Woolfe) 2018 ADFF Winnipeg

87. 콘크리트 시네마(A Concrete Cinema, 2017) 72' 루즈 루치엘로(Luz Ruciello) 2018 SIAFF/ 2019 AFFR/ 2020 ADFF Winnipeg

88. 콘크리트의 불안(Anxiety of Concrete, 2017) 36' 장윤미 2017 SIAFF/ 2017 DMZ IDFF

89. 콜럼버스(Columbus, 2017) 104' 코고나다(Kogonada) 2017 AFFR

90. 크레토 디 지벨리나(Il Grande Cretto Di Gibellina, 2017) 15' 페트라 노오르캄프(Petra Noordkamp) 2017 AFFR

91. 클린 에너지 혁명(Happening : A Clean Energy Revolution, 2017) 71' 제임스 레드포드(James Redford) 2018 AFFR

92. 테라모투어리즘(Terramotourism, 2017) 42' 레프트 핸드 로테이션(Left Hand Rotation) 2017 AFFR

93. 파울루 멘데스 다 로차(It's All a Plan, 2017) 74' 조아나 멘데스 다 로차(Joana Mendes da Rocha) 2017 AFFR

94. 판타레이 판타넬라(Pantarei Pantanella, 2017) 40' 에밀리아 로스미니(Emilia Rosmini) 2018 AFFR

95. 패럴렐 스프럴(Parallel Sprawl, 2017) 40' 이바이 릭비(Ibai Rigby) ADFF

96. 프랭크 로이드 라이트의 미국을 짓다(Frank Lloyd Wright : The Man Who Built America, 2017) 59' 이안 마이클 존스(Ian Michael Jones) 2018 AFFR

97. 프레디 마마니의 샬롯(Cholet : The work of architect Freddy Mamani, 2017) 64' 이사크 니맨드(Isaac Niemand) 2017 AFFR

98. 피아차 비토리오(Piazza Vittorio, 2017) 82' 아벨 페라라(Abel Ferrara) 2018 AFFR

99. 피에트 우돌프의 정원(Five Seasons The gardens of Piet Oudolf, 2017) 76' 톰 파이퍼(Thomas Piper) 2019 SIEFF/ 2017 ADFF : Seoul/ 2017 AFFR/ 2018 ADFF Winnipeg

100. 하바네로스(Habaneros, 2017) 126' 줄리안 템플(Julien Temple) 2018 AFFR

101. 하우스 오브 투모로우(The House of Tomorrow, 2017) 85' 피터 리볼시(Peter Livolsi)

102. 하우스 포 세일(House For Sale, 2017) 14' 엠마누엘 히랄도 베탕쿠르(Emanuel Giraldo Betancur) 2017 AFFR

103. 한자(漢字/Hanzi, 2017) 57' 무밍 차이(Mu-Ming Tsai)

104. 할머니와 르코르뷔지에(Bonne-Maman et Le Corbusier, 2017) 58' 마욜렌 노르미에(Marjolaine Normier) 2018 AFFR/ 2019 ADFF Winnipeg/ 2019 SIAFF

105. 호텔 유고슬라비아(Hotel Jugoslavija, 2017) 78' 니콜라 와니에르(Nicolas Wagnieres) 2018 AFFR

2018년

1. 공사의 희로애락(Under Construction, 2018) 89' 장윤미 2019 SIAFF/ 2018 DMZ IDFF

2. 공용 공간(The Common Space/L' Espace Commun, 2018) 10' 라파엘 베진(Raphaële Bezin) 2019 AFFR

3. 기쿠게츠테이의 변천(Transition of Kikugetsutei, 2018) 14' 겐지 세오(瀬尾憲司) 2018 AFFR

4. 나의 바르셀로나를 기다리며(Waiting for Barcelona, 2018) 85' 유포페카 탄스카넨(Juho-Pekka Tanskanen) 2020 SIAFF

5. 내 앞의 모든 뉴욕(The World before Your Feet, 2018) 95' 제레미 워크맨(Jeremy Workman) 2020 SIAFF

6. 노르트베스트타트(Nordweststadt - A Living Vision, 2018) 95' 하겐 고츠샬크(Hagen Gottschalck) 2018 AFFR

7. 뉴욕의 잃어버린 풍경(Lost Landscapes of New York, 2018) 84' 릭 프렐링거(Rick Prelinger) 2018 AFFR

8. 다크 에덴(Dark Eden, 2018) 80' 자스민 헤롤드(Jasmin Herold), 마이클 데이빗 비미시(Michael Beamish)

9. 달콤한 플라스틱 제국(A Plastic Surgery : Coca-Cola's Hidden Secrets, 2018) 53' 상드린 리고(Sandrine RIGAUD) 2019 SIEFF

10. 댓 파 코너: 프랭크 로이드 라이트와 로스앤젤레스(That Far Corner : Frank Lloyd Wright in Los Angeles, 2018) 56' 크리스토퍼 호손(Christopher Hawthorne) ADFF

11. 더 시티 댓 솔드 아메리카(The City That Sold America, 2018) 69' 키 디킨스(Ky Dickens)

12. 도시를 꿈꾸다(City Dreamers, 2018) 81' 조셉 힐렐(Joseph Hillel) 2019 SIAFF/ 2019 AFFR/ 2019 ADFF Winnipeg

13. 도엘(DOEL, 2018) 67' 프레드릭 솔버그(Fredrik Solberg) 2019 AFFR

14. 두 개의 대성당(Two Basilicas, 2018) 36' 하인츠 에미히홀츠(Heinz Emigholz)

15. 드론과 도시의 변화(Elevation : How drones will change cities, 2018) 18' 마커스 페어스(Marcus Fairs), 올리버 만지(Oliver Manzi)

16. 드림 오브 어 시티(Dream of a City, 2018) 37' 만프레드 키르히하이머(Manfred Kirchheimer)

17. 디바인 웨이(The Divine Way, 2018) 15' 일라리아 디 카를로(Ilaria Di Carlo) 2019 AFFR

18. 디자인 캐나다(Design Canada, 2018) 74' 그렉 듀렐(Greg Durrell) 2019 SIAFF

19. 디터 람스(Rams, 2018) 74' 게리 허스트윗(Gary Huswit) 2019 AFFR/ 2019 ADFF Winnipeg

20. 레고 하우스(LEGO House/Home of The Brick, 2018) 47' 스티너스 모렐 비트너(Stinus Morell Vithner), 앤더스 팔크(Anders Falck)

21. 레뎀션 스퀘어(Redemption Square, 2018) 20' 존 무디(John Moody)

22. 렌조 피아노: 빛의 건축가(Renzo Piano : The Architect of Light, 2018) 80' 카를로스 사우라(Carlos Saura) 2019 SIAFF/ 2019 EIDF/ 2019 ADFF Winnipeg

23. 렌조 피아노 건축 워크숍(The Power of the Archive. Renzo Piano Building Workshop, 2018) 34' 프란체스카 몰테니(Francesca Molteni) 2019 SIAFF/ 2019 ADFF Winnipeg

24. 루아 광장(A Lua Platz, 2018) 94' 제레미 그라바야(Jérémy Gravayat)

25. 루이스 바라간의 유산(The Proposal, 2018) 86' 질 마지드(Jill Magid) 2020 ADFF Winnipeg

26. 뤽 뒤랑 리빙 델리(Luc Durand Leaving Delhi, 2018) 80' 에티엔느 데로지에(Etienne Desrosiers) 2019 AFFR/ 2019 ADFF Winnipeg

27. 르코르뷔지에의 정신(L'esprit Le Corbusier, 2018) 52' 질 쿠데르(Gilles Coudert)

28. 르코르뷔지에의 집(Chez Le Corbusier, 2018) 33' 올리비에 르메어(Oliver Lemaire) 2019 AFFR

29. 리스본, 알리스 웁보(Alis Ubbo, 2018) 64' 파울루 아브레우(Paulo Abreu) 2020 SIAFF/ 2019 AFFR

30. 리얼 씽(Archi-faux/The Real Thing, 2018) 54' 베노이트 펠리치(Benoit Felici) 2020 SIAFF

31. 마리오 보타: 영혼을 위한 건축(Mario Botta. The Space Beyond, 2018) 82' 로레타 달포죠(Loretta Dalpozzo), 미셸 볼롱테(Volonte' Michele) 2020 SIAFF/ 2019 AFFR

32. 멜팅 소울(Melting Souls, 2018) 91' 프랑스와-자비에 데스토스(François-Xavier Destors) 2018 AFFR

33. 모두를 위한 궁전(Palace for the People, 2018) 76'
게오르기 보그다노프(Georgi Bogdanov), 보리스 미시
르코프(Boris Missirkov) 2019 SIAFF

34. 무한의 건축(Architektur der Unendlichkeit, 2018)
86' 크리스토프 쇼브(Christoph Schaub) 2020 SIAFF/
2019 AFFR

35. 바르셀로나 파빌리온: 미스의 숨결을 따라서(Mies on
Scene. Barcelona in Two Acts, 2018) 58' 사비 캄프레시
오스(Xavi Campreciós), 펩 마르틴(Pep Martín) 2019 SI
AFF/ 2018 AFFR/ 2018 ADFF Winnipeg

36. 바바라 슈타우파허 솔로몬(Barbara Stauffacher So
lomon : Visions Not Previously Seen, 2018) 15' 크리스
찬 브루노(Christian Bruno)

37. 바우하우스(Vom Bauen der Zukunft : 100 Jahre Bau
haus, 2018) 95' 토마스 틸쉬(Thomas Tielsch), 닐스 볼브
링커(Niels Bolbrinker) 2019 SIAFF/ 2019 ADFF Winni
peg

38. 바이코누르 우주기지(Baikonur, Earth, 2018) 75' 안
드레아 소리니(Andrea Sorini) 2020 AFFR

39. 배(Het Schip/The Ship, 2018) 50' 윌마 쿠이븐호븐
(Wilma Kuijvenhoven) 2018 AFFR

40. 변신(Metamorphosis, 2018) 86' 노바 아미(Nova
Ami), 벨크로우 리퍼(Velcrow Ripper) 2020 SIEFF

41. 브레드 팩토리(A Bread Factory, 2018) 1부 122′, 2부
120' 패트릭 왕(Patrick Wang) 2019 JJIFF

42. 사라진 로빈후드(The Disappearance of Robin Hood,
2018) 25' 클리요스 에두아르도 파파니코라우(Klear
jos Eduardo Papanicolaou) 2018 SIAFF/ 2018 AFFR/
2019 ADFF Winnipeg

43. 사바우디아(Sabaudia, 2018) 24' 로테 슈라이버(Lo
tte Schreiber) 2020 AFFR

44. 삶의 시학(A Poetic of Inhabit, 2018) 60' 캐롤라인
엘더(Caroline Alder), 데미안 페이어(Damien Faure)
2019 AFFR

45. 숨겨진 작품(La Obra Secreta, 2018) 66' 그라시엘라
타퀴니(Graciela Taquini)

46. 스마트한 도시를 위하여(Smart Cities, 2018) 44' 클
라우디아 지치(Claudia Giczy), 페터 지치(Peter Giczy)
2022 SIAFF

47. 스톤 스피커(The Stone Speakers, 2018) 92' 이고르
드리아카(Igor Drljaca) 2019 AFFR/ 2019 JJIFF

48. 스튜디오 인 더 우즈(A Studio in the Woods, 2018) 15'
짐 스티븐슨(Jim Stephenson)

49. 시티 오브 투머로우(City of Tomorrow, 2018) 11' 개
빈 힙킨스(Gavin Hipkins) 2018 AFFR

50. 아가(Aga, 2018) 96' 밀코 라자로프(Milko Lazarov)

51. 아쿠아렐라(Aquarela, 2018) 89' 빅토르 코사코프
스키(Victor Kossakovsky) 2019 SIEFF

52. 업랜드(UPPLAND, 2018) 30' 에드워드 로렌슨(Ed
ward Lawrenson) 2018 AFFR

53. 엔지니어의 꿈(An Engineer Imagines, 2018) 90'
마커스 로빈슨(Marcus Robinson) 2020 AFFR/ 2019
ADFF Winnipeg

54. 여기 아래에 나무(Trees Down Here, 2018) 13' 벤
리버스(Ben Rivers)

55. 예른 웃손, 그 남자와 건축(The Man & The Archit
ect - Jorn Utzon, 2018) 90' 르네 보르히 한센(Lene Bor
ch Hansen), 안나 폰 로소(Anna von Lowzow) 2020 SIA
FF/ 2019 AFFR

56. 오트마 암만과 뉴욕의 다리들(Gateways to New
York, 2018) 88' 마르틴 위츠(Martin Witz) 2020 SIA
FF/ 2019 AFFR

57. 오퍼레이션 제인 워크(Operation Jane Walk, 2018) 16'
레오나르드 뮐너(Leonhard Müllner), 로빈 클렝엘(Robin
Klengel) ADFF

58. 올 인클루시브(All Inclusive, 2018) 10' 코리나 슈윙
루버 일리치(Corina Schwingruber Ilić) 2019 AFFR

59. 외부 세계가 변해서(because the outside world has ch
anged, 2018) 48' 임고은, 이고르 셰브축(Igor Sevcuk)
2018 SIAFF

60. 우리의 이웃이 사라졌다(There Goes Our Neighb
ourhood, 2018) 58' 클레어 루이스(Clare Lewis) 2021
ADFF Winnipeg

61. 우리의 집(The Houses We Were : Living in Rome from
1948 to 2018, 2018) 18' 아리아나 로데세르토(Arianna
Lodeserto) 2019 AFFR

62. 월드 트레이드 센터, 그후(Leaning Out, 2018) 57'
바시아 마이진스키(Basia Myszynski), 레오나르드 마
이진스키(Leonard Myszynski) 2019 SIAFF/ 2019
AFFR/ 2019 ADFF Winnipeg

63. 웬 유 리턴 아월 비 리빙 바이 더 워터사이드(Als je te
rugkomt woon ik aan het water/When You Return I'll Be
Living by the Waterside, 2018) 14' 페트라 노르트캄프
(Petra Noordkamp) 2018 AFFR

64. 이너프 화이트 티컵스(Enough White Tea Cups,
2018) 59' 미셸 카펜터(Michelle Bauer Carpenter)

65. 인간을 위한 단어(A Word for Human, 2018) 59' 마
우리시오 곤잘레스-아란다(Mauricio Gonzalez-Aranda)
2020 ADFF Winnipeg

66. 인류세: 인간의 시대(Anthropocene : The Human Epoch, 2018) 87' 제니퍼 베이첼(Jennifer Baichwal), 니콜라스 드 팡시에(Nicholas de Pencier), 에드워드 버틴스키(Edward Burtynsky) 2019 DMZ IDFF/ 2019 AFFR

67. 저스트 미트(Just Meet, 2018) 53' 페르난다 로만디아(Fernanda Romandía) 2021 AFFR

68. 젊은 건축가의 슬픔(The Sorrows of Young Architect, 2018) 29' 이중희, 윤상훈 2018 SIAFF

69. 정치와 건축(Architecting after Politics, 2018) 86' 크리스토퍼 로스(Christopher Roth) 2020 AFFR

70. 조지: 조지 마키우나스와 플럭서스 이야기(George : The Story of George Maciunas and Fluxus, 2018) 147' 제프리 퍼킨스(Jeffrey Perkins) 2020 AFFR

71. 존 링우드를 찾아서(Finding John Lingwood, 2018) 55' 드와이트 스토링(Dwight Storring) 2019 ADFF Winnipeg

72. 집(Home, 2018) 10' 파콘데흐 토라비(Farkhondeh Torabi) 2018 AFFR

73. 착륙, 아모레퍼시픽 빌딩(Landing, 2018) 21' 시린 사바히(Shirin Sabahi) 2019 SIAFF

74. 창문으로 본 풍경(The View from My Window Tells Me I'm Home, 2018) 45' 에스터 존슨(Esther Johnson) 2018 AFFR

75. 초고층 빌딩: 하늘을 향한 경쟁(Building to the Sky Episode Six: The Future is Now 2012-2020, 2018) 60' 크리스 뱀포드(Chris Bamford) 2019 SIAFF

76. 콩돼지의 맛(Soyalism, 2018) 65' 엔리코 파렌티(Enrico Parenti), 스테파노 리베르티(Stefano Liberti) 2019 AFFR/ 2019 SIEFF

77. 타임박스(Timebox, 2018) 69' 노라 아가피(Nora Agapi) 2020 AFFR

78. 트랜스 라이트모티프(Trans -Leitmotif : A Cinematic Portrait of Toronto + Hamilton, 2018) 26' 저드 브뤼케(Judd Brucke) 2018 AFFR

79. 파트리모니오(Patrimonio, 2018) 83' 리사 F. 잭슨(Lisa F. Jackson), 사라 틸(Sarah Teale) 2019 AFFR

80. 프라이스드 아웃(Priced Out, 2018) 60' 코넬리우스 스와트(Cornelius Swart) 2019 AFFR

81. 프랭크 게리: 빌딩 저스티스(Frank Gehry : Building Justice, 2018) 70' 울탄 길포일(Ultan Guilfoyle)

82. 프레싱 온: 레터프레스 필름(Pressing on : The Letterpress Film, 2018) 100' 앤드류 퀸(Andrew P. Quinn), 에릭 백로프(Erin Beckloff)

83. 프레이: 디 아키텍처럴 엔보이(Frey : The Architectural Envoy, 2018) 63' 제이크 고스트(Jake Gorst) 2018 AFFR

84. 프레이1: 건축을 전하다(Frey : Part 1- The Architectural Envoy, 2018) 65' 제이크 고스트(Jake Gorst) 2020 SIAFF

85. 플로팅 스트럭처(Floating Structures, 2018) 64' 피어갈 워드(Feargal Ward), 에이드리언 던킨(Adrian Duncan) 2020 ADFF Winnipeg

86. 하바나 위에서의 삶(Havana from on High, 2018) 80' 페드로 루이즈(Pedro Ruiz) 2021 SIAFF/ 2020 AFFR

87. 혜상부성(Dead Pigs, 2018) 130' 캐시 얀(Cathy Yan) 2021 AFFR

88. 활판인쇄(Endless Letterpress, 2018) 68' 파블로 피베타(Pablo Pivetta), 니콜라스 로드리게스 푹스(Nicolas Rodriguez Fuchs) 2019 ADFF Winnipeg

89. 휴먼 쉘터(Human Shelter, 2018) 58' 보리스 비트램(Boris B. Bertram) 2018 AFFR/ 2019 ADFF Winnipeg

90. 히든 시티(La ciudad oculta/The Hidden City, 2018) 80' 빅토르 모레노(Víctor Moreno) 2019 SIEFF/ 2019 AFFR

91. 힘스 오브 모스코비(The Hymns of Moscovy/Gimny Moskovii, 2018) 15' 디미트리 벤코프(Dimitri Venkov) 2018 AFFR

2019년

1. 143 사하라 스트리트(143 rue du désert, 2019) 100' 하센 페라니(Hassen Ferhani) 2020 AFFR

2. 5 블록(5 Blocks, 2019) 50' 댄 골데스(Dan Goldes), 로버트 코틀랜드(Robert Cortlandt) 2020 AFFR

3. 건축의 미래(Flexible Buildings- The Future of Architecture, 2019) 52' 마커스 피취(Marcus Fitsch)

4. 고프(Goff, 2019) 96' 브리티니 해리스(Britni Harris)

5. 내 사랑 슈퍼마켓(My Darling Supermarket, 2019) 80' 탈리 얀켈레비치(Tali Yankelevich) 2020 AFFR

6. 넥스트 선데이(Next Sunday, 2019) 18' 마르타 보그단스카(Marta Bogdanska) 2020 AFFR

7. 노벨 스노우플레이크(The Nobel Snowflake, 2019) 59' 카이사 안데르소(Kajsa Andersö) 2019 AFFR

8. 뉴타운: 정착도시(New Towns : Arrival Cities - Same Same but Different, 2019) 32' 마리트 허루크(Marit Geluk) 2020 AFFR

9. 뉴트라- 서바이벌 스루 디자인(Neutra- Survival Through Design, 2019) 104' P.J. 레토프스키(P.J. Letofsky) 2019 AFFR/ 2020 ADFF Winnipeg

10. 다른 사람들의 꿈(The Dreams of Others, 2019) 56' 사비 캄프레시오스(Xavi Campreciós), 펩 마르틴(Pep Martín) 2020 ADFF Winnipeg

11. 대나무로 엮은 극장(Bamboo Theatre, 2019) 75' 척청(Cheuk Cheung) 2019 DMZ IDFF

12. 더 뉴 바우하우스(The New Bauhaus, 2019) 85' 알리사 나미아스(Alysa Nahmias) 2020 ADFF Winnipeg

13. 더글러스 카디널: 미래의 건축(Douglas Cardinal : Architect of the Future, 2019) 30' 앙드레 카자봉 Andrée Cazabon ADFF

14. 도쉬: 두 번째 이야기(Doshi : The Second Chapter, 2019) 76' 비조이 라마찬드란 Bijoy Ramachandran, 프렘지트 라마찬드란 Premjit Ramachandran

15. 드림 하우스(Such Stuff As Dreams Are Made On, 2019) 75' 로테 슈라이버(Lotte Schreiber) 2019 AFFR

16. 라 카우사(La Causa/The Cause, 2019) 84' 안드레스 피게레도 톰슨(Andrés Figueredo Thomson) 2020 AFFR

17. 라카봉 & 바살: 공기와 공간, 빛의 이야기(Constructing Escape) 카린 다나(Karine Dana)

18. 러블리 빌라: 자전적 건축(Lovely Villa - Architecture as Autobiography, 2019) 32' 로한 쉽쿠마르(Rohan Shivkumar) 2022 AFFR

19. 로돌포 리빙스턴의 메소드(Livingston: The Man and the Method, 2019) 72' 소피아 모라(Sofia Mora) 2020 SIAFF

20. 루이스 칸의 타이거 시티(Louis Kahn's Tiger City, 2019) 113' 선다람 타고르(Sundaram Tagore) 2020 SIAFF / 2019 AFFR

21. 리틀 피스 오브 어스(A Little Piece of Earth, 2019) 16' 라이언 말로이(Ryan Malloy) 2020 AFFR

22. 말라게이라의 기록(A Red Ball Against a White Wall : Vignettes from Malagueira, 2019) 12' 아만 와단(Aman Wadhan), 안드레스 실바 폴랑코(Andrés Silva Polanco), 에네오스 차르카 Eneos Carka) 2021 AFFR

23. 먼지가 가라앉은 후(Once the Dust Settles, 2019) 85' 존 아플(John Appel) 2020 AFFR

24. 메니페스토, 불타는 건축(Architecture Must Blaze, 2019) 55' 마티어스 프릭(Mathias Frick) 2020 SIAFF/ 2020 AFFR

25. 모던 디자인 마스터: 재패니스 아메리칸의 예술(Masters of Modern Design: The Art of the Japanese American Experience, 2019) 56' 아키라 보흐(Akira Boch)

26. 무엇이 집을 만드는가(What It Takes to Make a Home, 2019) 28' 다니엘 슈워츠(Daniel Schwartz) 2020 SIAFF/ 2020 AFFR/ADFF

27. 물속에 무언가 있다(Theres Something in the Water, 2019) 73' 이안 다니엘(Ian Daniel)

28. 미끼(Mark Jenkin, 2019) 89' 마크 젠킨(Mark Jenkin) 2020 ADFF Winnipeg

29. 미스 반 데어 로에 상을 위하여(Starting Conversations, 2019) 31' 페프 마르틴(Pep Martin), 사비 캄프레시오스(Xavi Camprecios) 2020 SIAFF

30. 미스터 화장실(Mr. Toilet : The World's #2 Man, 2019) 87' 릴리 제페다(Lily Zepeda) 2020 AFFR

31. 바우하우스의 롯데(Lotte am Bauhaus, 2019) 105' 그레고르 슈니츨러(Gregor Schnitzler) 2019 AFFR / 2020 ADFF Winnipeg

32. 바우하우스의 여성들(Women of the Bauhaus, 2019) 45' 수잔 라델호프(Susann Radeihof) 2020 ADFF Winnipeg

33. 발코니로 들어가기(Enter Through The Balcony, 2019) 25' 로만 블라잔(Roman Blazhan) 2020 AFFR

34. 비바리움(Vivarium, 2019) 97' 로칸 피네건(Lorcan Finnegan)

35. 비엔나 국립 오페라 극장의 백스테이지(Backstage Wiener Staatsoper, 2019) 96' 스테파누스 도마니그(Stephanus Domanig) 2020 ADFF Winnipeg

36. 빈야드와 슈박스(Of Vineyards and Shoeboxes, 2019) 58' 귄터 아텔른(Günter Atteln) 2020 ADFF Winnipeg

37. 새로운 환경: 하인리히 클로츠의 건축과 미디어(A New Environment : Heinrich Klotz on Architecture and New Media, 2019) 78' 크리스찬 하르트(Christian Haardt) 2021 AFFR

38. 샤롯데 페리앙: 디자인의 선구자(Charlotte Perriand : Pioneer in the Art of Living, 2019) 53' 스테판 게즈(Stéphane Ghez) 2021 AFFR

39. 스모그 타운(Smog Town, 2019) 80' 멩 한(Meng Han) 2020 AFFR

40. 스타팅 포인트(Starting Points, 2019) 28' 플로위 호프만(Floor Hofman) 2020 AFFR

41. 스토리 오브 어 하우스(Story of a House, 2019) 19' 이그나시오 마슬로렌스(Ignacia Masllorens) 2019 AFFR

42. 스페이스 니들: 숨겨진 역사(Space Neelde : A Hidden History, 2019) 17' BJ 불러트(BJ Bullert) 2020 SIAFF

43. 심사(The Jury's Cut, 2019, 2019) 30' 사비 캄프레시오스(Xavi Camprecios), 펩 마르틴(Pep Martín) 2019 ADFF Winnipeg

44. 아나폴리스, 자이언트 시티(Annapolis, Giant City, 2019) 71' 마르텐 베르나에르츠(Maarten Bernaerts) 2020 AFFR

45. 아메리카빌(Americaville, 2019) 80' 아담 제임스 스미스(Adam James Smith) 2020 AFFR

46. 아스타나, 미래도시?(Astana, A City Of The Future?, 2019) 28' 로렐 푸르니아우(Laurier Fourniau) 2021 AFFR

47. 앱스트랙트: 디자인의 미학 시즌2(Abstract: The Art of Design S02, 2019) 45'
- 1부 올라푸르 엘리아손: 세상을 보는 예술(Olafur Eliasson: The Design of Art) Jason Zeldes
- 2부 네리 옥스만: 자연을 품은 건축(Neri Oxman: Bio-Architecture) Morgan Neville
- 3부 루스 카터: 의상디자인(Ruth Carter: Costume Design) Claudia Woloshin
- 4부 캐스 홀먼: 놀이가 되는 디자인(Cas Holman: Design for Play) Elizabeth Chai Vasarhelyi
- 5부 이언 스폴터: 디지털 경험과 디자인(Ian Spalter: Digital Product Design) Scott Dadich
- 6부 조너선 헤플러: 글씨체 디자인(Jonathan Hoefler: Typeface Design) Brian Oakes 넥플릭스 Netflix

48. 온천(Die Grube/The Pit, 2019) 73' 흐리스티아나 레이코바(Hristiana Raykova 2021 AFFR

49. 올라퍼 엘리아슨(Olafur Eliasson: Miracles of Rare Device, 2019) 71' 존 오루크(John O'Rourke) 2021 AFFR

50. 우리, 지멘스슈타트 사람들(We, people of Siemensstadt, 2019) 26' 오피르 펠드만(Ofir Feldman)

51. 이서(Aether, 2019) 82' 루켄 테케시(Rûken Tekeş) 2022 AFFR

52. 이타미 준의 바다(The Sea Of Itami Jun, 2019) 112' 정다운

53. 인 비트윈(Në Mes/In Between, 2019) 14' 사미르 카라호다(Samir Karahoda) 2020 AFFR

54. 잠든 콘크리트: 너무나 현대적이었던 도시(Slumbering Concrete: The City That Was Too Modern, 2019) 52' 사샤 반(Sasa Ban) 에피소드2 2020 SIAFF/ 2018 AFFR

55. 재건의 날들(Years of Construction, 2019) 93' 하인츠 에미히홀츠(Heinz Emigholz)

56. 제임스 허블: 땅과 하늘 사이(James Hubbell - Between Heaven and Earth, 2019) 66' 마리안 게르데스(Marianne Gerdes)

57. 지난 밤 너의 미소(Last Night I Saw You Smiling, 2019) 77' 카빅 능(Kavich Neang) 2019 EIDF

58. 지오그래피 오브 프리덤(Geographies of Freedom, 2019) 47' 미구엘 페레스 안투네스 도스 산토스(Miguel Peres Antunes dos Santos) 2021 AFFR

59. 집(Demeure, 2019) 39' 루시 마틴(Lucie Martin) 2019 AFFR

60. 친구에게 보내는 편지(Letter To A Friend, 2019) 43' 에밀리 자시르(Emily Jacir) 2020 AFFR

61. 토론토 자화상(Toronto Hides Itself, 2019) 52' 알렉산드라 앤더슨(Alexandra Anderson) 2021 AFFR

62. 투 하우스(Two Houses, 2019) 39' 베레나 폰 베케라스(Verena von Beckerath) 2022 AFFR

63. 팔라디오: 건축의 스펙터클(Palladio: The Spectacle of Architecture, 2019) 97' 지아코모 가티(Giacomo Gatti) 2020 SIAFF/ 2019 AFFR

64. 패스 오브 스톤(In the Path of the Stones, 2019) 70' 마르쿠 안토니우 페레이라(Marco Antonio Pereira) 2020 SIAFF

65. 페드레굴류(Pedregulho: A Brazilian Architectural Icon, 2019) 50' 마리타 가르시아 비텡코우르트(Marita Graça Bittencourt) 2019 AFFR

66. 팬 세코(Pan Seco, 2019) 74' 로만 카다팔츠크(Román Cadafalch), 캐들라 케네디(Cadhla Kennedy)

67. 푸시-누가 집값을 올리는가(Push, 2019) 92' 프레드릭 게르튼(Fredrik Gertten) 2019 EIDF/ADFF

68. 피터 달러(Peter Daler, 2019) 19' 다비데 랩(Davide Rapp) 2020 AFFR

69. 하우스 오브 가르뎅(House of Cardin, 2019) 95' P. 데이비드 에버솔(P. David Ebersole) 2020 ADFF Winnipeg

70. 호모 어바너스(Homo Urbanus, 2019) 일라 베카(Ila Bêka) & 루이즈 르무안(Louise Lemoine)
- 1. Homo Urbanus Neapolitanus, 45'
- 2. Homo Urbanus Seoulianus, 45'
- 3. Homo Urbanus Rabatius, 45'
- 4. Homo Urbanus Petroburgumus, 45'
- 5. Homo Urbanus Bogotanus, 45'
- 6. Homo Urbanus Kyotoitus, 65'
- 7. Homo Urbanus Tokyoitus, 55'
- 8. Homo Urbanus Shanghaianus, 55'
- 9. Homo Urbanus Dohanus, 55'
- 10. Homo Urbanus Venetianus, 55'

71. 환상도시(Fantastic City, 2019) 61' 서현석 2019 DMZ IDFF

72. 황금 시대(Golden Age, 2019) 85' 비트 오스왈드(Beat Oswald), 사무엘 웨니거(Samuel Weniger) 2020 AFFR

2020년

1. 건축, 시간, 그리고 세지마 가즈요(建築と時間と妹島和世) 2020 혼마 다카시(ホンマタカシ) 2023 SIAFF

2. 공공 건축가(The Chief Government Architect – The Power of Imagination, 2020) 61' 앙드레 드 라트(André de Laat) 2023 ADFF Winnipeg

3. 군산전기(The City of Emigrants, 2020) 문승욱, 유예진 2021 SIAFF/ 2021 SIEFF/ 2021 EIDF

4. 네메시스(Nemesis, 2020) 132' 토마스 임바흐(Thomas Imbach) 2021 SIEFF/ 2021 EIDF

5. 다그마르 리히터(Dagmar Richter : Influencing Great Architecture, 2020) 10' 우메이 구네스 쿠르투라(Umay Gunes Kurtula) ADFF

6. 다크 그린 에너지(The Dark Side of Green Energies, 2020) 54' 장루이 페레즈(Jean-Louis Pérez), 기욤 피트롱(Guillaume Pitron) 2022 SIEFF

7. 더 아메리칸 섹터(The American Sector, 2020) 67' 커트니 스테판스(Courtney Stephens), 파초 벨레즈(Pacho Velez) 2020 AFFR

8. 도쿄 라이드(Tokyo Ride, 2020) 89' 일라 베카(Ila Béka) & 루이즈 르무안(Louise Lemoine) 2021 SIAFF/ 2020 AFFR

9. 라 네이브(La Nave, 2020) 43' 한스 윌셔트(Hans Wilschut) 2020 AFFR

10. 라스트 앤 퍼스트 맨(Last and First Men, 2020) 70' 요한 요한슨(Jóhann Jóhannsson) 2020 BIFAN/ 2020 AFFR

11. 레드 헤븐(Red Heaven, 2020) 78' 로런 데필리포(Lauren DeFilippo) 2021 AFFR

12. 리냐노 피네타(LIGNANO PINETA, 2020) 10' 안나 다브로프스카(Anna Dabrowska) 2020 AFFR

13. 리빌딩 파라다이스(Rebuilding Paradise, 2020) 95' 론 하워드(Ron Howard) 2021 AFFR

14. 리차드 레플라스트리에의 시계(Richard Leplastrier : Framing the View, 2020) 73' 안나 케이터(Anna Cater) 2021 AFFR/ 2022 ADFF Winnipeg

15. 마지막 도시(The Last City/Die letzte Stadt, 2020) 100' 하인츠 에미히홀츠(Heinz Emigholz)

16. 매지컬 임퍼펙션(Magical Imperfection, 2020) 58' 스콧 칼벡(Scott Calbeck) 2022 ADFF Winnipeg

17. 뮤지엄 타운(Museum Town, 2020) 76' 제니퍼 트레이너(Jennifer Trainer) 2021 ADFF Winnipeg

18. 봉명주공(Land and Housing, 2020) 83' 김기성 2021 SIAFF/ 2021 EIDF

19. 부토하우스(Butohouse, 2020) 34' 일라 베카(Ila Béka) & 루이즈 르무안(Louise Lemoine)

20. 분자 연대기(Molecole, 2020) 68' 안드레아 세그레(Andrea Segre) 2021 SIAFF

21. 브라질리아, 기계적 유토피아(A Machine To Live In, 2020) 89' 요니 골드스타인(Inyoni Goldstein), 메레디스 지엘케(Meredith Zielke) 2021 SIAFF/ 2020 AFFR/ 2021 ADFF Winnipeg

22. 브로큰 하우스(Hiraeth_A Broken House, 2020) 20' 지미 골드블럼(Jimmy Goldblum) 2021년 AFFR

23. 비잉 어 휴먼 퍼슨(Being a Human Person, 2020) 90' 로이 앤더슨(Roy Andersson)

24. 빅토리아(Victoria, 2020) 리스베트 드 세울라에르(Liesbeth De Ceulaer), 소피 베노트(Sofie Benoot), 이자벨 톨레나에레(Isabelle Tollenaere) 2020 AFFR

25. 빌라 엠팡(Villa Empain, 2020) 24' 카타리나 캐스트너(Katharina(Kastner)

26. 쉘터(Shelter Without Shelter, 2020) 93' 마크 브리즈(Mark E. Breeze) 2022 AFFR

27. 스틸 스탠딩(Still Standing, 2020) 20' 탄 웨이 팅(Tan Wei Ting)

28. 스페이스쉽 어스(Spaceship Earth, 2020) 115' 맷 울프(Matt Wolf) 2021 SIEFF/ 2021 AFFR

29. 스피어 고즈 투 할리우드(Speer Goes to Hollywood, 2020) 97' 바네사 라파(Vanessa Lapa) 2021 AFFR

30. 썸 카인드 오브 헤븐(Some Kind of Heaven, 2020) 83' 랜스 앤오펜하임(Lance Oppenheim)

31. 아스토리아 호텔(Hotel Astoria, 2020) 28' 알리나 시라넥(Alina Cyranek), 포크 슈스터(Falk Schuster) 2021 AFFR

32. 아이 해브 러브드 리빙 히어(J'ai aimé vivre là/I Have Loved Living There, 2020) 89' 레지스 소더(Régis Sauder) 2022 AFFR

33. 아이콘: 페르디난드 밀루츠키(ICONS : Ferdinand Milucký, 2020) 27' 도로타 블노바(Dorota Vlnova) 2022 AFFR

34. 아치: 시대의 건축(The Arch, 2020) 104' 알렉산드라 스테파니(Alessandra Stefani) 2021 SIAFF/ADFF

35. 안도 다다오, 다음 세대를 위하여(Tadao Ando : Words for the Next Generation, 2020) 58' 시바타니 마리코(Mariko Shibatani)

36. 알버트 프레이의 건축해석(Albert Frey : The Architectural Interpreter, 2020) 63' 제이크 고스트(Jake Gorst) 2023 ADFF Winnipeg

37. 알토(Aalto : Architect of Emotions, 2020) 101' 비르피 수타리(Virpi Suutari) 2021 SIAFF/ 2021 EIDF/ 2021 ADFF Winnipeg

38. 앨리스 스트리트(Alice Street, 2020) 66' 스펜서 윌킨슨(Spencer Wilkinson) 2021 SIAFF/ADFF

39. 언익스펙티드 모더니즘(Unexpected Modernism : The Architecture of the Wiener Brothers, 2020) 42' 그레고리 칼렌베르그(Gregory Kallenberg) 2022 AFFR/ 2023 ADFF Winnipeg

40. 에바 지리치나가 본 자하 하디드(Zaha Hadid : Words by Eva Jiřičná, 2020) 10' 로라 마크(Laura Mark), 짐 스티븐슨(Jim Stephenson) 2021 AFFR

41. 역사는 어디로 가는가?(Where to with history?, 2020) 63' 한스 크리스티안 포스트(Hans Christian Post) 2020 AFFR

42. 오픈 스카이(Open Sky : Portrait of a Pavilion in Venice, 2020) 26' 카테린 지게르(Katerine Giguère) 2023 ADFF Winnipeg

43. 온 세상(El mundo entero, 2020) 78' 세바스티안 마르티네스(Sebastián Martínez) ADFF

44. 위대한 계약: 파주, 책, 도시(Great Contract : Paju, Book, City, 2020) 100' 정다운, 김종신 2020 SIAFF/ 2019 DMZ IDFF

45. 유니티 템플(Unity Temple : Frank Lloyd Wright's Modern Masterpiece, 2020) 55' 로렌 레바인(Lauren Levine) 2021 SIAFF/ 2021 ADFF Winnipeg

46. 이런 곳은 어디에도 없다(There's No Place Like This Place, Anyplace, 2020) 75' 룰루 웨이(Lulu Wei) ADFF

47. 이미지의 시대(Age of the Image, 2020)
- 새로운 현실(A New Reality) 59'
- 파워 게임(Power Games) 59'
- 유혹적인 꿈(Seductive Dreams) 59'
- 모조 이미지(Fake Views) 59' BBC

48. 인사이드 프로라(Inside Prora, 2020) 100' 니코 웨버(Nico Weber) 2021 SIAFF/ 2020 AFFR

49. 조지 나카시마(George Nakashima, Woodworker, 2020) 120' 존 나카시마 John Nakashima ADFF

50. 체르노빌 : 지옥의 묵시록(Stalking Chernobyl : Exploration After Apocalypse, 2020) 59' 이아라 리(Iara Lee)

51. 카를로 스카르파와 알도 로시-시와 기억의 거장(Carlo Scarpa e Aldo Rossi Maestri di Poesia e di Memoria, 2020)
- 에피소드1: 카를로 스카르파(Carol Scarpa) 59'
- 에피소드2: 알도 로시(Aldo Rossi) 59'

52. 캐리(Carie, 2020) 23' 아칠 마우리(Achille Mauri)

53. 케인 파이어(Cane Fire, 2020) 90' 앤서니 바누아-사이먼(Anthony Banua-Simon) 2022 AFFR

54. 코펜힐 건축 교향곡(Making a Mountain, 2020) 52' 유타 마리 예센(Jutta Marie Jessen) 2021 SIAFF/ 2020 AFFR/ 2021 ADFF Winnipeg

55. 콤비나트(Kombinat, 2020) 75' 가브리엘 테예도르(Gabriel Tejedor) 2021 SIEFF/ 2020 AFFR

56. 투게더 위 사이클(Together We Cycle, 2020) 70' 아르네 길렌(Arne Gielen), 게르티안 헐스터(Gertjan Hulster) 2021 ADFF Winnipeg

57. 패러다임 올리베티(Paradigma Olivetti, 2020) 90' 다비드 마페이(Davide Maffei) 2022 ADFF Winnipeg

58. 펠리노폴리스(Fellinopolis, 2020) 78' 실비아 줄리에티(Silvia Giulietti) 2023 ADFF Winnipeg/ 2021 DMZ IDFF

59. 폐허의 형태(Shapes Of Ruin, 2020) 45' 클레멘스 주르다(Klemens Czurda)

60. 프레이2: 건축을 해석하다(Frey : Part 2- The Architectural Interpreter, 2020) 87' 제이크 고스트(Jake Gorst) 2020 SIAFF

61. 프로스페티바 올리베티(Prospettiva Olivetti, 2020) 88' 다비드 마페이(Davide Maffei) 2021 AFFR/ 2022 ADFF Winnipeg

62. 헐리웃 건축가 폴 윌리엄스(Hollywood's Architect : The Paul R. Williams Story, 2020) 57' 로열 케네디 로저스(Royal Kennedy Rodgers)

63. WTC 러브 스토리(WTC Love Story, 2020) 62' 메갈리 로우-카우트(Magali Roucaut) 2021 SIAFF

2021년

1. 13 ㎡(13 Square Meters, 2021) 15' 카밀 벰니스타(Kamil Bembnista) 2022 AFFR

2. 건물은 무고하다(The New Front Got a Bum Rap, 2021) 39' 크리스티안 카르스트(Christian Karst) 2022 SIAFF

3. 건물을 지으려면 무엇이 필요할까?(What does it take to make a Building?, 2021) 27' 짐 스티븐슨(Jim Stephenson) 2021 AFFR/ADFF

4. 건축가의 시(Architect of Brutal Poetry, 2021) 70' 라디슬라프 카보스(Ladislav Kaboš) 2021 AFFR

5. 군도(Archipelago, 2021) 72' 펠릭스 뒤푸르-라페리에르(Félix Dufour-Laperrière 2021 AFFR/ 2022 ADFF Winnipeg

6. 낫 저스트 로드(Not Just Roads, 2021) 67' 니틴 바틀라(Nitin Bathla), 클레어호스 에두아르도 파파니콜라우(Klearjos Eduardo Papanicolaou) 2021 AFFR

7. 대리석 오디세이(A Marble Travelogue, 2021) 99' 션 왕(Sean Wang) 2022 AFFR/ 2022 DMZ IDFF

8. 더 버블(The Bubble, 2021) 92' 발레리 블랑켄빌(Valerie Blankenbyl) 2021 AFFR

9. 더 오브젝트 비컴스(The Object Becomes, 2021) 30' 알렉산더 험버트(Alexandre Humbert) ADFF

10. 도르트 만드루프의 초상(Another Kind of Knowledge : A Portrait of Dorte Mandrup, 2021) 78' 마크 크리스토프 와그너(Marc-Christoph Wagner), 시몬 웨이허(Simon Weyhe) 2022 AFFR/ 2022 ADFF Winnipeg

11. 독신(When We Live Alone, 2021) 27' 다니엘 슈워츠(Daniel Schwartz) 2021 AFFR

12. 또 다른 도시(En Annan Stad 2021) 58' 라스무스 바에른(Rasmus Waern) 2022 SIAFF/ 2021 AFFR

13. 라이트 스내처(Snatcher/Valonsieppaaja, 2021) 30' 샬롯 아이라스-에른루트(Charlotte Airas-Ehrnrooth) ADFF

14. 라이프 인 어 데이 2020(Life in A Day 2020, 2021) 90' 케빈 맥도날드(Kevin David McDonald)

15. 러프 포이트리 아키텍트(Rough Poetry Architect, 2021) 80' 라디슬라브 카보스(Ladislav Kaboš)

16. 뤽 들뢰 & T.O.P. 오피스 미래 계획(Luc Deleu & T.O.P. office Future Plans, 2021) 51' 베르트랑 라퐁테인(Bertrand Lafontaine), 스테펜 베르포르텐(Steffen Verpoorten) 2021 AFFR

17. 마세티 주택(Casa Masetti, 2021) 16' 엠마 데수루(Emma Dessouroux) 2021 AFFR

18. 마우(MAU, 2021) 78' 벤자민 버그만(Benjamin Bergmann, 조노 버그만(Jono Bergmann) 2021 AFFR/ 2022 ADFF Winnipeg

19. 마이야 이솔라(Maija Isola – Master Of Colour And Form, 2021) 96' 리나 킬페레이넨(Leena Kilpeläinen) ADFF

20. 막스 리셀라다와 12개의 건물들(Max Risselada : Life, Works & 12 Buildings, 2021) 95' 요른 코나인(Jorn Konijn) 2022 SIAFF/ 2021 AFFR

21. 머드 프론티어: 보더랜드의 건축(Mud Frontier : Architecture in the Borderlands, 2021) 63' 크리스 J. 고티에(Chris J. Gauthier) ADFF

22. 모든 곳에 가득한 빛(All Light, Everywhere, 2021) 105' 테오 안소니(Theo Anthony) 2022 AFFR

23. 미니멀 스웨이(Minimal Sway While Starting My Way Up, 2021) 16' 스테파니 라가르데(Stéphanie Lagarde) 2022 AFFR

24. 바스티유 오페라 극장 건설기(Building Bastille, 2021) 76' 레이프 칼도어(Leif Kaldor) 2022 SIAFF/ 2022 ADFF Winnipeg

25. 박물관과 백만장자(The Museum and the Millionaire, 2021) 53' 올리비에 르메어(Oliver Lemaire) 2022 AFFR

26. 발다우라: 친환경적인 격리생활(Valldaura : A Quarantine Cabin, 2021) 79' 마누엘 로가르(Manuel Lógar) 2022 SIAFF

27. 발코니 무비(The Balcony Movie, 2021) 100' 파벨 로진스키(Paweł Łoziński) 2023 ADFF Winnipeg

28. 베니스 엘스웨어(Venice Elsewhere, 2021) 65' 엘리아 로마넬리(Elia Romanelli) 2021 AFFR/ 2022 ADFF Winnipeg

29. 보디빌딩(Body-Buildings, 2021) 50' 엔히크 피나(Henrique Pina) 2021 SIAFF/ 2021 ADFF Winnipeg

30. 부유하는 욕망의 유령들(A Pile of Ghosts, 2021) 70' 엘라 라이델(Ella Raidel) 2022 SIAFF/ 2021 AFFR

31. 브로이어의 보헤미아(Breuer's Bohemia, 2021) 73' 제임스 크럼프(James Crump) 2021 AFFR

32. 블라디미르 케이건의 디자인(Vladimir Kagan : A Life of Design, 2021) 37' 엘리자베스 클라크(Elisabeth Clark), 에드가 하워드(Edgar Howard), 톰 파이퍼(Thomas Piper) ADFF

33. 비욘드 제로(Beyond Zero, 2021) 87' 나단 하비(Nathan Havey) ADFF

34. 빌더, 하우스와이프, 근대 아테네의 건설(Builders, Housewives and the Construction of Modern Athens, 2021) 87' 야니스 게이타니디스(Yiannis Gaitanidis), 타소스 랑기스(Tassos Langis) 2022 AFFR

35. 빔스의 아이들(Kids Of The Bims, 2021) 34' 맥스 파슈케(Max Paschke), 마이크 슈스터(Maik Schuster) 2021 SIAFF

36. 사막의 낙원(Desert Paradise, 2021) 87' 이크 베르텔스(Ike Bertels) 2021 AFFR

37. 삶의 형상을 넘어(Beyond the Life of Forms, 2021) 63' 프란체스코 콘베르사노(Francesco Conversano), 네네 그리냐피니(Nene Grignaffini) 2022 AFFR/ADFF

38. 실락원(Paradise Lost : History in the Unmaking, 2021) 85' 앤디 홀렛(Andy Howlett) 2022 AFFR/ 2022 ADFF Winnipeg

39. 아르네 야곱센의 모던 덴마크(Arne Jacobsen's Modern Denmark, 2021) 59' 라스 뢴노우 토르프(Lars Rønnow Torp) 2022 AFFR

40. 아름다운 선(Crooked Lines of Beauty, 2021) 59' 스벤 블룸(Sven Blume) 2022 AFFR

41. 아주 오래된 미래도시(A Tale of Old Cities, 2021) 82' 조은성 2022 SIAFF/ 2021 DMZ IDFF

42. 안녕, 가든 테라스(Farewell, Garden Terrace, 2021) 47' 박진현 2022 SIAFF

43. 언더 투모로우 스카이(Under Tomorrow's Sky, 2021) 72' 얀 로우터(Jan Louter) ADDF

44. 영광의 나날들(Hoogtijdagen, 2021) 90' 벤 반 리스하우트(Ben van Lieshout) 2021 AFFR

45. 오프닝: 경계를 넘는 시선(Openings - Sguardi oltre il limite, 2021) 52' 마티아 콜롬보(Mattia Colombo), 프란체스카 몰테니(Francesca Molteni) ADFF

46. 올인(All-In, 2021) 80' 볼칸 외스(Volkan Üce) 2021 AFFR

47. 웨어 아 위 헤디드?(Where Are We Headed?, 2021) 63' 루슬란 페도토프(Ruslan Fedotow) 2022 AFFR

48. 익스포징 마이브리지(Exposing Muybridge, 2021) 88' 마크 샤퍼(Marc Shaffer) 2022 AFFR

49. 인류의 유산(Legacy, 2021) 102' 얀 아르튀스 베르트랑(Yann Artus-Bertrand) 2022 SIEFF

50. 일층 이층 삼층(Three Floors, 2021) 120' 난니 모레티(Nanni Moretti) 2022 SIAFF

51. 전함 베를린(Battleship Berlin, 2021) 40' 네이선 에디(Nathan Eddy) 2022 SIAFF

52. 중국몽(Ascension, 2021) 96' 제시카 킹던(Jessica Kingdon) 2021 DMZ IDFF

53. 카나데(Kanade, 2021) 50' 비슈웨쉬 시바 프라사드(Vishwesh Shiva Prasad), 카리슈마 라오(Karishma Rao) 2022 AFFR

54. 카사 골리(Casa Golly, 2021) 7' 하인츠 에미히홀츠(Heinz Emigholz)

55. 트랜션스(Transience, 2021) 26' 매튜 호(Matthew Ho) 2022 AFFR

56. 퍼머넌트 캠핑 2(Permanent Camping 2, 2021) 26' 짐 런스버리(Jim Lounsbury) 2021 AFFR

57. 페리훼리아(Perifèria/Outskirts, 2021) 84' 사비 에스테반(Xavi Esteban), 오데이 에트세아르테(Odei Etxearte) 2022 AFFR

58. 폴 와이드링거의 건축여정(The Restless Hungarian, 2021) 106' 톰 와이드링거(Tom Weidlinger) 2022 AFFR

59. 프렌치 디스패치(The French Dispatch, 2021) 107' 웨스 앤더슨(Wes Anderson)

60. 프로라 나치 리조트(Touristic Intents, 2021) 75' 매트 라파포트(Mat Rappaport) 2021 AFFR

61. 프롬 어스 투 스카이(From Earth to Sky, 2021) 72' 론 채프먼(Ron Chapman) 2022 AFFR

62. 하이 메인터넌스(High Maintenance, 2021) 66' 바락 헤이만(Barak Heymann) 2022 ADFF Winnipeg

63. 헬무트 얀(Helmut Jahn: In a Flash, 2021) 20' 나단 에디(Nathan Eddy) 2022 AFFR

64. 혁신과 보존 사이 - 왕수 & 아르노 브란틀후버(Wang Shu and Arno Brandlhuber - Innovation and Conservation) 랄프 브라이어(Ralf Breier), 클라우디아 쿨란트(Claudia Kuhland) 2023 SIAFF

65. 홀리 프릿(Holy Frit, 2021) 119' 저스틴 S. 먼로(Justin Monroe)

66. 화이트 빌딩(White Building, 2021) 90' 카비치 네앙(Kavich Neang) 2022 ADFF Winnipeg

67. GES-2(2021) 77' 나스티아 코르키아(Nastia Korkia) 2022 AFFR/ADFF

2022년

1. 1986, 스핑크스 인테리어(1986, Or A Sphinx's Interior, 2022) 41' 로버트 글라스(Robert Glas) 2022 AFFR

2. 3인 3색: 건축계의 여성들(Women in Architecture) 보리스 누아르(Boris Noir)

3. 건축가 로데 얀센스(A Gentle Pressure, 2022) 31' 베르트랑 라퐁텐(Bertrand Lafontaine) 2022 AFFR

4. 고양이들의 아파트(Cats' Apartment, 2022) 88' 정재은 2022 SIAFF/ 2020 DMZ IDFF

5. 굿 라이프(Good Life, 2022) 72' 마르타 다울류트(Marta Dauliūtė) 2022 AFFR

6. 그러면 중국은?(What about China?, 2022) 135' 트린 민하(Trinh T. Minh-ha) 2022 DMZ IDFF

7. 그레이랜드(Greyland, 2022) 77' 알렉산드라 시코테 레베스크(Alexandra Sicotte Levesque) 2022 AFFR

8. 그레테 마이어: 덴마크 디자인의 여왕(Grethe Meyer: The Queen of Danish Design, 2022) 61' 이사벨 베르나데트 브램머(Isabel Bernadette Brammer) 2022 ADFF Winnipeg

9. 나는 죽어도 좋다(Wir Koennten Genauso Gut Tot Sein, 2022) 99' 나탈리아 시넬니코바(Natalia Sinelnikova)

10. 내일의 세상(A World To Shape, 2022) 52' 데이브 하켄스(Dave Hakkens) ADFF

11. 더 뷰(The View, 2022) 52' 올레 스테넘(Ole Stenum) 2023 ADFF Winnipeg

12. 더 푸르프 오브 더 푸딩(The Proof of the Pudding, 2022) 100' 패트릭 밍크스(Patrick Minks), 야프 벨트호엔(Jaap Veldhoen) 2022 AFFR/ 2023 ADFF Winnipeg

13. 드리밍 월스(Dreaming Walls: Inside the Chelsea Hotel, 2022) 77' 마야 뒤베르디에(Maya Duverdier), 아멜리 반 엘름브(Amelie van Elmbt) 2023 SIAFF

14. 디슨트 홈(A Decent Home, 2022) 87' 사라 테리(Sara Terry) 2022 AFFR

15. 라이트 위드아웃 썬(Light Without Sun, 2022) 53' 마리 랜싱(Marie Ramsing), 클라라 크래프트(Clara Kraft), 크리스토퍼 피슐라인(Christopher Fischlein) 2023 ADFF Winnipeg

16. 라이프, 어셈블드(Life, Assembled, 2022) 75' 엘로디 드가브르(Élodie Degavre) 2023 ADFF Winnipeg

17. 레저타임(Leisure Time : A Summer's Day, 2022) 29' 아담 파스케(Adam Paaske) 2022 AFFR

18. 로빈훗 가든(Robin Hood Gardens, 2022) 90' 토마스 베이어(Thomas Beyer), 아드리안 도르슈너(Adrian Dorschner) 2022년 AFFR/ 2023 ADFF Winnipeg

19. 리처드 엔리케스(Richard Henriquez : Building Stories, 2022) 30' 마이크 베르나르도(Mike Bernard), 개빈 프룸(Gavin Froome) 2022 AFFR/ 2023 ADFF Winnipeg

20. 벨샤스 305번지(305 Bellechasse, 2022) 104' 막심 끌로드 레뀌이예(Maxime-Claude L'Ecuyer) 2022 SIAFF

21. 부에노스아이레스를 위한 계획(Plan for Buenos Aires, 2022) 80' 헤라르도 파네로(Gerardo Panero) 2022 SIAFF

22. 빅 이어스 리슨 위드 피트(Big Ears Listen With Feet, 2022) 93' 일라 베카(Ila Beka), 루이즈 르무안(Louise Lemoine)

23. 소비에트 건물 사용법(What Shall We Do with These Buildings?) 조나단 벤 샤울(Jonathan Ben-Shaul)

24. 소비에트 버스 스톱(Soviet Bus Stops, 2022) 57' 크리스토퍼 헤그스바드(Kristoffer Hegnsvad) 2023 ADFF Winnipeg

25. 스칼라 극장(Scala, 2022) 65' 아난타 티타낫(Ananta Thitanat) 2022 EIDF

26. 쌍둥이 도시 알미어(Twin Cities Almere, 2022) 16' 조드 덴 홀랜더(Jord den Hollander) 2022 AFFR

27. 아웃사이드 인(Outside In, 2022) 40' 대니 베리시(Danny Berish) 2023 ADFF Winnipeg

28. 알바루 시자: 콘크리트 미학(Concrete Landscape, 2022) 72' 라우라 아르티가스(Laura Artigas), 루이스 페라스(Luiz Ferraz) 2022 SIAFF/ADFF

29. 애프터 네이처(After Nature, 2022) 61' 에스테르 엘름홀트(Esther Elmholt) 2022 SIAFF

30. 어느 수도사의 대성당(The Cathedral 2022) 87' 데니스 도브로보다(Denis Dobrovoda) 2023 EIDF

31. 에릭 라빌리우스(Eric Ravilious - Drawn to War, 2022) 97' 마지 킨먼스(Margy Kinmonth) 2023 ADFF Winnipeg

32. 온니 인 씨아터(Only in Theaters, 2022) 94' 라파엘 스바지(Raphael Sbarge) 2023 ADFF Winnipeg

33. 워킹 클래스 히어로스(Working Class Heroes/Heroji radničke klase, 2022) 85' 밀로스 푸시츠(Miloš Pušić) 2022 AFFR

34. 잃어버린 도시 멜버른(The Lost City of Melbourne, 2022) 80' 거스 버거(Gus Berger) 2023 ADFF Winnipeg

35. 잃어버린 릴리 라이히의 공간([On Set With] Lilly Reich, 2022) 33' 아벨리나 프랏(Avelina Prat), 네이선 에디(Nathan Eddy) 2022 SIAFF

36. 자크 타티: 달의 추락(Jacques Tati: Tombé de la Lune, 2022) 60' 장밥티스트 페레티(Jean-Baptiste Pérétié) 2022 AFFR/ 2023 ADFF Winnipeg

37. 제프리 바와의 정원(Bawa's Garden, 2022) 84' 클라라 크래프트 이소노(Clara Kraft Isono) 2023 ADFF Winnipeg/ 2023 SIAFF

38. 죽은 후에도(After Passing Away) 수유팅(Yu-Ting Su)

39. 최고의 도시 코펜하겐(Best in the World, 2022) 57' 한스 크리스티안 포스트(Hans Christian Post) 2022 AFFR/ 2023 ADFF Winnipeg

40. 클로스테/폴드(Klostès/Folds, 2022) 64' 에이딘 배리(Aideen Barry) 2022 ADFF Winnipeg

41. 패션 리이메진(Fashion Reimagined, 2022) 92' 베키 허트너(Becky Hutner) ADFF

42. 플로리안의 무한한 세계(Infinity According to Florian, 2022) 올렉시 라딘스키(Oleksiy Radynski)

43. 플로렌스의 UFO(An UFO in Florence. Humorous portrait of the radical architect Titti Maschietto, 2022) 63' 파브리치오 비올란테(Fabrizio Violante) 2022 AFFR

2023년

1. 건축가 발크리시나 도쉬(The Promise, Architect B. V. Doshi, 2023) 90' 얀 슈미트 가레(Jan Schmidt-Garre) 2023 SIAFF/ 2023 EIDF

2. 땅에 쓰는 시(Poetry on Land, 2023) 113' 정다운 2023 EIDF

3. 애스터로이드 시티(Asteroid City, 2023) 139' 웨스 앤더슨(Wes Anderson)

4. 장소+공간: 위니펙(Places + Spaces : Winnipeg, 2023) 45' 노암 고닉(Noam Gonick) 2023 ADFF Winnipeg

5. 찬디가르의 르 코르뷔지에(Le Corbusier à Chandigarh : la force de l'utopie) 84' 카린 부처(Karin Bucher), 토마스 카러(Thomas Karrer)

기타

빌딩 오프 더 그리드(Building Off the Grid, 2016~2021) 42′ 디스커버리 시리즈(시즌 1~12)

비전 오브 스페이스(Visions of Space) BBC Four 3부작.
1. Antoni Gaudi : God's Architect, 2003 60′ Mandy Chang
2. Albert Speer : Size Matters, 2003, 60′ Teresa Griffiths
3. Mies van der Rohe : Less Is More, 2003 60′ Philip Smith

Architectures 1, 2, 3, 4, 5, 6(ARTE). 전 세계의 유명 건축물을 선정하여 건축적인 설명을 더한 다큐. 소장가치가 높다.

PBS Design E2(2006) 시리즈 시즌 1, 2, 3 Kontentreal 제작. PBS Transport E2와 PBS Energy E2도 있다

아방가르드: 실험영화(Avant Garde : Experimental Cinema) 1편 1920s & 30s/ 2편 1922~1954/ 3편 1928~1954

Behind the Artist(TV Series)

시즌1(2013)
1. Van Gogh : The Absolute Painter
2. Rodin
3. Le Corbusier : Modern, Absolutely Modern
4. Picasso
5. Paparazzi : Art or Exploitation
6. Roy Lichtenstein : Behind the Mirror
7. Pompidou
8. Philippe Parreno
9. Soulages : The Radiance of Black
10. Monumenta : The Imaginary City of the Kabukovs

시즌2(2015)
Episode 1. Centre Georges Pompidou
Episode 2. Le Grand Palais & Monumenta
Episode 3. Rodin
Episode 4. Soulages
Episode 5. Pablo Before Picasso

시즌3(2016)
Episode 1 Niki de Saint Phalle : The Story of a Free Woman
Episode 2 Marquis de Sade : Monster of the Enlightenment
Episode 3 Rembrandt : From Light to Dark
Episode 4 Velazquez : Painting Takes Power
Episode 5. Art & BD : The Incredible History of the Comic
Episode 6. Andy Warhol
Episode 7. Pierre Bonnard
Episode 8. Cabarets of Paris

A305, History of Architecture and Design 1890–1939
01. What Is Architecture An Architect at Work
02. The Universal International Exhibition, Paris, 1900
03. Charles Rennie Mackintosh Hill House
04. Industrial Architecture AEG and Fagus Factories
05. Frank Lloyd Wright The Robie House
06. R. M. Schindler The Lovell Beach House
07. Erich Mendelsohn The Einstein Tower
08. The Bauhaus in Weimar 1919~1925
09. Berlin Siedlungen
10. The Weissenhof Siedlung, 1927
11. The International Exhibition of Decorative Arts Paris, 1925
12. Adolf Loos
13. Le Corbusier Villa Savoye
14. English Flats of the Thirties
15. English Houses of the Thirties
16. Hans Scharoun
17. Wood or Metal English Furniture in the Thirties
18. Edwin Lutyens Deanery Gardens
19. The London Underground
20. Moderne and Modernistic
21. The Other Tradition
22. Mechanical Services in the Cinema
23. The Semi-Detached House
24. The Housing Question

도판
저작권 및
출처

건축영화, 무엇부터 볼까

15, 16쪽 〈원초적 본능 2〉 중에서 ^ 18쪽 ©Geoff Henson(Flickr) 2023.12.4. 접속 https://www.flickr.com/photos/croydonclicker/51881600225/in/photolist-2oHiErv-2m35xie-2gVTPdL-2kY1vi7-2of8t5o-2n3ALdH-2mdFGYE-2ogvYNB-2kj97Y2-2oht2bG-2kuP1n3-2omHvTW-YvPnXJ-27dh85s-2iqWZjL-2g4AQ8Q-2gX993a ^ 20쪽 ©Martin Pettitt(Flickr) 2023.12.4. 접속 https://www.flickr.com/photos/mdpettitt/ 7794205250/in/photolist-cSKkF9-cSKAuN-cSKvDS-cSKzih-qmfJR-qppu8-qpprq-PxWPRU-rAaurE-rAJ8BF-rAJe3a-rnaMFd-rjb4Rj-qDX7Kx-rAaJUg-rhpY6T-rAaNae-riPcp6-cSKxR1-xAVCDJ-NzkEqr-qDJKiu-rhpNfF-rACDTw-rgX6ez-qDJAXG-rBsv6u-riH2jE-PCwoy6-Pd48Wh-rAgiNM-riFRyh-rBsrnY-oid2P2-rj6Fzv-rBwUfg-rCqam6-rkQAFS-rnbC1S-wWJ4Sp-qDui9c-rxZ4zS-Y4hUMb-Y5JZLY-2osDpVo-2osB6K2-rBwwzx-rkY7Fi-rDCHL2-rBrdcB

23쪽 ©Colin Durfee(Flickr) 2023.12.4. 접속 https://www.flickr.com/photos/146003125@N02/49392935171/in/dateposted/

25쪽 〈500일의 썸머〉 중에서 ^ 26쪽 ©David Hilowitz(Flickr) 2023.12.4. 접속 https://www.flickr.com/photos/dhilowitz/5364084295/in/photolist-9b1knZ ^ 27쪽 위 ©Illithid Dude(Fllickr) 2023.12.4. 접속 https://commons.wikimedia.org/wiki/File:Continental_Building,_Downtown_Los_Angeles,_California_12.jpg ^ 가운데 ©Pexels(Pixabay) 2023.12.4. 접속 https://www.flickr.com/photos/59700271@N04/8490706312/in/photolist-dWi6b9 ^ 아래 ©LeviMeirClancy(Wikimedia Commons) 2023.12.4. 접속 https://pixabay.com/ko/photos/%EA%B1%B4%EC%B6%95%EB%AC%BC-%EB%B8%8C%EB%9E%98%EB%93%9C-%EB%B2%A0%EB%A6%AC-%EB%B9%8C%EB%94%A9-1840484/

29쪽 (주)명필름(KOBIS) 제공

32, 34, 36쪽 모두 〈콜럼버스〉 중에서

38, 39쪽 〈인셉션〉 중에서 ^ 40쪽 〈라비린스〉 중에서 ^ 42쪽 ©Shi Devotion(Flickr) 2023.12.4. 접속 https://www.flickr.com/photos/shidevotion/24129836862/in/photolist-CLgHQ3

45쪽 ©Yasmin Pinheiro(Flickr) 2023.12.4. 접속 https://www.flickr.com/photos/mimyrogers/8671824111/in/dateposted/ ^ 48, 49쪽 〈부에노스아이레스에서 사랑에 빠질 확률〉에서

51쪽 엣나인필름 제공

내 집을 꿈꾸는 사람들

59, 61, 62쪽 ©라야 제공

65쪽 〈모리야마 씨〉 중에서 ^ 66, 68쪽 모두 ©Beka_Lemoine 제공

71쪽 〈더 폴〉 중에서

73쪽 ©Jens Cederskjold(Flickr) 2023.12.4. 접속 https://www.flickr.com/photos/184898381@ N07/48891349947/in/dateposted/ ^ 74, 75, 77쪽 ©Beka_Lemoine 제공

78쪽 ©Baptiste Flageul(Flickr) 2023.12.4. 접속 https://www.flickr.com/photos/baptisteflageul/236 49424710/in/photolist-C2Pu2U-CjnX2h-WMJ6ij-WMJ6gL-XjSbKW-Wamyfi-XbHcgX-XjSbSE-Cf2zRZ-C7K7mP-BFvFfv-BFven8-CjpwKC-CcHSHy-Cf2z6v-BwhPti-C7HYDr-CmDYap-CcH FhC-BwzZwR-CjpxAf-C2QxVJ-BwsxLY-BwzXhF-CtYhzB-C2R39Y-CrEJc7-BwzMGP-BwzX5B-Cjp4EW-BwA1ct-C2R2ad-CmFxCK-C2QyAm-BwzZRt-CmFxet-CtXyqM-KLaB2N-BVstWR-C-jpggw-BwzWsz-Cjpxj3-C2R227-CtYTcc-CtXtaM-CrEGoC-CtXbQH-WMHZLs-C7JrXK-C7J bFn ^ 79쪽 첫 번째 ©maraCZ(Flickr) 2023.12.4. 접속 https://www.flickr.com/photos/maracz/24477 897205/in/dateposted ^ 두 번째 ©Mondo79(Flickr) 2023.12.4. 접속 https://www.flickr.com/pho tos/mondo79/52590317094/in/dateposted ^ 세 번째 ©Julien Chatelain(Flickr) 2023.12.4. 접속 ht tps://www.flickr.com/photos/sottolestelle/15788240306/in/photolist-q49RML-q49N2j-q6fgZF-drdp6f-dxsyAA-btjGTg-69afpo-pNUF4h-drdnvm-dxsyvu-5RtTG2-5RtTxn-dxn7Gt-drdnSN-dx syME ^ 네 번째 ©Ştefan Jurcă(Flickr) 2023.12.4. 접속 https://www.flickr.com/photos/stefanjurca/ 50015736258/in/dateposted

81쪽 ©Beka_Lemoine 제공 ^ 83쪽 위 ©Beka_Lemoine 제공 ^ 아래 ©ETHAN FEUER 제공

87쪽 모두 ©Beka_Lemoine 제공

89쪽 ©Ministerio de Cultura de la Nacion(Flickr) 2023.12.4. 접속 https://www.flickr.com/photos/ culturaargentina/2778446492023.in/photolist-ZFr2pu-pcvZC9-pavSx3-pcvZWf-oV47 gC-pcxVui-oV3A16-oV4JFi-Jk8fFd-JkdDqF-Jk8gCd-Jk8eAY-Jk8h6Y-KdGfmL-KgDTwp-JkdAiP-K7oGDy-Jk8ff3-JQDhVL-KgDU7x-KdGfYs-Jkdyg2-KdGffJ-pch81c-ZFr6uU-YF1L6N-YF1Jvy-YF1FRL-FP6Dgt-YF1K7y-ZFr5nJ-FP6CAF

93쪽 ©m-louis .®(Flickr) 2023.12.4. 접속 https://www.flickr.com/photos/m-louis/6094101421/ in/photolist-pXHAWS-979HPq-ahvS3M-ae1KgZ-afjx5A-afjx5s-afjx5d-ae1KgK-ae1Kg P-ahvS2R-ae1Kgt-ahvS3i-afjx5m-ahvS2M-2EG7K-akRTn9-akRTmU-afjx5u-afjx5f-ahvS3z-ahvS3a-2EG7J-ak RTmw-ahZSQ2-ahZSQc-ahZSPR-ahZSQn-dBoSvb-dBoSzG-dBoSWC-dCLou8-dBir1M-dBirm8-dBirrK-dBoSE7-dBirAk-dCLoAc-dCRMfh-ahZSPK-dCRMF1-dCLoft-dCLoCX-dCRMnJ-dCLo ne-dCLobH ^ 94쪽 ©Rory Hyde(Flickr) 2023.12.4. 접속 https://www.flickr.com/photos/roryrory/ 252084871 2/in/photolist-4QL1uQ-4KhSjA-4QL1CJ-4KdBg6-4QL1Ad-4QFNYR-4QLhGq-4KhSKu-4QL1sd-4QFP6R-4QL1wb-4QL1B3-4NQ1tS-4KdBcD-4KhSuS-4NQ1fo-4KdBta-4 KhSB7-4NQ1nN-4NYgCF-4NKLvB-4NKL7H-4NKMie-4NKKXr-4NZYqX-4KdBk4-4NK KZt-4P3VTf-4P3wDC-4P3uSY-4KdBvF-4KdB9B-4NKLhp-4NQ1xw-4NKLpZ-4NKLri-4N Q1dL-4P3wAE-4NQ151-4NQ1go-4NQ1p7-4P3w8G-4KdBAR-4NZYvX-4P5ath-4P3wth-4 NKMmi-4NQ1md-4NQ1wm-4NYhzt ^ 95쪽 ©m-louis .®(Flickr) 2023.12.4. 접속 https://www. flickr.com/photos/m-louis/5336940176 /in/photolist-98BdnW-979HPq-9536bT-9536bX-998z ku -998zkd-98Bdo5-998zk7-9536bt-9536c8-998zky-9am5AL-9am5AG-979HPQ-998zkb-98 BduiQ-979HNU-9am5AA-94pUKB-94pUKx-9536bz-9bSzTN-9am5AE-9536bZ-998zkq-979 HPE-9am5Au

96쪽 〈가을햇살〉 중에서 ^ 97쪽 〈맨헌터〉 중에서

102쪽 〈미스터 블랜딩스〉 중에서 ^ 104쪽 위 ©Hansaviertel Berlin 2023.12.5. 접속 https://hansavi ertel.berlin/en/interbau-1957/geschichte-der-interbau-1957/ ^ 아래 ©apfelauge(Flickr) 2023.12.5. 접속 https://www.flickr.com/photos/apfelauge/4332159497/in/photolist-qLdWY8-qtXSc6-qtWo9X-qtPeD3-om5jrL-7CUaGp-pVdigm-7ATfp7-7ATfh9-7ATf9f-7APskD-7APrPR-7ATeT9-7APrXk-7A Ps68-oEk352-7CUamB

110쪽 위 〈지붕〉 중에서 ^ 아래 ©Charles-Dominique-Joseph Eisen(Wikimedia Commons) 2023. 12.5. 접속 https://upload.wikimedia.org/wikipedia/commons/7/78/Essai_sur_l%27Architecture_-_ Frontispiece.jpg

112쪽 〈북극의 나누크〉 중에서

114쪽 모두 〈일주일〉 중에서 ^ 116쪽 〈허수아비〉 중에서

120쪽 〈패널 스토리〉 중에서 ^ 122쪽 〈조립식 주택〉 중에서

건축가는 누구인가

127쪽 위 ⓒThalia Potamou(Flickr) 2023.12.5. 접속 https://www.flickr.com/photos/162882 810@ N04/44661256780/in/dateposted/ ^ 아래 ⓒThalia Potamou(Flickr) 2023.12.5. https://www.flickr. com/photos/162882810@N04/44661254410/in/dateposted/ ^ 129쪽 ⓒUnknown author(Wikip edia) 2023.12.5. 접속 https://en.wikipedia.org/wiki/Pavillon_de_l%27Esprit_Nouveau#/media/File :Pavillon_L'Esprit_Nouveau.jpg

133쪽 〈나의 건축가 : 아버지의 궤적을 찾아서〉 중에서 ^ 135쪽 ⓒRosenfeld Media(Flickr) 2023. 12.4. 접속 https://www.flickr.com/photos/rosenfeldmedia/28125768108/in/photolist-JRnVay-Hke 6Tn-JRnUYm-Hke4Vp ^ 137쪽 ⓒrushdi13(Flickr) 2023.12.4. 접속 https://www.flickr.com/photos/ mashfiq13/5936038912/in/dateposted/

142쪽 ⓒ여행작가 눌산 제공

147쪽 ⓒScott Taylor(Flickr) 2023.12.4. 접속 https://www.flickr.com/photos/azequine_surgeon/170 31852679/in/photolist-shimqn-rX3Gqp-s1HDX1-smihAi-s6EpEb ^ 148쪽 〈프랭크 게리의 스케 치〉 중에서

152쪽 ⓒCarol M. Highsmith Archive(Wikipedia Commons) 2023.12.6. 접속 https://commons.wikim edia.org/wiki/File:Perry_Lakes_Canopy_Tower_designed_by_the_Rural_Studio,_Newbern,_Alabam a_LCCN2010638460.tif

159, 161, 162쪽 모두 〈마천루〉 중에서

165쪽 〈북북서로 진로를 돌려라〉 중에서

167쪽 ⓒ(Wikimedia Commons) 2023.12.5. 접속 https://upload.wikimedia.org/wikipedia/commons/ 6/66/%C3%89tienne-Louis_Boull%C3%A9e_Memorial_Newton_Night.jpg ^ 168쪽 ⓒAugust Fis cher(Flickr) 202023.12.4. 접속 https://www.flickr.com/photos/kija_kaji/14074377096/in/datepo sted/ ^ 169쪽 ⓒMichele Bitetto(Unsplash) 2023.12.4. 접속 https://unsplash.com/photos/roma-eur building-during-daytime-1bYBRsisgOU ^ 171쪽 ⓒLode Lagrainge(Unsplash) 2023.12.4. 접속 htt ps://unsplash.com/photos/mosque-interior-during-daytime-T-JbelFSEt4

175쪽 ⓒDennis Jarvis(Wikimedia Commons) 2023.12.4. 접속 https://unsplash.com/photos/mosque -interior-during-daytime-T-JbelFSEt4

숨겨진 이야기, 건축 스캔들

181쪽 ⓒFrancesco Rosi(Wikimedia Commons) 2023.12.5. 접속 https://commons.wikimedia.org/wi ki/File:Rod_Steiger_in_Le_mani_sulla_citt%C3%A0.jpg

185쪽 ⓒBernard Spragg. NZ(Flickr) 2023.12.5. 접속 https://www.flickr.com/photos/volvob12b/ 39044618592/in/photolist-22ueSPb-2mQPVWJ-2maerWE-2ktyo4Q-gksUAa-2kCD9zn -2kji8Q7- 2oYN43x-vXW7LK-yxPJBw-hLpCSn-2gnr5ET-feyGoh-FA8cfN-2kL7haQ-2gZo8cY-zjo8aB-di3 LbW-jY75jx-yvERqM-2nGcaCz-di3Gzm-di3MFz-AhWA1Q-eSm5L2-sbvV5p-DXFdo3-ywL hsM- DhtPZF-xjJTZK-zpS9bT-yupc69-yBNUMm-ydnYW6-vDDptg-di3LAK-yjULMQ-y8WRKUyhjp dw-MrTNGW-2gvkLen-y8FrM6-ypMce9-QtWx2N-yFxqRU-di3FwW-2658277-xPtMDF-22Rb ADJ-2ifz1wt

189쪽 ⓒJun(Flickr) 2023.12.5. 접속 https://www.flickr.com/photos/biker_jun/15542657661

191쪽 위 ©dun_deagh(Flickr) 2023.12.5. 접속 https://www.flickr.com/photos/dun_deagh/209309
69514/in/photolist-xTAG1J-nh2FMm-pXCaBp-apat4q-of2MHt-fGDqCp-9Zbsp3-aoh95A-LLyY
3B-21yhYH3-aea2rz-ebBUjQ-c4g4dd-bG5E3X-jyWVri-aoh9F3-pWKYbi-dyBsC3-byGfCL-coM
hqE-aEQJY5-azz8zs-bykfTW-ancpsn-aoha59-aoQx8j-awZVD7-d522zQ-fEzhDZ-aD1TwD-byrdf-
bMBcbX-aea9p8-ofRrTA-bMoz9Z-cSjqpm-fso4H6-ouvNhd-anJtU3-g4pEga-aeXLvU-aPu1wn-
e6wUNs-anX5ui-9ZovDX-fqzM4d-asjgzS-eueMxN-p1kQNT-egcZNJ ^ 아래 ©Martin Pettitt(Fli
ckr) 2023.12.5. 접속 https://www.flickr.com/photos/mdpettitt/50804110773/in/photolist-2kpo
o6J-2kpom9n-2kpsr3k-2kpsPM9-2kpoxgn-2kpopY1-2kpsWXB-2kpot56-2kpsLKc-2kpsLTo-2
kpsdTR-2kpsNWS-2kpsfE1-2kpsm7d-2kpsSXs-2kpsj2w-2kps L7i-2kpsRJR-2kpsfhx-2kpsq6L-2
kpsosA-2kpsY7W-2kpow2o-2kpsMwC-2kpopNM-2kpsja7-2kpowzc-2kpsUzF-2kpsVtQ-2kpsdup-2
kpshDG-2kpsoBy-2kposXN-2kpsgXr-2kpsQPu-2kp ooLG-2kpskxh-2kpspeA-2kpsZ2m-2kpsV5t-2
kpsbUq-2kpsf65-2kpscEy-2kpsepA-2kpsgM1-2kpspWT-2kpsdJT-2kYrj2V-2kYLjpp-2kYpHTF

194쪽 ©Bs0u10e0(Flickr) 2023.12.5. 접속 https://www.flickr.com/photos/volvob12b/39044618
592/in/photolist-22ueSPb-2mQPVWJ-2maerWE-2ktyo4Q-gksUAa-2kCD9zn-2kji8 Q7-2oYN43x-
vXW7LK-yxPJBw-hLpCSn-2gnr5ET-feyGoh-FA8cfN-2kL7haQ-2gZo8cY-zjo8aB-di3LbW-jY75jx-
yvERqM-2nGcaCz-di3Gzm-di3MFz-AhWA1Q-eSm5L2-sbvV5p-DXFdo3-ywLhsM-DhtPZF-
xjJTZK-zpS9bT-yupc69-yBNUMm-ydnYW6-vDDptg-di3LAK-yjLULMQ-y8WRKU-yhjpdw-Mr
TNGW-2gvkLen-y8FrM6-ypMce9-QtWx2N-yFxqRU-di3FwW-2658277-xPtMDF-22RbADJ-
2ifz1wt

199쪽 ©(Wikimedia Commons) 2023.12.5. 접속 https://www.flickr.com/photos/volvob12b/39
044618592/in/photolist-22ueSPb-2mQPVWJ-2maerWE-2ktyo4Q-gksUAa-2kCD9zn-2k ji 8Q7-
2oYN43x-vXW7LK-yxPJBw-hLpCSn-2gnr5ET-feyGoh-FA8cfN-2kL7haQ-2gZo8cY-zjo8aB-di3
LbW-jY75jx-yvERqM-2nGcaCz-di3Gzm-di3MFz-AhWA1Q-eSm5L2-sbvV5p-DX Fdo3-ywLhsM-D
htPZF-xjJTZK-zpS9bT-yupc69-yBNUMm-ydnYW6-vDDptg-di3LAK-yjUL MQ-y8WRKU-yhjp
dw-MrTNGW-2gvkLen-y8FrM6-ypMce9-QtWx2N-yFxqRU-di3FwW-26 58277-xPtMDF-22Rb
ADJ-2ifz1wt ^ 200쪽 위 ©Deutsches Bundesarchiv(Wikimedia Commons) 2023.12.6. 접속 https://
commons.wikimedia.org/wiki/File:Bundesarchiv_Bild_146-1971-016-31,_Albert,_Speer,_Adolf_Hi
tler,_Architekt_Ruff.jpg ^ 202쪽 ©(Wikimedia Commons) 2023.12.5. 접속 https://upload.wikimed
ia.org/wikipedia/commons/4/40/Bundesarchiv_Bild_146III-373%2C_Modell_der_Neugestaltung_
Berlins_%28%22Germania%22%29.jpg ^ 205쪽 〈의지의 승리〉 중에서

207쪽 〈미완의 공간들〉 중에서 ^ 209쪽 위 ©Carol M. Highsmith(Wikimedia Commons) 2023.12.5.
접속 https://commons.wikimedia.org/wiki/File:Schools_of_Modern_Dance_and_Visual_Arts,_Hav
ana,_Cuba_LCCN2010638998.tif ^ 아래 ©Vittorio Garatti(Wikimedia Commons) 2023.12.5. 접속
https://commons.wikimedia.org/wiki/File:GA2aa.jpg

인류의 삶터, 도시 이야기

218쪽 ©RyanMBevan(Flickr) 2023.12.5. 접속 https://www.flickr.com/photos/110331586@
N06/11159052355/in/dateposted/

222쪽 ©Renato Saboya(Flickr) 2023.12.5. 접속 https://www.flickr.com/photos/renatosabo
ya/7472172108/in/photolist-cohNVA-cohQrA-coiqCo ^ 223쪽 ©Paul Knittel(Flickr) 2023.12.5. 접
속 https://www.flickr.com/photos/pknitty86/3662076648/in/dateposted/

225쪽 위 〈게임으로 도시 바꾸기〉 중에서 ^ 아래 ©Gordon Wrigley(Flickr) 2023.12.5. 접속 https:
//www. flickr.com/photos/tolomea/17551760873/in/dateposted/

227쪽 〈시민 제인: 도시를 위해 싸우다〉 중에서 ^ 228쪽 ©C.M. Stieglitz(Wikimedia Commons)
2023.12.5. 접속 https://en.wikipedia.org/wiki/Robert_Moses#/media/File:Robert_Moses_with_Batt
ery_Bridge_model.jpg ^ 229쪽 ©Phil Stanziola(Wikimedia Commons) 2023.12.5. 접속 https://comm
ons.wikimedia.org/wiki/File:Jane_Jacobs.jpg

233쪽 ©Uri Rosenheck(Wikimedia Commons) 2023.12.5. 접속 https://en.m.wikipedia.org/wiki/Fil
e:Brasilia_-_Plan.JPG ＾235쪽 위 ©Luciola Correia(Flickr) 2023.12.5. 접속 https://www.flickr.com/
photos/lucorreia/43825307010/in/album-72157706494978734/＾아래 ©Mariordo(Mario Rober
to Durán Ortiz)1(Wikimedia Commons) 2023.12.5. https://upload.wikimedia.org/wikipedia/commo
ns/7/78/Essai_sur_l%27Architecture_-_Frontispiece.jpg＾236쪽 ©elton_sales(Pixabay) 2023.12.5.
접속 https://pixabay.com/ko/photos/%EB%B8%8C%EB%9D%BC%EC%A7%88%EB%A6%A
C%EC%95%84-%EB%A9%94%ED%8A%B8%EB%A1%9C%ED%8F%B4%EB%A6%AC%
ED%83%84-%EB%8C%80%EC%84%B1%EB%8B%B9-1205602/

239, 240, 241쪽 모두 Hopscotch Films 제공

244쪽 〈메트로폴리스〉 중에서

248쪽 ©(Wikimedia Commons) 2023.12.5. 접속 https://upload.wikimedia.org/wikipedia/com
mons/2/29/Particolare_%28La_Citt%C3%A0_Nuova%29_1914_ART_Antonio_Sant%27El
ia_2023_RET_WjArendshorst.png＾250쪽 〈상상해보라〉 중에서 ＾251쪽 〈다가올 세상〉 중에서

253쪽 ©Francesco Ungaro(Pexels) 2023.12.5. 접속 https://www.pexels.com/photo/mosaic-alien-on-
wall-1670977/＾255쪽 ©Gemma Evans(Unsplash) 2023.12.5. 접속 https://unsplash.com/photos/
cars-parked-near-brown-concrete-building-during-daytime-zCbshG_vaZQ

257, 258쪽 〈리스본 스토리〉 중에서

만약 건물이 말을 한다면

267쪽 ©Wikimedia Commons 2023.12.5. 접속 https://upload.wikimedia.org/wikipedia/commons/
2/29/Particolare_%28La_Citt%C3%A0_Nuova%29_1914_ART_Antonio_Sant%27Elia_2023_
RET_WjArendshorst.png ＾ 269쪽 위 〈취화선〉 중에서 ＾ 아래 ©문화재청 국가문화유산포털
2023.12.5. 접속 https://www.heritage.go.kr/heri/cul/imgHeritage.do?ccimId=1634427&ccbaKdcd=
18&ccbaAsno=02330000&ccbaCtcd=34

271쪽 ©Wikimedia Commons 2023.12.5. 접속 https://upload.wikimedia.org/wikipedia/commo
ns/f/fb/Donhwamun_Area.jpeg

274쪽 ©Jonathan Lin(Flickr) 2023.12.5. 접속 https://www.flickr.com/photos/jonolist/846434063
0/in/photolist-dTXXKJ-dTXXzq-dTSjJe-dTXX5q-dTSjhP-dTXXjS-dTXXrE-dTXY a3-dTXXSf-
dTXXYQ＾276쪽 ©Les Films du Losange 제공

279쪽 ©Karen Mardahl(Flickr) https://www.flickr.com/photos/kmardahl/12997768795/in/pho
tolist-kNzydB-k96fG8-7vciFK-kNyLjp-ntT3xZ-8bSpSH-kNAQPw-kNyXPZ-kNyJFz-kNzoPg-k
NyJXr-8E7qia ＾ 281쪽 위 ©Naquib Hossain(Flickr) 2023.12.5. 접속 https://www.flickr.com/pho
tos/naq/2337744981/in/photolist-4yM4vU-4yA7Jr-4yzy8X-4yM7g1 ＾ 아래 ©Jorge Láscar(Flic
kr) 2023.12.5. 접속 https://www.flickr.com/photos/jlascar/29879239065/in/photolist-Mw jUNe-
Mmk1bW-Lz1ShX-MwjTXB-LyX5ML-Mp2cU2-M5oP39-MtfXNj-LyZNut-Mtgewo-MwmakD-M
5pgKC-M5ov8m-MmigkC-Mp1enz-LyYrPU-Lz19He-Mp1Ufp-LyZLp6-M5oqbh-M5oDBq-Mmi
Tzm-MtfteW-Mtg6cN-Mmiszb-M5pZLw-M5p5N7-Mthex3-MwnAYR-M5pUQu-MwmNBc-M5
pnyb-LyY4kW-Mmkz3Y-Mp29QB-M5pkpS-Mp1Jex-QEEbyi-Mwn38a-LyYinJ-Lz1UPv-Mwk6iT-M
5qeT9-Mwndfp-LyYmVL-M5oiLU-LyWhmE-MmiimS-MtfVfd-MwkzoR

283쪽 ©Jorge Franganillo(Flickr) 2023.12.5. 접속 https://www.flickr.com/photos/franganillo/3579
9556784/in/photolist-pH46KW-qnv24C-2jsfZ5x-qztzdw-qDZ2gw-G5WVcP-qE3U 1e-qE3NF6-
qzxsXa-qzxrpv-qnuTZY-Wxu5RJ-qnBAuc-qznHmB-Xyix7L-XyiwPG-pCxN33-qjZJ1Y-qBozYB
qDYSkq-XyiwXN-XPecUi-qE3M74-Wxu5ZE-pHhdNX-pHhjnn-XPecY6-qnuiWq-qntYqm-XyixbU
qnCp3a-Xyix4Q-pHncA6-qnuBT9-qBLNNf-qBLu6f-241AbiH-pH4rxb-qnCvDg-qDTwwB-qnu
Xzy-qE3L8a-ZYR9Wj-Y7Xs9F-qnuf3U-XJhcp9-X6RTpt-qnuYr3-qnBpKM-Wxu62d

287쪽 ©TORLEY(Flickr) 2023.12.5. 접속 https://www.flickr.com/photos/torley/235048951 46/in/photolist-BP3JqS-5nUQjp-5nUMiD ^ 289쪽 ©SOCIALisBETTER(Flickr) 2023.12.5. 접속 https://www.flickr.com/photos/27620885@N02/2723760968/in/photolist-59BLV6-59F Zf1 ^ 291쪽 ©Heinz Bunse(Flickr) 2023.12.5. 접속 https://www.flickr.com/photos/buffo400 /37 507739816/in/photolist-Z9qYif

293쪽 위 ©(Wikimedia Commons) 2023.12.5. 접속 https://commons.wikimedia.org/wiki/File:Luci en_Herv%C3%A9_le_Corbusier.jpg

295쪽 오른쪽 ©C.H.Wong 2023.12.5. 접속 https://journals.openedition.org/abe/12534 ^ 296쪽 ©(Wikimedia Commons) 2023.12.5. 접속 https://commons.wikimedia.org/w/index.php?search=sha nghai%2C+1930s&title=Special:MediaSearch&go=Go&type=image

300쪽 위 ©Fred Romero(Flickr) 2023.12.5. 접속 https://www.flickr.com/photos/129231073@ N06/49557436222/in/photolist-r4btpd-2iva3Uo-r4EY1L-qMc8K5-qL3cnD-2iva3Zi2i va4aP-2iva4dz-2iva4ou-2ivcBKC-2iva43Q-2ivdNPq-2iva47x-2ivcBGG-2i vdPey-2ivcBTU2iv cBXm-2iva4f8-2ivdP4U-2ivcBoL-2iva4jr-2iva4g5-2iva4mR-2ivcBRQ-2iv dNFQ-2ivcBCd-2i va4Kg-2ivcC1Y-2iva4s7-2ivdPmx-2ivcC4Z-2ivdNTD ^ 아래 ©August Fischer(Flickr) 2023.12.5. 접속 https://www.flickr.com/photos/augustfischer/ 32211800330/in/photolist-Rt6d3p-Qnp kkS-RqrUfC-R5fTZL-Qnpukq-QnpvUN-RDXDZZ

302, 303쪽 〈비인간〉 중에서

305쪽 〈피에트 우돌프의 정원〉 중에서 ^ 306쪽 ©John Lord(Flickr) 2023.12.5. 접속 https://www. flickr.com/photos/yellowbookltd/15265214875/in/photolist-8Nspv5-oYqxtF-pdTHqo-Kdtw8w-oYrp1e-pfWdxV-pfUbbm-pfVGfv-oYqoMT-pfEpnP-oYqDtB-pdTCYY-pdTNM5-pdUd2m-pf TNsG-pdUaT3-pfTRfW-pfDxxZ-oYrLTU-oYqngB-pfU1PA-pfVU5c-pdU8eW-pfTWEo-pfDt VD-2oZvYLf-2oZwj91-2oZqNeR-2oZqNf7-2oZvYDg-2oZuQSv-2oZtMho ^ 308쪽 ©Allan Harris(Flickr) 2023.12.5. 접속 https://www.flickr.com/photos/allan_harris/48984540243/in/ photolist-2hCAzdF-5xcEee-5xcFfB-5xcNCv-2hCDti1-5xcPZK-fUR9Rb-5xh8Tw-5xcC6a-5xcD9e-5xcDBk-2hCAztR-5xcMvM-fUR7Rh-5xh88W-5xhbLd-5xhadQ-2hCAz3q-5xcGLZ-5xcPfx-5xh 5fo-5xcB88-fUQexJ-fUQf4U-2hCDtPb-fUR3kz-5xcL58-fURhAE-fUQ2Ux-5xcHxr-fURt5c-fU Q8Gp-2hCEsU9-2hCDtqL-2hCAAq5-5xh98L-fUQdZQ-fUR5m8-fUR9GG-fURcsm-fURe4Q-fUQ4Ho-5gvJsC-5gvKT7-5gvMG9-5gvLDo-5gvKob-fUReu9-fURucx-fURv7Z

건축영화 1902
— 메트로폴리스에서 원초적 본능까지

초판 1쇄 펴낸날 2024년 1월 31일

지은이 강병국
펴낸이 강정예

펴낸곳 정예씨 출판사
주소 서울시 마포구 월드컵로29길 97
전화 070-4067-8952 팩스 02-6499-3373
이메일 book.jeongye@gmail.com
홈페이지 jeongye-c-publishers.com

내지 편집/디자인 신혜정 황미영
표지 디자인 고와서

인쇄/제본 (주)현대문예
용지 한서지업사

ISBN 979-11-86058-53-4

이 도서는 한국출판문화산업진흥원의
'2023년 중소출판사 출판 콘텐츠 창작 지원 사업'의 일환으로
국민체육진흥기금을 지원받아 제작되었습니다.